아시아 기독교의 과거와 현재, 그리고 미래

전호진 지음

도서출판 영문

저자 서문

　아프간 사태 이후 한국교회와 선교는 사회적으로는 비난의 대상이 되고 있습니다. 무언가 우리 사회의 비판기준과 가치관이 잘못되고 있습니다. 좋은 일을 하러 간 사람들을 비난하고 이들을 납치하는 종교적 폭력집단은 두둔하는 한국 언론과 교회 분위기는 우리 사회의 영적 분위기가 잘못된 방향으로 흐르고 있다는 것을 의미합니다. 물론 현재 한국교회와 선교에 문제가 없는 것은 아닙니다. 그러나 최근 비판문화는 잘못된 이념이나 신학적 판단에서 하는 것이기 때문에 동의할 수 없습니다.

　기독교는 사실 아시아 종교입니다. 아시아에서 시작하였고, 아시아에서 먼저 전파되었습니다. 그러나 본서에서 필자는 과거 아시아에서 기독교는 실패하였다는 관점에서 본서를 저술하였습니다. 동시에 역사는 하나님의 구원의 역사로, 복음운동이 한국과 중국의 극동에서 서서히 서쪽으로 진행하고 있습니다. 그러나 작년 아프간 사태 이후 기독교 선교는 중앙 아시아에서 이슬람과 조우하고 있습니다. 그러한 중에도 중국, 몽골, 네팔, 캄보디아 등에서 선교가 활발하게 진행되고 있습니다. 이슬람 원리주의 집단들이 테러로 세계를 불안하게 하지만 도리어 중동 국가에서도 많은 무슬림들이 기독교로 개종하고 있습니다. 신학적으로 연구해야 할 과제는 환상과 꿈을 통하여 이러한 역사가 일어나고 있습니다. 서구의 일부 지식인들은 아랍 이슬람의 갑작스런 붕괴현상을 예언하기도 합니다. 그럼에도 불구하고 세계 복음화는 아직도 미완성입니다. 복음의 전진에 많은 도전과 저항이 있습니다.

필자가 아시아 교회를 전체를 다 조망할 수 없습니다. 그러나 글로나 직접 현장을 방문하면서 일부 아시아 교회는 영적으로, 지식적으로, 지도력에서 건전한 교회들이 있습니다. 그러나 한국교회를 포함하여 일부 교회들은 우려스러운 면이 있습니다. 신학적으로는 성경보다는 자신의 영적 체험이 더 중시되는 주관적 경험주의, 기복사상, 물량주의, 권위주의적 지도력 행사, 인종중심의 교단 혹은 교파주의, 분열 등은 아시아 기독교의 미래를 불안하게 합니다. 특히 '엄청난 예배의 체험'이라는 명목으로 말씀에서 이탈된 감정주의, 찬양문화가 아시아 교회를 휩쓸고 있습니다. 아시아 기독교는 성경적 기독교로서 정체성을 회복해야 합니다. 무엇보다도 지금은 종말적 징조가 가시화되고 있습니다. 영적 전쟁에서도 연합과 협동이 가장 위대한 전략인데 아시아 교회는 그러한 연합과 협동의 부재가 심각합니다.

필자는 1996년도 [아시아 기독교와 선교전략]을 저술하였는데, 이 책이 많은 선교사님들에게, 심지어 선교훈련원에서 교재로 사용되는 것에 고무되어 금번에 본서를 내어놓게 되었습니다. 일부 내용은 전의 것을 보완하였으며, 이슬람이나 중동 관련 부분은 [이슬람 원리주의의 실체]와 [전환점에서 선 중동과 이슬람]에 있는 내용을 부분적으로 인용하였습니다. 본서를 출판하여 주신 영문출판사 김수관 장로님께 감사를 드립니다.

2008년 9월
캄보디아장로교 신학교 총장 전호진

차례

저자 서문 / 3

제 1 장 아시아는 어떤 대륙인가? : 아시아의 정체성 ······· 7
제 2 장 중동인가? 중앙인가? ······· 27
제 3 장 기독교와 이슬람이 충돌하는 중앙아시아 ······· 58
제 4 장 아시아 기독교: 과거와 현재 ······· 83
제 5 장 다원화를 거부하는 종교원리주의 ······· 120
제 6 장 미래의 기독교 국가(?): 중국 ······· 159
제 7 장 경제 대국 일본, 기독교 소국 일본 ······· 181
제 8 장 종교대국 인도 ······· 214
제 9 장 이슬람 원리주의의 희생국 아프가니스탄 ······· 242
제10장 과거에 사는 나라 몽골 ······· 256
제11장 등산의 나라 네팔 ······· 282
제12장 불안한 급성장의 나라 캄보디아 ······· 298
제13장 개방과 통제의 베트남 ······· 318
제14장 군사적 불교 국가 스리랑카 ······· 329

제15장　빈곤 국가 방글라데시 ································338
제16장　부드러운 이슬람 국가 인도네시아 ·······················346
제17장　내전이냐 안정이냐의 기로에 선 이라크 ·················361
제18장　이슬람 공화국 이란 ····································382
제19장　석유와 이슬람을 수출하는 사우디아라비아 ···············405

제1장

아시아는 어떤 대륙인가? : 아시아의 정체성

서론

기독교는 아시아에서 시작하였지만 불행하게도 서구 종교로 오해되어 아시아에서 수난을 당하고 있다. 우리는 아시아에서 기독교와 그 미래를 논하기 전에 아시아의 아이덴티티를 다루고자 한다. 최근 정치학자들은 아시아의 정체성(아이덴티티)을 심각하게 논의하고 연구하는데, 물론 해답은 단순하지 아니하다. 아시아인들이 자기의 정체성을 심각하게 묻기 시작한 것은, 아시아 대부분의 나라들이 서구 식민주의를 체험하면서 민족주의가 지성인들이나 정치가들에게 일어나기 시작한 후부터이다. 일본의 군국주의역시 큰 영향을 주었다. 현대 지역학 연구와 정치학자들이나 문명사가들이 아시아 연구에 관심이 많다. 20세기 후반에 많은 서구학자들은 21세기는 아시아 세기라는 것에 이의를 제기하는데 반대가 없다.

19세기 헤겔 철학은 서구 중심의 사관을 전개하였다. 헤겔은 주장하기를 아프리카 문화는 유아에, 아시아는 청년에 비유하면서 서구문명이 성숙한 문명이라고 자부하였다. 헤르더(J. G. Herder)

와 칼 마르크스는 동양을 무시하는 철학이론을 전개하였다. 세 철학자는 아시아 국가들의 침체와 독재를 가지고 극동에서 자유인 이념(freier Mensch)은 불가능하다고 하였다.[1] 막스 베버는 비록 청교도 전통의 루터교 집안이었으나 동양 종교를 연구하면서 동양 종교로는 민주주의도, 자본주의도 불가능하다고 보았다.[2] 그러면서 아시아인들은 역사에 유례없는 욕심이 많은 사람들이라고 신랄하게 비판하였다. 아시아는 금욕적 종교를 발전시켰지만 현실과 이론은 다르다는 것을 지적한 것 같다. 이들은 너무 아시아를 비하하였다고 할 수 있겠으나 위대한 아시아를 외치기에는 무언가 아쉬운 점, 극복해야 할 숙제가 많은 것이 아시아이다. 아시아 나라 일부 국가들의 경제 성장을 말하지만 아시아에서 처음부터 순수 서구식 민주주의로 경제가 발전한 나라가 어디인가? 일본? 일본은 메이지 유신 이후 순수한 민주주의로 경제와 기술이 발전하였다고 말할 수 없다. 무서운 군국주의로 경제대국이 되어 미국과 영국에 도전하였지만 무참하게 패배하고 말았다. 일본은 보이지 않는 집단주의 사회이다.

1. 21세기는 아시아의 세기?

서구 우월주의 사관에 대하여 토인비는 중국을 중심으로 하는 아시아가 21세기에는 세계의 중심국가가 될 것으로 예언하였다. 스펭글러 역시 [서구의 몰락]에서 동양의 부상을 예언하였다. 지금

---

1) S. J. Park, "Preface," *The 21st Century - The Asian Century?*, eds., Takeshi Ishida, et al. (Berlin: Express Edition, 1985), 8
2) 막스 베버, 『힌두교와 불교:사회학적 분석』의 결론부분은 이 문제를 잘 설명한다.

인도와 중국은 인구와 경제규모에서 거대한 공룡이 되어가고 있다. 최근 에너지 위기와 건축 자재의 급상승은 두 나라의 경제발전으로 에너지 수요와 건축 수요가 급격하게 증가한데 가장 중요한 요인이라고 지적한다. 경제규모로 볼 때 중국은 곧 미국을 능가한다고 말한다. 90년대 이미 아시아의 용으로 통하는 중국, 한국, 대만, 홍콩, 싱가폴의 경제 성장은 전 세계를 놀라게 하였고 성장의 원동력을 유교에서 찾기도 하였다.

인도 출신의 미국인 학자 카나는 현대 국제정치는 EU, 미국 및 중국이 세계에 영향력을 미치는 3대제국이라고 말한다. 중국은 서서히 과거에 누렸던 중국(the Middle Kingdom)의 위상을 회복하고 있다는 것이다. 과거 공자의 관습을 다시 도입하여 자문을 통한 동의를 얻으면서 주변국가에 영향력을 행사하고 있다고 분석한다.[3] 그의 분석처럼 중앙아시아와 인도 및 러시아를 포용하는 국제정치기구를 조직하였는데, 이것이 소위 상해기구로서 아시아에서 미국의 영향력에 제동을 건다.

아시아에서 경제성장의 붐을 타고 기독교를 반대하는 극우파들이 서구의 쇠퇴를 논하고, 아시아의 세기가 도래하였다고 역설하는 자들이 있다. 대표적인 인물이 동경도 지사인 이시하라 신타료와 전 말레이시아 수상 마하틸이다. 이시하라는 오래전에 다음과 같이 말한 적 있다.

> 우리는 역사적 전환점에 있다. 말레이시아 수상 마하틸이 말한 것 같이 극동의 급격한 경제성장은 아시아 미래의 징조이다. 공산주의의 붕괴와 서구의 쇠퇴는 구라파 현대주의의 종

---

3) Parag Khanna, *The Second World: Empires and Influence in the New Global Order* (New York: Random House, 2008), xiii-xviii.

언을 의미하며 지구촌의 변화의 다이나믹한 힘을 그리워한다. 아시아의 세기가 다가왔다.[4]

그의 말대로 과연 아시아의 세기가 다가왔는가? 문제는 어떠한 아시아인가를 묻지 않을 수 없다. 우리가 아시아인이라고 하여 무조건 아시아를 찬양하는 것은 국제화 시대에 적합하지 않다. 우리는 기독교적 시각에서 아시아를 냉정하게 고찰하기를 원한다. 그러면 아시아는 어떤 대륙인가?

2. 아시아의 범위

지역 연구에서 아시아는 좀 복잡하다. 우선 지리적으로 아시아의 범위가 실제로 논란의 대상이 된다. 중앙아시아가 구 소련연방에 속하였을 때 중앙아시아는 아시아에서 제외되었다. 그러다가 구 소련연방의 해체로 중앙아시아는 아시아에 속하게 된다. 중동은 아시아에 속하지만 문화적으로 인종적으로 아시아라고 하기에는 너무나 복합적인 요소가 많다. 중동은 지리적으로는 아시아에 속하지만 문화적으로는 별도로 취급하기를 제안한다. 즉 '중양'으로 표현한다. 중동은 극동과 서양의 중간에 위치한 지역으로 문화적으로도 극동이나 다른 아시아 국가들과는 완전히 다르다. 아시아는 흔히들 정적인 문화라고 말한다. 그러나 현재 중동에서 일어나는 상황을 정적이라고 말할 수 없다. 세계의 격동지이다. 그래서 다음 장에서 중동을 중양으로 별도로 다루고자 한다.

---

4) Shintaro Ishhara, "A New International Order," *The Voice of Asia: Tow Leaders Discuss the Coming Century,* eds., Mahathir Mohamad and Shintaro Ishhara, (Tokyo: Kodansha International Ltd., 1995), 21.

먼저 [오리엔탈리즘]의 저자 에드워드 사이드는 서구중심의 편견적인 아시아 관에 정면 도전장을 던지지만 막상 그가 말하는 오리엔탈리즘은 극동이나 인도 등은 없고 오지 중동을 중심으로 생각한다. 사이드는 아시아인에 의한 아시아의 정체성을 개발하는 대표적인 학자이다. 그는 헌팅톤이 1993년 문명충돌론을 발표할 때 이에 정식으로 반대하는 입장에서 아사아론을 전개한다. 위대한 아시아론을 제창하는 자들도 없지 않다. 그러나 우리는 항상 겸손한 자세로 나를 보고 남을 보아야 할 것이다.

반면 중국이나 한국, 일본은 중동을 좀 먼 이질적인 나라로 생각한다. 중국, 일본 한국의 소위 극동은 서양 사람들에게서는 아주 멀리 떨어진 나라들이라는 인상을 가진다. 미국은 극동을 먼저 접촉하고 극동 중심의 국제 정치질서를 생각하였었다. 여하튼 아시아는 일본에서부터 터키까지의 중동 지역을 포함한다. 중동을 무조건 아시아에 포함시킬 때 문제가 일어난다. 이유는 북 아프리카도 중동에 속하기 때문이다.

언어적으로 동양과 서양이라는 말에는 이상한 뉘앙스를 풍기는 것도 있다. 아랍어로 서양(Occidental)은 'Maghreb' 혹은 'gharbi'로, 해가 지는 쪽을 의미한다. 동이라는 의미는 해가 뜨는 것을 의미한다. 생성과 시작의 의미를 가진다. 이 단어 해석은 서양을 좀 비하하는 듯한 인상도 준다. 영어의 오리엔탈은 라틴어 오리엔스(oriens)에서 파생된 것으로 동쪽을 의미한다. 이것이 명사로 변형될 때는 'orior'로 출현, 혹은 돋아나는 것을 의미한다. 영어의 'occidental'은 라틴어 'occidentalis' (서쪽의)에서 파생되었는데, 원어 'occido'는 해가 지는 것, 혹은 떨어지는 것, 죽는 것을 의미한다.

하지만 아시아는 이 언어 분석에 너무 들떠서는 안 될 것이다. 과연 영어 단어대로 서양은 기울어지는 석양이며 동양은 떠는 태양인가?

3. 많은 인구, 가난한 대륙

우선 아시아의 몇 가지 특징을 든다면, 인구가 가장 많은 대륙이다. 아시아는 전 세계 땅의 20%를 차지만 인구는 60%나 된다. 인종은 3천 종에 언어는 2천 개나 된다.[5] 전 세계는 매 2초마다 5명이 태어나는데 이중 3명은 아시아인이다. 10명중 6인이 아시아인인데, 종교와 문화는 산아제한이 보편화된 서구와는 달리 다산을 권장한다. 중국과 인도는 세계에서 첫째, 둘째 가는 인구가 많은 나라이고, 이슬람 국가들은 산아제한을 하지 않음으로 인구가 급속도로 증가한다. 아시아는 특히 청년 인구가 60% 이상을 차지한다. 옛날 우리 조상들은 사람은 제 먹을 것을 가지고 태어난다는 낙관론에서 많은 자녀를 축복으로 생각하였다. 과연 많은 인구가 복인가? 아시아는 많은 청년 인구를 먹일 식량, 직업, 교육, 복지 등은 준비되지 않은 대륙이다. 인도의 길거리에서 헤매고, 위험한 도로에서 밤을 새우는 청년들, 한국의 많은 청년 실업자들, 캄보디아와 미얀마의 일터 없는 청년들. 이라크에서는 청소년들이 일자리가 없어서 한 달에 2백 달러에 팔려 알 카에다에 가입하는 현실, 방글라데시의 가난한 부모들은 양육의 책임은 지지 않으면서 다산하고, 아이들을 거리로 내 몰아낸다. 심지어 한 팔을 잘라낸 다음 구걸하도록 한다는 끔찍한 소리도 들린다. 개발도상국가들의 청년들이 자기 나라에서는 일자리가 없어서 미국, 일본, 사우디 등 '잡' (job) 기회가 많은 나라로 가려고 안간 힘을 기울인다. 참으로 불쌍하다. 캄보디아 신학생과 함께 사는 자로서, 경험 한것은 이들의 의식주는 그야말로 불쌍하

---

[5] Saphil Athyal, "Introduction," in *Church in Asia*, ed., Saphir Athyal (Singapore: Asia Lausanne Committee for World Evangelization, 1996), 12.

다. 아침은 주로 안 먹는다고 하지만 먹을 경우 반찬은 아무것도 없다.

불행하게도 아시아 교회들 역시 가난하여 이들 청년들을 신학교나 교회로 끌어 들일 힘이 없다. 아프리카가 기아문제가 심각하지만 북한은 금년도 얼마나 굶어 죽을지, 그리고 방글라데시, 인도 등 많은 아시아 국가에서 매일 굶어 죽는 사람이 부지기수이다. 그러면서도 서구는 개인주의 문화이고 동양은 집단주의라고 하면서 집단주의를 찬양한다. 그러나 과연 이웃이 굶어 죽어가도록 방치하는 것도 좋은 면에서 집단주의인가? 참된 집단주의는 경제적으로도 공생공존이 되어야 한다. 빈부의 격차는 다 거론할 수 없다. 그러면서도 집단주의라고 하는데, 엄밀한 의미에서 집단주의란 공생공존이 될 때 집단주의라 할 수 있다. 중앙아시아의 경제적 상황을 5:15:80의 사회로 말한다. 즉 5%의 부유한 자들과 15%의 중간계층 사람들, 그리고 가난한 80%를 말한다. 이것은 중앙아시아의 상황만이 아니라 아시아 전체에 해당될 것이다.

4. 통일이 불가능한 다양성의 대륙

구라파도 사실 인종과 언어 종교가 좀 다양함에도 불구하고 구라파 연맹(EU)이 조직되었다. 하지만 아시아는 그러한 통일 기구를 구상하기에는 너무나 복잡하다. 종교, 문화, 전통, 인종, 언어의 다양성이 통일과 협력에 도리어 장애물로 작용한다. 어느 대륙보다도 땅, 자원, 물, 주도권을 놓고 분쟁과 갈등이 심한 대륙이다. 간디 같은 비폭력 저항을 외치는 성자를 낳았지만 동시에 빈 라덴 같은 무서운 테러리스트를 낳은 대륙이다. 군사비에 막대한 돈을 쓰는 대륙이 아시아이다. 미국, 러시아, 영국을 제외하고 군사비 비중이 높은 나라는 다 아시아에 있다. 중국, 일본, 북한, 한국은 군사비가 높은 나라이다. 특히 극동은 문화적 동질성과 유사성에도 불구하고 서로 불신하면서 이웃으로 교제한다. 즉 군비경쟁과 협력이 교차하는 대륙이다.

아시아는 종교 문화, 언어, 풍속 등에서 일부 국가끼리는 유사하여 서로 협력이 잘 될 것 같지만 실제로는 그렇지 못하다. 그래서 헌팅톤은 멕시코, 미국, 캐나다가 서로 협력하는 경제협력기구가 아시아에서는 어렵다고 분석하였다. 그 실례가 중국, 한국, 일본이다. 3 나라는 많이 통한다. 그러나 협력과 경쟁의 양면성으로 인하여 경제협력 기구는 어렵다. 일본은 러시아, 중국, 한국과 땅 문제를 놓고 항상 긴장관계를 형성한다. 태국, 캄보디아, 베트남은 같은 불교 국가이고 태국어는 크메르에서 많이 차용하였다. 그럼에도 3나라 관계는 항상 복잡하다. 인도와 파키스탄은 과거 한 나라였다. 그러나 종교 때문에 나라가 분리되고 말았고, 카슈밀 문제로 항상 준 전쟁 상태이다. 중동은 더 말할 필요도 없다.

5. 탈아입구(脫亞入歐)의 모순

아시아는 아무리 근대화를 하여도 변하지 않는 나름대로의 공통된 문화적 특징이 있다. 린드는 아시아 문화의 특징을 서구와 다른 것으로 다음 8가지 실례를 드는데, 내용은 1) 비충돌적, 타협적 의식구조 (non-confrontation) 2) 의사표현의 유보적 자세 3) 집단주의 사고방식 (group identification) 4) 권위주의 (authoritarianism) 5) 시간개념과 역사의식의 부족 6) 신분사회 7) 동양은 수치문화(shame culture)이고 서양을 죄 문화(guilty culture)로 단정하였다.[6] 아시아 문화를 정확하게 분석하였다.

그럼에도 불구하고 아시아는 문화면에서 이중성으로 고민한다. 한발은 전통에, 다른 한발은 근대화에. 아시아의 대부분의 나라들은 근대화하면서 전통문화를 희생해야 하는 고민을 안고 있다. 근대화는 결국 서구화이다. 서구화와 세속화는 영성과 종교성으로 충만한 아시아의 전통을 파괴한다는 위기의식이 팽배, 전통문화를 유지, 보존하려는 저항의식을 보인다. 여기서 문화의 보존자 노릇을 하는 전통 종교가 부흥하고, 전통 종교의 부흥은 오늘날 아시아를 종교 전쟁터로 만들고 있다.

아시아인들은 아시아의 자존심을 외치지만 아시아의 많은 정치가들이나 사람들은 아시아에 속한 것을 도리어 부끄럽게 생각하는 말을 서슴치 않았다. 대표적인 것이 일본이다. 일본은 19세기 후반 서구화하면서 청일전쟁과 로일 전쟁에서 승리하자 아시아의 맹주(盟主)를 자처하면서 탈아입구(脫亞入歐)를 외쳤다. 이 말은 아시아를 탈피하여 서구 문명 국가로 들어간다는 것이다. 물론 서구에 물어보지도 않고 스스로 서구에 속한다는 의미이다.

21세기는 소위 환태평양 시대라고 말한다. 환태평양 시대의 중심 국가는 일본이냐 중국이냐로 양분된다. 하지만 두 나라 다 유사한 문화 철학을 자랑한다. 일본의 정체성은 한마디로 화혼양재이다(和魂洋才)이다. 일본의 혼은 유지하면서도 서구 문명과 기술을 도입한다는 것이다. 중국 역시 중체서용(中体西用)이다. 중국의 문화 유산과 정신을 가지고 서구의 실용노선을 도입한다는 정책이다. 그래서

---

6) Mary Ann Lind, Asia: A *Christian Perspective* (Seattle: Frontline Communications, 1990), 124-32.

지금 중국은 더욱 기독교를 억압, 많은 선교사를 추방하고 있다. 올림픽 때 외국의 종교들이 선교할까 전전 긍긍한다. 일본 역시 종교의 완전한 자유가 있는 나라로 알고 있지만 실제로 기독교는 보이지 않게 차별당하는 나라이다. 회사나 기관에서는 은밀하게 각자의 신이나 신주 단지를 모시는 나라이다. 그래서 한 서양학자는 이러한 일본의 모습을 일본의 보이지 않는 얼굴로 묘사한다. 철저히 기독교는 배격하면서도 기독교적 서구문명의 이점은 취하는, 문화적 실리를 추구한다. 일부 아시아 학자들은 일본은 진정한 아시아 국가가 아닌 서구의 한 부분으로 간주한다. 일본 내에서도 일본은 아시아가 아니라는 주장이 제기된 적이 있다. 1886년 일본의 한 외무상은 아시아의 문 앞에 서구식의 제국을 건설할 것을 주장하였다. 일본은 서구화 하면서 소위 범아시아주의를 표방하여 2차 대전을 일으켰다.[7] 2차 대전을 일으킨 일본의 혼 혹은 정신은 일본은 태양신의 선택된 나라라는 배타적 민족주의의 선민의식이다. 유대의 선민의식은 방어적 선민의식인데 비하여 일본의 선민의식은 이웃나라에 대한 지나친 우월감과 정복적 사상을 배태한다는데 이웃나라를 항상 불안하게 한다. 독도 영유권은 한 실례이다.

그런데 바로 일본의 이러한 정책이 아시아 나라의 모델로 흠모의 대상이 된다는 점이다. 말레이시아의 수상이었든 마하틸은 노골적으로 일본이 정치, 군사적으로 아시아에서 형님노릇을 할 것을 제안하였다. 그의 동방정책인 'Look East'는 바로 일본을 모델로 경제건설을 하였다. 그는 철저히 중국인들의 개인주의적 상업주의를 거부하고 이슬람에 근거한 집단주의적 공동체를 견지하며, 권위주의적

---

7) Francois Godement, *The New Asian Renaissance: from colonialism to the post-Cold War*, trans., Elisabeth J. Parcell (New York: Route, 1997), pp. 7-8.

정치에 의하여 경제발전의 효율성을 강조한다. 마하틸의 이 정책은 물론 철저히 반 기독교적이라는 것은 말할 필요도 없다.

장쩌민 이후 중국은 이념의 갈등을 겪고 있다. 중국의 기독교 인구는 7천만 명에서 1억 명으로 추산한다. 비록 통계가 서로 다르지만 기독교가 가장 급성장하는 것은 분명하다. 그렇다고 중국에서 기독교만 성장하는 것은 아니다. 다른 종교도 부흥한다. 그래서 중국 정부는 기독교를 더 단속하면서 도리어 유교로 돌아가려는 조짐을 보인다. 유교의 권위주의와 공산주의의 집단주의와 권위주의가 통치철학으로 가장 좋다는 생각인지도 모른다. 그런데 최근 올림픽을 앞두고 중국 정부는 3자교회는 키워주고 대신 가정 교회는 철저하게 단속한다는 소문도 들린다. 보이지 않게 기독교에서 발전의 동인을 찾으려는 조짐이 보인다는 것이다. 중국 역시 미국을 따라 잡아야 한다는 강박 관념에 사로잡혔다는 것이다.

중앙 아시아의 카자흐스탄 대통령 다리가 나자르바예프 역시 카자흐스탄은 지리적으로는 "중앙아시아 국경에 있으나 중앙 아시아가 아니다. 우리는 유럽과 서구적 가치관이 특히 강하기 때문에 우리는 유라시아 국가의 하나이다. 우리는 일부 정치가들이나 언론인들이 말하는 것 같은 의미에서 결코 stan이 아니다."고 하였다.[8]

EU(유럽연합)가입을 열망하는 터키는 이슬람 문화권이라는 이유 때문인지는 몰라도 아직 가입의 가능성이 보이지 않는다. EU가 브레이크를 건다. 그럼에도 많은 터키 지식인들은 스스로를 구라파인으로 자처한다. 물론 구라파인들은 터키가 유로 축구 회원이지만 유

---

8) Irina Zviagel'skaia, "Russia and Central Asia: Problems of Security," in *Central Asia at the End of the Transition*, ed., by Boris Rumer (New York: M. E. Sharpe, 2005), 72-73.

럽인으로 취급하지 않는다. 인도의 브라마 계층의 상류층 사람들이나 미국에 사는 인도 지식인들에게 같은 동양인이라고 친절하게 접근하면 도리어 불쾌하게 여기는 것과 같은 태도다. 자신들은 아리안인들의 후손임으로 결코 오레엔탈이 아니라는 것이다. 여기에 아시아 정체성의 모순이 드러난다.

6. 종교의 대륙

아시아는 종교의 대륙이다. 세계의 주요 종교인 기독교, 이슬람, 힌두교, 불교, 신도, 도교, 조로아스트교 등 수없이 많다. 2007년도 미국의 한 권위 있는 종교연구소는 북한의 주체사상을 세계 10대 종교 중의 하나로 분류하였다. 인터넷 adherents에 나타난 세계 종교 인구는 기독교 21억, 이슬람 15억, 무종교인과 무신론자가 11억, 힌두교 9억, 중국전통종교가 3억9천4백 만명, 불교가 3억7천6백 만 명, 원시종교가 3억 명, 아프리카 전통종교가 1억 명, 시크교도가 2천3백만 명, 주체사상이 1천9백만명, 영지주의자가 1천5백만 명, 유대교가 1천4백만 명이다. 이들 대부분의 종교가 아시아에서 일어났다.

비기독교 아시아 종교도 많은 성자를 낳았다. 그러나 동시에 무서운 테러리스트를 계속 낳고 있다. 후자가 전자를 압도하기 때문에 아시아는 무서운 역동의 대륙이다. 종교로 인한 갈등과 테러와 내전이 끊이지 않는다. 이로 인하여 많은 종교학자들은 종교의 역기능을 심각하게 논하고 있다. 종교에 실망한다는 것을 의미한다.

기독교, 이슬람, 유대교는 같은 뿌리의 일신교이면서도 대립한다. 특히 이슬람과 유대교는 아브라함을 동일한 조상으로 말하면서도 서로 증오한다. 어느 일본 학자는 이것을 '근친증오증세' 라고 말한다. 그러나 일신교만이 갈등과 분쟁을 일으키는 것은 아니다. 스리랑카의 싱할리 불교와 타밀 힌두교 간의 끝없는 냉전은 물론 종교전쟁은 아니지만 종교가 화해자 역할을 못한다. 이라크 전쟁은 세 종교의 원리주의의 전쟁으로 말하기도 한다. 그로인하여 최근 한국의 SBS도 모든 종교 원리주의는 나쁘다는 식으로 방영하여 종교에 대한 거부반응을 부채질 한다. 종교의 역기능 문제가 심각하게 거론되고 있다.

토착화 신학, 상황화 신학을 논하는 진보적 아시아 신학자들은 아시아 종교의 영성을 자랑한다. 그래서 WCC.총회에서 기독교의 성령과 샤머니즘의 영을 동일시한다. 아시아 종교도 기독교 못지 않은 영성을 소유한다고 거창한 이론을 전개한다. 그런데 그 영성의 정의가 애매하다. 야고보서는 참된 경건을 고아와 과부를 돌보는 진정한 사랑이라고 하였다. 그런데 아시아 나라를 여행하면 차 타는데서 우선 짜증이 난다. 요금시비를 해야 한다. 거짓말, 불친절, 종교와 생활은 전혀 상관이 없다. 종교 국가일수록 부정부패가 너무 심하다. 해마다 독일의 한 연구기관은 세계 국가들의 부정부패 지수를 발표한다. 그러면 10등 안에 드는 나라는 인도네시아, 파키스탄, 인도, 나이지리아, 케냐, 중국, 중동 국가들이다. 종교가 강한 나라가 부정부패 항상 1, 2등을 차지한다. 아시아의 경건이 무엇인지 묻지 않을 수 없다.

아시아의 많은 나라들은 가난과 질병, 전쟁, 독재와 억압 등 산적한 문제가 있는데, 종교가 문제를 해결하기 보다는 원인제공자라는 비판을 받는다. 아시아의 가난과 종교 간의 상관관계를 연구한 인도네시아 신학자 Yewangoe는 아시아는 종교에서 해방 없이는 진정한 구원이 없다는 것을 역설한다. 그는 너무나 엄청난 가난(overwhelming poverty)과 다양한 얼굴의 종교를 대비적으로 고찰하였다. 그는 아시아가 어느 대륙보다도 더 가난한 원인을 종교에서 찾으려고 시도한다.[9] 아시아 종교는 속된 표현을 하면 병주고 약 주는 식이다. 아시아 종교의 양면성을 잘 설명해 준다. 아시아 종교는 가난에서 해방을 말하지만 이 해방은 내면적인 것이고 반면 도리어 영원히 속박하는 기능이 있다.

> 종교는 고통에서 해방하는 길을 가지고 있다. 반면 종교는 사람을 영원히 고통에 빠지게 한다. 피에리의 말을 빌리면, 종교는 가난과 같이 해방하는 것과 동시에 속박하는 측면도 있다. 즉 심리학적으로 혹은 사회학적으로. 심리학적 측면은 종교가 미신, 의식주의, 교리주의, 초월주의가 된다. 한편 사회학적으로 속박하는 측면은 종교가 억압적 현재의 상황을 정당화하는 것이다.[10]

다원주의 신학자들은 막스 베버를 인용하기를 기피한다. 그는 아시아 종교를 부정적으로 보는데, 그러나 대단히 의미있는 분석을 한다. 아시아에서 민주주의가 제대로 정착한 나라는 극소수에 불과하다. 투표로 정권이 바뀌는 것이 아니라 총알로 바뀌는 경우가 허다하며, 투표를 해도 '눈감고 아웅' 하는 식의 투표가 비일비재하다. 선거하고 나면 나라가 시끄럽다. 미얀마, 캄보디아, 태국, 인도, 테팔, 몽골 등 다 열거하면 너무 많다. 금년도 민주주의가 발전한 나라라고 하는 한국, 태국, 인도는 데모 양상이 완전히 과격하여 성숙한 민주

---

9) A. A. Yewangoe, *Theologia Crucis in Asia: Asian Christian Views on Suffering in the Face of Overwhelming Poverty and Multifaceted Religiosity in Asia* (Amsterdam: Rodopi, 1987), 3.
10) Yewangoe, 17.

주의가 아니라고 외신이 꼬집었다. 책임성과 남을 존중하는 민주주의 문화를 꽃 피우지 못하였다.

　아시아의 대부분 국가들은 수직적 사회 구조이다. 왕에서부터 말단 천민에 이르기까지 아예 서열화 되어 있다. 과거 한국의 '양반 상놈' 이상 계급사회를 형성하는데, 그것을 뒷받침하는 것이 바로 종교이다. 힌두교는 처음부터 아리아 인종의 우월성과 기득권을 유지하도록 교리가 만들어졌다. 낮은 계급 사람들이 힌두 신을 믿거나 경전이라도 읽으면 귀가 막히거나 눈이 멀어질 수 있다고 가르친다. 인간의 신분은 신이 이미 정해 놓았기 때문에 사람이 바꿀수 없다는 운명론 사상 때문에 사회 불만을 잘 참는다. 중국도 과거 왕만이 대제사장으로, 일 년에 두 번씩 천단공원에 가서 제사를 지낸다. 그 동안 대신들은 다른 장소에 대기해야 한다. 백성들은 조상제사나 드릴 뿐이다. 최고신을 섬기는 것은 왕의 몫이다. 동남아 소승불교를 막스베버는 귀족적 구원론으로 정의하였다. 구원은 승려나 높은 사람들이 우선하고 대중들은 업(karma)을 잘 쌓아서 다음 세상에서 높은 신분이나 승려가 되어야 한다. 이러한 종교 사상때문에 성직자나 무당은 신통력이나 일종의 마술적 힘을 가진 것으로 믿게 한다. 이러한 종교풍토에서는 사람이 신격화되기 쉽다. 과거 몽골이나 티베트 등 신비 불교에서는 처녀가 시집 갈 때는 중과 먼저 동침해야 한다. 처녀성은 남자를 죽이는 독성이 있는데, 중은 그것을 없이 한다는 것이다. 아시아에서 민주주의를 막는 것은 바로 아시아 종교이다. 아시아 종교는 동시에 자연을 비합리적으로 신격화한다. 모든 자연이 다 신이다..

　동양이 뒤진 것에 대하여 한국의 한 국제학 교수가 예리한 지적을 하였다. 서양이 중국보다 앞서게 된 가장 중요한 요소 중의 하나는 바로 근대사상의 발전이라고 할 수 있다. 특히 천부인권설을 비롯해 사회계약설과 삼권분립 사상은 서구 사회를 종교 중심의 절대주의와 왕권 신수설을 극복하고, 인간과 사회에 대한 올바른 관점을 정립하여 비약적으로 발전하였다. 그러나 중국을 비롯한 동양 사회는 유교적 통치 이데올로기에 의해 군주 일인의 천하 체계가 강력하게 유지되면서 오직 인간을 통치와 지배의 대상으로 간주, 개인의 창의력이 억제되고 경직된 사회분위기를 만들었다는 것이다. 즉 합리성의 결여된 권위주의 문화가 동양을 도리어 후퇴시켰다는 것이다. 종교가 권위주의 문화의 주범이라는 것이다.[11] 막스 베버 역시 힌두교와 불교 및 중국 종교를 분석하면서 동일한 결론을 내렸다.

7. 종교와 정치가 불순하게 동맹하는 대륙

아시아는 일반적으로 정치와 주류 종교(dominant religion)가 동맹하는 대륙으로, 종교가 정치를 정당화(legitimate)해 주고 대신 종교는 왕의 보호와 지지를 확보한다. 왕들은 종교를 통하여 국가의 발전과 안전을 기대하고 많은 절들을 짓는다. 그래서 아시아는 정치와 종교의 분리가 어려운 대륙이다. 양자의 결탁은 누이 좋고 매부 좋은 식의 사회현상을 일으킨다. 종교가 왕에게 힘을 실어 주는데 마다 할 이유가 없다. 권력은 신에게서 나왔다는 권위를 가짐으로 감히 백성들은 저항을 못하게 한다. 반면 종교는 정치권력을 등에 업으면 편리한 것이 많다. 재산도 많이 생긴다. 그러나 종교는 권력과 돈이 생기면 절대 부패하고 만다. 이점에서 아시아는 비극이 있다. 로마 카톨릭이 타락하고 러시아 정교회가 공산화된 것도 이러한

---

11) 소준섭, "실용함정에 빠진 중국, '주판' 괜히 만들었나," 「시사저널」 2008.7.29.: 73.

이유 때문이다. 권력과 돈을 가진 종교는 영적, 도덕적 힘을 상실한다. 소승불교 국가와 이슬람 국가는 특히 누이 좋고 매부 좋은 식으로 불순한 동맹을 맺음으로 오히려 국가 발전에 저해가 된다.

이슬람 국가에서는 데모가 적다고 할 수 있다. 그것은 문제가 적기 때문이 아니라 왕에 대한 저항이나 반항은 알라에 대한 거역이 될 수 있다. 또 권력은 무자비하게 진압한다. 1980년 초 시리아의 한 도시는 대통령에게 엄청나게 저항하였다. 그러자 대통령은 군대를 동원해 시민들을 무차별 죽이고 시체무덤을 산으로 만들고, 그 위에 대형 호텔을 세웠다.

독일작가 Karl Witfogel은 저서 *Oriental Despotism: A Compartive Study of Total Power*(동양의 독재: 전체주의 권력의 비교연구)에서 아시아 국가들은 서구 식민주의의 종료와 더불어 의회 제도가 도입됨에도 불구하고 정치 지도자들은 관료주의적 관리정치에 매력을 더 느끼는데, 이유는 이러한 식의 정치가 강한 나라를 만든다는 것이다. 그러나 반면 비관료적인 사적인 분야는 약화된다. 사회의 모든 분야에 자율성이 없으면 민주주의가 발전할 수 없다.

8. 공산 이데올로기가 존재하는 대륙

다니엘 벨은 일찍 이데올로기의 종언을 말하였으나 아시아는 아직도 이데올로기로 사회갈등과 심지어 내전을 겪고 있다. 한국은 남남 갈등이 심화되고 있고, 네팔은 공산 혁명이 성공하여 왕정을 무너트리고 민주주의 국가 건설을 시작하였다. 그러나 2008년 여름 공산당 주도의 여당은 부정선거로 공산정권은 시작부터 혼란이 일어나고 있다. 부정과 부패를 일소하기 위하여 왕정을 철폐하고 민중들에게 희망을 줄 것으로 기대하였으나 민주주의 앞날이 순탄하지 않다. 아시아는 공산 이데올로기를 낳을 수 있는 철학적 바탕은 약함에도 불구하고 공산주의의 실험장이 되고 말았다. 동구와 러시아에서 실패한 이데올로기가 아직도 아시아에서는 영향력을 행사하여 기독교를 위시한 종교를 억압하는 정치가 계속되고 있다. 2차 대전 이후 아시아의 많은 나라들은 공산국가가 되거나 혹은 경제적으로는 사회주의 노선을 채택하여 도리어 경제가 후퇴하였다는 자성론이 일어나고 있다. 힌두교의 인도나 불교의 스리랑카, 이슬람의 중동 국가들은 사회주의 경제적 정책을 실험하였지만 재미를 보지 못하고 말았다. 아시아의 문화적 집단주의가 집단주의의 사회주의를 선호하였지만 경제적으로는 정의와 상호 봉사의 공생공존의 사회주의를 건설 하는데 실패하고 말았다. 경제적으로는 도리어 약육강식의 개인주의 사회가 되어버렸다. 빈부의 심각한 격차는 아시아가 안고 있는 고민이라고 본다. 나누어 가지려는 정신적 바탕이 없는 가운데 시행한 경제적 평등주의는 도리어 경제적으로 하향평준화의 악순환만을 초래하였다. 계란을 낳는데 신경 쓰지 않고 갈라 먹는 데만 더 치중하다가 건전한 자본주의를 발전시키지 못하고 말았다.

 정치적으로는 아직도 서구적인 민주주의를 발전시키기는 시간이 요한다. 많은 나라들이 권위주의적 정치 형태를 가짐으로 국민투표에 의하여 정권이 교체되는 나라는 아직도 적은 편이다. 많은 나라에서는 국민투표도 항상 부정시비로 얼룩진다. 투표도 그림으로 하는 나라도 있을 정도이다.

9. 아시아는 식민주의 비난할 자격이 없다.

아시아의 지식인들과 학생들이 미국과 서양을 비난할 때 등장하는 단골 메뉴는 서구 식민주의이다. 물론 기독교적 서구가 식민지를 한 것과 로마 카톨릭의 십자군 전쟁, 스페인과 포르투갈이 신 대륙을 발견하면서 로마 카톨릭 깃발을 꽂는다는 명분으로 식민지를 한 것은 씻을 수 없는 오점을 남겨 선교에 막대한 지장을 초래한다. 심지어 선교도 식민지의 앞잡이였다고 비난한다. 그러나 이러한 비판에 내재하는 모순을 지적하지 않을 수 없다. 아시아 지도자들은 아시아에서 모이는 세미나나 대회에서 마음껏 미국을 욕하고는 다음 날 미국 가는 비행기를 탄다. 그들의 거주지나 활동 무대가 주로 미국이다. 미국을 맹 비난 사이드 역시 팔레스타인 사람으로 자기 나라에서는 살지 못하고 미국 시민으로 생을 마쳤다. 그렇다면 비판의 우선권과 목적은 무엇인가? 비판을 통하여 문제를 개선하려면 먼저 자기 출생지 사회나 국가부터 염려하면서 예리한 비판을 해야 한다. 아이러니한 사실은 반미 감정이 높은 한국은 가장 많은 유학생을 미국에 보내었다.

아시아 지식인들과 청년들의 반 서구 비판은 윤리기준이 모호하다. 감정적 비판인가? 아니면 윤리적 근거를 가지고 하는지? 다분히 감정이 많다는 사실은 반미, 반서구의 모순은 지적하지만 아시아 강대국도 식민지를 하였고 지금도 하고 있다. 2008년 티베트 사태에서 중국은 티베트와 위구르를 먹었다는 것이 극명하게 드러나고 말았다. 위구르 망명정부가 터키에 있다. 일부 서양 언론이 중국을 비난하자 중국 청년들이 그 나라 제품 불매운동을 전개한다. 중국 청년들의 도덕적 기준과 국제 감각이 결여된 맹목적 애국주의는 안타깝다. 가치관이 무언가 잘못되었다. 국민교육이 잘못된 것이다. 내몽골 역시 중국이 점령한 것이다. 인도도 동북구 나가랜드 7주를 점령, 항상 경계의 고삐를 늦추지 않고 외국인이 그 지역을 방문하면 경찰이 따라 다닌다. 중국과 인도가 약한 이웃을 먹었기 때문에 서로 주고 받기식의 외교를 한다.

　중동 국가들은 더 서구 식민주의를 비방한다. 중동은 영국 등 서구 열강의 희생물이 된 것은 역사의 현실이다. 나폴레옹의 이집트 원정은 이슬람의 중동에 상처를 주었다. 자존심이 여지없이 무너지고 말았다. 그러나 아랍도 침략자이다. 무하마드 등장 이후 그의 후계자들은 칼로 중동 전 지역과 동구 일부, 스페인 및 북 아프리카까지 점령하였다. 예를 들면 이라크의 후세인은 원래 이라크 사람이 아니다. 원 이라크 사람은 성경에 나오는 앗수르 사람들이다. 요나의 설교에 회개한 앗수르인들이 본래 이라크 사람이다. 그러나 그들은 지금 뒷전으로 밀려 난지 수백 년 되었다. 독일은 이웃나라들에게 침략의 죄를 철저히 사죄하였다.그러나 일본은 아직도 적당한 성명서로 얼버무리고 있다. 여기에 동양과 서양의 차이가 드러난다.

제2장
중동인가? 중양인가?

서론

수년 전 빌리 그래함 박사가 뉴스위크지 기자와의 인터뷰에서 성경의 주 무대가 중동이었는데, 앞으로 세계도 중동에서 중요한 사건이 일어날 것으로 말한 적이 있다. 대단히 적절한 지적이다. 중동은 항상 국제 뉴스의 초점이 되고 있다. 석유 에너지의 보고가 중동이기 때문에 중동은 전략적으로 중요하여 서구 열강의 각축장이 되고 말았다. 지형학적으로도 동과 서가 만나는 지역으로, 유일신 종교를 탄생시킨 지역으로, 그리고 문명의 발상지로서 대단히 중요한 지역이다. 특히 기독교는 중동이 성지이며, 성경무대의 중심지이다. 그래서 종말의 아마겟돈 전쟁론을 그대로 믿는 자들은 중동이 아마겟돈의 중심지라고 확신한다. 70년대 오일 쇼크 때 미국 시대주의 신학자 John E. Walvoord는 [아마겟돈 오일과 중동위기]에서 이스라엘의 건국, 오일 쇼크 등은 성경이 예언한 종말의 징조가 가시화된 것이라고 주장하였다.[1] 그리고 다니엘서 9:27을 근거로 중동에서 강

---

1) John E. Walvoord, *Armageddon, Oil and the Middle East Crisis*. (Grand Rapids: Zondervan, 1990), 11-13.

력한 세계적 지도자가 등장할 것으로 해석한다. 그러나 현재 중동은 파워 게임 역시 복잡하여 세계까지 움직일 지도자 등장의 조짐은 보이지 않는다.

9·11테러 이후 우리 언론이나 미국의 언론마저 위에서 언급한 묵시록적 역사해석을 기독교 극단주의 혹은 원리주의로 비난한다. 기독교 원리주의를 비판하는 대표적인 사상으로 이 책을 지목한다. 그러나 중동이 뉴스의 초점이 될 만큼 역동적인 것은 중동의 오일이나 지리적 중요성 때문은 결코 아니라고 생각한다. 중동은 세계 어느 지역보다도 정치, 경제, 사회, 교육의 어느 분야보다 종교를 우선시하는 이슬람 극단주의와 유대교 극단주의, 기독교 극단주의가 충돌의 요인을 제공하는 현실을 무시할 수 없다. 이라크 전쟁을 무슬림 학자마저 유대교, 기독교, 이슬람 원리주의의 충돌로 단정한다. 특히 유대교와 이슬람의 종말론은 아마겟돈 전쟁을 가능하게 하고도 남는다. 이슬람 극단주의자들의 종말론도, 종말에는 유대인들이 이스라엘로 돌아오게 되고, 알라와 야웨가 한 바탕 전쟁을 해서 알라가 유대인들을 다 죽인다고 한다. 물론 코란에는 이와 유사한 가르침이 있다.

유대교의 극단적인 랍비들도 비슷한 종말을 믿는다. 메시야는 새로 지어질 제3의 성전에 재림할 것으로 확신한다. 그런데 그 성전에는 지금 모스크가 서 있다. 그 이론대로라면 모스크는 파괴되어야 한다. 2000년도(7,000년째 천년왕국 시대로 해석) 소수의 미국 기독교 과격주의자들은 모스크를 파괴하기 위하여 무기를 몰래 가지고 들어오다가 이스라엘 정보원에 발각되는 일이 발생하였다. 한국 교회 교인 중에도 이스라엘을 하나님의 선민으로 해석하고 유대인들이 이스라엘로 돌아가도록 돕는 일을 하는 자들이 있다. 이 시나리오대로 모스크를 파괴할 때 일어날 결과는 아마겟돈 전쟁이 되고

도 남을 것이다.

정치적으로 중동은 석유를 무기화하고 있다. 그래서 70년대 이미 자원민족주의가 일어났다. 중동은 이슬람과 석유를 중심으로 OPEC를 조직하여 국제정치에서 막강한 힘을 발휘한다. 그리고 정치 구조는 민주주의와는 거리가 멀지만 아랍 두바이를 위시하여 7개 아랍 국가들은 비약적인 경제 발전을 이룩하고 있다.

미국과 서방은 물론 일본과 한국마저도 테러를 극도로 경계하고 있다. 한국에도 이슬람 테러분자들이 들어왔다가 경찰에 추방당하는 일이 있었다. 테러의 진원지가 불행하게도 중동이라고 해도 과언이 아니다. 이라크 전쟁은 좀 진정이 되었다고 하지만 늘 자살 폭탄 소식이 그치지 않는다. 일본 정치학 박사 타나카 아키히토는 저서 [복잡성의 세계: 테러의 세기와 일본]이라는 저서에서 21세기를 아예 테러의 세기로 단정한다.[2] 그는 9·11테러를 새로운 시대의 시작으로 본다. 테러리스트를 '광기의 천재'로 묘사하고, 테러의 특징으로 비 국가 주체능력이 향상된 시대라고 단정한다. 그는 세계를 1) 안정된 민주주의 국가, 2) 국가와 국민들이 근대화를 이룩하기 위하여 노력하는 국가군, 3) 사회질서가 붕괴되고 국가가 명목상으로만 존재하고 나라로 분류하는데, 테러는 주로 3째 국가군에서 발생한다. 빈 라덴은 이들 나라를 근거지로 하는데, 잔학하고 파괴적이지만 정치적 명확성이 없다고 말한다. 빈 라덴의 테러는 정치적 이유를 들지만 설득력이 약하다. 도리어 근저에는 종말론적 정치이념이 깔려있다고 정확하게 진단한다.[3]

국제정치학자들은 중동은 서로 불신하고 배신하는 지역으로 단

---

2) 田中明彦 『複雜性の世界 : テロの世紀』(勁草書房, 2003), 4.
3) 田中明彦 138-39.

정한다. 중동을 비꼬는 재미있는 이야기가 있다. 나일강 백사장을 걷던 전갈이 나일 강에서 헤엄치는 개구리를 향하여, "개구리야 나를 등에 태워 함께 여행하면 어떻겠니?" 한다. 개구리 왈, "그러면 나를 잡아먹게." 하자 "그러면 나도 죽는데" 하고 전갈이 응수한다. 개구리는 전갈을 등에 업고 한 참 헤엄치다가 본색을 드러낸다. 개구리를 잡아먹으려고 한다. 개구리 왈, "이러면 함께 죽는데" 하자, 전갈, "이것이 중동이야" 하면서 함께 죽고 말았다. 이 우화는 서구의 국제정치학자들이 즐겨 인용하는 것으로, 중동은 서로 죽을 줄 알면서도 싸운다는 것을 빗댄 것이다. 미국만을 비난할 수 없다. 두바이 공항에서 이라크에 유엔군으로 참전한 우간다 병사를 우연히 만났다. 그 병사는 만약 미국이 이라크에서 철수하면 두 파의 전쟁으로 이라크는 피바다가 될 것이라고 하였다.

중동은 지리적으로, 문화적으로 아시아에 속한다. 스스로 동양문화로 말하고 자신들도 오리엔탈로 자부한다. 에드와드 사이드는 저서 오리엔탈리즘에서 서구의 오리엔탈리즘 연구는 편견과 무지로 일관되었다고 불만을 터트렸는데, 그가 말하는 오리엔탈은 너무 중동 중심으로 생각한 나머지 중국이나 인도, 일본은 논의에서 제외시키고 만다. 사실 서구가 오리엔탈을 말한 것은 중동 보다 중국이나 인도 일본이었고 중동은 후일에 소개되었다. 기독교적 서구는 중세기 때는 이슬람의 중동과는 긴장과 갈등의 관계였다. 종교개혁자 루터나 칼빈이 알았던 중동은 주로 터키였지만 부정적 이미지가 강하였다. 로마 카톨릭 신학자 토마스 아퀴나스는 이슬람을 염두에 두고 신학을 논할 정도였다.

1. 중동의 정의

중동(Middle East)이라는 용어는 서구가 만든 언어로, 기원은 20세기 초기로 거슬러 올라간다. 서구 식민지 관점에서 시작된 이 용어가 지금은 온 세계가 인정, 그대로 사용되고 있다. 중동이라는 용어를 만든 자는 19세기 이후 중동을 식민지로 삼은 영국이다. 영국의 지역연구자들이 런던을 기점으로, 런던에서 먼 중국, 일본은 극동으로, 런던에서 가까운 발칸반도 지역은 근동으로, 그리고 3대륙을 접하는 중동은 그 중간에 위치한다고 중동(the Middle East)으로 정의하였다. 쉽게 풀이하면 동쪽의 중간이라는 의미도 되겠다. 따라서 중동이라는 용어는 이념적 혹은 문화적 차원에서 붙인 이름이 아니라 지리적인 개념이다.

중동은 이렇게 광범위 함에도 불구하고 하나의 범주로 취급되는 것은 이슬람을 배경으로 하는 종교, 문화, 언어, 인종의 동질성이 중요한 원인이라고 본다. 여하튼 중동은 지리적으로는 3개 대륙이 교차함으로 극동이나 동남아와 다른 것이 너무나 많은, 지정학적으로 중요한 지역이다.

지역적으로 중동이란 서남부의 이란, 이라크, 시리아, 터키, 이스라엘, 요르단, 레바논 사우디아라비아, 예멘, 오만, 아랍에미리트, 이집트, 리비아, 수단, 알제리, 모로코, 튀니지를 의미한다. 이들 나라들 중 이스라엘, 이집트, 에티오피아, 이란, 이라크, 아라비아, 시리아, 요르단 등은 성경의 배경이 되는 지역이나 나라이다. 지금은 이스라엘과 이집트, 소아시아가 성지로 관광 대상이 되지만 이란, 이라크도 성지관광 차원에서 관광하는 때가 올 것이다.

이슬람 연구가 루이스는 "중동은 오래되면서도 뿌리 깊은 정체성의 지역으로 현재 엄청난 변화를 겪고 있다. 따라서 이 지역 연구는 복잡하여 결코 단순하지 않다"고 하였다. 그는 중동의 아이덴티티를 종교, 인종, 언어, 국가, 민족, 문화적 관점에서 서술하였다. 지정학적으로는 중동은 아시아, 유럽, 아프리카가 만나는 지역이고 종교적으로는 유대교, 기독교, 이슬람을 낳은 지역이다. 세 종교는 아브라함을 조상으로 하는 셈족 종교로 많은 공통점을 공유하고 있다. 그러나 중동하면 흔히들 이슬람 국가들만을 생각한다. 중동에는 이상의 세 유일신 종교 외에 조로아스터교, 마니교(어거스틴이 청년 때 신봉하였든 종교)가 있으며 이슬람도 많은 소수 종파가 있다. 수니파, 시아파, 수피파 외에도 알라위파 등 다양하다. 시리아의 대통령은 알라위 신자이다. 기독교도 우리가 전혀 모르는 세례 요한파가 있다. 더 중요한 것은 고대 페르시아는 종교학적으로 관심의 대상이 되고 있다. 힌두교, 불교, 태양신 숭배, 이슬람의 악과 선으로 구분하는 이원론적 세계관은 다 페르시아의 영향으로 본다. 중동은 아랍인만 있는 것으로 생각할 수 있으나 페르시아(이란) 외에 터키와 유대인도 고려 대상으로 해야 한다. 중동은 아랍, 투르크, 페르시아, 유대인이 서로 경쟁 대립한다. 한국 외무부가 중동의 에너지 자원과 중동 자금을 끌어들이기 위하여 한 아랍 소사이어티를 조직하였다. 본래 아이디어는 한 중동 소사이어티였다. 그러나 아랍 국가들은 중동이라는 말을 쓸 경우 이스라엘도 포함된다고 하여 부득이 아랍으로 양보하였다는 것이다. 아주 민감한 문제이다.

2. 중동연구의 시작

중동에 대한 관심은 대체로 17세기 후반부터 서구에서 문화, 종교, 풍속에 대한 호기심에서 시작된다. 서구의 오페라 작품에는 무어인, 투르크인, 페르시아인이 소재로 등장한다. 문학적으로는 워싱턴 어빙(Washington Erving: 1798-1863)이 [마호메트와 그의 후계자](Mahometand His Successors)라는 작품을 썼으며 [예수전]을 쓴 프랑스 작가 르낭(Ernst Renan: 1823-1892) 역시 [이슬람주의와 과학](Islamismand Science)을 썼다. 르낭은 예수의 역사성을 부인하였다. 그는 활력 있는 서구 문화에 비하여 이슬람 문명의 쇠퇴를 예고하였다. 당시 중동을 소개한 자들은 동양 정부의 정치적 부정부패가 가장 관심의 이슈가 되어지고 여기에 근거하여 중동의 이슬람 문화는 쇠퇴할 것이라고 판단하였다. 그러나 그 판단은 빗나간 셈이다.

중동 연구에서 빼 놓을 수 없는 인물은 나폴레옹이다. 프랑스가 이집트를 지배한 것은 불과 몇 년 되지 않지만 지금도 이집트는 프랑스를 알아줄 정도이다. 나폴레옹은 고대 이집트 문명 연구를 위하여 150명의 과학자들과 동양 연구자들(Orientalists)을 데리고 왔고, 이 연구의 결과로 24권의 방대한 이집트 연구서 Description de l' Egypt가 나왔다. 카이로의 유명한 유물인 스핑크스의 코가 흉하게 남아 있는데, 이집트인들은 코를 망가트린 자는 아랍인이 아니면 나폴레옹 군대라고 생각한다. 그러나 나폴레옹은 이슬람 문화를 존중하라고 지시하고 스스로 무슬림의 복장을 하고 모스크에 가서 기도하였다. 하지만 부하들의 간청으로 중지하였다고 한다. 다음 중동연구에 가장 흥미를 주는 자는 유명한 영국군 정보 장교 로렌스(T. E. Lawrence:1888-1935)이다. 그의 모험담은 이미 한국에도 소개되었다. 그는 아라비아 등을 주 무대로 하면서 아랍 부족장들이 오토만 제국에서 해방하도록 자극한다. 로렌스의 중동 소개와 중동에서 그의 활동은 전설적이면서도 긍정과 부정 양면성을 가진다. 19세기 후반 여행가들의 중동 소개는 학문적으로 칼 마르크스나 막스 베버 및 에밀 두르까임 같은 학자들에게도 영향을 주었다고 한다.

중동 연구는 신학에도 영향을 주었다. 흥미롭게도 19세기 성경의 고등비평주의 발전이 중동 연구에 관심을 가지게 하였다. 성경 고전어, 특히 히브리어 등 셈족 언어 연구의 발전과 구약의 역사성을 고고학적으로 입증하려는 학문적 노력은 불가피하게 중동연구가 필수적이었다. 아이러니한 사실은 중동의 이슬람과 아랍연구에 학문적 관심을 가지도록 자극을 일으킨 자는 유대인 학자들이었다는 것이다. 당시 구라파에서 반 유대인 정서가 확대되자 유대인들은 여기에 대한 대안으로 다른 셈족들의 연구로 탈출구를 모색하였다. 그러나 고등비평주의자 중에서 중동을 연구한 유명한 신학자는 영국의 스미스(W. Robertson Smith: 1846-1894)인데 그는 도리어 문화인류학적 방법으로 중동을 연구한 끝에 역사 비평주의를 도입한다. 역사비평주의란 성경도 다른 고대 문서와 같이 저자나 역사성을 검증받아야 한다는 것이다. 스미스는 29살의 나이에 성경번역의 위원이 되고 대영백과사전의 편집자가 될 정도로 석학이었다. 그러나 중동 연구를 기초로 한 역사비평주의로 인하여 스코틀랜드 자유교회 총회는 그를 이단으로 정죄, 아버딘 대학 교수직을 박탈한다.[4]

우리는 한국에서 중동연구나 아랍 연구에 대하여 학문적 유감을 언급하지 않을 수 없다. 한국에는 중동학회, 이슬람 학회, 아랍학회, 지중해 학회가 있다. 이들 학회들은 교육부 산하의 학술진흥재단의 연구비를 받아서 많은 저서와 연구 논문들이 나온다. 그런데, 이들 연구서의 상당수는 학문적 가치를 스스로 떨어트리고 있다. 이유는 이슬람 편향으로 말미암아 학문적 중립성과 객관성을 상실한다. 중동관련 연구자들이 주로 이슬람 국가에서 연구하였기 때문에 이슬

---

4) Dale F. Eickelman, *The Middle East and Central Asia:An Anthropological Approach* (Upper Saddle River,New Jersey:Prentice Hall, 2001), 25-37의 내용 요약임.

람 편향이 불가피하게 되어졌다고 본다. 반면 일본은 지역연구가 세계적으로 가장 발전하였다. 중동, 아랍, 이슬람 관련 연구서가 많이 나온다. 그러나 이들은 주로 일본에서 아랍, 중동을 연구하여 학문적 중립성을 가진다는 사실이다. 이러한 연구결과에서 중동을 중앙으로 정의하는 학파가 등장하였다. 이하를 다룸에서 참고한 일본어 도서나 자료를 캄보디아에 있어서 인용하지 못한 것을 아쉽게 생각한다.

3. 왜 중양(中洋)인가?

우리는 중동인들을 대하면서, 그리고 중동을 직접 보면서 느끼는 것은 중동을 동일한 동양으로 취급하기에는 무언가 이질적인 것이 너무나 많다. 그렇다고 서구도 아니다. 그래서 일본에서는 중동을 연구한 학자들과 일부 고등학교 교장들이 중양학회를 만든 지 오래 되었다. 아예 중동을 '중양'으로 표현한다. 일부 학자들은 중동을 아시아에서 제외시킨다. 일본의 아시아경제연구소는 [2005년 아시아 동향 보고서]에서 중동은 제외되었다. 그러면 중양 이론의 근거는 무엇인가?

첫째로 문명을 형성하는 소재를 중심으로 동양, 중양, 서양으로 구분할 수 있다. 일본인 학자 마츠모토 켄이치는 세계 문명을 모래 문명, 돌 문명, 진흙 문명으로 구분한다. 중국, 인도, 일본의 동양은 진흙문명이고 서양은 돌 문명, 이슬람은 모래문명으로 말한다. 이들 세 문명은 각자의 특징이 있다. 모래문명은 네트워크를 형성하는 타입이고, 돌 문명의 서구는 외향성이 강하여 바깥세계로 뻗어나가는 형이고, 아시아의 진흙 문명은 내적으로 축적하는 힘이라고 분석한

다.[5]

　그러나 세계 문명을 3분류한 것은 고대 희랍의 한 역사가가 그러한 시도를 하였고, 켄이치의 3분류도 중세 무슬림 학자 이븐 할도운(イウン ハルドウーン)의 [역사서설]에서 인용한 것에 불과하다. 흥미로운 사실은 이븐 할도운은 아랍문명을 높이 평가하지 않았다는 사실이다. 그는 문명이란 아랍어는 'umran'인데, 건설을 의미하며, 문명은 동시에 도시와 동의어라는 것이다. 할도운은 세 문명을 비교하기를 진흙 문명은 농업을 주로 하기 때문에 정착민으로 문화를 건설한다. 그는 아랍 민족은 유목적 사막 민족으로 규정한다. 낙타로 대상이나 생업을 유지하다 보니 낙타 위주의 구릉지대를 중심으로 생활근거지로 하다보니 문명을 발전시키지 못하였다는 것이다. 그는 '사막의 아랍족은 야만'이라는 결론을 내린다. 하지만 성벽 없이 방어해야 하는 지형적 조건으로 인하여 용감하였는데, 반면 용감한 자는 약한 자를 정복할 힘이 있다고 하였다. 시사하는 바가 크다.

　중동을 중앙으로 보는 또 다른 이유는 피부이다. 중동인 혹은 아랍, 심지어 유대인 및 터키도 피부는 황색의 아시아인과는 다르다. 외형은 서양인처럼 백인에 가까운데, 머리털은 다르다. 중동은 남녀 할 것 없이 이발 문화가 발전하였다. 수염도 강해서 우리처럼 부드러운 면도날이 아니다. 심지어 공중 화장실의 남자들 소변기는 동양인의 체격에 맞지 않는다. 음식 문화마저 중동은 동양과 서양의 중간이라 해도 과언이 아닐 것이다.

　문화인류학자들은 동양문화는 정적이고 서양은 동적이라고 말한다. 불교문화권의 사람들이나 일본, 중국, 인도인들은 조용해 보인

---

5) 松本健一 『砂の文明, 石の文明, 泥の文明』(PHP硏究所, 2003), 10-28.

다. 한국 사람들은 시끄럽다고 말한다. 그렇다고 한국인들을 동적인 사람으로 말하지 않는다. 미국 영화 '쿵푸'에 나오는 중국인 주인공은 아주 조용하지만 무술은 엄청나서 건장한 백인이 못 당한다. 그러나 중동 사람들을 보고 조용하다고, 혹은 정적이라고 말하면 무언가 잘못되었다고 생각한다. 아주 다이나믹한 사람들이다. 그래서 거리의 운전도 와일드하다. 중동의 난폭한 운전은 사막의 말 달리기 식이라고 말한다. 캄보디아도 자동차 질서는 법도 없다. 그러나 나름대로 양보문화가 있어서 거칠다고 볼 수 없다. 서구인들도 난폭한 무법자가 있지만 비교적 법질서는 지킨다. 그러나 중동에서 법 질서는 아직도 부족하거니와 너무 난폭하게 보인다.

 중동은 종교적으로, 특히 이슬람은 달리 생각할 여지가 있다. 동양 종교는 대체로 명상과 참선의 정적인 종교로 생각한다. 그리고 개인적으로 도를 통하여 무아무념의 경지에 이르고, 보이지 않지만 궁극적 실존인 브라마(brahma)나 닐바나(nirvana)에 합류한다. 중국이나 일본 사람들은 사람이 죽으면 영은 다시 산다고 믿는다. 사람들은 대체로 영혼불멸설을 믿는다. 종교의 이름으로 어느 종교는 미워하라고 가르치지 않는다. 자기 종교로만의 절대 진리와 구원을 주장하면서도 다른 종교를 노골적으로 정죄하지는 않는다. 샤머니즘, 불교, 유교, 도교는 주로 개인을 대상으로 종교행위를 하도록 가르치고 포교를 한다. 아시아에서 불교 국가, 유교 국가, 힌두교 국가라고 말하는데, 신도나 힌두교를 제외하고는 국가 전체가 처음부터 한 종교를 택하라고 가르치는 것은 없다. 그런데 왕들이 종교를 국교로 하였는데, 이유는 그 종교를 통하여 국리민복을 원하였다. 즉 나라도 태평하고 백성들도 잘 되게 한다는 것이다. 종교가 처음부터 사회는 국가를 통합하는 수단으로 하려고 한 것은 일본의 신도에 불과하다. 석가모니는 도를 위하여 왕의 직분을 버린 자이다. 그런데 무하마드는 처음부터 종교 지도자이며 정치 지도자이며 군사 지도자였다. 종교와 정치의 분리가 없었다. 종교를 통하여 당시 사막의 서로 싸우는 부족들을 통일하는 수단으로 삼았다. 그래서 이슬람에는 개인주의는 불가능하였다.

이점에서 사막의 종교인 이슬람은 순수한 정적인 동양 종교로 취급할 수 없다. 너무 동적이다. 이슬람은 한국에서 "코란이냐 칼이냐"는 말은 서양 기독교가 이슬람을 비하하기 위하여 만든 말이라고 강조하면서 역사교과서에서 그러한 내용은 다 삭제하는데 성공하였다. 하지만 이슬람은 칼로 중동과 아프리카를 정복하였다. 지금도 더 무서운 무기로 세계를 위협하는데, 그것은 정치적 주장이 아니라 다분히 종교적 내용을 깔고 있다. 유대교 역시 사랑의 종교가 아니라 보복심이 강하다. 두 종교 다 '이는 이로, 눈은 눈으로'를 외친다. 그러니 중동이 편안할 수가 없다. 많은 학자들은 이슬람은 종교로 보다는 이데올로기로 해석한다.

이념적으로 중동은 무신론 공산주의를 정죄하면서 경제 제도는 사회주의를 채택하였다. 중동 국가들은 다양한 이념을 실천하였다. 경제적으로는 사회주의부터 자본주의를 채택하는 다양성을 보인다. 소련이 이슬람 국가 아프간을 점령할 때 움마 공동체를 부르짖는 이슬람 세계는 무신론 공산주의로부터 아프간을 해방시켜야 한다면서 무슬림들의 힘을 뭉쳤다. 그 힘으로 마침내 러시아를 퇴각시켰다. 그러나 이상하게도 경제면에서는 상당수 중동국가들은 사회주의를 수용하기도 한다. 알제리와, 이집트, 이라크, 리비아, 시리아, 예멘은 사회주의를, 남예멘은 공산주의를, 쿠웨이트와 요르단, 모로코는 국가 자본주의를 실천하였다. 동시에 이슬람 가치관에 근거한 자신들의 이데올로기도 발전시키고 실행해 보았다. 이집트는 나세리즘을, 이라크는 바트주의를, 이란은 호메이니주의 등. 이 중 시행해 보지 않은 것은 자유 자본주의적 민주주의(liberal capitalist democracy)이다. 쿠웨이트, 바레인, 아랍 에미리트, 카타르, 오만은 왕정국가로서 자유로운 분위기를 유지하지만 아랍 에미리트 왕은 이라크 전쟁 전에 후세인에게 사임을 요구한 것은 이 지역 변화로 본다. 반면 사우디의 개혁파들은 이라크전 이후 서구 사회의 영향을 받고 자유화 운동을 전개하지만 보수 세력의 거센 도전에 직면할 뿐 아니라 민주주의를 외친 개혁자들은 구속 수감되고 말았다. 이렇게 사우디도 국내적으로 폭발의 위험이 잠재하는 셈이다.

중동은 아직도 종교법(샤리아)이 우선하는 사회이다. 그래서 중동의 일부 법 운영은 이해하기 힘들다. 사막은 공동체를 중심으로 공생공존한다. 그래서 공동체 이탈자는 잔인할 정도로 처벌이 혹독하다. 지금도 사우디아라비아에서는 무서운 공개처형이 그대로 행해진다. 범죄자는 공개 장소에서 목을 친다. 태형도 있다. 중동 밖의 아시아에서는 상상할 수 없는 처벌이다. 이슬람의 샤리아가 물론 그것을 일부 권장한다.

예의문화도 전혀 다르다. 서양은 남에게 결례를 할 때 "I am sorry" "Excuse me"를 자연스럽게 한다. 잘못한 것은 바로 시인한다. 복잡한 자동차 안이라 할지라도 남의 발을 밟으면 "I am sorry" 해야 된다. 동양인들은 비교적 수줍어하면서도 미안하다고 말한다. 그런데 중동에서는 미안하다는 말을 기대할 수 없다. 어느 일본인 학자는 아랍 문화를 IBM으로 요약한다. 인 샬라(알라의 뜻이면), 말레시-(상관없어 혹은 괜찮아), 부끄라(내일)라는 아랍어를 영어로 첫 머리 글자만 딴 것이다.

중동 전문가 버나드 루이스는 이슬람 세계는 항상 모든 실패를 남의 탓으로 돌리는 버릇이 있다고 이슬람 문화의 의식구조를 맹렬히 비난한다. 경제실패도 외부의 탓으로 돌린다. 일본의 한 학자는 중동 사람들과 사업을 할때는 조심하라고 권한다. 잘된 것은 자기 탓이고 안 될 때는 '인샬라' 즉 신의 뜻으로 돌린다. 자기 책임은 없다는 것이다.

중동의 지식인들은 스스로 한국, 일본을 멸시한다고 이슬람 전문가 버나드 루이스가 정확하게 지적하였다. 이유는 중동은 오랜 문명의 발상지여서 과거에는 이들 두 나라보다 앞섰는데, 최근 경제가 낙후되어 중간 기술은 이들 두 나라에 의존하게 되어 자존심이 상한다는 것이다. 터키나 이집트, 혹은 다른 중동 국가 지식인들은 스스로를 동양인으로 자부하지 않고 서구로 인정받기 원한다. 그러면서도 미국을 대단히 증오한다. 그러나 엄밀히 말하면 미국은 미워해도 미국 사람은 좋아한다고 시인한다.

4. 중동의 주요 인종

1) 투르크

중동 상황이 항상 복잡한 것은 아랍 민족, 터키, 이란, 및 유대라는 인종적 문제가 주요하게 작용한다. 각자는 항상 주도권 싸움을 놓고 대립하고 싸우기도 한다. 과거 오스만 투르크 제국 시대 때는 현재의 터키가 수백 년 동안 중동은 물론 동구까지도 지배하였다. 그래서 대부분의 아랍 국가들은 터키를 미워한다. 아이러니한 사실은 터키는 이스라엘에 비행 훈련을 하도록 편의를 제공한다. 이것은 불가피하게 아랍 국가들과 마찰이 불가피하다. 로렌스는 사우디를 충동하여 오스만 제국에 대항하도록 한다. 투르크란 우리나라와 깊은 관계가 있는 돌궐족을 의미한다. 동쪽에 있었던 돌궐족이 중동에서 주요한 힘을 발휘한다는 것에 대하여 좀 의외라고 생각한다. 돌궐은 중국과 항상 대결하다가 중국에 밀려 중앙아시아를 거쳐 터키에 정착하였다. 그러나 아랍인들은 오스만 투르크 제국 때 중동을 도리어 많이 후퇴시키었다고 맹비난한다. 이 문제는 터키 편에서 다시 다룰 것이다.

2) 페르시아

이란은 과거 페르시아 제국으로 과거의 향수를 가지며 오랜 문명에 대한 자부심이 대단하다. 사실 이슬람 문화를 발전시킨 것은 페르시아이다. 페르시아는 아리안 인종으로서 우수성을 많은 분야에서 나타내었다. 히틀러는 아리안 인종 제일주의를 주장하고 이란을 설득하기 위하여 동일한 아리안이라는 것을 내세우고 테헤란 대학을 지원한 것은 유명한 에피소드이다. 지금도 테헤란 대학 건물은 히틀러를 상징하는 H이다. 희랍, 로마, 인도의 상층계급 사람들이 아리안 인종에 속한다. 이란의 핵개발도 그러한 인종적 우수성을 바탕으로 한 것이다. 시아파를 발전시킨 것도 사실은 이슬람의 주도권 싸움으로도 해석할 수 있다. 이란의 시아파는 자기들이 이슬람의 정통성을 계승한다고 자랑하고 수니파를 증오한다. 중동의 3전략 국가는 이집트, 이라크, 이란이라고 말한다.

사람들은 현 국제정치를 이슬람의 중동과 서구의 전쟁으로 말하지만 실제로 중동의 내분이 더 심각한 것이다. 시아파와 수니파의 충돌은 종교 간의 주도권보다도 페르시아 민족주의, 아랍 민족주의, 투르크 민족주의간의 충돌이 더 심각한 문제이다. 이란의 핵무기를 개발하고 레바논의 헤즈블라 집단을 지원하는 것은 이란의 우월성을 과시하기 위한 것으로 해석한다. 한국 기독교도 신앙이념보다 지역주의가 우선이듯 중동도 이슬람이라는 종교보다 인종과 민족주의가 더 우선한다. 레바논 전쟁을 미국과 이란의 대리전으로 말하는 것도 이러한 맥락에서 이해해야 한다.

3) 아랍

그러나 중동은 아랍이 차지하는 비중을 무시할 수 없다. 국제정치학자들은 중동과 아랍을 분리하여 연구한다. 아랍 민족주의, 아랍 사회주의, 아랍 문화와 예술, 아랍 종교 등으로. 아랍은 중동에서 다수를 차지하는 인종 단위이며 아랍하면 바로 이슬람이다. 즉 아랍과 이슬람은 동일시된다. 그렇다고 아랍만 이슬람을 대표하는 것은 결코 아니다.

아랍 전문가 맨스필드는 아랍을 내부 이슬람 세력(Inner Islam)의 3번째 인종 집단으로 정의한다. 따라서 아랍어를 하는 이라크와 예멘의 유대인이 아랍인이며 아랍어를 하는 이집트의 크리스천도 아랍인이냐고 물으면 아랍인들은 해답에 곤란을 느낀다. 지금 우리가 말하는 아랍인이란 너무나 광범위하고, 무하마드 당시의 아랍인과는 다르다는 것이 학자들의 일반적 견해이다. 즉 중동에 살면서 이슬람으로 개종하면 아랍인으로 인정을 받는데 이것을 일본 중동학자들은 신생아랍인이라고 정의한다. 이슬람을 믿고 아랍어를 말하는 사람을 아랍인이라고 말하는 것이 관례가 되어 원래의 의미로서 아랍인이라는 의미는 희박하다는 것이다. 결국 아랍이란 민족의 이름으로 보다는 문화개념이라는 것이다. 즉 현재의 아랍인이라고 말하는 사람들은 다른 피가 섞였다는 것을 의미한다. 중동에서 아랍과 원주민을 구분하는 것은 쉽지 않으나 이집트 경우 이집트 원주민은 피부가 약간 검으나 아랍인은 비교적 희다.

아랍이라는 단어는 사막에 사는 베두인 족과 구별하기 위한 것도 되며 동시에 아주 혐오스런 아랍어 억양으로 겨우 아랍어를 하는 사람과 구별하는 기준으로 삼기도 한다. 그러나 서구인들이 최초에 지칭한 아랍인은 베두인이다. 아랍 지도자들은 아랍을 다음과 같이 정의한 적이 있다. "우리나라에 살면서 아랍어를 하고 아랍 문화에서 자라고 우리의 영광에 자부심을 가지는 자는 누구든지 아랍인이다"라고.

아랍이라는 용어의 기원에 대하여 다양한 해석이 있다. 혹자는 셈족어의 서쪽을 의미하는 것으로, 혹은 성경에 Arabha가 나오는데, 어두운 땅 혹은 대초원으로 해석하기 한다. 아랍의 인종적 배경을 성경에서 찾아보면 창세기 10:24에 에벨이 나오는데, 에벨은 셈의 증손자로서 그는 벨렉과 욕단을 낳았다. 아랍은 바로 이 욕단의 후손으로 보기도 한다. 따라서 아랍이란 단어는 사막을 의미하는 '에벨'의 파생어라는 것이다. 예레미야 25:24에 아라비아 왕들이란 말이 나오는데 아라비아란 평야, 혹은 사막을 의미하지만 동시에 혹자는 유목민을 의미하는 것으로도 본다. 따라서 아랍어는 베두인 유목민의 언어형태였다는 학설도 있다. 아랍이라는 용어가 처음 등장한 것은 주전 9세기로, 북 아라비아의 베두인 족을 의미하였다. 이슬람을 확산시키는데 기여한 자들은 사실 용감한 베두인들이었는데, 지금도 중동 국가의 일부 왕족들은 베두인 후손들이다.

아랍인들은 노골적으로 아브라함의 서자인 이스마엘이 아랍인의 조상이라고 주장한다. 그러나 아랍인들은 이스마엘이 장자라는 것을 강조하고 아브라함이 모리아 산에서 이스마엘을 제물로 바쳤다고 믿는다. 성경에도 물론 아라비아가 등장한다. 바울도 아라비아 광야에서 3년 간 지낸 것으로 본다. 아랍어와 이슬람이라는 종교와 문화의 끈끈한 유대감으로 형성된 아랍연맹(The League of Arab

States 혹은 Arab League)은 1945년 카이로에서 조직되었는데, 목적은 아랍의 통일을 이루는 것이었다.

아랍은 종교를 중심으로 하는 동질집단으로 자부하고 움마 공동체를 역설함에도 불구하고 통일이 어렵다. 종교, 문화의 동질성에도 불구하고, 또 과거 이슬람의 황금시대를 구현한다고 자랑하면서도 스스로 너무 많이 분열한다. 사회와 인종 통합의 종교로서 등장한 이슬람도 아랍의 통일성에는 힘을 발휘하지 못한다. 일본인 아랍연구가 이께우찌 사토시는 아랍의 고민을 톨스토이의 말을 인용 한다: "행복한 가정은 서로 나누어 가진다. 그러나 불행한 가정은 그럴듯한 환경에서도 불행하다." 아랍은 어느 지역보다도 괜찮은 환경임에도 불구하고 혼란한 가정에 비유한다. 아주 적절한 지적이다. "아랍세계는 통일에 대한 강한 열망에도 불구하고 도리어 한 인종으로 아랍은 분쟁과 분열을 타고났다는 믿음을 일으키게 한다."[6]

2004년 아랍정상 회담은 이것을 잘 반영한다. 아랍정상들은 이라크에서 미국이 서구적 민주주의를 세울 경우 심각한 타격을 받을 것이라는 위기의식에 사로잡혔다. 결국 회담은 아랍 국가들의 개혁을 부르짖었지만 가슴에서 우러러 나오는 것은 아니라고 한다. 재미있는 사실은 미국에 굴복한 리비아의 가다피가 회의 도중 퇴장하였는데, 이유는 다른 정상들이 피우는 담배가 미제라고 분노하였다는 것이다.

---

[6] 池內 惠 『アラブ政治の今を讀む』(中央公論新社, 2004), 29.

5. 아랍도 침략자였다.

아랍세계는 서구 식민주의의 피해자라는 생각을 가지면서 동시에 최근 구라파에서 일어나는 반 이슬람 정서에 불만을 토로한다. 소수의 이슬람 테러분자로 인하여 이슬람과 아랍이 매도당한다고 원망한다. 서구에서 일어나는 이슬람 공포증을 대처하는데 고심하면서도 반미감정과 반서구 감정을 강하게 표출한다. 아랍 세계는 서구 식민주의와 십자군의 침공에 지금도 무서운 증오심을 드러내기 때문에 이슬람 국가에서 C. C. C.(Campus for Christ)라는 용어는 감히 엄두도 낼 수 없다.

그러나 일반적으로 사람들은 아랍인들도 침략자라는 사실을 전혀 모르고 있다. 용감하고 도 거친 아랍인들은 7세기 이집트를 위시한 북아프리카를 점령하여 이들 나라들을 이슬람 화하였다. 이라크의 사담 후세인은 아랍인이다. 그러나 이라크의 원주민은 요나서에 나오는 앗수르인들이다. 이집트나 이디오피아, 리비아 등 북 아프리카 역시 아랍이 사실상 지배자 노릇을 한다. 이집트(콥틱) 청년들은 이집트 사람이 이집트 주인 노릇을 한 것은 오래전의 일이라고 말한다. 이점에서 아랍 세계는 항상 서구 식민주의, '미 제국주의'를 너무 외쳐대는데, 자신들도 침략자라는 사실을 솔직히 시인하였으면 한다. 이집트 역사는 감히 아랍이 침략자였다는 말을 못하였는데, 최근 기독교 지도자들이 이 문제를 거론하기 시작하였다.[7]

---

7) S. S. Hansan, *Christians versus Muslim in Modern Egypt: The Century-long Struggle for Coptic Equality* (Oxford:Oxford Univsersity Press, 2003), 22.

6. 중동의 주요 이슈와 상황

1) 이스라엘과 팔레스타인 문제

구약성경의 백성인 유대인들은 예수님을 십자가에 못 박아 죽이는 오류를 범한다. 수년 전 인기리에 상영된 영화 '패션 오브 크라이스트'는 유대인의 잔인성을 폭로한 것이라고 하여 아랍 국가도 상영하는 아이러니한 일이 일어났다. 유대인들은 로마 제국에 완강하게 저항하는 것을 결의한다. 여기에 분노한 로마 제국은 유대인들을 잔인하게 죽이거나 추방하고 만다. 예수님의 예언이 그대로 이루어진 셈이다. 성전은 다 파괴되어 돌 하나도 그대로 남아있지 않게 되었다. 구라파에서 디아스포라가 된 유대인들은 그러나 기독교 사회에서 예수를 십자가에 못 박은 자들로 항상 박해의 위협에 놓인다. 그들은 피도 눈물도 없는 고리대금업자로 공포의 대상이 되고 불결한 게토에서 사는 자들이라는 네테르가 붙는다. 그래서 "언제 우리 조상들의 땅으로 돌아가는가?"가 소원이었다. 여기서 시온운동이 전개된다. 이들은 19세기 시온운동을 통하여 팔레스타인을 민족적 고향으로 채택한다.

하지만 이스라엘 건국에는 서방 강대국들의 이해관계가 작용하게 된다. 영국은 독일과 터키를 견제하기 위하여 사우디와 협력하는데, 조건은 전쟁 후 아랍의 독립을 인정한다는 것이었다. 그래서 1917년 영국 외상 벨포어가 유대 지도자 로스차일드 경에게 전달한 메시지에서 팔레스타인에 유대 독립국 건설을 약속한다. 팔레스타인은 당시 영국의 보호 하에 있었기 때문에 이 약속이 가능하였다. 특히 히틀러 박해에서 유대인들이 대거 몰려들기 시작한다. 그러나 이것은 곧 아랍의 반발을 일으켰다. 영국은 아랍 우선 정책으로 급선회하게 되는데, 이유는 수에즈 운하와 중동 석유정책을 중시하였기 때문이다. 급기야 1921년 팔레스타인 얏우호에서 팔레스타인들과 유대인들 간에 총격 사건이 발생한다. 영국은 유대이민 제한 정책을 발표한다. 여기에 대한 극적인 이야기는 한 유대인이 직접 기술한 소설 「엑스더스」에 잘 묘사되었다. 영국은 유대인들의 귀환이 몰고 올 파장을 예견한 셈이다. 유대인들은 필사적으로 저지하는 영국군과 아랍인들에게 초기 단계에는 폭력과 테러로 응수하였고, 이후 수차례 전쟁에서 아랍연합군에 대항하여 승리를 쟁취, 독립 국가를 선언한다. 미국 대통령 트루먼은 유대 이민을 요청하지만 영국은 이것을 묵살하고 만다.

이스라엘은 1945년 5월 14일 독립을 선언하자 유엔은 이스라엘을 인정한다. 이에 아랍 국가들은 자기들 나라에 사는 약 100만 명의 유대인들을 추방한다. 묘하게도 팔레스타인을 떠난 아랍인 역시 100만 명이 된다. 이스라엘과 아랍 연합의 처음 대결은 다윗과 골리앗의 전쟁으로 비유되었으나 지금은 이스라엘이 엄청난 국력으로 이스라엘이 팔레스타인을 억압하는 상황이 되었다. 수년 전 브루스 페일러는 [중동의 화해]에서 이슬람, 기독교, 유대교 뿌리는 하나임을 강조하고 화해가능성을 말하지만 현재의 상황은 다만 희망 사항일 뿐이다.

이스라엘과 아랍의 갈등은 단순한 땅 전쟁으로만 볼 것인가? 여기에는 두 종교의 강한 배타주의와 교리도 중요한 요인이 된다. 이슬람의 선과 악의 이원론적 세계관은 이스라엘을 어두움의 세계로, 타도해야 할 사탄이다. 반면 유대인들 역시 야웨만이 자기들의 신이요 이슬람은 용납할 수 없는 종교이다. 종말이 되면 이스라엘만 구원받는다고 말한다. 최근 반 유대정서가 높아지는데, 그것은 유대교가 철저한 배타적 민족주의 성격을 띠기 때문이다.

이스라엘은 권위주의적 이슬람 국가와는 달리 민주주의적이고 자본주의를 시행한다. 그러나 종교에 관한 한 폐쇄적이어서 기독교 선교를 거부한다. 유대 원리주의자들은 유대 시민권을 유대교를 믿는 자에게 국한시키려고 한다. 여기서 이스라엘에는 강경 유대신자들과 세속주의자들 간에 여러 분야에서 갈등이 일어나고 있다. 유대인 70%가 세속주의자들이라고 한다.

2) 이슬람과 세속주의의 대결

중동의 가장 큰 이슈는 우리말로 하면 성과 속의 대결이라고 할 수 있다. 정치와 종교가 분리되지 않는 이슬람 국가들의 가장 큰 고민은 너무 넘치는 세속주의 물결이다. 최근 터키는 이슬람 당인 정의발전당이 제1여당으로 이슬람 원리에 기초한 정치를 강하게 추진하자 세속주의자들이 반기를 들고, 이 문제를 고소하는 일이 일어났다. 현대 터키의 국부인 케말 파샤는 세속주의를 국가이념으로 채택하였다. 터키는 가장 근대화된 아니, 서구화된 국가이다. 그래서 끈질기게 EU가입을 시도하고 있다. 많은 지성인들은 터키를 구라파 문명에 속한 것으로 자부한다. 케말 파샤는 아랍어 글자 대신 라틴 문자로 글자 혁명을 하고 차도르 등 지나친 이슬람 복장을 제거하도록 하였다. 군인들 제복도 완전히 서구화하였다. 그러자 철모를 쓰고 모스크에서 절을 하는데 애로가 있었다. 이것을 호소하자 그러면 모자는 이슬람식으로 하는 에피소드가 있을 정도이다. 여자들의 스카프도 공공장소에서는 금지된다. 그래서 경건한 무슬림들은 터키의 이러한 세속화 정책을 계속 문제시한다. 그러나 터키 헌법은 정당이 세속주의에 반대되는 정치활동을 하면 법적으로 정당을 해산할 수 있도록 하였다. 금년도(2008년) 여당은 대학생들은 스카프를 하고 수업을 할 수 있도록 하는 법안을 시도하다가 헌법재판소가 제동을 걸었다. 헌법 재판소는 이것을 심리중인데, 만약 7인 이상의 판사가 동의하면 해산 당할 수 있다. 터키는 지금 성과 속이 심각하게 대립하고 있는데, 이것은 사회 모든 분야에서 일어나는 현상이다. 터키의 성과 속의 대립각을 요약하면 귤 대통령은 여당이고, 정의발전당과 신앙심이 깊은 대중들은 이슬람 가치관을 강조하고, 반면, 군부와 엘리트 지식인들과 야당인 공화인민당은 '세속파' 인 셈이다.[8]

이슬람은 신정국가 혹은 신정통치를 역설하고 시도하였지만 실패하였다. 호메이니의 이슬람 혁명은 실패한 신정정치의 본 보기이다. 특히 이슬람 원리주의 시도는 민족주의에서 신정정치로의 이행을 강조하였지만 대중들이 따라주지 않는다. 이들은 종교란 강요하여 되는 것이 아니라는 사실을 서구에서 배웠어야 하는데 도리어 서구의 종교적 실험을 비방만 한다.

3) 공격적 종말론의 대결

중동문제의 열쇠는 궁극적으로는 아랍 인종 대 유대인종의 대결이고 동시에 사랑보다는 보복성이 강한 이슬람과 유대교의 종교적 전쟁이다. 두 종교는 사랑과 화해 보다는 '눈은 눈으로, 이는 이로' 의 복수의 종교이다. 사랑과 화해는 불가능하다고 본다. 만약 두 종교 지도자들 혹은 정치가들이 양보하여 평화선언을 만들어도 두 종교의 극단주의자들은 가만있지 못한다. 배신자로 죽이고 만다. 타협과 양보는 자기 종교의 배신자로 단정한다. 자기가 못 죽이면 남들로 죽이게 소위 명예살인을 명령한다. 마치 호메이니가 살만 루시디를 죽이라고 명하

---

8) 「トルコの世俗主義ってなに？」『朝日新聞』 2008年 7月 30日, 2.

듯. 특히 두 종교의 종말론은 두 열차가 서로를 향하여 돌진하는 것과 같다. 두 종교의 종말론은 서로의 존재를 인정하지 않는다. 이슬람의 극단적 종말론은 종말 이전에 유대인들이 팔레스타인으로 돌아온다고 믿는다. 그러면 아랍 이슬람과 전쟁을 하여 알라가 유대인들을 다 죽인 후에 메시야 재림하고, 그 메시야가 세계를 통치한다고 믿는다.

반면 유대 종말론 역시 전쟁으로 몰고 간다. 유대인들은 제3성전 건축은 성경적이라고 믿는다. 지금 그곳에는 모스크가 세워져 있다. 메시야적 유대인인(기독교 신자를 의미) Ludwig Schneider 조차도 벧전 2:5절의 '너희는 산돌 같이 신령한 집으로 세워지라' 는 말씀을 믿으면서도 고전 15:40의 '하늘에 속한 형체 땅에 속한 자의 영광' 이라는 말씀과 출 23:9과 히 8:5을 근거로 제3성전 건축의 타당성을 주장한다. 살후 2:4대로 지상의 성전은 적 그리스도 출현 전에 지어져야 한다는 것이다. 슥 1:14,16도 동일한 내용이라고 주장한다. 위의 본문들은 헤롯 성전 건축을 예언한 것이 아니라 앞으로 올 것을 의미한다는 것이다. 성전 건축은 이스라엘인들이 대거 돌아 온 후에 일어나는데 지금까지 140여 국가에서 돌아왔다. 무슬림도 3차 성전 건축을 저지하는 현실은 온 열방이 이스라엘을 치러 올라오게 될 종말의 전쟁으로 해석한다. 그러나 그 날에 하나님께서 개입하심으로 결국 참 메시야가 성전 안으로 들어오는 역사가 일어난다는 것이다. 예루살렘 성전 자리에 모스크가 서 있다. 제3성전을 그 자리에 지으려면 모스크를 파괴해야 한다. 만약 모스크가 파괴된다면 아마겟돈 전쟁은 공상소설이 아니라 현실이 될 것이다.

4) 원리주의에 납치당한 이슬람

이슬람 원리주의자들은 반드시 미국이나 서방을 괴롭히는 것이

목적은 아니다. 같은 이슬람도 원리주의에 따르지 않거나 자기 나라를 순수한 이슬람 국가로 만들지 않으면 자기 정부나 사람들에게도 테러를 가한다. 어느 학자는 중동의 이슬람은 원리주의에 납치당하였다고 평하는데 정학한 분석이다. 그리고 같은 이슬람끼리도 싸운다. 이라크를 떠난 난민들(주로 기독교 신자들의 증언)이나 시리아의 기독교인들은 이구동성으로 수니파와 시아파의 전쟁은 '오래 전부터 서로 죽일 준비를 해 왔기 때문에' 결코 평화적인 해결이 불가능하고 말한다. 이것이 공통된 결론이다. 이슬람은 자유가 허용되면 서로 죽이게 되어있다고, 만약 미군이 철수하면 이라크는 피바다가 된다고 한다. 끔찍한 이야기이다. 그러나 현실이다. 최근 이라크에서 자살 폭탄 테러가 좀 줄었지 완전히 사라진 것이 아니다. 2008년 7월 30일 경에 수십 명이 죽는 자살 폭탄 테러가 발생하였다.

　원리주의의 위협은 중동의 여러 나라의 정부를 괴롭힌다. 사우디도 빈 라덴의 알카에다로부터 항상 공격을 받아서 빈 라덴을 추방하고 말았다. 그러나 사실 사우디는 테러 주 공급원 국가이다. 사우디 옆의 나라 예멘은 시아파 원리주의 잡단이 정부를 괴롭힌다. 이유는 정부가 이스라엘과 미국에 유화정책을 편다는 것이다. 레바논, 팔레스타인은 이슬람내 종파 분쟁이 심각한 상태이다. 시리아도 활화산이다. 그러나 무서운 통제로 인하여 잠잠할 뿐이다. 화평케 하는 자는 복이 있다고 하였는데, 화평주의자들이 도리어 침묵 당하는 것이 국제정치의 현실이다. 터키에서는 서양 선교사들이 무참하게 살해 당하는 사건이 일어났다. 그런데 그 불똥이 어느 한국 선교사에게도 떨어진 모양이다. 터키에서 이적 등 큰 역사를 일으킨 어느 선교사도 협박을 당하였다고 한다. 원리주의자가 다음은 네 차례라고. 결국 그는 한국 대사관의 강권에 의하여 잠시 선교지를 떠나고 말았다.

　2007년 5월 시리아 박물관 관장 아흐마드 박사가 한국을 방문, 유익한 시간을 가졌다. 그는 지식인 무슬림으로 철저히 이슬람 과격분자들을 증오하였다. 이것은 보통 무슬림들의 정서인지도 모른다. 그러나 함부로 말하지 못한다. 폭력이 두려워서. 시리아만은 알라위 무슬림이 대통령이 되어 과격분자를 철저히 견제한다. 금번 미국 의회는 사우디에 지원을 중단하는 조치를 취하였다. 이라크에서 활동하는 자살 특공대원 중에 사우디 인이 제일 많기 때문이다.

5) 흔들리는 이슬람

중동의 위기는 곧 이슬람의 위기이다. 미국 정치학자 Max Boot는 2006년 9/11테러 특집 기사에서 "베를린 장벽 붕괴 이후 소련 제국이 충격적으로 무너진 것처럼 오늘날 중동 국가의 아주 위험한 상황은 생각한 보다 빨리 붕괴할 수 있다"고 하였다.[9] 이란인 방송설교자도 이데올로기로서 이슬람은 곧 붕괴할 것이라고 예언하였다. 1940년대 서구 세계는 아무도 공산세계의 붕괴를 예언하지 못하였다. 그러나 갑자기 일어나고 말았다. 이슬람도 그럴 가능성이 있다고 학자들이 조심스레 예고한다. 두 종파의 내전은 이슬람의 붕괴를 초래할 수 있다. 이슬람 공화국 이란에서 도리어 사람들이 이슬람을 외면하는 상황이 일어나고 있다. 국가나 종교나 조직체는 강제와 법과 경직된 습관이나 전통을 고수하면 구성원들 내부로부터 저항을 받는다. 그래서 구성원들은 다른 종교나 이데올로기나 외부 세계에 더 관심을 가진다. 중동의 지식인들과 청년들은 서서히 경직된 이슬람에 대하여 반기를 드는 조짐이 보인다. 이라크에서는 대학생들이 노골적으로 이슬람 지도자들, 즉 이맘을 신뢰하지 않는다는 통계가

---

9) Max Boot, "It's not over yeat." *TIME*., September11, 2006:26.

나왔다. 그래서 지금 중동에서 수백만의 사람들이 꿈과 환상을 통하여 기독교로 돌아오는 일이 일어나고 있다.

국제화 시대는 상호교류의 시대이다. 사우디에는 100만 명이 넘는 필리핀 여성 근로자들이 가정부로 일하고 있다. 물론 남자들로부터 성폭행도 많이 당한다. 그들은 로마 카톨릭 신자들이다. 그래서 작년도 사우디 왕이 교황을 방문한 일이 있다. 그때 교황은 사우디에 교회를 허락할 것을 공식으로 요청하였다. 두바이에도 교회 설립 조짐이 보인다. 다원화를 거부하는 중동도 부득이 국제화로 인한 변화를 강요당하고 있다. 진보적 기독교 지도자들과 이슬람 지도자들 간에 대화 움직임이 일어나고 있다.

6. 중동의 기독교회

1) 수난당하는 교회

중동의 기독교는 지금 이슬람으로부터 박해받는 것을 생각하지만 과거 중동의 다른 종교로부터도 수난을 당하였다. 특히 중동 크리스천들, 특히 아랍 국가의 신자들은 서방 세계의 기독교가 이스라엘을 편드는 것을 곤혹스러워 한다. 우리는 무엇이냐고 불만 섞인 질문을 하는데, 사실 이 문제는 심각한 문제이다. 한국 교회 안에도 '정치적 이스라엘' 나라를 하나님의 특별한 섭리적 백성이라고 생각하는 신자들이 있다. 이점에서 중동의 크리스천들은 심각한 아이덴티티 위기를 겪는 셈이다.

중동에서 기독교 수난의 역사를 간략하게 소개하면, 먼저 페르시아에서 박해를 언급하지 않을 수 없다. 초기에 페르시아에도 기독교가 존재하여 주교구가 25개나 되며 신자들은 멜렛이란 칭호를 가졌다. 그러나 태양신을 섬기는 페르시아는 기독교를 엄청나게 박해하였다. 사포르 2세 시절 이후 150년간은 무서운 박해의 시대였다. 신자들에게는 세금을 2배 징수하였다. 448년 키르쿠크에서 10명의 감독들과 133,000명이 순교한다. 수난 중에 타협자와 파수자들이 공존, 파수자들은 동쪽으로, 아라비아로 피신한다. 431년 페르시아의 동방교회는 로마와 결별하자 사사니드 왕조는 기독교가 더 이상 로마 앞잡이가 아니라고 판단하고 박해를 중단하였다. 페르시아에서 박해의 원인은 주로, 기독교는 로마 편이라는 것이다. 로마가 기독교를 관용하자 페르시아에서는 정반대로 박해하였다.

기독교는 동시에 조로아스트 교와도 심한 충돌을 하게 된다. 조로아스터 교는 한 때 페르시아의 국교가 되었다. 이 종교는 아후라 마즈다라는 신을 신봉하는데, 이 신은 광명과 선의 신으로 악을 응징한다고 믿으며 태양을 불 신으로 숭배한다. 이 종교의 승려들이 기독교에 반감을 가지고 정치와 결탁하여 기독교를 박해하였다. 이 종교 사상은 현대 이슬람의 세계관에 영향을 주었다. 조로아스트 교는 정교일치의 강력한 조직을 가진다.. 승려를 마기(magi)로 부르고, 왕은 종교와 국가의 수호자 노릇한다. 종교는 국가 없이 존재할 수 있지만 국가는 종교 없이는 존재할 수 없다고 가르친다. 그래서 어느 학자는 조로아스트 교는 호전적, 유물론적, 제국주의라고 하였다.

조로아스트 교로부터의 핍박의 한 예를 들면, 339년 셀루시아 감독 시몽은 태양신에 절하면 용서하겠다는 제의를 거절하고, 순교하면서 다음과 같이 외쳤다고 한다. "주의 십자가가 나의 형제들의 믿음을 지키어 주옵소서," 하나님의 평강의 축복이 환란과 죽음과 내세에까지 영원히 함께하여 주시옵소서." 그는 105명의 승려와 함께 순교 당하였다. 많은 평신도들도 추방당하거나 죽어, 순교자가 1만6

천 명이나 되었다.

    그런데 중동의 기독교는 지금도 계속 수난을 당한다. 무슬림들은 이슬람은 항상 기독교와 유대인들에게 자유를 주어 평화적으로 공존하였다고 선전한다. 그러나 이슬람 사회에서 두 종교인들은 소위 딤미(Dhimmis: 피보호자)로서 세금을 내야했고 차별 대우를 당하였다. 유대인들은 자신들이 유대인들이라는 것을 표시도 해야 했다. 특히 기독교인들은 완전한 평등에서 공존이 아니라 이슬람이 군사적, 가치론적 우위에서 서는 공존이었다. 중동 국가를 가 보면 많은 기독교인들은 자기 나라를 떠나 미국으로 서방 세계로 이민을 갔다. 특히 9 · 11테러 이후 더 많이 나라를 떠났다.

    미국의 이라크 침공은 기독교에 해방이면서 동시에 위기가 되었다. 많은 신자들이 먼저 나라를 떠나야만 했다. 기독교 국가 미국의 공격은 불안감을 주었다. 그래도 기독교 신자 난민들은 대부분 미국을 해방자로 감사하게 생각한다는 것도 중요한 대목이다. 특히 기독교인들은 이라크에 살 수 없을 정도로 테러의 대상이 된다. 이유는 기독교 신자들은 대부분 친척들이 서방세계에 살고 있고 또 외국 교회나 단체로부터 돈을 받는다고 생각한다는 것이다. 28세의 한 젊은 이라크 의사(천주교 신자)는 테러범들로부터 6만불 내라는 협박에 시달리다가 결국 시리아로 피신하였다. 이라크 남부 바스라의 한 교회는 전쟁 전에 120명의 교인들이 있었는데, 지금은 불과 6명만이 있다고 하면서 한국교회의 지원을 호소한 적이 있다. 사비안 기독교(세례요한 종파로서 약1만 명의 신자가 이란, 이라크에 거주)출신의 한 부인은 딸을 데리고 자르마나(시리아의 이라크 난민촌)의 한 복음교회에 출석하고 있다. 설교를 마친 후 필자에게 이라크를 탈출한 이유를 눈물로 호소한다. 대학 교수인 남편이 석 달 전에 자기 집에서 이슬람 테러리스트들에게 비참하게 살해당하여 바그다드 의과대학을 다니는 딸을 데리고 탈출하였다는 것이다. 아들도 그들에게 중상을 입었다고 한다.

2) 복음주의 교회와 구교와의 충돌과 갈등(중동기독교)

중동 대부분의 국가에서는 기독교도 서로 불화한다. 중동의 기독교회는 로마 카도릭, 희랍 정교회, 알미니아 정교회, 앗수르 정교회 등의 구 교회들은 이슬람의 박해 속에서도 생존하고 있다. 이들 구교 신자들은 인종적으로 아랍인들이 아니라 알미니아, 앗수르, 콥틱 등 소수인종들이다. 이들은 처음부터 기독교 신앙의 전통이 강하여 이슬람은 이들의 존재를 법적으로 허용하였다. 이슬람 국가들의 주민등록증은 자신의 종교를 표기하게 되어 있다. 중동의 기독교 역사는 2,000년이 되는 셈이다. 그런데 19세기 중반과 후반 시작된 복음주의 선교는 결과적으로 구 교회의 신자들을 빼앗아 오는 상황이 되었다. 지금도 아랍인 무슬림 전도는 모험이다. 따라서 영적으로 고갈을 느낀 구 교회 신자들이 영적 활력과 말씀을 가르치는 복음주의 선교사들에게 더 매력을 느낀다. 지금도 많은 구 교회 지도자들은 복음주의 교회를 향하여 양 도적질하는 자들로 비난하고 있다.

그리고 중동의 복음주의 신자들은 서방기독교회가 이스라엘 편을 든다고 대단히 섭섭하게 생각한다. 심지어 정부마저 개신교 신자들은 의심한다는 것이다. 그래서 구교의 일부 지도자들은 구약마저 거부하려고 한다. 이로 인한 개신교 지도자들과 긴장은 복음주의 교회를 곤혹스럽게 한다.

결론

중동은 세계문명의 발상지이자 에너지 자원의 보고이며 전략적으로 동과서가 만나는 지역이다. 그러나 문화적 정체성에서 중양이론이 설득을 얻고 있다. 세대주의 신학이 해석하는 대로 과연 중동에서 아마겟돈 전쟁이 일어난다면 비극이 아닐 수 없다. 그러나 성경을 그대로 믿는 복음주의는 이러한 해석을 그대로 수용만 할 수 없고, 그렇다고 전혀 무시할 수 없는 난제이다. 분명한 사실은 종교가 중동 사태를 가장 복잡하게 하는 요인인 것만은 부정할 수 없는 사실이다. 두 율법 주의적이고도 보복적인 종교가 변화든지, 종교와 정치가 분리되는 사회가 될 때는 상황은 전혀 달라질 것이다.

중동이 항상 갈등과 분쟁 지역이 되는 중요한 원인은 아랍 세계 정치가들이 솔직하고 순수하게 풀어가려고 하지 않고 국내의 독재, 부정부패, 복잡한 국민들의 불만을 외부 세계로 전가하는 고도의 정치 기술도 작용한다. 그 중에 팔레스타인 문제가 가장 손쉬운 이슈가 된다. 특히 아랍 세계의 엘리트들도 민중의 권익보다 정치가들의 편에 선다. 서구의 한 지식인은 이 문제를 다음과 같이 신랄하게 비판한다.

> 중동문제는 해결점을 찾지 못하고 있는 것이 아니라 아랍 세계 내부에 팽배한 불만을 밖으로 돌려 해소시키려는 타협된 합의 때문이다. 아랍지도자들은 여론이 새로운 급진주의를 선택하도록 강요하며 자국내의 다른 문제에 귀를 기울이지 못하게 하고 있는 것이다. 이란과 아랍 세계의 정권은 민주주의, 자유, 인권 및 경제성장을 가져 올 수 없다.[10]

---

10) 베리루먼 저 『중동의 비극』 유달승 역(서울:한울, 2007), 8.

제3장
기독교와 이슬람이 충돌하는 중앙아시아

서론

　구 소련에서 해방된 중앙아시아는 인종, 종교, 문화의 다양성이 아주 심한 지역이며 실크로드의 중간 지대로, 최근 자원 문제로 관심의 대상이 되고 있다. 지리와 풍부한 자원으로 인하여 강대국들의 자원 전쟁이 치열한 소용돌이의 지역이다. 구 소련에서 해방되었다고 하지만 정치적으로는 역시 새로운 형태의 독재와 정치적 갈등이 끓이지 않고 있으며, 정치적으로나 사회적으로 러시아의 영향권에서 완전히 벗어나지 못하고 있다. 레닌의 공산혁명은 이 지역이 이슬람 국가로 위협이 된다고 간주, 중앙아시아를 해체하고 구 소련에 편입시키고 말았다. 그런데도 공산주의는 항상 서방이나 미국을 제국주의로 비방하는데 모순이 아닐 수 없다. 중앙아시아는 (이하 중아로 표현함)는 국제정치적으로는 중국을 중심으로 상하이협력기구(Shanghai Cooperation Organizatin)를 조직, 하나의 블록을 형성하여 일본, 구라파, 미국의 영향력을 견제한다. 여기에는 물론 러시아도 포함된다. 이것은 은근히 자유 민주주의의 바람을 차단하는 결과가 될 것이다. 러시아 중심이 되는 중앙아시아협력기구(CACO)가 있다. 이 기구는 처음부터 이슬람 원리주의 차단에 신경을 쓰고 있다.

중앙아시아는 구소련에서 독립되자 이 국가들의 이슬람이 어떻게 될지 초미의 관심사가 되었다. 종교적 진공 상태가 된 이들 국가들에게 종교전쟁 역시 치열하다. '거룩한 장소는 그냥 방치되지 않고 누군가가 차지하게 되어있다' 는 러시아 속담이 있다. 러시아는 정교회의 전통을 그대로 유지하려고 안간힘을 쓰며, 이슬람 원리주의자들은 중아를 다시금 이슬람 국가로 복귀시키려고 집요하게 노력하고 있다. 기독교는 선교의 기회로 생각, 개방과 더불어 많은 선교사들이 들어갔다. 그러나 가장 두드러지는 현상은 역시 이슬람의 복귀이며 부흥이다. 중동의 이슬람 국가들은 경쟁적으로 이슬람 지원에 발벗고 나섰다. 이란, 터키, 파키스탄, 사우디아라비아는 여러 형태로 이 지역에 이슬람 부흥을 위한 원조를 경쟁적으로 하여 이슬람이 부흥하고 있다. 그러나 중앙아시아의 이슬람은 중동의 이슬람과는 이질적인 것이 많다. 그러나 내부의 반발도 만만치 않다. 이미 70년 동안 공산 이데올로기의 지배하에 있었고 세속주의를 맛본 사람들은 종교 국가로 회귀를 원치 않아 갈등이 일어나고 있다. 즉 이슬람 신정국가를 지향하는 전통적 이슬람과 세속주의 간에 충돌이 일어나고 있다.

중앙아시아는 중국과 한국 교회 선교의 'Back to Jerusalem' 과 이슬람의 동진운동이 조우하는 지역이 되고 말았다. 자원 전략에서 중앙아시아가 중요하듯 종교에서도 중앙아시아는 전략적 지점으로 부상하였다. 중국의 가정교회들은 이상하게도 21세기 이슬람 선교는 중국교회의 사명이라고 강조하면서 자금도, 훈련도 없이 중앙아시아와 중동 국가에 선교사를 파송하고 있다. 반면 한국교회의 공격적 선교는 이슬람을 크게 자극, 한국 선교를 견제하며 나아가서는 도리어 한국을 이슬람화 하려고 시도한다. 최근 많은 선교사들이 이 지역에서 추방당하였다. 미국의 국제정치학자 브레진스키는 중앙아시아를 전략적으로 대단히 중요한 지역으로 취급하지만, 중앙아시아는 문화, 정치, 경제, 종교, 학문 분야에서 독창성과 독립성의 결여로 중심세력은 아니라는 것이다.

1) 중앙아시아의 정의

먼저 중앙아시아의 정의나 용어에 대하여 다양한 견해가 있다. 중아를 헝가리의 한 학자는 내륙 아시아라는 말을 사용하였고, 유라시아로 표현한 자도 있다. 유라시아는 동서로는 헝가리 등 서부 동구유럽과 우크라이나, 볼가 강 유역, 카프카스에서 몽골, 만주까지 너무 광범위하다.[1] 일본의 한 연구소는 중아의 범위를 아프가니스탄, 중국의 신장 위구르 자치구와 아프가니스탄을 포함시킨다. 반면 문화인류학자 Eickelman은 카자흐스탄, 우즈베키스탄, 투르크메니스탄, 타지키스탄, 키르키즈스탄 5개국만 중앙아시아로 분류한다.[2] 그러나 아제르바이잔을 중아에 포함시키는 것은 적절할 것이다. 중아 5개 국가의 면적은 일본의 10배에 총 인구는 5천5백만을 넘으며 투르크 인종이 다수를 차지한다. 불행하게도 중아 역시 러시아의 침략을 받고 소련 공산권 통치하에 있었다. 중동이 서구 기독교 국가의 식민지가 된 것 같이 중아 역시 '기독교 국가' 러시아의 압제를 받음으로 기독교를 증오하는 빌미를 제공하게 된다.

과거 중아는 불모지의 땅이었다. 그래서 구소련이 이 지역을 유배

---

1) 최한우, 『중아연구』 (서울: 펴내기 2003), 23.
2) Dale F. Eickelman, 2.

지로 삼았다. 특히 스탈린은 연해주에 거주하든 고려인들을 일본의 스파이가 될 위험이 있다고 하여 중아로 강제 이주시키고 말았다. 그들은 말할 수 없는 수난을 당하면서 정착하는데 성공하였다. 고려인들은 교육 수준이 높고 경제적으로 여유가 있으며 모든 분야에서 전문가들이 많은데, 종교적으로는 무종교지만 최근 기독교로 개종하는자가 많다. 그러나 한국을 안 일부 젊은 세대는 독자적 아이덴티티를 가지려고 노력한다는 것이다.[3]

중앙 아시아는 역사가 대단히 복잡하다. 중아의 지리적 상황을 요약하면, 초원 지대이고 초원 지대는 예로 부터 유목 민족 제국의 고향이었다. 유목 민족은 카리스마적인 지도자가 나타나면 언제든지 연합의 형태로 뭉쳤고, 생존을 위하여 정착 문명 지역으로 침투하여 약탈을 일삼았다. 정치 체제는 씨족 중심의 연합 체제였고, 경제 체제는 군사력에 기반을 둔 약탈 경제 체제라고 할 수 있다. 큰 강 주변의 농경지는 정착 국가가 발전하였다. 동시에 대부분 중앙 집권적인 국가를 형성하여 외부로부터 오는 침략 세력을 막기 위해 국방을 강화하였다. 즉 정치 체제는 중앙 집권적 통치이고 경제는 자립생산을 중시하였다.

동시에 유목생활을 주로 하는 부족들이 많이 있었다. 이들은 항상 이동하는 민족으로 다른 유목민들과 초원을 놓고 투쟁하거나 정착 마을이나 국가들을 위협하였다. 징기스 칸의 부족은 이러한 유목민족의 전형적 예라 할 수 있을 것이다. 그러나 페르시아, 그리스 등 강대국들이 중아에 세력을 뻗치기도 하였다. 프르시아의 다리우스 1세가 중앙 아시아를 지나 초원 제국까지 세력을 떨친 적이 있었고,

---

3) 岡奈津子 "中央 朝鮮人," 宇山智彦 編著,『中央アジアを知るために』(明石書店, 2005), 186-190.

다음은 페르시아 아케메네스 왕조(BC 550-330)가, 다음은 알렉산더가 중아를 통치하였다. 그 후 이란 사산 조와 초원 지대에서 유입되어 온 훈 족이 5C 경에 아무 다리아를 두고 경쟁하였다.

그러나 이란의 사산 왕조를 물리치고 중아를 지배한 주 인종은 투르크인들로 이들은 강력한 대 제국을 건설한다. 투르크인들은 탈라스 대전에서 중국을 물리침으로 이슬람을 중아에 정착시키는데 기여한다. 대 셀죽 제국의 통치자들은 이슬람을 일종의 국가 이데올로기로 하는 것이 유리하다고 판단, 앞 다투어 이슬람으로 개종하였다. 그들은 서방을 정복하려고 할때 투르크 인의 팽창을 이슬람의 성전(聖戰)으로 합리화하는 것이 편리하다는 것을 알았다. 그리고 몽골리아의 유목 민족이 중국 황제로 부터 권위를 인정 받으며 자신의 제국의 정통성을 합법화 하듯, 대 셀죽 제국의 통치자들도 이슬람 칼리프로 부터 나오는 권위로 자신의 유목 제국 존재의 합법성과 정통성을 얻는 것이 유익하다는 것을 알았다. 프랑스 사학자 르네 그루쎄의 지적처럼 대 셀죽 제국은 자신들의 제국을 아랍 인들의 제국 위에 덮어 씌워 그것을 파괴하지 않고 도리어 강화시켰으며 새로운 활력을 불어 넣어 주었다. 투르크인들이 이슬람을 국가 종교로 채택한 가장 중요한 이유는 물론 통치에 유리한 것도 있지만 중국으로부터 오랑케인으로 취급당한데 대한 보복심리가 작용하였다고도 해석한다.

셀죽 제국은 알프 아르스란(1063-1072)의 통치 때인 1071년 아르메니아의 말라즈기르트 전투에서 비잔티움 황제 로마누스 디오게네스를 패배시키고 포로로 잡음으로 무슬림 세계에 더욱 명성을 떨치게 되었다. 이 전투의 승리로 투르크 인들은 아나돌리 정복을 보장 받았다. 당시 중아에는 여러 부족국가들이 있었지만 가장 대표적인 것으로 호라즘이었다. 그러나 이슬람으로 오만한 호라즘은 징기스

칸에게 패배한다.

　다음 몽골 편에서 다루겠지만 징기스 칸은 중아는 물론 페르시아와 아리크까지 정복한다. 징기스 칸이 유목민에 미친 가장 큰 업적은 그들의 마음에 유목민으로서의 긍지를 심어 주었다는 것이었다. 야만인 이라는 무시를 받아가며 겨울의 혹독한 추위와 여름의 살인적인 더위를 참아가며 생존한 이들은 정치적 권위를 위하여는 항상 중국의 천자에게서 칭호를 수여 받거나 황제의 공주를 아내로 맞이하는 것에 커다란 긍지를 느끼며 살아야 했다. 그러던 그들에게 자신의 혈통 가운데서 나타난 카리스마적인 징기스 칸이 중국은 물론 이슬람의 수도 이라크까지 정복함으로 유목민의 꿈을 달성하였다. 즉 정치적 권위의 상징인 중국을 정복하였고 종교적 권위의 상징인 바그다드를 점령하였다. 이 개가는 유목민들의 수십세기에 걸쳐 쌓여 온 마음 속의 한(恨)을 풀어주었으며 징기스 칸 혈통에 대한 자연스러운 경외감을 유목민들의 마음 속에 깊히 새겨 놓았다. 이 후 유목 민족은 자신의 제국의 정통성을 인정받기 위해 천자나 칼리프로 부터의 권위를 얻어 오지 않고 징기스 칸의 혈통적인 권위로 부터 정통성을 인정 받으려 하였으며, 이를 위해 징기스 칸의 후손 중에서 칸을 세우든지 아니면 징기스 칸 가문의 사위가 되려고 하였다.

　징기스 칸 이후 중아를 통치한 자는 유명한 티무르이다. 그는 징기스 칸 이후 서구가 가장무서워하는 인물로, 서구에서는 그를 타머레인이라고 부른다. 타머레인이라는 뜻은 절름발이 티무르를 의미한다. 그는 스스로 징기스 칸의 후예로 자처하며, 종교적으로는 바그다드로부터 인정을 받았다. 그리하여 중국과는 거리를 멀리한다. 그래서 이슬람의 보호자이며 동시에 전파자 노릇을 하였다. 그는 막강한 힘으로 인도를 정복, 무갈제국을 건설하고, 다음은 구라파 동부와 아프리카의 일부를 정복한다. 그래서 티무르 제국의 상징적인 마크는 세 개의 파란 원이었다. 파란색은 이슬람의 평화를, 세 원은 세 대륙을 상징하였다. 하지만 티무르는 투르크인으로 자부하며, 티무르 이후 중아는 인종적으로는 투르크인들이 지배하게 된다. 투르크는 서쪽으로는 서쪽 터키로진출, 현재의 터키를 세우고 15세기부터 1차 세계 대전까지 투르크는 소위 오스만 투르크 제국으로서 중아는 물론 구라파에까지도 점령하는 위력을 과시하였다. 투르크족이 불행하게도 이슬람을 받아들이고 이슬람으로 단결함으로 이슬람은 투르크 인들의 종교로 정착하고 만다.

중아에서 가장 중요한 것은 실크로드이다. 실크로드가 역사적으로 중요한 의미를 가지는 것은, 여러 가지 상품이 교역되었기 때문만은 아니다. 이 길을 통하여 불교, 기독교, 마니교, 이슬람이 전파되었다. 실크로드를 따라 기독교(네스토리안)가 중앙 아시아를 지나서 중국, 심지어 한국(신라시대)과 일본에까지 전파되었다. 실크로드를 통해 마니교도 중앙 아시아를 거쳐 중국까지 전해졌다. 불교는 실크로드를 통하여 서진하였고 이슬람은 탈라스 전투에서 승리함으로 동진하였다. 실크로드는 군사 용도로도 사용되었다. 이 길을 통해 많은 침략들이 이루어졌다. 그리스 인, 로마 인, 파르티아 인, 중국인, 흉노 족, 페르시아 인, 아랍 인, 셀죽 투르크 인, 몽골 인, 아미르 티무르 군대 등이 실크로드를 이용, 제국을 넓히고 세계를 정복하였다. 그러나 16C 초 지리상의 발견으로 바닷 길이 개척되어 실크로드의 중요성이 점차 사라지게 된다.

3) 중앙아시아의 정치

중아는 구소련에서 해방되자 그 동안 억눌렸든 민족의식과 이슬람이 일순간에 다시 부활하는 계기가 된다. 민족의식이 일어남으로 민족 국가가 등장하게 되고 이슬람은 활기를 찾게 된다. 중아에서 민족주의의 등장은 구소련에서 해방 후가 아니라 1980년대 후반 모든 분야에서 일어나기 시작하였다. 이것이 독립 후에는 본격적으로 국가 이데올로기가 되어 역사 바로보기 운동이 일어난다. 그러나 우즈베키스탄 같은 나라에서는 정부가 민족주의 이데올로기를 컨트롤하는 국가 주도로서의 한계를 가지게 된다. 우즈베키스탄에서는 과거 우즈베크인으로 영웅적 인물인 티무르를 다시 영웅시하고 동상도 세운다.

그러나 독립 후에 러시아의 세력이 완전히 사라진 것은 결코 아니다. 구 러시아인들과 이슬람적 원주민들 간에 충돌이 계속되고 있다. 이 내전에서 타지키스탄에서는 50만 명의 난민이 발생한다. 그러나 이러한 갈등에서도 구세력들이 교묘하게 권력을 장악하면서도 이슬람으로 변신한다. 구세력들은 공산독재에서 해방되어도 백성들에게 민주화라는 선물을 주는데 인색하게 된다.

정치적으로 중아는 구소련에서 해방되었으나 시민들은 서구식 민주주의를 향유하지 못하고 새로운 형태의 독재 혹은 유사 민주주의 체제에서 속병을 앓는 셈이다. 역시 아시아 국가라는 한계를 벗어나지 못하고 있다. 독일학자 Karl Witfogel은 저서 [동양의 독재: 전체주의 권력의 비교연구]에서 아시아 국가들은 서구 식민주의의 종료와 더불어 의회제도가 도입됨에도 불구하고 정치 지도자들은 관료주의적 관리정치에 매력을 더 느끼는데, 이유는 이러한 식의 정치가 강한 나라를 만든다는 것이다. 그러나 반면 비관료적인 사적인 분야는 약화된다.[4] 이것은 결국 사회의 모든 분야에 자율성이 약화되는 것을

---

4) Evgenity Abdullaev, "Uzbekistan: Between Traditionalism and Westernization," Boris Rummer, ed., in *Central Asia at the End of the Transition* (New York: M. E. Sharpe, 2005), 267에서 재인용.

의미한다. 자율성의 약화는 국민들이 자발적으로 참여하는 민주주의를 발전시킬 수 없게 된다. 이것은 마치 기존의 사탄을 물리치고 나니 더 무서운 사탄이 자리를 차지하는 것과 같다. 59년대와 60년대 중동이 서구 식민지에서 해방되어 기뻐하였으나 곧 이어 등장한 자기 지도자들은 더 무서운 독재가 된 것과 너무나 유사하다. 다만 억압자가 외국인에서 자국인으로 바꾸어 진 것에 불과하다. 한 국제 정치학자는 중아의 상황을 요약하기를 완전 독재 혹은 부드러운 독재정치가 주류를 이루고, 정치가들의 부정 스캔들, 복잡한 재판문제, 반대파의 데모, 과격한 이슬람 원리주의 집단, 카자흐스탄과 우즈베키스탄과의 대립관계, 혹은 카자흐스탄과 키르키즈스탄과 갈등, 우즈베키스탄과 키르키즈스탄 대립, 자원문제로 갈등, 국제정치적으로 미국과 러시아의 대결 구도 등이다. 그러나 더 심각한 정보의 불확실로 fiction과 fact의 구분이 어렵다는 것이다.

중아는 권력이양이 다른 구소련 국가와는 달리 순조롭지 못한 것이 특징이다. 구소련 국가들의 권력 이양 상황을 요약하면 민주주의 제도로 권력이 이양된 나라는 에스토니아, 라트비아, 리투아니아, 몰도바이고, 쿠데타나 비정상적 방법으로 이양이 된 나라들로는 아제르바이잔, 조지아 및 아르메니아, 우크라이나, 벨라루스이다. 러시아 정교회가 강한 나라들은 그래도 권력 이양이 순조롭거나 혁명을 통하여 바꾸어지지만, 이슬람의 국가는 억압적인 정치가 계속 되고 있다.

중아 중 카자흐스탄은 비교적 종교의 자유가 보장된 국가이지만 정치는 반쪽 민주주의로 보아야 할 것이다. 나자르바예프의 통치 역시 민주주의를 가장하지만 자기중심의 정치권력을 행사함으로 저항을 받고 있다. 나자르바예프는 독립 후 이념적으로 변신한 대표적 정치가이다. 소련 통치 시절에는 정통 공산주의자였고 독립 후에는 자본주의와 민주주의의 방어자로, 카자흐스탄 독립의 보호자 노릇을 하였고, 종교적으로는 이슬람의 파수꾼인양 처세한다. 1990년에서 1991년 사이에 세계관의 혁명적 변화를 하는 인물이었다.

이러한 내부적 도전에도 불구하고 나자르바예프는 러시아 보다 더 강력한 권력체제를 구축하면서도 시장 개혁을 과감하게 단행, 경제성장을 향한 힘찬 전진을 한다. 그는 미국과 연계를 강조하면서도 동시에 주변 강대국 러시아, 중국, 인도와 함께 미국 세력의 견제에 동참한다. 이것은 물론 모든 중아 국가들의 공통된 특징일 것이다. 카자흐스탄은 자원 개발을 위하여 러시아 보다 과감하게 외국 자본과 기술을 도입한다.

우즈베키스탄은 카자흐스탄 보다 정치는 비극적이다. 정치적 안정을 내세우는 정치권력은 반대를 철저히 분쇄한다. 우즈베키스탄의 이슬람 세력 역시 우즈베크를 이슬람 국가로 만들려고 시도하면서 정부를 괴롭히고 국제연합의 일본인 4명의 감시단원을 인질로 돈을 요구하기도 하였고 2005년에는 대규모 데모도 일어났다. 우즈베키스탄 정부는 이들을 무시하고 도리어 아프간 전쟁에서 공군기지를 미국에 제공한다. 이것은 더욱 이슬람을 자극시킨다. 가리모프 대통령 역시 공산당에서 변신, 권력을 독점, 반대파를 숙청하면서 '새로운 집을 ...' 혹은 '위대한 미래의 국가' 라는 슬로건을 내걸고 점진적 개혁을 외치지만 국민들은 러시아나 카자흐스탄으로 떠나는 자들이 많다. 그리고 새 이데올로기로 '민족독립이념' 을 강조한다.

중아 중 가장 혼란한 나라는 타지키스탄공화국이다. 이슬람 수니파의 이 나라는 친 러시아 노선의 공화국 정부와 킨 아프간 노선의 반정부 세력 간의 전투가 1993년부터 시작되었다. 이 와중에서 1998년 국제연합의 타지키스탄 감시단으로 활동하던 아키노 교수가 살해당할 정도로 혼미하였었다. 1997년 라흐모노프 대통령과 반정부

세력 간에 국민화해협정이 체결되어 일단 소강상태를 유지하고 있으나 불안한 평화이다. 이슬람 원리주의는 끈질기게 반정부군을 선동한다. 타지키스탄의 혼란은 먼저 정치권력이 책임을 져야 한다. 타지키스탄의 정부는 외자도입을 많이 하지만 실제로 경제에 투입된 된 것은 1/10에 불과하고 관료들의 부정부패로 막대한 외자가 개인주머니에 들어갔다는 것이다. 이것은 더욱 이슬람 원리주의자들을 자극하여 내분의 원인이 된다. 이슬람 원리주의는 주로 아프간과 파키스탄을 거점으로 활동하면서 정부를 괴롭힌다. 여기에 우즈베키스탄 정부가 은근히 원리주의자들을 지원함으로 양국 간의 대립관계를 형성한다. 정부군과 반정부군의 수년간의 유혈사태로 무려 5만 명이 사망하였다. 여기에 국제연합이 개입하는데, 일본의 국제정치학자가 자문위원으로 참여하다가 원리주의자들에게 살해당한다.

알렉산드리아 대왕이 탔다는 명마의 나라 투르크메니스탄 역시 독재와 부패정치는 예외가 아니다. 니야조프의 독재와 개인숭배는 이 나라의 미래를 어둡게 한다. 그는 조실부모, 자수성가로 출세한 인물이다. 그 역시 공산당원으로 구정권에서 신정권을 계승하였다. 전기, 수도 등을 서민들에게 무료 공급하여 인기를 얻었지만 반대파가 과감하게 대처하고 돈에는 자기 얼굴을 넣을 정도로 개인숭배를 조장한다. 번영을 자축하기 위하여 많은 축제일을 만든다. 그의 저서도 코란과 함께 읽히도록 한다.[5] 그를 계승한 후계자 역시 무서운 독재를 하고 있다. 이 나라의 독재는 북한과 아주 비슷하다.

중아 중에서 민주화가 잘되는 나라로는 키르기즈스탄으로 민주주의의 모범생이라고도 한다. 90년대 전반에는 비 키르기즈스탄인

---

5) 宇山智彦「トルクメニスタン」宇山智彦 編著, 『中央アジアを知るために』, 214-18.

이 인구의 40%를 차지하여 아가예프 대통령은 과도한 민족주의를 억제하는데 신경을 쓴다. 이로 인하여 아가예프는 비 키르기즈인들로부터도 인기가 높다. 그는 반대파도 과감하게 허용하였으나 90년대 후반 반대파에 대한 압력을 강화하자 이슬람과격 게릴라들이 그를 괴롭힌다. 그 역시 장기집권자가 되었다. 그러나 인권과 민족공존 정책을 전개한다.

3) '5:15:80'의 사회

중아는 많은 소수 인종 사회인지라 부족, 혈연 공동 사회로서 아직도 몽골식의 겔(천막)생활을 하는 자들도 있다. 부족사회 중심이어서 현대적 사회제도는 근래에 발전한 것이다. 문화적으로는 개인주의가 발전하지 못한 집단주의 사회이다. 키르키즈 박물관은 이 나라가 국가로서 역사는 짧다는 것을 한 눈에 알 수 있다. 경제는 아직도 1차 산업이 중심이고 목축이 발전하였다. 약 16년 전 카자흐스탄 대통령이 한국을 방문하였다. 그는 카자흐스탄의 산업 소개하면서 소가 몇 마리, 양이 몇 마리 식으로 하였다. 욥기 서에 나오는 재산 목록 그대로여서 흥미 있게 들었다.

최근 중아도 산업구조가 서서히 바뀌고 있다. 경제가 급성장하여 국가의 GDP는 많이 올라가고 있다. 특히 석유, 광산자원의 수출은 엄청나다. 그러나 대부분의 아시아 국가들이 당면한 것과 동일하게 독재국가는 부정부패도 심각하여 국민들은 가난을 면치 못하고 있다. 비서구 국가들은 집단주의, 서구는 개인주의라는 식으로 서구 개인주의를 은근히 비난하지만 경제면에서 비 서구는 공생공존의 집단주의와는 거리가 멀다. 중아 역시 이 문제에서 예외가 아니다.

후진국의 빈익빈 부익부 현상을 어느 학자는 5:15:80으로 분류한다. 미개발 도상국가 대부분은 경제적으로 부유한 상류층은 5%에 불과하고 15%는 비교적 부유한 계층이고 나머지 80%는 빈곤층이다. 그럼에도 불구하고 상류 두 계층은 현 체제를 유지하는데 급급하고 80%의 가난 층을 배려하지 않는다.[6] 산업이 아직 많이 발전하지 않아 청년들은 일터가 없으며, 낮은 월급으론 인하여 부패가 사회 모든 분야에 확산되어 있다. 부패는 죄 있는 인간사회에 어디서나 공통된 현상이다. 그러나 서구나 우리 사회는 자유로운 언론, 사법기구, 국회, 시민단체들의 여론재판 혹은 법적 재제가 가능하지만 이 지역은 아직 그러한 견제 시스템이 없다.

중아가 경제 발전을 저해하는 것은 역시 지하자원이나 기술이나 자금이 아니라 인적 요인이다. 도리어 풍부한 자원으로 개발 의욕을 저하시키고, 국민들의 경제적 욕구를 충족시키려는 지도자들의 의지가 약하고, 경제 발전에 필요한 합리적 제도를 만들지 못하며 사회 개혁의지가 전혀 결여되어 있다. 부족주의와 소위 '석유의 저주'가 중아에도 나타난다. 지하자원을 개발하고 수출하여 생기는 이익금으로 공장을 만들려는 아이디어나 의욕이 전혀 없고 현금을 비효율적으로 집행하는 것이 후진국의 약점이다.[7]

---

6) Boris Rummer, *Central Asia at the End of the Transition*, 5-6.
7) Eshref Trushin and Eskender Trushin, "Institutional Barriers to the Economic Development of Uzbekistan," in *Central Asia...*329-84을 참조할 것.

1. 중앙아시아의 이슬람

1) 이슬람의 전파

중아는 여러 종교가 지나간 지역이다. 일찍이 불교가 전파되었고 다음은 기독교, 그리고 배화교와 여러 종류의 민속종교가 아직도 이 지역에 뿌리를 내리고 있다. 단군신화에 나오는 '텡그리'라는 하늘 신을 섬기기도 하였다. 그러나 이슬람이 중아를 차지하고 말았다. 징기스칸이 중아를 정복하였을 때는 이미 이슬람이 확고하게 자리를 잡고 있었다. 중아 역시 권력자들이 이슬람은 국가 통합의 좋은 수단이 되는 것을 알고 먼저 열렬한 무슬림이 된다. 그리고 백성들에게 이슬람을 강요한다. 이 지역에 이슬람이 처음 전파된 것은 9세기에서 12세기이다. 중아가 이슬람화 된 것은 먼저 이슬람 자체의 문화적 매력이 크게 작용하였고, 둘째는 각 부족들의 지도자들이 솔선, 이슬람을 수용하여 위에서 밑으로 이슬람이 확산된 것이며, 셋째는 이슬람의 공격이다. 특히 8세기 탈라스 이슬람 세력이 중국과의 전투에서 승리하자 대부분의 부족들이 이슬람을 받아들이게 된다.[8]

탈라스 전쟁은 중국과 투르크멘 족들의 중아 지배와 영향력에 대하여 불안한 아랍이 중국과 투르크멘 연합군과 전투, 승리하게 된다. 그러나 이미 이 전쟁 전에 이슬람은 중아의 서부로 침투하고 있었다. 다음은 실크로드를 이용, 중동의 물품들이 동으로 수출되면서 이슬람 문명도 자연스럽게 수출되었다. 그러나 흥미로운 사실은 몽골의 징기스칸 시대 때는 도리어 이슬람이 수난을 당하는데, 이유는 바그다드까지 한때 점령하였든 몽골은 무슬림들의 무례한 행동과

---

[8] 최한우, 366.

처신에 분개, 그리고 몽골 지도층에 뿌리내린 네스토리안과 로마 카도릭의 영향 및 불교로 인하여 이슬람은 수난을 당하였다.

이슬람이 투르크족 사이에 민족 종교로 발전하기 시작한 것은 10세기 말로써, 투르크계 제국은 과거처럼 제국의 확장을 위해 끝없는 전쟁을 수행하게 되는데, 이슬람을 받아들인 후에도 이러한 일상의 전쟁이 신의 이름으로 수행되니, 군인들과 부족 원들은 사기가 더 높아지고 더 용맹해져 확장에 있어 이슬람 종교가 크게 기여하게 된 것이다. 그러나 전쟁이 삶의 일부분으로 되어있는 투르크 유목민들에게 있어서 부족 집단적 사명으로서 성전 수행은 좋지만 다른 생활상의 율법 지키는 일이 체질상 맞지 않는 것이다. 즉 이슬람이 집단의 종교는 되었으나, 개인적인 종교는 되지 못하고 있었다. 이러한 상황 속에서 발달한 것이 수피 이슬람(Sufism)이다.

수피즘은 중아 투르크족들 사이에서 독창적으로 발달한 종교로서 중앙아시아의 샤머니즘과 그들의 민족성 그리고 이슬람의 유일신 사상과 형제애가 혼합된 영적 운동이다. 따라서 전통적 이슬람에서 전혀 찾아볼 수 없는 샤머니즘적 요소인 '영적인 힘'이 강조되며 성가를 중앙아시아의 전통악기에 맞추어 부르고 다분히 형식주의적인 코란의 율법에 순종하기보다는 삶의 신앙행위에서 '신을 체험하는 것'이 강조된다. 수피즘은 체험적이며 현세적인 종교적 요소가 많다고 볼 수 있다. 결과적으로 수피즘은 사랑과 형제애, 종교 지도자와 일반인들 사이에 영적 평등의식, 전통 음악을 사용하는 성가, 묵상, 기도 등 새로운 영적 운동을 통해서 이슬람을 투르크족의 민족 종교로 뿌리 내리게 했다. 이슬람 교리를 잘 아는 이는 드물고 대부분 샤머니즘과 결합된 형태의 신앙을 가지고 있다. 그리고 조상의 무덤을 숭배하는 등 변질된 형태의 이슬람 모습을 하고 있다. 이슬람 역시 '무속적 이슬람' 형태로 존재하고 있다. 시간이 흐름에 따라 전통 이슬람의 모습은 쇠퇴하고 자신들의 전통이었던 샤머니즘과 결합된 정령주의적 Folk Islam이 발달하였다. 특히 민속 이슬람이 강한 이들은 조상을 숭배하고 귀신에게 사로잡힐 것에 대한 두려움으로 항상 불안해하며 공산주의의 무신론 주입에도 불구하고 계속적으로 두려움을 없애기 위한 주술과 굿의 행위를 하고 있다.

소련시대 때 이슬람은 수난, 서로 간의 교류 단절, 중동 이슬람국가와 단절, 순례도 금지 당하였거니와 모스크도 폐쇄, 예배의 자유도 없었다. 소련 통치 때 중아의 26,000개 모스크 중에서 불과 400개만 문을 열었다고 한다. 중요한 것은 구소련에서 해방을 기독교로부터의 해방으로 해석하는데 더 의의를 둔다. 독립 후에 타지키스탄에서는 이슬람부흥당이 탄생, 반정부 편에 서고 선거에 참여하였으나 많은 지지를 얻지 못하였다. 이슬람부흥당은 물론 아프간의 탈레반, 우즈베키스탄의 과격 이슬람과 연대한다.[9]

2) 서로 경쟁하는 이슬람 국가들

구소련에서 중아의 해방은 이슬람의 부흥을 가져오지만 중동의 이슬람 국가들과 파키스탄은 서로 경쟁하면서 사원건설에서 교육, 봉사 지원 등 엄청난 후원을 하였다. 5개 국가의 이슬람 세력들은 경쟁적으로 이슬람 정당과 운동단체를 결성, 이슬람 국가로 만드는데 온 힘을 다한다. 그러나 대부분의 정부는 무슬림이면서도 이슬람적 신정국가를 반대함으로 이슬람 과격세력과 충돌한다. 이란의 종교지도자 하메이니는 1992년 "아제르바이잔, 투르크메니스탄, 우즈베키스탄 및 타지키스탄이라는 위대한 국가들은 무슬림이다. 그들의

---

9) 21世紀硏究會編 『民族の世界地圖』(文春新書, 平成 14年), 141-43.

신조는 이슬람으로, 이것은 이슬람의 영향력의 범위를 말해준다"고 역설하였다.[10]

중동 국가 중에서 이란과 터키의 이슬람이 서로 주도권 경쟁을 하게 됨으로 중아는 기독교적 러시아와 갈등 외에 이슬람 간에 경쟁하는 운동장이 된다. 이란이 중아에서 주도권을 잡으려는 것은 지리적으로 가깝거니와 과거 중아의 일부 국가들은 페르시아에 속하였었다. 반면 인종적으로는 투르크인들이 다수이다. 참으로 묘한 상황이다. 이란은 중아에 주도권을 장악하기 위하여 호메이니 사망 이후 라프산자니 대통령이 모스크바를 방문, 소련과의 제휴를 돈독히 하려고 하였다. 중아가 소련에서 해방 되자마자 첫 4개월 동안 이란정부는 중아에 무려 1억7천만 불의 예산을 책정하였었다. 그래서 이란의 지원으로 타지키스탄의 경우 구 소련시대 때는 모스크가 17개에 불과하였으나, 92년 8월에는 3천개로 급성장하고 4개 국가에도 모스크와 무슬림지도자 학교를 세워주며, 300명 이상의 이슬람 지도자를 파견하며, 17만권의 코란을 지원하였다. 여기에 위기를 느끼는 세속적 이슬람 국가 터키는 기업 투자와 비즈니스로 중아에 지원 경쟁을 벌린다. 터키는 이란이 지원하는 이슬람 원리주의의 확대를 막는다는 명분으로 서방세계와 제휴 주요도시에 비즈니스 거점을 확보하여 중아의 경제발전 지원에 적극적인 정책을 전개하였었다.[11]

중아에서 패권을 장악하려고 노력하는 이란은 동시에 중아에 영향력을 행사하는 터키를 맹비난하였다. 예를 들면 이란의 일간지 Kayhan은 터키가 중아에 방송 전파를 발사하자 이것을 신랄하게 공격하였다. 흥미로운 것은 이란이 터키를 비난하는 명분은 터키는 진

---

10) Mohammad Mohaddessin, *Islamic Fundamentalism: The New Global Threat* (Washington D.C.: Seven Lock Press, 1993). 67.
11) 觀堂義憲 『世界の民族・宗教がわかる本』(こう書房, 1994), 119-21.

짜 이슬람과 동양 문화에서 거리가 먼 서구의 친구임으로 중아에서 영향력을 행사할 권리나 자격이 없다는 것이다. 여기에 대하여 터키는 문화적으로 인종적으로 터키는 아드리해에서 몽골까지 범 터키 문화권을 형성할 자격이 있다고 응수하였다. 미국이나 서방국가들은 물론 터키가 중아에서 더 힘을 행사하도록 노골적으로 지원하였다.

3) 중앙아시아의 이슬람 원리주의 운동

중아에서 이슬람 원리주의 운동은 중아의 정치나 종교, 특히 기독교에 심각한 도전이 된다. 중아에서 이슬람 원리주의 등장은 지극히 당연한 것이다. 어디서나 이슬람 신정국가를 세우려는 이들은 중아의 영적 진공 상태를 그냥 놔 둘리 없다. 구소련이 종교에 약간 관용을 베풀자 이슬람 국가의 무슬림 지도자들이 중아를 방문, 많은 이슬람 활동을 증가함으로 이슬람 원리주의가 위에서 발전하기 시작하였다. 반면 대중들도 이슬람으로 돌아가려는 운동을 전재한다. 그래서 밑에서의 이슬람 원리주의 운동이 일어나게 된다. 1970년대 구소련은 중아 일부 지역에서 이슬람 교육을 허용하는데, 이것이 중아에서 이슬람 부흥에도 크게 기여한다. 다음은 중아와 가까운 파키스탄과 아프간은 중아에 원리주의자들을 공급한다.[12] 중아의 이슬람 부흥은 러시아에서 이슬람 부흥을 가져오게 하여 현재 러시아 병사들 50%가 무슬림인데, 이들 대다수는 중아인 병사들이다.

이슬람 원리주의자들이 9·11이후 세력을 확장하여 중아를 이슬람 국가로 건설하려고 노력하지만 중아 정부는 철저히 원리주의 운

---

12) Vyachelsav Belokrenitsky, "Islamic Radicalism in Central Asia: The Influence of Pakistan and Afghanistan," in *Central Asia at the End of the Transition*, 153-58.

동을 차단한다. 여기에는 중국과 러시아도 가세하는데, 그 이유는 중국은 위구르가 항상 불안하기 때문이며, 러시아는 체첸 때문이다. 만약 이슬람 원리주의자들이 두 지역을 선동할 경우 두 강대국은 소수지만 무서운 원리주의 테러의 표적이 되기 때문이다. 원리주의자들은 타지키스탄과 카자흐스탄에서는 고학력자들과 정부 공무원에까지 침투하고 있을 정도이다. 몇 년 전 키르키즈스탄에서는 고위공무원이 포함된 원리주의 스파이가 체포된 적이 있다.

중아 이슬람 원리주의에 가장 강력한 영향력을 행사한 이슬람 지도자는 펠가분지에서 활동한 무한마도잔 힌두스타니이다. 그는 구 소련 시절에도 불법으로 제자들을 양육하여 이슬람 원리주의자로 두각을 나타내고, 중아가 해방된 후에는 노골적으로 이슬람에 반대되는 사상과 행동 및 실천을 과감히 비판하고 이슬람 신정국가 건설을 외쳤다. 그러나 그는 과격행동을 역시 경계하고 비판하였다. 펠가 분지는 중아에서 이슬람 본산지이기도 하다. 중아의 대표적 이슬람 원리주의 집단은 우즈베키스탄 이슬람 운동(IMU)으로, 이들은 중아 국가들을 혼란케 하는 게릴라전을 전개하거니와 마약 밀매 등 불법적 비즈니스에 깊이 개입되어있다. IMU외에 국제적 이슬람 원리주의 집단인 해방당이 있는데, 이들은 구성원 자체가 팔레스타인인에서부터 여러 중동 국가와 중아인들이다. IMU는 우즈베키스탄을 이슬람 국가화 하는데 주력하지만 이 조직은 5인 단위로 활동하면서 중아 모든 나라를 이슬람화하려고 게릴라전을 전개한다. 2004년도 우즈베키스탄에서는 수 십 건의 폭탄 테러가 발생, 많은 사람들이 죽었다. 정부는 이슬람 해방당의 소행으로 간주, 대대적 척결에 나섰지만 완전 소탕은 불가능하다. 중아에서 원리주의 집단을 먼저 지원하려고 노력한 나라는 물론 이란이다. 호메이니는 벌써 중아에 '문화적 저항의 조직'을 심는 것을 계획하였다고 한다. 이란 다음으로 파키스탄과 아프간의 탈레반 원리주의자들이다.

하지만 일본인 중아 전문가 우야마 도모히코가 말한 대로 중아의 이슬람 원리주의자들은 일부에 불과하고 대부분의 무슬림들은 정부를 신뢰하며 평온한 생활을 하기 원한다. 원리주의자들은 무하마드 시대를 이상적인 것으로 주장하면서 반대파를 격파하려는 과격한 행동을 함으로 이슬람의 단결을 해치고 나아가서는 올바른 이슬람을 무시하고 투쟁함으로 신도들을 분열시킨다. 중아와 코카서스에서 이슬람 원리주의자들은 적어도 이슬람 신정국가는 못 세워도 강력한 이슬람적 집단이나 이슬람 공화국 연대(the Union of Islamic Republics)를 건설하려고 시도하지만 중동 국가와는 달리 중아는 이미 공산주의와 세속주의를 맛본지라 과격한 이슬람 신정국가는 거부한다.

2. 중앙아시아 기독교

중세기 이전 중아는 기독교가 엄청나게 부흥한 적이 있었다. 그러나 칭키스칸 이후 기독교는 사라지고 말았다. 이슬람에 무너지고 말았다. 지금 다시 이러한 거대한 종교적 전쟁이 중아에서 진행되고 있다. 중아가 다시 이슬람으로 완전히 넘어갈 것인가? 아니면 기독교가 어느 정도 뿌리를 내릴 수 있을까? 현재는 비관적이다. 이슬람 원리주의자들로 인하여 선교가 위축되고 있다.

중아에서 기독교 역사는 오래 되었지만 기독교가 아주 어려운 상황에서 생존하다가 사라지고 만다. 중아에서 기독교 전파는 과거 5C-6C를 전후로 수 세기동안 네스토리안 교도들에 의해 전파되었다. 사산조 페르시아에서 '경교'라고 불리는 기독교가 널리 전파된 후 이들을 통해 중아 서부 트란속시아나를 거쳐 투르크메니스탄으로 들어 왔다는 것이 허대전 박사의 지론이다. "주후410년에 이미 네스토리안 교회가 지금의 사마르칸트에 대주교의 관구였다고 전해지며 628년에서 634년까지는 확실히 대주교의 관구였다." 그 외에도 7세기에 이미 터키인들 사이에 기독교회가 광범위하게 퍼져있었고 터키어 신약성경까지 있었다는 역사적 증거가 많이 있다. 중아 기독교 선교 전문가인 영국의 멍가나 박사에 의하면 당시 적어도 8백만의 신자가 한 왕의 통치를 받았다고 한다.[13] 이것은 굉장한 숫자이다. 심지어 위구르는 한 때 기독교 나라였다고 한다. 로마 카톨릭 선교사(혹은 수도사) 윌리암 루브룩스가 보낸 서한에 의하면 위구르 모든 도읍에 네스토리안 신자들이 있었다고 말한다.[14] 그러나 네스토리안 기독교 선교가 중단 된 이후 다시 중아에 선교가 행해졌는데, 스테픈 니일에 의하면 알지 못하는 경로를 통하여 상인들이 무역로를 따라 복음을 전파하였다.[15]

 그런데 왜 중아가 이슬람으로 넘어 갔는가? 투르크메니스탄을 비롯한 중앙아시아에서 기독교가 쇠퇴한 이유는 10C-11C에 이슬람을 대대적으로 받아들인 이유도 있겠으나, 네스토리안 교도들의 잘못된 신앙 행위에도 주된 원인이 있다. 즉 이들의 수도원 중심의 종교 생활, 금욕, 율법 강조, 비조직적인 선교활동 등이 기독교가 쉽게 자취를 감추게 하는 큰 요인이 되었다. 따라서 이 나라는 거의 기독교 선교가 불가능한 나라로 알려져서 선교회나 교회당은 몇 년 전까지는 거의 전무하였다. 그러나 구소련 붕괴 이후 한국교회와 서구 선교사들이 활발하게 선교하고 있다.

 러시아 정교회는 중아에서는 정치적 힘으로 인하여 이슬람의 위협

---

13) 허대전, 『초대교회와 동방선교』 홍치모 역 (서울: 바른 신앙, 1991), 110.
14) 허대전, 113-14.
15) 스테픈 니일, 『기독교선교사』 홍치모 역 (서울: 성광문화사, 1992), 149.

을 받지 아니한다. 러시아 정교회가 중아의 무슬림들을 기독교로 개종시켰다는 뉴스는 거의 접하지 못한다. 무슬림들은 러시아 정교회를 억압하는 종교로 증오한다. 러시아 정교회는 1982년 키릴어로 요한복음을 번역하였고, 다른 언어의 성경번역이 시작되고 있다.

중아에서 개신교 선교는 1990년 초기 구 소련에서 독립 된 이후에 시작되었다고 볼 수 있다. 그 이전에 교회가 존재할 수 있었다면 그것은 어디까지나 지하교회로 존속하였다고 본다. 그 근거는 일찍이 러시아인들 중에 복음주의와 침례교 동맹 교회는 공산주의의 핍박하에서도 생존하였고 강한 전도의 정신을 발휘하였다. 따라서 이들은 중아에까지도 복음을 전했을 가능성을 배제하지 못한다. 다음 독일계의 재 침례파 신자들인 메노나이트 교회가 19세기 이 지역에서 전도하였다. 이들은 종교개혁 때 엄청난 박해에도 선교한 교회이다. 실제로 중아의 여러 나라에는 이들의 선교로 교회가 있다. 그런데 불행하게도 원주민교회와 독일계 신자들과의 인종적 불화로 한 교회에서 예배를 보지 않는다고 한다. 결국 원주민 교회들은 서서히 이들에게서 독립하였다고 한다. 그리고 독일인들은 서서히 중아를 떠나고 말았다.

중아의 독립 이후 미국 침례교회와 오순절교회가, 그리고 한국의 많은 선교사들이 앞 다투어 중아 선교에 참여하였다. 한국 선교사들은 초기 고려인 선교에 집중하여 지금도 중아에는 고려인 교회가 많다. 중아에서 소수 인종들에게는 종교의 자유가 어느 정도 허용된다. 그래서 작은 신학교도 현지어가 아닌 러시아어로 운영되고 있다. 이것은 러시아인이나 고려인과 다른 소수 인종들에게는 관용을 한다는 것을 의미한다. 그런데 불행한 것은 한국 선교사들 사이에 고려인 선교를 두고 분열이 일어났다. 일부 초교파 선교단체 선교사들은 고려인 선교는 선교가 아닌 것으로 비난하여 갈등이 야기되었다. 그러나 소위 원주민 대상 선교를 함으로 추방당하는 사태가 발생하였다는 것이 우즈베키에서 선교하는 선교사의 증언이다.

중아에서 선교가 활발한 나라는 카자흐스탄이다. 미국 침례교회와 한국 침례교 선교는 중아를 지역 분할하여 선교를 하였는데, 특히 카자흐스탄을 중점으로 선교하였다. 그러다가 최근 한국 침례교회 선교는 미국 침례교회와 협력을 하지 않고 있다고 한다. 카자흐스탄에는 한국 선교사들이 세운 교회 중에 수 백 명이 모이는 교회가 있는데, 특히 LA에서 온 한 한국인 선교사가 세운 교회는 수 천 명이 모인다. 이 교회는 해마다 중동지역과 주변 지역의 한국 선교사들을 초청하여 세미나도 가진다. 그러나 최근 많은 수난을 당하였다고 한다. 하지만 이 교회의 신학적 입장에 대하여 약간의 회의를 가지는 자들이 있다고 한다.

중아에서 선교가 어려운 나라는 우즈베키스탄이다. 이 나라에는 공식적으로 등록된 교회는 아주 적은 편이다. 카쉬켄트 한인교회는 공식 허가를 받고 모이며 이 교회에서 러시아로 신학교를 운영하는데, 신학생은 러시아인과 고려인이다. 그러나 학생 모집은 학교가 마음대로 하지못하고 정부의 통제를 받는다. 그래서 이 나라에는 많은 지하교회가 있지만 선교사들은 이들과 접촉도 함부로 할 수 없다.

키르키즈는 비교적 선교가 자유로워 많은 한국 선교사들이 모여들고 있다. 그러나 아직도 이 나라 역시 선교의 자유가 제한되어 쉽지 않다. 그러한 상황에서도 키르키즈인 중심의 교회가 있는데, 물론 목사와 신자는 소수이다. 2008년 10월 이들은 전국적으로 모이는 집회를 가졌는데, 참석자는 약 5백 명이었다. 현지인 교회는 우리식의 교파교회가 아니다. 목회자는 한국인 선교사들이 세운 신학교에서 훈련받거나 서구 국가에서 훈련을 받았다. 그래서 참석한 평신도들은 하루 속히 전임 사역자를 보내달라고 하소연 하는 간증을 들었다. 한국 교회 선교는 좁은 지역, 적은 신자들에 불과한 이 나라에서 신학교를 하나로 하지 못하는 것은 대단히 유감스럽다.

무서운 독재국가 투르크메니스탄에는 지금 약 5개의 지하교회가 있으며 서양선교사들과 한국 선교사들이 연합하여 성경을 번역하고 있다고 한다.

타지키스탄은 1991년 러시아로부터 독립한 이후에 한국과 선교사들이 타지키스탄에 입국하기 시작했다. 92년부터 97년까지의 내전 기간에도 한국인 선교사들은 선교회를 등록하여 태권도와 함께 복음을 전하고 성령의 놀라운 역사를 경험하며 현재 타지키스탄의 가장 큰 등록교회로 성장하였다. 타직어로 된 신구약 성경이 92년 완성되었고 예수영화 비디오테이프가 출판되었다. 약 70-80명의 선교사들은 간접적인 사역에 집중하고 있는데, 기독교 그룹은 현지인 교회, 러시아 침례교회, 서구 선교사가 세운 지하교회가 있다고 한다. 미국 정보부는 이 나라 기독교 인구를 약 23만 명으로 본다는 것이다. 중아는 이렇게 닫힌 지역이기 때문에 서구의 수많은 선교방송들이 중아의 소수 종족들을 향하여 방송선교를 하고 있다.

중아 기독교 선교의 난제는 무엇보다도 언어이다. 아직도 중아는 러시아 영향권에서 벗어나지 못하여 토착어가 국어로 채택되었으나 학교, 관공서에서는 러시아가 지배한다. 그래서 선교사들은 두 언어를 다 구사할 수 없는 상황이다. 공식적으로 신학교를 허락하지 않아 지도자 양성이 역시 시급한 과제이다. 중동 보다 여건이 좋지 않은 실정이다. 중아가 러시아 지배하에 있을 때 러시아 정교회가 중아의 무슬림들을 기독교로 개종시키는데 성공하지 못한 것도 중아 기독교가 성장하지 못한 이유 중의 하나일 것이다. 러시아 정교회는 선교와 부흥의 종교라기보다는 경직된 의식 중심의 제도권 교회로서, 역시 선교와 성장에는 다이나믹한 힘이 없다는 것을 입증한 셈이다.

중아에서 복음에 수용적인 인종은 고려인이다. 그래서 고려인 교회는 성장한다. 그러나 불행한 것은 고려인 교회들은 주 인종인 현지인들을 증오하여 그들을 대상으로 선교를 할 의지가 전혀 없다. 인종의 장벽을 실감한다. 이러한 상황에서 과연 중아에서 기독교회와 선교가 이슬람의 도전을 잘 극복 할지 의문이다.

제4장

아시아 기독교: 과거와 현재

서론

아시아 종교인 기독교는 지금도 도전과 많은 저항 속에서 서서히 성장하고 있다. 그러나 현재 아시아 기독교 인구는 7%이상 되지 못하는 것으로 추산한다. 아시아의 신학자들이나 지도자들은 아시아에서 기독교는 실패하였다고 말한다. 우리는 그 말을 부정하고 싶지 않다. 일찍이 중국인 복음주의 신학자 릿 센창 박사는 아시아에서 기독교는 교두보 확보(foothold)에 거치고 'hearthold' 확보에는 실패하였다고 지적한 적이 있다. 사무엘 마펫 박사(평양신학교 교장 사무엘 마펫박사의 아들로 한국에서 오래 동안 선교하였음)는 "서방의 기독교가 지구를 둘러싸려고 하는데 왜 아시아의 기독교는 소멸 직전에 이르렀는가?' 물으면서 아시아에서 기독교가 실패한 8가지 원인을 열거 하였다. 1)지리적 고립 2)항구적인 숫적 열세 3)박해 4)국가의존 5)인종적 내향성 6)아시아 종교와 조우 7)교회분열 8)신학적 요인이다.[1] 이것은 개신교 선교 이전 시대를 두고 말한 것으로

---

1) 사무엘 H. 마펫, 『아시아 기독교회사』 김인수 역, (서울: 장로회신학대학교출판부, 1996), 777.

생각한다. 그러나 엄밀히 말하면 지금도 아시아에서 기독교는 고전하고 있다.

우리는 과거 아시아 기독교 선교를 냉정하게 반성하면서 미래를 향하여 가야 할 것이다. 아시아에서 기독교가 실패하였다면 실패의 원인을 분석, 여기에 따른 선교전략을 개발해야 할 것이다. 마펫박사가 실패로 지적한 원인 중에 외적인 것은 지리적 고립, 박해, 아시아 종교와 조우이다. 8가지 중에 세가지는 외적 요인이고 나머지는 내적 원인이다. 그것은 바로 기독교 자체에 잘못이 있었다는 것을 의미하는 것이다. 구약의 이스라엘은 첫 지상의 유형교회였다. 그러나 이스라엘은 하나님의 언약의 백성으로 실패하고 말았다. 만약 이스라엘이 언약의 백성으로 이방의 빛이 되었더라면 중동의 역사는 크게 달라졌을 것이다. 세계역사는 하나님의 구원의 역사(Heilsgeschichte)이다. 하나님의 구원은 항상 수단을 요구한다. 교회와 하나님의 백성들이 이방의 빛이 되는 것을 요구한다 (사 42:6, 49:6, 마 5:13).

아시아에서 기독교의 실패원인을 일부 아시아 신학자들은 기독교가 서양 옷을 입었기 때문에 저항을 받았다고 말한다. 인도의 대표적 복음주의 신학자 아티알은 아시아 문화와 종교의 저항을 언급하지만 서구 선교사들의 복음이 서구 옷을 너무 많이 입었고 식민주의를 따라 왔기 때문이라는 것을 지나치게 강조한다는 인상을 준다.[2] 인도의 복음주의 신학자들은 특히 다른 나라 복음주의 신학자들보다 반서구 감정을 많이 드러낸다. 그러나 우리는 서양 선교사들이 전한 복음의 메시지 내용을 서양 옷이라고 생각하지 않는다. 그들은 자기들의 옷을 입었고 자기들의 음식을 먹었다. 그렇다고 그것을 서양 옷

---

2) Saphir Athyal, "Introduction," in *Church in Asia Today*, 10-11.

을 입은 기독교라고 말할 수 없다. 그렇다면 한국선교사들이 전하는 복음도 한국 옷에 불과할 것이다. 한국 선교사들은 가는 곳마다 김치를 고집한다. 서구 선교사가 들어오기 전, 7세기에 이미 아시아에서 기독교는 사라지는 위기를 맞이하였다. 그 책임을 서구에 돌릴 수 없다.

그럼에도 불구하고 아시아 여러 나라에서 부흥운동이 일어나며, 선교운동도 활발하게 전개되고 있다. 이제 서구 선교의 시대는 지나갔다고 말한다. 아시아 많은 나라에서 서양 선교사 보다 한국 선교사가 더 많을 정도이다. 그러나 지금 아시아와 다른 비서구 세계에서 과연 기독교는 성경적 기독교로서 정착하고 확산되고 있는지 묻지 않을 수 없다. 일찍이 독일신학자 몰트만은 기독교 정체성을 심각하게 질문한 적이 있다. 아시아에서 기독교가 이제 튼튼히 뿌리를 내릴지 혹은 과거의 실패를 반복할지 중대한 기로에 있다. 모로우가 편집한 [복음주의 선교사전]은 아시아 기독교의 7가지 주요 이슈를 제기한다. 1) 아직 복음이 전파되지 않은 지역이 많아서 더 전도되어야 한다. 2) 지도자와 지도력 부족 3)평신도 운동 강화 4) 토착화와 상황화의 요구 5) 아시아 신학 종교대화, 종교 다원주의, 인권사상 등 신학의 혼돈, 6) 전도와 봉사의 통전적 선교 요구, 7) 기존교회의 부흥과 갱신이다.[3] 아시아의 상황을 비교적 잘 설명하고 있지만 성경적 기독교가 전파되고 세우지는지, 그리고 서구 선교의 이론이나 자금이나 기술 및 정보 없이 아시아 교회 스스로 수준 높은 선교이론과 기술과 정보와 자금이 가능한지 묻지 않을 수 없다. 비서구선교는 이론, 자금, 조직관리 분야에서 서구에 아직도 의존하는 상황이다.

---

3) A Scott Moreau, ed., *Evangelical Dictionary of World Mission,* (Grand Rapids: Baker Book, 2000), 83.

1. 아시아에서 선교역사

아시아에서 기독교는 비록 도전 중에서 서서히 전진하지만 말라기 선지자기 일찍이 예언한대로 "해뜨는 곳에서부터 해지는데 곳까지의 이방 민족 중에서 내 이름이 크게 될 것이라"(1:11)는 것처럼 역사는 이 방향으로 나아가고 있다. 아시아에서 기독교 선교역사는 대체로 3시기로 구분해서 생각해야 한다. 제1기는 주로 고대 교회부터 구라파에서 로마 카톨릭의 등장까지를 초개 선교 시대로 규정하는 경향이 있다. 1기 즉 무하마드 이전까지 아시아 선교를 실패로 본다면 원인을 외부의 핍박보다는 교회 자체에서 원인을 찾을 것을 제안한다. 박해는 성경시대에 이미 있었다. 그러나 박해받는 기독교가 로마를 정복하여 주후 5세기 이전에 유대교를 제외한 모든 이방 종교나 미신은 사라지고 말았다. 하지만 아시아에서는 기독교가 페르시아 문명, 중국 및 인도 문명을 정복하지 못하였다. 도리어 동남아 아시아에서는 불교가, 중동에서는 이슬람이 더 확산되었다. 제2기 로마 카톨릭 선교는 정복적 선교로 규정한다. 현재 로마 카톨릭이 기독교의 제1세력이 되었지만 십자군, 식민지 정책, 정복적 선교는 지금도 기독교의 부정적 이미지를 남겼다. 특히 현대 이슬람과의 문명충돌은 십자군 전쟁이 큰 원인이다. 서구를 식민지 지배자로 비판하도록 만든 것 역시 스페인과 포르투갈의 아프리카, 남미, 아시아에서 식민지 지배가 원인이다. 중세 카톨릭 선교는 '선행공적' 사상, 목적을 위하여 수단은 잘못되어도 괜찮다는 사고방식, 로마 교황의 힘을 배경으로 하는 정복적 선교였다.[4] 그래도 수도원이 카톨릭의 영적, 선교의 중요한 원동력이 되었다.

---

4) 渡辺信夫 『アジア辺道史』(いのちのことば社, １９９６), 33.

1) 초대 선교시대

일찍이 기독교는 아시아 종교로 아시아로 전파되었다. 바울은 온 세상에 이미 복음이 전파되었다는 말을 하였는데, 대단히 의미 있는 정보를 우리에게 제공하는 셈이다. 신약에 이미 바울은 복음이 온 천하에 전하여진 것으로 말한다. 우리들은 이 말씀을 다만 당위성으로 해석하였지 실제로 복음이 전하여지지 않은 것으로 생각하였다. 그러나 라토렛, 니일, 마펫이나 허대전 박사 등 일부 서양 교회사가들은 기독교가 일찍이 아시아로 전파되었다는 증거를 제시한다. 2003년 아시아의 로마 카톨릭의 아시아 주교회의 연맹과 신학연구위원회(the Commission for Theological Concern)는 공동으로 아시아 각 나라 신학자들, 선교사들, 원주민 교회 목사 및 신부들이 쓴 글의 리스트를 출판하였다. 방대한 작업이다. 그 리스트에 의하면 아시아에서도 초대교회부터 많은 저서들과 글들이 있었다고 말한다.[5]

첫째로 기독교의 탄생과 더불어 안디옥 교회가 선교를 한 것은 이미 사도행전에 잘 나타나 있다. 다음 에뎃사 지방을 중심으로 하는 교회는 적극적인 선교활동으로 시리아 지방과 아라비아 등에 소위 동방교회를 설립하였다. 나아가 인도에까지 기독교가 전파되었다. 예수님의 제자 도마는 인도로 가서 선교를 하여 지금도 인도에는 성 도마 교회가 존재한다. 초대 아시아 선교역사를 더 정리하면 72년에 인도에까지, 150년까지는 메데, 페르시아, 파르티아, 박트리아(현 아프가니스탄)에까지 기독교가 들어갔다. 우리는 인도 기독교 역사성 논쟁을 하지 않고 인도 교회가 믿는 대로 받아들이고자 한다. 2세

---

5) John England, et al, eds., *Asian Christian Theologies: A Research Guide to Authors, Movements, Sources*, (Dehli: ISPCK, 2003), VOL.1-3을 참조할 것.

기에는 에데사를 중심으로 하는 시리아교회가 부흥하였고, 시리아 교회는 이란과 사우디아라비아 및 나아가서는 중앙아시아에까지 복음을 전하는 선교 센터였다. 특히 오순절 때 흩어진 유대인들이 로마 및 동방으로도 교회운동을 확장시켰다. 교부시대와 니케아, 칼케돈, 에베소 공의회 때 이미 동방(시리아, 페르시아, 이집트 등)에도 교회가 뿌리를 내리고 있었다. 5, 6세기 페르시아에서 기독교가 조로아스교로부터 엄청난 박해를 받자 신자들은 피난처를 찾아서 아라비아, 인도에까지 갔다고 한다.[6]

교회사적으로 아쉬운 사실은 콘스탄틴 대제 이후 초대 기독교는 로마와 비잔틴 중심의 서구 기독교가 신학과 교회 정치를 주도하면서 서방 중심으로 움직였다. 그래서 교회사 기술도 항상 서방교회사 중심이거나 서방 신학발전사에 기술에 더 중점을 둔다. 시리아, 알메니아, 페르시아, 아프리카 교회는 엄밀히 말하면 동방교회에 속하는데, 451년 칼케돈 이후 이들 동방교회는 소외당하게 되고 일부는 이단시 된다. 특히 네스토리안이 이단으로 정죄 당하는데, 지금 교회사가들은 이 문제를 거론하고 있다. 여기에 대하여는 일본의 칼빈주의 신학자 와다나베 박사도 아주 유감스럽게 생각한다.[7] 그러나 구 동방교회는 지금까지 생존하고 있는데, 이들이 개신교 선교의 대상이라는 사실은 신학적으로 무언가 생각하게 한다.

무하마드 이전 아라비아와 예멘에는 기독교가 있었으며 심지어 당시 예멘 왕은 신자였다. 그러나 무하마드 이전 50년 동안 기독교회는 유대인과 이교도와 무자비한 전쟁을 하였다. 주후 567년 신자인 예멘 왕은 사나(현 예멘의 수도임)에 성당을 세워 메카와 라이벌

---

6) 허대전, 『초대교회와 동방선교』, 61.
7) 渡辺信夫, 32.

이 되게 했으나 성당을 모독했다는 이유로 이교도들인 코레에쉬 부족을 무참하게 죽이는 잔인한 일을 했다. 그로 인하여 나중에는 기독교 신자들이 무하마드와 큰 전쟁을 벌여 패배하고 말았다. 코란 15장에 나오는 코끼리 전쟁은 바로 이 전쟁이라는 것이다. 이 주장에 의하면 아라비아 왕은 참된 기독교 정신을 보여 줄 놀라운 기회를 상실했다는 것이다. 한 왕에 대한 지나친 기대감이었을까? 아라비아 역사의 흐름이 완전히 바뀌어 버린 것이다. 그 전쟁의 결과 이교도 세력은 중앙 아라비아와 북부 아라비아에서 그리스도인들을 대항하게 되었고, 아라비아인들은 예멘에서 추방당하였으며, 결국 아라비아는 종교 마찰의 중심지가 되고 말았다는 것이다.[8]

인도 기독교를 더 언급하면, 4세기에 이미 신학논쟁이 있었다. 현대신학으로 말하면 알미니안 신학과 칼빈주의 신학으로 비유되는 신학논쟁 이야기가 있다. 이야기 내용은, 원숭이는 새끼를 등에 업고 나무 위를 이동한다. 그러면 새끼는 자기 힘으로 어미 등을 꽉 잡아야 한다. 이것은 구원에서 인간의 책임을 강조하는 재미있는 비유이다. 그런데 고양이는 새끼를 입에 물고 이동한다고 한다. 전자는 알미니안을, 후자는 하나님의 주권을 더 강조하는 것으로, 현대 신학으로 말하면 장로교를 비유로 한 셈이다. 지금도 인도 남부에 말토마 교회(Mar Thomas Church) 신자들이 사회 여러 분야에서도 활동하고 있다.

인도의 기독교는 대승불교에 많은 영향을 주었다는 것은 비교종교학자들이 이미 거론한지가 오래되었다. 여기에 대하여 한국 불교는 도리어 예수님이 인도에 와서 불교를 배워갔다고 하는 내용의 비디오도 제작하였고, 저서도 내었다. 그러나 최근 일본에서는 평신도

---

8) 허대전, 59

들이 중심이 되어 일본 불교 속에 기독교의 흔적을 찾는 운동이 대대적으로 전개되고 있다. 신도(神道)에는 유대교의 영향이 아주 많다는 것을 이미 유대 랍비가 책을 써서 일본어로 출판되었다. 허대전 박사는 한국의 대승불교는 중국 남서지방에서 만났다고 하는데, 그 근거로는 대승불교의 교리 중에 영원한 신성, 구세주 부처, 대속, 오는 메시아 부처의 도래, 기도, 천당이다.[9]

아시아에 전파된 기독교는 경교인데, 그러나 경교는 아시아에서 선교에 실패한 종교로 기록되고 있다. 첫째는 중국에서는 교리적으로 혼합주의가 되어버렸다. 과도한 토착화가 실패의 한 요인이다. 중국의 복음주의 신학자 릿센창은 초기 기독교 선교의 실패원인을 동방교회의 부패, 사제중심의 교회, 기독론 논쟁으로 인한 분열, 성경이 지방어로 번역되지 못한 것을 든다.

2) 중세시대 선교

제2기는 로마 천주교 선교의 시대로 이때는 십자군 전쟁과 이슬람의 도전을 들 수 있다. 그러나 카톨릭 선교는 철저히 수도원 중심의 선교였으며 신학적으로는 정복적 선교였다. 제도권 교회 선교 부재를 지적하지 않을 수 없다. 특히 중세 카톨릭의 가장 심각한 오류는 기독교를 국교로 만든 것과 십자군 전쟁과 스페인과 포르투갈의 식민지 정책이다. 중세 카톨릭은 왕의 종교가 곧 백성의 종교가 되게 하였다. 왕이 영세를 받으면 모든 백성들은 강제로 영세를 받아야 하였다. 현대 선교 이론으로 말하면 집단개종의 원리이다. 그러나 집단개종은 불가피하게 형식적 신자를 양산하게 된다. 십자군 전

---

[9] 허대전, 98

쟁은 지금도 이슬람과 원수가 되게 하여 이슬람 선교를 어렵게 한다. 스페인과 포르투갈이 신대륙을 정복하는데, 명분은 카톨릭의 십자가를 꽂는 것이다. 교황이 식민지를 도리어 권장한 결과가 된다. 지금 기독교가 역사적으로 잘못하였다고 비난 받는 부분은 과거 카톨릭이 저지른 과오이다. 그런데 그 카톨릭이 한국에서는 더 좋은 기독교로 인정을 받고 있다.

카톨릭 선교의 문제점은 영적 다이나믹 결여와 성경번역에 등한한 것과 수도원의 갈등, 토착화 논쟁, 인도 경우 집단 개종이 실패의 원인이다. 인도의 노빌리나 중국의 마테오 리치의 토착화는 위험한 혼합이다. 몽골 경우 한 부족이 집단 개종으로 기독교 신자가 되었고 궁정에도 상당수 사람들이 크리스천이었다. 4대째 칸은 카톨릭 선교사를 초청, 종교 간의 대화를 할 정도로 기독교에 관심을 가졌었다. 그러나 몽골은 성경과 헌신적인 신자와 지도자의 결여로 후일 기독교는 스폰지로 닦아 낸 것처럼 사라지고 말았다.[10]

3) 종교 개혁 이후 선교

제3기는 종교개혁 이후 개신교 선교의 시대이다. 19세기 후반 복음주의 운동이 세계선교를 주도하면서 선교 신학적으로는 이상하게도 종교개혁은 선교가 없었다는 이론을 제기하였다. 독일의 복음주의 선교학자 구스타프 바르넥을 위시한 미국의 복음주의 선교학자들 상당수가 이 이론에 동의하며, 풀러 선교론도 동일한 입장이다. 그런데 이상하게도 이 문제에 대하여 독일의 신학자들이 종교개혁

---

10) 전호진, 『문명충돌 시대의 선교』 제18장, "몽골기독교 역사와 선교전략"을 참고할 것.

은 선교의 기초가 되는 신학을 제공하였고, 실제로 선교하였다고 반박하는데, 대단히 중요한 이론이다. 20세기 초기부터 서구의 많은 신학자들은 개혁자의 선교사상을 적극적으로 변호하였다. 독일의 한 신학자는 루터의 선교를 호수에 던진 돌에 비유한다. 호수에 돌을 던지면 파장은 자연스럽게 일어난다. 전도나 선교도 참 신앙의 자연스런 현상이라는 것이다. 칼빈은 주석 여러 곳에서 선교를 논하며 브라질에까지 5명의 선교사를 파송하였음에도 불구하고 이것은 소개되지 않고 있다. 독일선교학자 Gensichen은 "종교개혁자들을 언급하지 않고는 선교역사를 논할 수 없고 또 개혁자들의 선교신학을 언급하지 않고 종교개혁 역사를 기록할 수 없다"고 까지 하였다.[11] 볼트만의 제자 Holsten 역시 종교개혁자들을 현대선교의 선구자로 간주한다. 현대선교가 종교개혁은 선교가 없다고 비난한다면 현대선교는 종교개혁이 없다고 응수한다. 그의 말을 인용하면 다음과 같다.

> 지금까지 종교개혁과 선교의 관계를 연구한 대부분의 사람들은 종교개혁의 선교개념을 전혀 무시하고 있다. 이들은 현대적 선교개념을 유일하고도 합법적인 것으로 생각하고 현대의 선교형태를 표준으로 단정한다. …그러나 종교개혁이 현대선교의 심판대 앞에 설 때에 전혀 다른 결론이 내려진다. 현대 선교개념을 가지고 종교개혁을 문제시할 것이 아니라 종교개혁의 입장에서 현대 선교를 논해야 한다.[12]

---

11) 종교개혁과 선교에 대하여는 정성구, "칼빈주의와 선교," 정성구, 『칼빈주의 사상대계』 6권, 최정만, 『칼빈의 선교사상』(서울: CLC, 1000), 전호진, "종교개혁과 선교" 전호진 편, 『한국교회와 선교 1집』등을 참조할 것.
12) Von Walter Hoslten, "Reformation und Mission," *Archiv für Reformationgeschichte* 44 (1953): 9.

먼저 개혁자들이 선교에 기여한 것은 선교의 본질인 기독교의 메시지를 재발견한 것이다. 선교는 전할 메시지가 중요하다. 현대 복음주의 운동은 복음주의라는 용어자체가 마치 19세기에 시작한 것으로 혹은 요한 웨슬러에서 시작된 것으로 말한다. 그러나 복음파 혹은 복음주의라는 용어는 19세기 복음주의에서 시작한 것이 아니라 루터가 시작하였다. 마틴 루터 교회를 루터 교회라 비난하자, 그는 자신이 시작한 교회는 루터 교회가 아니라 복음적 교회로 불러달라고 주문하였다고 한다. "세수하기 전에 얼굴은 어디 있었느냐"고 물었다는 에피소드는 유명하다. 독일에서 Evangelische Kirche는 루터 교회로 통한다.

칼빈도 복음적이라는 용어를 사용하였다. 강요 서문 프란시스 왕에게 보내는 영문판 서문에는 'Persecuted evangelicals' 이라는 말이 나오는데, 라틴어 판에서는 발견하지 못하였다. 그리고 1543년에 쓴 '교회개혁의 필요성' (De Necessitate Reform Ecclesiae)에서 바울은 복음을 잘 설명하고 이방에게 전하는 사명을 강조하였다. 사람은 행위가 아닌 믿음으로 하나님 앞에서 의롭게 되는 것(Justus Coram Deo)을 역설한다.[13] 그는 특히 로마 카톨릭이 복음적 교리에서 떠나 불경건한 것으로 소요를 만들었다고 말한다(ex Euangelii doctrina impios tumultuandi occasionem). 그는 이 논문에서 복음이라는 단어를 많이 사용하였고 루터를 굉장히 칭찬하였다. 따라서 루터나 칼빈이 복음적이라는 용어를 사용한 것은 로마 카톨릭주의 혹은 교회주의적 이라는 용어에 대항하여 복음적이라는 용어를 사용하였다고 본다. 이점에서 복음파 혹은 복음주의를 부흥운동의 산물로만 보는

---

13) John Calvin, "De Necessitate Reformandie Ecclesiae," *Joannis Calvini, Magni Theologi* (Amstelodami: 1667), 39.

것은 신학적으로 문제가 있다.

　루터는 로마서 주석 15장에서 복음은 전도이며 복음전파는 고난이 불가피하다는 것을 역설한다. 신학적인 면에서 루터는 그리스도의 말씀이 종말 때까지 계속 달리고 또 증가하는 것을, 칼빈은 기독교는 십자가 구원의 체험을 다른 사람과 나누어 가지는 신앙임을 언급하였다.

　종교개혁자들이 바른 신앙과 신학을 회복하지 않았더라면 무엇을 선교할 것인가? 이것은 현대 복음주의 운동이 자신들의 원 뿌리를 경시하는 신학적 편견의 결과라고 생각한다. 장로교의 예정론은 선교를 죽인다는 사상은 신학적 무지나 오해 혹은 예정론 자체에 대한 거부감 때문이라고 생각한다. 그렇다면 한국에서 선교사를 가장 많이 파송한 교단은 장로교이다. 이것을 어떻게 해석할 것인가? 미국 선교학자 피어스 베버 박사는 현대 복음주의 선교이론이 복음주의의 정체성을 잃을 위험성을 강조한 적이 있다. 개혁자들의 교육선교, 이민을 통한 선교, 특히 프랑스의 위그노들과 청교도들은 박해를 피하여 남아로, 남미에까지 가서 교회를 세웠다. 그 후 진젠돌프 같은 독일 경건주의 후손들이 선교운동을 계승하여 19세기 복음주의 선교운동이 일어났다.

　'위대한 세기'인 19세기는 서구 개신교회가 아시아와 아프리카로 확대되는 시기였다. 영국과 미국, 즉 소위 앵글로 색슨계 국가에서 일어난 부흥운동은 국내적으로는 복지운동과 사회개혁 운동을 일으켰다. 특히 노예제도 폐지는 당시 복음주의가 영혼구원만의 전도만을 한 것이 아니라 사회변혁에도 힘썼다는 것을 증명한다. 19세기 화란의 개혁주의 운동 역시 사회정의와 전도의 통합적 선교의 모델이다. 구라파 선교를 선교학적으로 분석하면, 한 인종을 집단적으로 개종시키는 독일 선교보다는 개인주의적 영미선교가 세계선교를 주도하고 있다. 그러나 앵글로 색슨의 선교는 20세기 초기에 새로운 선교 운동을 일으킨다. 즉 미전도 종족 선교운동이다. 2차 대전 당시 일부 헌신적인 미국 청년 선교사들이 남미 선교를 시도하다가 로마 카톨릭의 도전에 막히자 눈을 돌려 카톨릭이 선교하지 않는 미전도 종족 선교운동을 개발한다. 미전도 종족 선교 운동의 대가 랄프 윈터는 개신교 선교 운동을 해안선 선교시대, 내지 선교 시대, 미전도 종족 선교 시대로 구분한다. 이제는 도시에서도 복음이 전파되지 않는 지식인, 대학생 등을 프론티어 선교로 묘사한다.

개신교 선교는 많은 영웅적 선교사들의 헌신에도 불구하고 아시아에서는 어느 정도의 교두보를 확보하는데 성공하였을 뿐, 전체 아시안 인들의 마음을 사로잡지는 못하였다. 케인박사는 아시아에서 기독교가 성공하지 못한 이유 다섯 가지를 든다. 1) 기독교 보다 오래된 문명과의 조우 2) 기독교 보다 오래된 종교와의 대결 3) 사회적, 종교적 인습과 편견 4) 서구 식민주의와 기독교의 동일시 5) 기독교의 배타적 교리이다.[14] 케인 박사의 지적대로 아시아는 종교의 저항을 너무 많이 받았다. 그만큼 수용성이 낮다고 할 수 있다. 반면 기독교의 정체성을 잃을 만큼 혼합의 가능성 역시 크다. 서구 식민주의로 인한 반 서구 감정은 기독교에 큰 상처로 남아있다. 그러나 복음을 거부하는 아시아의 책임 역시 크다고 보아야 할 것이다. 라토렛이 지적한 대로 아시아에서 기독교는 샤머니즘적 지역에서 성공하였고 이슬람, 불교, 힌두교, 신도 문명권에서 복음이 깊이 뿌리는 내리지 못한 셈이다. 일본은 기독교적 서구 문명은 받아들이면서도 철저히 복음은 거절한다. 그러나 아시아인들이 반 서구 혹은 반

---

14) J. Herbert Kane, *Understanding Christian Mission* (Grand Rapids: Baker Book House, 1974), 199-204.

미 감정은 높음에도 불구하고 영어에 대한 존경이나 열기는 아이러니 한 면모를 보여준다.

2. 아시아 기독교 선교의 특징

와타나베 노부오 박사는 아시아 기독교 선교의 특징을 아주 예리하게 분석하였다. 그가 말하는 아시아 선교의 특징은 기독교는 아시아 종교면서도 아시아에서 발전하여 아시아로 전파된 것이 아니라 서구와 미국 기독교가 아시아에 선교하였다. 아시아에서 발전한 대표적 기독교는 사라지고 말았다. 이 대목은 대단히 중요한 교훈을 준다.

첫째, 아시아 국가들은 처음부터 전도의 힘겨운 대상이 되었다. 이유는 대부분의 국가들은 오랜 문명과 막강한 권력을 가진 국가가 있었다. 그러나 이것이 곧 선진국이라는 의미는 아니다.

둘째, 남미의 마야 문명이나 하와이의 폴리네시아 문명은 기독교로 소멸되었지만 아시아에서는 기존의 문명이나 문화가 기독교로 말미암아 사라진 것이 없다. 이것은 기독교는 기존 문명을 파괴할 힘이 부족하였다는 것을 의미하는 동시에 아시아 종교와 문화가 너무 강하였다는 것을 보여준다. 더 중요한 것은 아시아는 외부에서 들어오는 종교나 사상을 막을 큰 권력이 있었다. 그런데 이상하게도 이슬람은 기존의 문명이나 종교를 파괴하고 말았다. 이것은 좋은 의미에서는 아시아에서 기독교는 강제성이 없었다는 것을 의미한다. 그러나 근대에 와서 기독교 전파는 서구 합리주의와 결탁하여 '인습적 종족전통'을 씻어 없앴다는 점에서는 이슬람 이상의 파괴력을 발휘하였다.

셋째, 아시아에서 기독교는 과거나 현재 계속적으로 종교문화로부터 저항을 받고 있다. 이 문제는 이미 많이 거론되었다. 서구 기독교가 구라파에서는 희랍 로마 문화와 조우하여 두 문화의 영향을 약간 받았지만 두 문화를 정복하였다. 그러나 아시아에서는 그러한 힘을 나타내지 못하였다. 그로 인하여 아시아에서는 어느 나라에서도 기독교가 다수의 종교가 되지 못하여 조직적으로 혹은 비조직적으로 다수자들로부터 엄청난 저항을 받았고, 지금도 받고 있다. 중국의 의화단 사건이나 한국의 동학난 같은 것은 대표적인 케이스이다. 그러나 기독교에 대한 도전은 종교적인 것만 아니라 서구 자본주의가 들어와서 아시아 민중들을 압박하는데 대한 반발도 작용하였다. 이러한 압박으로 인하여 일부 크리스천들 가운데는 기독교의 아이덴티티를 상실하는 경우도 없지 않아 있었다. 반면 재래종교에서 반발이 적을 때는 종교간 대화가 있었지만 아직까지 대화의 열매를 보지 못하고 있다. (와타나베 박사는 이 문제에서 필리핀은 로마 카톨릭 국가가 된 것을 거론하지 않는다).

넷째, 불행하게도 아시아에서 기독교 선교는 서구 열강의 식민지 정책과 선교가 동시적으로 진행되어 반서구, 반기독교 정서를 불러일으키고 말았다. 왕의 땅에 왕의 종교(cuius regio, cuius religio)라는 등식아래 종교와 국가가 일체가 됨으로 선교는 식민주의의 도구가 된 것을 부인할 수 없다(로마 카톨릭 선교가 여기에 해당된다). 이로 인하여 지각없이 구라파 지배자의 원리가 선교지에 적용되는 폐단이 일어나기도 하였다. 식민지가 되지 않은 나라의 선교는 자연 늦어지게 되었다. 하지만 자본이 들어오면서 간접적으로 선교가 들어오기도 하였다. 이로 인하여 식민지 지배에 대한 저항이 교회 밖에서 일어나는 케이스가 적지 않았는데, 의화단 사건이 바로 좋은 실례이다. 그러나 후일 교회 내에서 조차 식민지에 대한 저항이 교육을 통하여 서서히 싹트기 시작하였다. 교회가 학교 교육을 중시한 결과, 기독교 학교가 인권사상과 인간 존엄사상을 키워주었다. 그런데 2차 대전이 끝난 후 이들 국가들은 대부분 서구 식민지에서 독립되었으나 권력주도형의 개발독재가 됨으로 억압정치가 일상화됨으로 결과적으로 식민지 시대의 억압이 그대로 계속되고 말았다. 이러한 경우 인권 투쟁을 벌이는 자들은 주로 기독교 신자들이 있다.

다섯째, 20세기 기독교 선교가 진행될 때 아시아에서는 근대화를 추구하는 시대였다. 따라서 아시아의 자각이 일어나기 시작하였다. 근대화는 제도나 문물의 수입에 그치지 않고 의식변혁을 추구하게 되어있다. 여기에 기독교가 칼을 빼어 들어갈 수 있는 좋은 동기가 발생하게 된다. 지식층 가운데 기독교인들의 발언권이 강하게 되어도 조직적, 폭력적 반발은 없다. 도리어 근대화되어 가는 중에서 사람들은 도리어 종교에 무관심하게 된다. 이것으로 전도는 어렵게 된다. 동시에 근대화와 기독교의 관계를 뚜렷하게 규명하기는 어렵게 된다. 아시아에서 산업은 근대화되는데, 특히 동아시아에서 경우 제2차 대전 후 구라파와 나란히 생산력을 가지게 되었지만 의식까지 구라파 식으로 근대화 된 것은 아니다.[15]

이상 와타나베 박사의 아시아 선교의 특징 분석은 아주 예리하다. 그러나 여기에 실제적으로 첨가할 것이 있다. 이미 역사부분에서 말한 대로 아시아에서 기독교 선교는 주로 샤머니즘의 사람들에게, 즉 지배 계급이 아닌 소수 부족이나 변두리 사람들에게 전도가 되고 교회가 성장하고 있다. 각 나라의 주류 인종들에게 기독교는 아직 요원한 상태이다. 이점에서 태평양 시대 선교는 아직 갈 길이 멀고도 험하다. 아도니람 저드슨은 미얀마 영혼 한 사람을 개종시키는 것은

---

15) 渡辺信夫, 45-49.

호랑이 이빨 하나 빼는 것 보다 더 어렵다고 실토한 것은 과거의 일만은 결코 아니다. 그런데 인도에서 최근 브라만 계층에서 개종자가 일어난다는 것은 대단히 고무적인 일이다. 하지만 아직은 극소수이다.

19세기 서구 선교는 주로 개인주의 선교를 지향하는 미국 복음주의 교회가 주도하였다. 그러나 미국의 교파 중심의 선교는 아시아에서 불행하게도 교파주의를 이식하면서 아시아 교회는 연합정신을 배우는데는 실패하였다. 독일선교학자 피터 바이엘하우스는 한국교회는 모교회인 미국교회로부터 부흥은 배웠으나, 연합정신(kumenische Erbe: 에큐메니칼 유산)을 배우는데 실패하였다고 신랄하게 지적한다.[16] 한국에서 서구 선교사들은 장로교와 감리교가 연합하여 하나의 조선복음교회를 세울 것을 시도하였다. 물론 성사되지는 않았지만. 그러나 다른 선교지에서 보기 드문 지역활당제(comity system)는 연합의 대표적인 케이스이다. 교파주의 혹은 교단주의는 아시아에서는 인종주의, 파벌의식, 지역주의, 혈연주의로 인하여 미국과는 전혀 다른 폐쇄주의, 분파주의를 조장하고 말았다.

리차드 니버는 미국 기독교의 교파주의를 기독교의 도덕적 실패로 강하게 비판하였다. 그러나 우리는 교파주의를 무조건 비판할 수 없다. 한국 교회도 미국 가서 부득이 한국 장로교, 한국 감리교를 만들었다. 언어와 인종적 차이가 이민 사회에서 교파주의를 만든 측면도 부정할 수 없다. 그렇다고 완전히 담을 쌓는 것은 결코 아니다. 예를 들면 웨스트민스터 신학교는 정통장로교 신학교면서도 초교파 신학교로, 침례교 학생도 공부한다. 그 학교는 강당이 적어서 졸업

---

16) Peter Beyerhaus, *Die Selbständigkeit der jungen Kirchen als mimissionarisches Problem* (Wuppertal-Barmen: Verlag der Rheinischen-Gesellschaft, 1956), 254.

식은 개혁파 교회에서 하고, 졸업생을 위한 졸업파티는 영국계 에피스코팔 교회에서 하였다. 그러한 일은 아시아 교회에서는 거의 드문 일이다.

아시아에서 기독교 선교는 아시아 종교와 문화로부터 저항만을 받은 것은 아니다. 도리어 많은 아시아 지식인들은 서구에서 이식된 무신론 사상, 진화론, 세속주의, 공산주의, 합리주의를 배워 기독교를 거부하고 비판하였다. 특히 서구 자유주의 신학은 아시아에서 기독교를 분열시키고 복음주의 선교를 도리어 비난한다. 이러한 현상이 가장 심각한 것은 한국 교회일 것이다. 아프간에서 한국 크리스천 납치를 사회보다 진보적 교회인들 중에서 더 비난하였다. 독일신학이 발전시킨 해방신학은 아시아에서 가난과 억압받는 대중들을 해방시키지 못한다. 아니 아시아에서 자유주의 신학자들은 자기 나라의 인권탄압, 종교탄압은 외치지 못하고 도리어 서구와 미국을 비난하는데 열중한다. 과거 서구 식민주의만 비난하고 현재 일어나는 자기 나라의 독재나 인권탄압은 전혀 외면한다. 대화신학자들은 전통종교와는 '대화' 하면서 복음주의 선교를 배타주의로 비판한다. 동일한 하나님 나라 백성으로서 유대와 협력은 실종된 셈이다. 결국 아시아에서 복음주의 선교는 전통종교, 서구에서 도입된 비기독교 사상, 자유주의 신학의 도전을 받고 있다.

아시아 기독교 선교에서 집단주의 선교는 개인주의 선교에 비하여 더 형식적 신자를 낳았다. 카톨릭은 구라파와 인도에서 집단개종을 시도하였다. 인도의 많은 힌두교도들이 집단으로 기독교로 개종하였다. 물론 거기에는 힌두교의 계급주의에 대한 반작용이 큰 원인이다. 그러나 개신교 역시 인도에서는 집단개종을 하였고 독일선교는 민족기독교화(Volkschristianizierung)라는 명분으로 집단개종을 한 셈이다. 인도네시아 바탁교회는 대표적인 케이스이다. 독일 루터

교회는 국가교회로서 분열이 없는 셈이다. 그러나 바탁 교회는 완전히 소부족주의로 분열하였고 현재 그들의 신앙은 전통과 형식이 너무 지배한다고 우려한다. 목사의 축복 기도보다 아버지의 축복기도가 더 강한 전통으로 남아있다.

3. 아시아 기독교회의 상황

일부 극우파들의 아시아에 대한 지나친 자신감은 기독교를 불안하게 한다. 아시아에서 기독교는 가능성과 잠재력과 동시에 문제점도 안고 있다. 아시아 기독교회의 긍정적인 소식은 중국, 몽골, 네팔, 캄보디아, 인도네시아 등지에서의 교회성장이다. 최근 중국교회의 성장은 공산당을 놀라게 하고 있다. 중국 편에서 다루겠지만 미국의 저널리스트 데이빗 아이크만은 중국이 기독교화 될 것이라고 말한다. 싱가포르와 홍콩은 기독교 인구가 생각 보다 증가하며 신학 수준도 날로 높아진다. 필리핀 역시 개신교가 성장, 더 이상 선교지가 아니며 인도네시아는 이슬람 원리주의자들로부터 엄청난 박해에도 불구하고 교회는 날로 증가한다. 인도네시아 교회는 공식적으로는 기독교 인구를 항상 10%로 발표하지만 실제로 15% 이상 되는 것으로 추산한다. 캄보디아는 교회가 급성장하는데, 특히 어린이들을 중심으로 복음운동이 활발하게 일어나고 있다. 필리핀 역시 로마교를 떠난 많은 사람들이 개신교로 개종하고 있다. 그러나 물질적 헌신 결여가 필리핀 교회의 문제라고 생각한다.

인도 복음주의 교회는 미전도 종족 선교운동에 적극적이다 그러나 아직도 사회적 영향이 부족하고 지도력에 많은 문제를 드러낸다. 힌두교 과격파들의 재 개종 캠페인은 기독교 선교에 심각한 도전이다. 파키스탄은 정치적으로 혼란 상태이다. 인기 없는 무샤라프 정권은 탈레반을 억압하는 것 같으면서도 도리어 방조하다가 실각당하고 말았다. 이러한 중에도 일부 복음주의 지도자들은 권위주의적 지도력을 행사한다.

스리랑카 기독교는 인종전쟁 중에서, 불교 원리주의의 박해 속에서도 꾸준히 성장한다. 1천850만 인구 중 기독교 신자는 7.6%이지만 복음주의와 오순절이 성장하는 것을 감사한다. 그 동안 많은 Tamil 족들이 힌두교에서 기독교로 개종하였었는데, Tamil족이 싱할리 불교도들로부터 당하는 차별과 박해로 개종한다고 본다. 스리랑카의 역사를 자랑하는 주류교단 교회는 1722년 22%에서 1990년 7%로 감소, 계속 감소하고 있다.

이 나라 기독교의 문제점은 명목상 신자, 혼합주의, 종교 대화신학이 강하고 상당수 교회들이 부흥과 전도의 열정이 없는 것이 우려스러운 일이다. 즉 신학적 자유주의가 교회 성장의 저해요소로 작용하는 셈이다. 기독교는 콜롬보와 자프나 지역에 편중되어 있는데, 그나마 훈련받은 상당수 목회자들과 신학자들은 이민 가서 농촌 사역자가 절대 너무 부족하다. 신학교들은 주로 싱할리 어, 타밀어, 영어로 하는 신학교가 많은데 커뮤니케이션이 과연 효과적인지 의문시 된다.

오순절 교회가 성장하지만 시골은 이들을 시끄럽다고 박해한다. 박해 중에도 활발하게 선교하는 단체는 YFC, Margaya Mission, Gospel Ministries. Lanka Village Movements 등이다. 36,000개 마을 중 교회가 있는 마을은 불과 1,200개로 말한다. 이러한 박해 중에도, 그리고 선교보다 불교와 대화를 더 선호하는 자유주의 신학이 강한 스리랑카에서 일부 복음주의 지도자들은 오직 예수 그리스도만의 배타적 신학을 고수한다. Ajith Fernando나

Vinoth Ramachandra 같은 지도자는 스리랑카 복음주의 교회의 희망이다.

중동의 상황은 이란은 미국과 핵무기로 갈등하며, 호메이니 이후 원리주의 강압정치가 도리어 청년들로 하여금 이슬람을 이탈하게 하여 가정 교회가 많이 일어나고 있다. 서구에서 방송하는 선교방송을 통하여 한 달에 3천 명씩 개종한다고 한다. 미국의 이라크 침공 이후 이라크의 쿠르드 인들은 가장 복음에 문이 열려 있다. 한국교회는 교회당을 지어주며 많은 봉사활동을 하고 있다. 중동과 중앙아시아에서 많은 선교사들이 추방당하지만 다른 한편에서는 복음을 영접하는 역사가 일어나고 있다.

서구에서는 신학생이 감소하는 추세라면 아시아에서는 신학교와 신학생이 일단 증가하며 교회 일꾼들도 꾸준히 증가하는 추세이다. 서구에서 교육받은 고급 인력들도 증가하는 상황이다. 경제가 크게 좋지 않은 자기 나라에 돌아와서 헌신적으로 봉사하고 있다. 두뇌유출 속에서도 특히 중국의 일부 고급인력들의 지하교회 지도는 눈물겹다. 우리 선교사들은 자동차를 굴리지만 정작 자기 나라에서 버스를 타는 지도자들의 모습을 상상하여 보라. 북경의 한 가정 교회 그룹은 서구에서 고등교육을 받은 자들이 사회적 지위를 버리고 헌신적으로 봉사하고 있다. 좁은 아파트 방에서 경계를 하면서 무언 사회의 예배드리는 모습은 가슴을 뭉클하게 한다.

아시아에서도 오순절 운동은 괄목할 만하다. 오순절 운동은 전 세계적 현상이지만 아시아인들의 문화적 정서는 신유, 방언, 이적 등의 오순절적 신앙이 서민 신자들에게 더 어필한다. 서구 일부 신학교나 선교학교들이 발전시키는 영적 대결(power encounter)이론은 오순절 운동을 '백업' 해준다. 오순절 운동에 따르는 부작용도 있으나, 상당수 오순절 교회들은 자립한다. 미국 복음주의 신학교나 선교학교에서 훈련받은 아시아 교회 지도자들은 자기들 나라에서 미전도 종족 선교에서부터 NGO활동 등 다양하게 사역하고 있다. 선교학적으로는 풀러 선교론과 성장학 이론이 엄청난 영향력을 발휘하고 있다.

아시아 기독교회의 선교운동을 무시할 수 없다. 서구 선교단체에 비서구 선교사들이 해마다 증가하는 추세이다. 경제, 선교정보, 이론 등에서 한계가 있지만 열정은 결코 무시할 수 없다. 그러나 아직도 아시아 교회의 선교이론, 자금, 지도력, 정보 등은 미국의 도움이 절대적으로 필요하다. 비서구 선교 시대라고 하여 아시아가 서구의 도움없이 독자적으로 가능하다는 생각은 버려야 할 것이다. 서구 선교와 파트너십은 절대 필요한 것이다.

4. 아시아 교회의 부정적 요소

이상 간단하게 언급한 긍정적 요소에도 불구하고 아시아 기독교회는 다음의 이슈를 어떻게 해결할지가 중요한 과제가 아닐 수 없다.

첫째 아시아 기독교의 과제는 명목상 신자가 많다는 점이다. 특히 집단개종이 많았던 인도는 더욱 이러한 현상이 심하다. 그래서 80년대에 이미 세례 받은 이방인(baptized pagans)이라는 용어가 등장하였다. 인도 남부 지방 기독교는 역사와 전통을 자랑한다. 그러나 2대, 3대, 4대째 신자들은 그야말로 하나님의 '아들'이 아니라 '손자들'이다. 어느 서양 신학자가 말한 대로 하나님에게는 아들만 있지 손자는 없다. 이러한 신자들의 교회는 영적으로 허약하다. 실례로 걸프 전쟁 때 이라크 부통령을 지낸 아지즈와 나이지리아 대통령은 기독교인의 모습을 보이지 못하였다고 주변에서 증언한다. 한국에서 공부한 아시아 학생들 상당수는 귀국을 꺼리며, 돌아가서도 한국교회를 발판으로 경제적 실리를 추구한다.

아시아에서 기독교는 아직도 변두리 세력으로 머물고 있으며, 인종적으로는 소수 인종을 중심으로 교회가 성장하여 주류 세력은 아직 복음화가 멀었다. 따라서 신자들은 사회적으로 소외 계층이 많아서 사회적 영향력이 적다는 사실이다. 인종적으로는 주로 소외 당하는 소수 종족 중심의 선교가 주를 이루고 있다. 태국과 미얀마의 경우 카렌, 친족을 중심으로 하며, 인도에서는 동북부 나가랜드의 소수 부족들 중심이다. 스리랑카에서는 서러움 당하는 타밀 부족들 중에서 기독교로 개종하는 자가 많으며, 베트남도 동일한 상황이다. 이점에서 30년대 라토렛이 지적한대로 아시아에 기독교는 주로 변두리 인종 중심으로 전도가 되어졌는데, 이들은 대부분 애니미즘 문화이다. 이러한 경향은 중동도 거의 동일한 상황이다. 태국 경우, 타이 불교인 중에서 신자가 아직 극소수이며, 인도의 상류 카스트에서 전도는 아직도 어렵다. 미얀마, 스리랑카, 캄보디아 등 대부분 아시아 나라에서 중산층, 지식인들이 기독교를 외면하고 있다는 사실은 심각한 문제이다. 전도가 비교적 쉽다는 캄보디아 역시 소외계층을 중심으로 전도가 되고 있다.

그러나 이러한 불리한 사회 여건에서도 이라크와 시리아에서 기독교인들 중에서 장관도 있고 고급공무원들이 제법 있다. 이들은 이 나라에서 고등교육을 받고 능력과 성실성이 인정되어 사회 지도층으로 신분상승 하였다. 흥미로운 사실은 사담 후세인은 요직에 있는 자기 친척은 못 믿으면서도 신실한 신자는 믿어 높은 자리에 등용하였다고 한다. 여기서 능력있는 성실한 크리스천에게는 기회가 있다는 것을 증명한다.

그러면 여기서 나타나는 현재의 문제점은 무엇인가? 이들 기독교가 강한 소수 부족들이 주류인종과 정부를 향하여 완강하게 독립운동을 전개함으로 주류 인종들은 자연스럽게 기독교를 더 거부하게 된다는 것이다. 특히 미얀마의 카렌족들은 거의 크리스천인데, 해방신학의 영향을 받은 일부 교회 지도자들이 미얀마 정부와 투쟁함으로 주류 인종들은 더 기독교를 증오한다. 이러한 사례는 미얀마만의 문제가 아니라 다른 나라에도 많이 있다. 미전도종족 선교운동은 이 문제를 진지하게 고려해야 할 것이다. 기독교가 강한 소수 인종들은 과연 타당성이 약한 독립운동가로 활동하는 것만이 최선의 방법은 아니라고 본다. 기독교는 화해의 종교이다. 중요한 것은 소수 인종들은 서구 식민지 시대 때 식민지 정부의 보호 하에서 기독교가 성장하였고 이들이 특권을 누렸다. 식민지 정부는 소수 인종들을 등용, 불교, 힌두교의 주류 인종들을 견제하였다.

따라서 아시아 기독교가 극복해야 할 과제는 사회적 하층계급에서 신앙으로 신분상승을 하는 것이다. 한국 교회는 신분상승의 모델이라고 할 수 있다. 이러한 점에서 1% 미만의 교회지만 일본 기독교는 사회적 영향력을 무시하지 못한다. 일본의 많은 대학들은 선교사들이 세웠는데, 아직도 사회적 명성을 누리고 있다.

아시아의 많은 교회들은 철저히 인종중심의, 즉 동질집단의 교회이다. 인도네시아의 바탁 루터란 교회, 태국과 미얀마의 카렌 침례교회 등 인종교회는 타 인종에 대하여는 자연히 배타적이 되어 분열이 심하다. 한국 장로교회 분열은 인종 교회가 아니면서도 분열하였다. 아시아 교회의 분열은 신학적 요인과 인종 및 지도자들 간의 이권 다툼이 원인이 된다. 인도네시아의 많은 교회들은 인종 중심의 교단 교회이다.

아시아 교회가 당면한 시급한 과제는 기독교가 문화를 변화시켜야 하는데, 그러한 수준까지 못 되고 있다. 라토렛은 기독교가 문화를 변혁시키는 것과 도리어 문화의 영향을 받아 쇠퇴하는 것을 대조적으로 말한다. 세속문화에 동화되거나 전통문화와 혼합하려는 경향은 아시아 기독교에 걸림돌이다. 발리 섬의 진보적 교회 건물양식은 기독교와 힌두교의 혼합이라고 보아야 할 것이다. 서구는 기독교회가 영적으로 쇠퇴한다고 하지만 정치, 경제, 사회 제 분야에서 기독교 가치관을 심었다. 그래서 사회가 아시아 보다 더 성숙한 질서와 공익정신을 보인다.

아시아 교회의 상당수 지도자들은 권위주의적 목회로 성경적 교회 구조와 모순되는 지도력을 보인다. 태국에서 오래 동안 선교를 한 OMF 선교사 데이비스 박사는 한국교회를 위시한 동남아 교회 목회자들의 권위주의 목회를 신랄하게 비판한다. 그는 권위주의적 교회구조의 실례로 태국의 몽족 교회(The Hmong Church), 야오족 교회(The Yao Church) 및 한국교회를 든다.[17] 그는 예수님의 리더십은 어디까지나 섬기는 리더십임을 강조한다. 아시아 교회의 권위주의적 목회 스타일은 아시아의 가부장적 권위주의에서 온 것이지 성경적 타당성은 없는 것이다. 한국교회 대형 교회 목회자들은 목사가 권위를 가지고 목회할 때 교회가 성장한다고 힘주어 말한다. 그러나 대형교회 리더십이 결과적으로 일반 언론에서 매도당함으로 한국교회 전체적으로는 마이너스가 되고 말았다. 특히 세습목회가 가장 비난의 대상이 되었다. 일본 교회는 세습을 비난하는 자가 없다. 일본에서 청년들이 목사가 된다는 것은 그야말로 희생이다. 그러나 한국의 대형교회는 그렇지 않다.

---

17) John R. Davies, *Poles Apart: Contextualizing the Gospel in Asia* (Bangalore: Theological Book Trust, 1998), 247-49.

아시아 교회의 많은 신학자들은 자유주의 신학을 수용하고 타종교에 관용적 태도를 취하여 종교 대화를 더 중시한다. 따라서 '공격적' 선교나 전도를 비판한다. 아울러 신자들도 3,4세대의 후손들로 조상들이 믿었던 신앙의 열정을 상실, '문화적' 신자가 되어 영적 체험이 없다. 일찍 어느 서구 신학자는 하나님에게 아들은 있어도 손자는 없다고 하였는데, 불행하게도 아시아 교회에도 '하나님의 손자'들이 많은 셈이다. 여기서 기독교가 기독교를 핍박하는 상황이 발생한다. 스리랑카의 진보적 교회는 불교와 공존을 잘 하는 반면 '요란한' 오순절 교회를 이단으로 박해한다. 특히 NCC교회 지도자들은 한국 선교사들을 배격한다. 필리핀에서 한국 장로교 선교사들이 세운 신학교와 교회들을 필리핀 장로교회는 대단히 못 마땅하게 생각한다. 왜 필리핀에 이미 장로교회가 있는데 따로 장로교회를 세우느냐고 항의가 많았다.

아시아 교회 상당수는 아직도 경제적으로 너무나 허약하다. 따라서 외부의 원조 없이는 자체적으로 자립이 어려운 현실이다. 중국의 지하교회는 선교열정은 있으나 경제가 이에 따르지 못한다. 아시아의 많은 교회들은 외부 교회나 선교사에 의존하려는 경향도 부인할 수 없는 현실이다.

4. 아시아 선교의 도전

아시아에서 기독교 선교는 긍정적 측면에도 불구하고 한국을 비롯한 대부분 아시아 국가에서 기독교회는 심각한 정체성의 위기에 처하여 있다. 기독교는 아시아 종교임에도 불구하고 서양 종교로 오해받거나 소외되고 있다. 서구에서도 기독교는 소수로 전락하는 상황을 타임지가 'Where Did God Go?' 라는 제목으로 크게 다룬적이 있다. 그러나 서구에서는 기독교가 아직 다수종교로서 위력을 가지며 적어도 가치관과 윤리관을 확립하는데 기여하였으며 복지국가와 민주국가로서 선진국을 만들었다. 그러나 아시아에서는 왜 하필이면 기독교회냐고 많은 사람들이 의문을 제기한다.

아시아는 서구문명을 받아들이면서도 기독교는 철저히 거부한다. 일본의 철학인 화혼양재(和魂洋才)는 하나의 좋은 모델이다. 일본 신학자 오오끼 히데오(大木英夫)는 교회역사를 환지중해 지역의 시대, 환대서양 지역의 시대, 그리고 환태평양 지역의 시대로 구분하고, 환태평양시대가 마지막이면서도 중요한 시대라고 하였다. 과거 환대서양 지역의 시대에 기독교 선교는 다양한 문화와 종교와 조우하면서도 큰 도전을 받지 않았지만, 환태평양시대의 앵글로 색슨의 개신교 선교는 어떤 점에서는 패배, 혹은 고전하고 있다. 환태평양시대 기독교 선교는 과거 어느 때에도 경험하지 못한 문제에 직면하는데, 그것은 이 지역에서 개신교의 존재이유가 무엇이냐는 질문에 직면한다고 하였다.[18]

아시아 기독교가 당면한 첫째 도전은 아시아 종교와 과격한 종교 원리주의이다. 아직도 부탄, 티벳트, 몰디브 같은 나라에서는 기독교가 전무한 상태이며, 존재하더라도 철저히 지하교회로만 가능하다. 몇 년 전 몰디브는 기독교 신자를 신고하는 사람에게는 포상하겠다는 공고를 하기도 하였다. 55개 이슬람 국가들은 대부분 선교의 문이 닫혔으나 이라크 전쟁은 바로 긍정과 부정의 대조적 상황을 연출한다. 시아파는 더욱 반미, 반 기독교적이 되어 미국과 기독교를 경계하고, 이란식 이슬람 국가 건설에 혈안이 되어있다. 비기독교 종교원

---

18) 古屋安雄 , 大木英未 『日本の神學』 (ヨルダン社 , 1993), 278-82.

리주의는 자기들 종교에 기초한 종교적 집단주의를 지향한다. 즉 종교를 중심으로 강력한 공동체, 마을, 국가를 형성하려고 한다. 이러한 사회에서 다른 종교로의 개종은 바로 국가와 공동체에 대한 반역이 된다. 최근 스리랑카와 인도에서 교회에 대한 박해는 이것을 입증한다.

여기서 심각한 가치관의 충돌이 일어나고 있다. 유엔인권헌장은 종교의 자유를 보장하는데, 원리주의는 종교에 관한 한 개인의 자유가 있을 수 없다는 것이다. 종교는 철저히 집단적 가치관이며 권리로 개인의 자유가 되어서는 안 된다는 것이다. 그것은 기독교적 서구가 만든 헌장으로 거부되어야 한다는 것이다. WCC나 카톨릭의 일부 사람들조차도 이 주장을 수용한다. 그래서 자유세계의 인권파괴를 고발하는데 열을 올리는 반면 이슬람과 공산국가의 인권은 모른체 한다.

둘째 다원주의의 도전이다. 아시아인들은 철저히 종교에 관한 한 배타성을 거부하고 여러 종교를 동시에 믿기도 하고, 혹은 모든 종교는 동일하다는 포용적 태도를 취한다. 이것은 배타적 구원관을 가르치는 복음주의에 장애가 된다. 1992년 마닐라에서 모인 세계복음주의협의회는 다원주의를 거부하는 신학선언서를 채택하였다.

셋째 소수 인종주의는 복음의 장애가 된다. 현재 국제정치는 바야흐로 민족국가(nation-states)에서 소수민족주의(ethnonationalism) 혹은 인종민족주의로 변화하고 있다. 19세기 서구에서 발전한 민족주의는 70년대부터는 서서히 비서구 사회에서는 소수인종주의로 발전하기 시작하였다. 2차 세계대전 이후 세계는 동서냉전의 시대에 돌입하였으나 1989년 구 소련의 해체로 이데올로기에 의한 냉전은 사실상 종식되었다. 소수인종주의는 불행하게도 국제화 시대에 오히려 원시문화로의 복귀를 의미하며, 이것은 기독교 선교에 마이너스로 작용한다. 원시문화로의 복귀는 문화인류학자들에게는 학문적 호기심의 차원에서 효과가 있을지 모르나, 기독교 선교 관점에서는 샤머니즘적 문화를 되살리기 때문에 오히려 기독교 선교가 어렵게 된다. 기독교 선교가 샤머니즘(영어로는 Animism) 문화권에서 비교적 성공을 거두었다고 하지만 부족 공동체를 형성하는 사회에서 선교적 접근 자체가 어렵다. 미얀마 경우 기독교는 소수인종인 카렌족의 종교로 인식되어 버마인들이 싫어한다. 식민지 시대에 식민지 정부는 소수 인종을 이용한 것이 후에는 역작용을 한다.

마지막으로 아시아에서도 성장하고 부흥하는 교회는 주로 오순절 기독교이다. 오순절 기독교의 부흥은 장로교 선교에는 자극이면서도 기독교의 메시지를 너무 현실적 문제 해결에 치중하여 통전적 복음이 못되게 하는 문제를 안고 있다. 감정적이고 'power encounter'를 중시하는 아시아의 문화권에서 귀신, 마귀 등 이적과 신유에 대하여 신학적 답변이 약한 장로교로서는 고민이 아닐 수 없다.

5. 대화신학과 전도신학의 갈등

기독교회가 영적 생명력을 가지고 부흥하려면 먼저 성경적 기독교회가 되어야 한다. 동시에 성경적인 신학도 발전되어야 한다. 우선 아시아는 신학적으로 서양보다 수준높은 신학을 발전시키지 못하였다. 마펫 박사가 지적한대로 아시아에서는 어거스틴 같은 훌륭한 신학자를 낳지 못하였고, 공부하는 정열도 솔직히 서양신학자를 따라가지 못한다. 아시아 신학생들은 우선 성경의 원어인 히브리와 헬라어 공부를 싫어한다. 성경 원어를 알고 성경을 읽는 맛과 모르고 읽는 맛은 다르다. 성령은 말씀에 의하여(by the Words), 말씀 안에서(in the Words), 말씀과 함께(with the Words) 역사한다. 따라서 성경적 신학이 되어야 한다. 이점에서 아시아 기독교는 성경적 기독교로서 통전성(integrity)에 우려스러운 점을 부인할 수 없다. 현대 기독교는, 특히 감정적인 아시아 문화는 신앙 고백적 교회라기 보다는 찬양 위주의 교회 문화가 지배하고 있다.

동시에 자유주의 신학자들이 발전시키는 소위 제3세계 신학은 아시아 기독교를 위축시킬 수 있다. 본문 보다는 상황(context), 선교보다 대화를, 개인구원 보다 사회변혁을 더 강조하는 교회는 말씀의 통전성도 상실하고 사회개혁도 못하는 오류를 범한다. 20세기 세계 기독교의 3대 운동은 복음주의, 오순절 운동, 연합운동이다. 그러나 WCC 연합운동은 결과적으로 세계 기독교회를 분열시키고 말았다. 복음주의와 자유주의는 신학적으로는 동이 서에서 먼 것 같이 하나 되기는 사실상 불가능하다. 가장 핵심은 성경관이다. 복음주의는 성경이 기독교를 낳았다고 믿는다. 그러나 자유주의 신학은 너무 다양하지만, 성경관에서 정통적 기독교에서 일탈을 하는 신학이론을 전개하고 말았다. 합리주의 신학의 등장으로 발전되기 시작한 역사적 비평주의 방법은 성경의 단일성과 통일성을 부정한다. 도리어 성경과 반대되는 이론을 신학에 개입시키는데, 이것을 라틴어로는 'complexio oppositorum' 이라고 한다. 여기서 소위 '성경의 바빌론 포로 시대' 가 시작된다.[19] 복음주의는 성경이 기독교를 만들었다고 믿는데, 역사 비평주의는 성경이 최후 계시이며 절대적 규범임을 거부함으로 기독교의 기초를 흔들고 말았다.

서구 자유주의 신학이 제3세계 신학을 자극한 것은 여러 가지로

---

19) 宇田 進 『現代福音主義神學』 (いのちのことば社, 2002), 256-57.

분석할 수 있다. 첫째, 성경의 계시 보다는 인간 이성의 권위를 더 중시하며, 성경적 계시를 통한 진리의 인식 외에 인간의 종교 경험이 진리에 도달할 수 있다고 믿게 한다. 여기서 동양 종교의 가치성을 긍정하도록 한다. 힉은 모든 종교에서 경험하는 진리나 기독교 진리를 동일시한다. 자유주의 신학은 하나님의 주권보다 인간의 자율성을 존중한다. 특히 인간 역사를 긍정적으로 평가하여 사회정의가 실현되면 초자연적으로 실현되는 하나님의 나라가 아닌 유토피아의 가능성을 믿게 한다. 인간의 원죄를 부정함으로 인간에게 많은 능력을 부여한다. 이러한 사상은 결과적으로 선교지의 문화와 종교를 긍정하도록 격려하고, 동시에 기독교의 절대성은 거부하게 한다. 도리어 절대성 신앙을 배타주의, 성서우상주의, 교조주의로 비난한다.

제3세계 신학 가운데 특히 아시아 자유주의 신학자들이 선호하는 서구 신학자는 종교사학파 거장 아돌프 하르낙이다. 하르낙의 신학은 다원주의 영향에 가장 큰 영향을 주었다. 같은 시기에 복음주의 선교학자 구스타프 바르넥은 선교운동을 고취할 때 하르낙이나 트뢸취는 도리어 선교를 부정하였다. 바르넥과 트뢸취는 신학논쟁을 하는데, 바르넥은 타 종교에 대한 선교변증을 강조한 반면 트뢸취는 기독교와 타종교의 '실용적 통합'을 강조한다. 바르넥이 말하는 선교 변증은 타 종교는 구원이 없음으로 기독교가 겸손한 자세로, 그러나 비 기독교 종교와 정면으로 조우하는 것을 의미한다.[20] 하르낙의 종교타협 사상은 지금 아시아 교회 신학에 그대로 반영되고 있

---

20) Von Heinrich Balz, "Überwindung und Religionnen und das Zile der Mission. Die Diskussion zwischen G. Warneck und E. Troeltsch 1906-1908," in *Es begann in Halle*, eds., Dieter Becker/ Andreas Feldkeller, (Erlangen:Verlager Ev-Luth. Mission, 1997), 106-18.

다. 대표적인 실례로, 카톨릭과 WCC의 신학위원회가 만든 *Asian Christian Theologies* 1-3권은 비서구 기독교 목사, 학자, 선교사, 신부, 교수들이 쓴 글들과 저서들의 리스트를 소개하는 대작이다. 비서구 기독교 신학사상과 동향을 아는데 필수적인 책이다. 이 자료에 의하면 동남아 국가의 원주민 지도자들이나 사역자들이 쓴 글은 익명이 많다. 자기 나라 종교와 문화를 비판하였기 때문에 익명으로 한 것으로 보인다. 처음에는 신앙고백적 형식의 글이 많았는데 갈수록 종교간 대화와 협력으로 대치되고 말았다. 결국 타종교에도 구원의 메시야가 있다고 믿는 자들이 많이 있다. 이들은 예수 그리스도는 모든 종교에서 가르치는 '담마의 성취자'(the fulfilment of Dhamma)라는 성취설로 기울어지고 말았다. 담마라는 용어는 불교의 법(Dharma) 혹은 도를 의미한다.[21] 이 이론대로라면 굳이 순교하면서 기독교 신앙을 지키는 것은 어리석은 것에 불과하다. 다원주의자들과 대화주의 자들은 성경이 우상을 정죄하는 것에 대하여 침묵한다. 유의할 사실은 이사야 19:1의 '애굽의 우상'을 일본어 신 개역은 "이집트의 거짓 신들"(エジプトの偽りの神神)이라고 말한다.

아시아의 진보적 신학자들이나 지도자들도 다원주의의 문제점을 인식한다. 영국의 다원주의 신학자 존 힉이 일본을 방문하였다. 그러나 진보적 교회 지도자들이 힉에게 항의하였다. "당신의 다원주의 신학에 의하면 모든 종교는 다 같이 구원에 이르는 정당한 길이라는 사상인데, 이것은 어렵게 성장한 일본 기독교를 더 어렵게 한다" 항의하였고. 아시아의 자유주의 신학자들은 단골 메뉴로 서구 식민주의를 비판하고 기독교의 탈 서구화를 외친다. 이들은 서양 선

---

21) John England, et al, eds., *Asian Christian Theologies: vol 2: Southeast Asia*, 32.

교사들이 전한 복음은 서구의 옷을 입었다는 것이다.

그러나 한국에 처음 복음을 전한 미국 선교사들의 '십자가와 부활'의 도에 서양 옷을 보지 못한다. 선교사들이 서양 옷을 입었다고 성경적 메시지가 서양 옷이라는 신학 이론은, 서구 기독교가 헬라의 옷과 서구 문화의 옷을 입었다는 가설에 근거한 것이다. 바르트 불트만 등 서구 자유주의 신학은 서양 옷을 입었다. 그러나 복음주의는 기독교가 헬라문화와 결합하였다는 가설을 거부한다. 예수님에게 한복을 입히는 것이 결코 토착화가 아니다.

종교대화의 신학은 도리어 선교에 장애로 작용하는 것이 아시아의 현실이다. 3세계 신학 이론 제창자들은 개인구원 보다는 사회정의와 개혁이다. 그러나 인도나 대부분 국가에서 부정부패와 사회적 모순이 많은 자기 나라를 향하여 억압에서 해방을 부르짖고 부정부패에서 정의사회 구현을 외치는 소리를 듣지 못하였다. 야시아의 크리스천들은 약자들이다. 그러면 이들 진보적 교회 지도자들이 불쌍한 자기나라 신자들을 위하여 해방의 복음을 부르짖는가? 필리핀에서, 인도네시아에서, 인도에서 해방신학은 말도 못한다. 아시아 대중들은 이제는 서구에서 해방이 아니라 자기 나라의 정치적 억압과 부정부패에서 해방되는 것이 급선무이다. 그런데 정작 인도의 진보적 신학자들은 달리트 신자들을 위한 해방 보다는 다른 차원에서 해방이론을 전개한다.

한국교회에서 최근 신학이 한국 교회를 잘못되게 하였다는 자기반성이 진보적 신학교의 젊은 교수들을 중심으로 일어나고 있다. 한국 감리교신학대학교 일부 교수들이 전개하는 성경의 재해석(ReOrientatin through the Bible 스가랴 14:8)은 대단히 의미 있는 일이다. 그들의 성명서 일부는 다음과 같다: "오늘날 신학과 신학교육이 교회와 세상에 빛이 되지 못함을 하나님 앞에서 회개하며 성령의 능력으로 예수 그리스도의 증인된 사명을 감당하는 교회로 거듭나기 위하여 신학과 신학교육을 성경중심으로 재정립한다. 즉 성경으로 돌아가는 신학운동을 전개하고 있다."

제3세계 신학은 성경 본문 보다는 상황을 더 중시한다. 특히 문제점은 성경의 상황은 우리가 살고 있는 시대 상황과는 전혀 관계가 없는 것처럼 해석하는데, 이것은 잘못된 것이다. 성경의 컨텍스트 역시 우리 시대가 당면하는 상황을 이미 다루고, 그 시대 상황에서 말씀이 곧 최후의 해결자임을 강조한 것이다. 출애굽기는 인간이 당하는 노예와 착취의 모델이다. 모세는 결코 정치적 해방자가 아니다. 그런데 해방신학은 성경의 구원관을 정치, 사회적 구원으로 축소시킨다. 아시아의 많은 국가들은 백성들이 자기 지도자들의 부정, 부패, 착취, 억압에서 해방을 부르짖고 있다. 그러나 해방신학이 아시아의 이러한 나라에서는 완전히 침묵하는 모순을 범한다. 그리고 한국의 경우 민주화 세력 역시 권력을 잡고 난 후에는 새로운 부패 세력이 되어진 것에 대하여 신학적 해답을 해야 할 것이다. 인간이 원죄에서 해방되기 전에 시스템으로 다 해결되는 것이 아님을 현실이 잘 말해 주고 있다.

자유주의 신학은 대체로 기존 교회의 신앙과 신학의 오류를 지적하는데 열심인 반면, 세상의 잃어가는 영혼을 하나님께로 화목시키는 일은 등한히 한다. 복음주의에 문제가 있다면 자유주의와 그 교회에도 역시 동일한 문제를 안고 있다. 중국이 공산화할 때 자유주의 신학의 교회지도자들이 해방 신학을 외치기는 커녕 도리어 기독교회의 공산화에 앞장을 섰다. 일본의 민족주의 신학자들이 일본의 한국 합방을 신의 선물과 은혜로 외치는 모순을 범하고 말았다. 한국에서 민중신학으로 군사 독재타도를 외치든 자들이 김정일의 인권탄압과 독재는 침묵함으로 사회정의와 인권의 적용에 보편성을 상실한다.

6. 도전 받는 자유주의 신학

19세기 선교의 시대에 이미 서구 선교학자들은 자유주의 신학이 기독교 선교를 크게 방해한다고 염려하였다. 선교운동가 Arthur Pierson박사는 저서 *The Crisis of Mission*에서 자유주의 신학을 선교의 위기로 규정하였다. 20세기 초 서구 기독교는 결국 이러한 신학 문제로 싸우는 시대였다. 20년대와 30년 대 미국에서 원리주의와 현대주의 논쟁은 바로 이것이다. 아시아의 복음주의는 사실상 원리주의 기독교이다. 그런데 아시아 자유주의 신학자들은 복음주의 기독교를 아주 싫어하여 문자주의, 타계주의, 성경 우상주의, 교리주의, 현실무시의 신앙으로 비판한다.

그러나 최근 서구 신학의 좌경화가 서구 기독교를 망쳤다고 미국의 한 인문학 교수가 문제를 제기하였다. Mark Lilla는 저서 [유산된 하나님: 종교, 정치, 현대 서구]에서 서구 자유주의 신학은 합리주의와 계몽주의와 결탁, 성경의 하나님을 유산시키고 말았다. 서구 기독교는 우주의 창조자이며 주권자 되시는 하나님을 가르치지 않았다. 세상과 역사에서 섭리하시는 하나님 보다 시계를 만들어 놓고 자동적으로 우주를 돌아가게 하는 기계적 신으로 격하시키었다. 정치와 종교를 분리하고 다원주의를 너무 강조하고 성과 속의 분리를 비판하였다. 그래서 성과 속을 분리하지 않고, 세상 모든 분야에서 알라의 주권을 외치는 이슬람이 서구를 위협한다는 것이다. 대단히 예리한 지적이다.[22]

더 중요한 지적은 독일 자유주의 신학이 히틀러를 등장시켰다고

---

22) Mark Lilla, *The Stillborn God: Religion, Politics, and Modern West* (New York: Alfred A. Knopp, 2007)을 참조할 것.

주장한다. 독일 종교사학파 거장 아돌프 하르낙을 위시한 유수한 독일의 자유신학자들이 독일역사와 문화를 통하여 계시된 신을 가르침으로 이들이 히틀러를 메시야로 승격시키는 중요한 역할을 하였다. 즉 독일 자유주의 신학과 철학이 독일을 잘못된 선민국가로 만들었다는 것이다.

1988년 WCC 부총재까지 역임한 선교학자인 스테픈 니일은 서구는 재회심해야 한다는 중대한 발언을 하여 서구 기독교회에 큰 충격을 주었다. 서구 기독교회는 서구 합리주의의 포로가 되어 기독교를 죽였다는 것이 그의 지론이다. 서구 신학은 서구 기독교의 실패를 가져왔다. 영국 복음주의 신학자 Alister McGrath는 'High Christology'는 전도와 선교를 가능하게 하지만 'low Christology'는 이러한 동기를 제거해 버린다고 말했다. 기독교의 유일성 강조가 '설득의 목회'가 되게 한다고 하였다.[23] 성경적 기독론만이 아시아 기독교를 살리는 길이다.

---

23) *Evangelism & Future of Christianity* (Downers Grove: InterVarsity Press, 1966), 164.

결론

아시아에서 기독교의 미래는 한편에서는 감정적이고도 열정적인 아시아 교회가 말씀과 함께 하는 건전한 영적 다이나믹의 교회가 될 것인지? 다른 한편에서는 청년 지식인들에게는 어필하는 비판적인 서구신학과 3세계 신학의 도전에서 복음주의 기독교가 아시아의 영적 욕구를 충족시키면서도 사회적 욕구도 충족시킬 것이냐의 기로에 서 있다. 동시에 중국, 한국, 필리핀, 인도 교회들이 강력한 선교운동을 전개하지만 전통종교의 도전을 어떻게 극복할 것인지 시련에 직면하고 있다. 특히 이슬람의 도전은 대단히 심각하고도 위험한 수준이다. 중세 이전에 아시아에서는 기독교가 사라지는 운명에 처하였었다. 외부의 위협도 무서운 것이였지만 교회 내부의 모순으로 인한 책임도 중요하다. 지금도 아시아 기독교는 지도력에서, 분열로 인하여, 인종적 갈등으로 인하여 이방의 빛이 되지 못하는 경우가 허다하다. 아시아를 복음화 할 것인가? 아니면 다시 아시아 종교와 문화에 정복당할 것인가?

한국 교회 선교도 성경적 기독교를 선교지에 세우려고 올바른 전략과 열정으로 선교하는 선교사들이 있다. 그러나 그렇지 못한 선교사들도 너무 많다. 아시아 기독교의 미래는 한국교회와 선교에 달려 있다고 생각한다.

제5장

다원화를 거부하는 종교원리주의

서론

전 세계는 신학적으로, 혹은 종교적으로 잘못된 방향으로 나아가고 있다. 서구는 기독교의 절대성을 거부하는 종교다원주의 신학이, 즉 상대주의 신학이 서구 교회를 지배하고 있는 반면, 아시아는 10%도 안 되는 과격한 종교원리주의 세력들이 종교와 문화의 다원화를 거부하고 자기 종교만이 절대라는 신념아래 폭력으로 자기 종교를 강요하는 군사적 절대주의가 지배하고 있다. 이로 인하여 아시아에서 기독교와 기독교 선교는 엄청난 도전에 직면하고 있다.

원리주의라는 용어는 구라파에서 에라스무스가 'Ad fontes-back to the wellspring', 본래의 샘으로 돌아가야 한다고 말한 데서 유래되었다고도 한다. 그는 생명 없는 중세기 천주교회가 진짜 복음을 파묻고 말았다고 하는데, 비기독교 종교 원리주의가 기독교에 가장 위협적 존재가 되는 이유는 첫째로, 원리주의자들은 자기 종교만 절대라는 공격적 배타주의 성격을 띤다. 기독교도 배타주의지만 그것은 신학적으로 논의하고 겸손하게 마음속에서 믿는 신앙이며 사회적으로 더 포용적이 되라고 가르친다. 한 가족 내에서도 기독교와 불교가 공존한다. 그러나 이슬람 사회, 힌두교 사회, 불교 사회에서는 원천적으로 한 가족 안에서 다른 종교의 공존은 불가능하다.

기독교 원리주의도 기독교 원리에 의한 기독교 문화나 사회건설을 외친다. 그러나 결코 강제성을 가지지 못하고 어디까지나 각 개인을 설득하여 많은 사람들이 사회적으로 혹은 문화적으로 영향력을 행사하여 기독교 문화를 세우고자 할 뿐, 집단의 힘을 강제로 사용하지 못한다. 그런데 비기독교 종교 원리주의 그룹들은 강제로 자기들의 종교적 신념을 국가와 사회에 강요하고, 그것을 거부할 때에는 세속주의 세력, 혹은 서구 기독교나 자본주의와 타협하는 세력으로 매도하므로써 너무 경직된 사고와 행동 철학을 표출한다. 원리주의는 이렇게 다원화된 사회에서도 종교와 문화의 다원화를 거부한다.

원리주의자들이 지배하는 나라나 사회는 항상 종교 분쟁이 끓이지 않는데, 이유는 특정 공간이나 사원 혹은 절을 절대시 한 결과 그 거룩한 곳이나 장소가 항상 분쟁의 요인으로 작용한다. 인도의 아요디 사원, 캄보디아와 태국 국경 근처에 있는 힌두교 사원, 예루살렘의 'the Dome of the Rock'은 유대인들과 무슬림간에 큰 전쟁이라도 일으킬 수 있는 폭탄의 역활을 충분히 한다. 여기에 미국의 일부 과격 기독교 원리주의자들까지 이 모스크를 파괴해야 한다고 유대편을 든다.

위에서 언급한 상황들은 원리주의가 지배하는 국가나 사회에서 기독교는 거의 생존이 불가능하다. 아시아 기독교의 미래는 이들을 어떻게 대처하느냐가 가장 중요한 열쇠이다.

1. 원리주의의 정의와 특징

원리주의(근본주의: 일본에서는 원리주의로 표기)란 20세기 초 미국 기독교의 신학논쟁에서 발생한 용어이다. 그런데 기독교에서 사용된 원리주의라는 용어가 비기독교 종교 원리주의에도 그대로 사용되고 말았다. 원리주의란 자기 종교의 근본적 진리를 외부의 특정 위협에서 방어한다는 취지에서 시작되었는데 기독교는 성경적 기독교를 파괴하는 자유주의에 대하여 기독교의 본질을 보호하자는 것이 주목적이었고 따라서 초기 원리주의는 미국의 세속화나 근대화 및 정치에도 관심이 없었다.

그러나 힌두교, 불교, 이슬람 원리주의는 서구에서 들어오는 세속화와 근대화의 도전으로부터 그들 종교의 본질적 교리나 원리를 보호하고 더 나아가서 그들의 종교적 원리나 가치관에 의하여 사회를 건설하자는 운동이므로 국제화를 거부하고, 다른 종교나 이데올로기를 철저히 배제한다. 즉 문화와 종교의 다원화를 거부함으로 타종교와의 평화적 공존을 어렵게 한다.

비기독교 종교 원리주의 특징은 경전을 문자적으로 해석한 나머지 과학적 해석이나 현대적 적용을 거부한다. 2) 자기 집단만 구원 얻는다는 배타적, 선민론이다. 3) 자기 종교에 동의하지 않는 자는 사탄으로 간주한다. 4) 과거에 존재하였든 황금시대를 믿는다. 그래서 과거 복귀를 희망한다. 4) 자기 종교의 과격한 원리나 가치관을 강제로 국가나 사회에 적용시키려 한다. 여기서 폭력도 불사한다. 5) 여성을 차별한다. 6)원리주의는 일반적으로 특정 종교가 그 사회나 국가를 지배하는 환경에서 발전하였다. 쉽게 말하면 종교적 텃세를 행사한다. 원리주의는 소수지만 자기들 사상이나 행동을 비판하면 폭력도 서슴치 않는다. 그래서 대중들은 함부로 정당한 비판이나 코멘트를 조심한다.

2. 이슬람 원리주의

종교 원리주의 가운데 이슬람 원리주의가 가장 무섭다는 것은 빈 라덴이나 알 카에다, 아프간의 탈레반 집단을 보면 알 수 있다. 이들은 서방과 미국의 계속적인 위협 세력이 되고 있는데 현대 이슬람 원리주의는 이제 방어적 원리주의에서 공격적 원리주의로 방향을 전환하였다고 볼 수 있다. 이슬람 원리주의의 시작은 1920년대 이집트에서 일어난 무슬림 형제단이지만 70년대 이슬람 부흥운동과 1979년 호메이니 이슬람 혁명은 전 세계 무슬림들을 크게 고무시켜 원리주의가 전 세계로 확산되게 하였고, 구소련의 아프칸 침공과 여기에 이슬람 세계가 무신론과 성전을 선포한 것은 이슬람 원리주의 운동을 결집시킨 중요한 계기가 된다. 빈 라덴은 아프간 전쟁의 중심 인물로 등장하여 막대한 자금을 공급하였고, 아이러니하게도 미국은 소련의 세력 확장을 저지하기 위해 빈 라덴에게 무기를 제공했지만 90년대에 와서 빈 라덴은 미국이 제공한 무기로 미국을 괴롭힌다. 알 카에다의 사무실도 뉴욕에 있다는 것을 보면 90년대 초기까지만 하여도 미국은 이슬람이라는 종교가 국제사회에 미칠 무서운 힘을 몰랐다.

9·11테러는 세계가 새로운 전쟁의 시대를 맞이하였다는 것을 의미하고 동시에 이슬람 원리주의가 세계 정복으로 방향을 바꾼것을 시사한 사건이다. 새로운 전쟁, 즉 대 테러전쟁은 국가대 국가의 전쟁이 아니라 국가 대 종교적 집단과의 전쟁이며, 전선이 없다. 일본

의 이케우치 사도시는 미국의 대 테러 전쟁을 비대칭 전쟁으로 말한다. 비대칭이란 미국은 국가의 안보가 최우선 과제지만 원리주의 집단은 움마라는 이슬람 공동체, 즉 세계적 이슬람 공동체가 최우선 관심사이다. 즉 초자연적 세계관과 이념을 원리로 한다는 것이다. 따라서 원리주의 테러리스트들은 자기 국가의 이익을 위한 것이 아니라, 기독교적으로 말하면 하나님 나라가 일차적 관심사이다.

그런데 최근 서구 국제정치학자들의 이슬람 테러에 대한 연구 방향이 변하고 있다. 9·11테러 이후 이슬람 세계는 이구동성으로 이슬람 테러는 결코 이슬람이 아니라고 하였다. 한국의 한 기독교 대학에서 유학하는 아프간 학생조차도 한국 신자들을 납치한 탈레반은 아프간 사람도, 이슬람도 아니라고 힘주어 말하였다. 진정한 아프간 사람은 아프간의 명예를 중시하며, 또한 이슬람은 사랑의 종교이기 때문에 그러한 납치와 살인은 있을 수 없다는 것이다. 아주 그럴듯하다. 그 학생은 이슬람을 열심히 포교하는 무슬림이다. 한국인 무슬림 학자들 역시 이러한 식으로 이슬람을 홍보하고 있다. 그러나 비판적 학자들이나 종교인들이 이슬람 테러야 말로 코란의 '원리' 혹은 본질이라는 주장이 계속 나오고 있다.

둘째로 지금까지 국제정치학자들이나 언론들은 이슬람 원리주의는 미국의 일방적 세계지배, 서구 식민주의에 대한 반작용 혹은 세속주의에 대한 반발, 그리고 자기 나라의 부정과 부패 및 독재를 무너트리고 이슬람 신정국가(theocracy)를 건설하는 것이 최종 목표인데 따라서 이슬람 원리주의 등장을 사회, 정치적 차원에서 다루어서 도리어 반미감정을 촉발하고 이슬람을 동정하게 만들며 이것이 9·11테러 이후 이슬람이 부흥하고 성장하는 주요한 원인이라고 본다. 특히 자본주의, 민주주의, 기독교를 싫어하는 청년세대들과 소위 운동권 사람들은 이슬람을 동정하고 이념적 제휴를 모색하기도

한다.

　그러나 최근의 연구는 미국과 서구 식민지 이전에 이미 이슬람 원리주의가 있었다는 사실을 강조한다. 사우디의 와하비 주의는 18세기에 이미 발전하였는데, 빈 라덴은 바로 와하비 파이다. 유감스러운 것은 이슬람은 모든 것을 남의 탓으로 돌리는 경향을 부정할 수 없다. 종교는 정치와 구분되어야 한다. 반미감정이나 반서구 감정은 이슬람 세계에만 국한되는 것은 아니다. 한국이나 모든 비서구 세계는 다 서구 식민지의 피해자인지도 모른다. 그러나 엄밀히 말하면 식민지 혹은 강자가 약자를 정복하고 침략하는 것은 중동 역사의 특징이었고 아시아도 서구 식민지 이전에 항상 강한 나라가 약한 나라를 먹는 역사이었다. 무하마드 이후 이슬람은 칼로 중동과 심지어 구라파까지 위협한 것은 역사가 증명한다. 서구 식민지 같은 역사적 현실일지라도 그것은 종교의 이슈가 아니라 정치 이슈가 되어야 한다. 국제정치와 종교는 분리되어야 하는데, 이슬람은 이러한 분리가 불가능하다는데 심각성이 있다.

　먼저 이슬람 원리주의란 용어에 대하여 간략하게 설명하면, 이슬람 학자들은 이슬람 원리주의란 용어에 대하여 대단히 불쾌하게 생각한다. 이슬람은 이 용어를 만들지 않았음에도 불구하고 기독교가 사용하는 것이 그대로 이슬람이나 다른 종교에 쓰여지고 말았다. 이슬람 학자들 중에는 이슬람 원리주의라는 말 대신에 영어로 'Islamism'으로 말하여 달라고 주문하기도 한다. 혹은 이슬람 민족주의로 말하기도 하는데, 그러나 원리주의는 엄밀히 말하면 민족주의로 말할 수 없는 것이 그들은 도리어 움마, 즉 세계적 이슬람 공동체를 더 중시한다. 여하튼 이슬람 원리주의는 그들 일부가 자행하는 테러로 말미암아 나쁜 이미지를 주고 있다. 이슬람 극단주의로 인하여 서양의 대중매체는 '전투적 이슬람,' '종교적 극단주의,' '맹목적 반—서양주의,' 같은 부정적인 용어를 사용한다.

　이슬람 원리주의 역시 다른 원리주의와 마찬가지로 지나친 문자주의와, 군사적 절대주의 이다. 즉 이슬람만 진리이고 다른 종교는 거짓이라 하며 이슬람만 절대 진리임으로 이슬람에 순종하지 않는 자들은 다 죽여도 좋다는 식의 무서운 공격정신을 나타낸다. 즉 폭력을 정당화한다. 동시에 과거에 이슬람으로 인한 황금시대가 있었는데, 그것을 재현해야 한다는 이유로 비무슬림 세계를 무력으로라도 정복해야 한다고 한다. 여기서 지하드가 강조된다. 지하드를 수행하다가 순교한 사람은 천당에서 미인들로부터 술과 고기 대접을 받는다고 가르친다. 종말보상이 지하드의 중요한 동기가 된다.[1]

　이슬람 원리주의는 다시 말하지만 종교라기보다는 무서운 이데올로기이다. 특히 미국을 가장 증오하는 이유는 소위 음모론이다. 이슬람 원리주의는 이슬람 교리 중에서 종말관, 구원관, 세계관을 더 극단적으로 몰고 간다. 종말에는 가짜 가세주가 등장하여 사람들, 특히 이슬람 세계를 현혹시키는데, 미국이 바로 가짜 메시야(구세주)이며 사탄이라는 것이다. 그들의 구원관은 물론 알라만을 믿는 사람들로서 선행을 한 자만이 구원을 얻는다. 세계관은 이 세상을 선과 악 이분법으로 본다. 선의 세계는 물론 알라를 믿는 자들의 세계이고 알라를 믿지 않는 자들은 '전쟁의 세계' 즉 악의 편이다. 이점에서 이슬람 원리주의는 종교의 범위를 넘어 선 이데올로기이다. 중동 출신의 이슬람 전문가는 이슬람 원리주의는 세계화 시대에 자기 종교의 국제화를 시도하고 이슬람의 강제화를 시도하는 자들로 혹평한다.

　대표적인 이슬람 원리주의 집단으로는 이집트의 무슬림 형제단

---

1) 이슬람 원리주의에 대하여는 필자의 『이슬람 원리주의의 실체』(서울: 한반도국제대학원, 2007)를 참조할 것.

(Muslim Brotherhood), 아프가니스탄의 탈리반(Taliban), 레바논의 헤즈볼라, 팔레스타인의 하마스가 있다. 무슬림 형제단은 1930년대 이집트의 Hasan al-Baan이 창시하여 1940년대와 1950년대에 이집트 전체에 테러를 확산시켰다. 이러한 급진적인 집단은 Gamal Nasser의 세속적 민족주의에 대항하여 나타난 반작용의 결과로서, 이슬람 형태의 이집트 민족주의를 나타냈다.[2] 1960년대가 되면서 무슬림 형제단의 지도자들은 Nasser와 정면 충돌한다. 몇몇 지도자들은 Nasser 정권을 전복하려고 했지만, 곧 감옥에 갇히게 되었다.[3] 그 지도자들 중 한 사람인 Abd Al-Salam Faraj는 정치적 반대자들과 투쟁을 선언하고 동조자들을 모았다. 그는 쿠란과 하디스(전승)는 본질적으로 전쟁에 관한 것이라고 생각했으며, "샤리아의 도덕적 사회적 요구에서 벗어나는 사람은 누구든지 성전의 목표물이 되기에 적합하다"고 선언한다. 이러한 목표물은 이슬람 내부 사람들만이 아니라 외부의 적들도 포함된다.[4]

2. 유대교 원리주의

1) 유대교

기독교는 이스라엘에서 시작하였음에도 불구하고 이스라엘에서는 금지된 종교이다. 현대 이스라엘에서는 기독교 선교는 철저히 금지되는데, 가장 무서운 저항 세력은 역시 유대교 원리주의자들이다.

---

2) Mark Jürgenmeyer, *Religious Nationalism...*, 59.
3) Jürgenmeyer. 59.
4) Jürgenmeyer, 60.

셈족 종교로서 유대교는 세계적이고도 선교적인 기독교와는 달리 철저한 민족주의적 종교로 외인을 자기 종교에 가입시키지 않는다. 이로 인함이 중동에서 세종교의 평화적 공존을 어렵게도 한다. 루이스는 유대교는 이슬람이나 기독교에 비하여 배타성이 적고 다른 종교를 지배하려는 강한 전통이 없는 소수 종교라고 하지만 유대교의 종말론 사상은 결코 단순하지 않다. 유대교 역시 배타적 종교라는 인상을 피할 수 없는 것이 유대인이라는 인종 중심의 종교이고 한 국가 중심의 종교이기 때문에 비교종교학자들은 유대교를 민족적 종교로 분류한다. 유대교도 기독교와 동일하게 언약(covenant)을 강조하지만 기독교의 언약 사상은 인종과 국경을 초월하여 누구든지 하나님을 믿는 택자는 다 언약의 백성이라고 믿는다. 그러나 유대교는 이스라엘만 언약의 백성임을 강조, 회당에는 '이방인'들은 출입이 금지당하며 그들만이 먹어야 하는 Kosher이라는 거룩한 음식이 있다. 출애굽기 19:5,6의 제사장 나라는 유대인이라고 자부한다. 무슬림들이 알라 외에 다른 신은 없다고 기도하는 것 같이 유대인들도 "이스라엘아 들으라 우리 하나님 여호와는 유일한 여호와시니"(신 6: 4)라는 말씀을 즐겨 낭독한다.

유대교는 종말이 되면 정치적으로 다른 민족들을 지배하리라는 사상과 강한 기대심을 가지고 있다. 어떤 의미에서 유대교의 종말론은 정치적 종말론이라고 단정하고 싶으며 이것은 중동의 평화를 깨트리는 중요한 요인으로 작용한다. 유대교는 기독교와 공통되는 전통과 교리가 있으나 종말론은 기독교와는 너무 다르다. 그들의 내세관은 사람이 죽으면 조상들이 잠드는 스올로 가는 것으로 믿는다. 그러나 천국과 지옥사상이 분명치 않아서 그런지 종교학자들이나 신학자들이 유대교의 종말론은 유보하는 입장을 취한다.

2) 유대교 원리주의

유대원리주의의 특징은 먼저 보수 유대주의와 원리주의의 구분이 쉽지 않다는 점이다. 때로는 극단적 보수 유대교인들을 유대 원리주의로 부른다. 다만 외형상으로 원리주의를 '검은 정통주의'로 부르기도 한다. 이유는 이들은 항상 리투아니 풍의 검은 옷에 검은 모피의 모자를 착용하기 때문이다. 유대교 원리주의는 성경 해석의 방법에 대하여 경직된 해석과 어느 정도의 자유가 보장되어야 한다는 강경파와 온건파로 갈라진다. 루터는 [탁상담화]에서 유대인들을 안 좋게 말한 것으로 전하여진다. "히브리인들은 무언가 유대인들처럼 행동하는데, 이들은 말씀을 고집하고 의미에 대하여는 주의를 기울이지 않는다"고.[5]

유대교 원리주의는 철저한 신정국가를 이스라엘에 세우는 것을 고집하였다. 이러한 유대주의를 유대 원리주의라고 하는데, 서구 학자들이 이상하게도 유대 원리주의는 크게 다루지 않는 경향이 있다. 유대 원리주의는 성경은 하나님이 계시한 거룩한 말씀임으로 문자대로 해석해야 한다고 고집하는 자들과, 인간의 의지나 인격이 가미된 것으로 보는 양파로 분리된다. 즉 토라는 하늘에서 만들어진 것이라는 것으로, 하나님이 모세에게 그대로 불러준 것이다. 그러나 후자는 미쉬나와 탈무드같은 다른 자료도 사용하야여 한다는 입장이다. 즉 여자적 해석을 반대한다. 율법에 따른 사회건설을 제창하며, 이방인과의 엄격한 분리를 주장한다. 즉 세상을 성과 속, 빛과 어두움, 우유와 고기, 안식일과 다른 날로 구분한다.

유대 원리주의가 중동 평화를 어렵게하는 무서운 사상은 바로 땅

---

5) ブエルナーフト,『原理主義: 確かさへの逃避』志村 惠 驛 (新教出版社, 2002), 144-51.

의 신학이다. 유대민족은 모든 민족위에 있으며, 야웨 신이 준 땅의 일인치도 결코 양보할 수 없다고 고집한다. '이스라엘 땅' (EretzIsrael)으로의 귀환은 신의 섭리라고 믿기 때문에 아랍과의 어떠한 땅 문제를 놓고 양보하는 것은 신의 뜻을 거역하는 것으로 해석한다. 유대 원리주의 역시 계몽주의의 정치와 종교의 분리를 철저히 반대하며 이슬람 원리주의자들처럼 폭력을 정당화한다. 그래서 라빈 수상이 팔레스타인 문제에서 아랍에게 양보하자 이들에게 암살당하고 만다. 2005년 여름을 기하여 가자지구와 팔레스타인에서 모든 유대인들은 철수하는 것으로 결정되어 준비 중이나 가자 지구의 8천 명과 가자 남쪽 지역의 구슈가디프에 거하는 500명의 유대인들은 철수를 강력하게 반대하였었다.

이스라엘 건국 전인 1948년에 이미 이 지역에 거주하기 시작한 강경파 유대인들은 이 지역을 "하나님께로부터 약속받은 땅"으로 확신한다. 이들에게는 구약성경이 바로 토지등본인 셈이다. 이들은 테러의 공포에서도 하나님이 주신 땅을 지켰다는 자부심이 대단하다.

대표적 단체로는 Edah Haredis, Agudat, Gush Emunim(Bloc of the Faithful)이 있다. 이중 가장 대표적인 그룹은 Gush Emunim이다. 이들은 1968년 6일 전쟁에서 승리하여 가자, 시내반도 등을 차지하는 것을 신의 섭리로 말하고 이 해를 하나님의 구원사역의 첫 해로 간주하였다. 가나안 정착은 신명기에 명한 것으로 보며 이들의 이념은 A. Kook부자가 제창한 것으로 메시아 재림은 가나안 정복으로 재촉할 수 있다고 믿는다. 가자 지구의 철수를 반대한 것은 바로 이 집단이다.

특히 유대 과격파들은 예루살렘에 있는 모스크를 파괴하려고 한 자들도 있다. 미국에 있는 Rabbi Mehr Kahane는 예루살렘 모스크를 폭파하려고 시도하였고, 여기에 자극 받은 Allan Goodman은

1982년 M16을 들고 모스크에 진입하여 무차별 사격을 가함으로 무슬림 경비병을 사살하여 결국 체포되어 종신형을 선고받고 미국으로 압송 당하였다. 과격파들은 반 셈족 사상은 무력으로 제압해야 한다는 것을 외친다. 새로운 시온 건설을 강조하고, 현대 세속적 세계를 마귀적, 악, 오만으로 단정한다. 이것은 홀로코스트 영향으로 본다.

3. 불교 원리주의

1) 서론

아시아의 불교 전파는 정치와 크게 연관되어 있는데, 불교국가들이 국가 통합과 번영, 안전이라는 목적을 가지고 불교를 공식 종교 또는 국가 종교로 채택했기 때문이다. 따라서 불교는 세속 정부의 보호와 조력을 받아왔다. 해탈을 목적으로 하는 업보와 명상 등을 강조하는 불교도 사회적으로는 집단적이거나 국수적 성격을 띤다. 이로 인하여 국수주의 혹은 민족주의를 조장한다. 불교는 국가 통합의 수단이 되어 다른 종교가 발을 붙이기 어렵게 되어있다.

그러나, 대부분의 아시아 불교 국가들은 공산정권 하에 있거나 또는 공산정권의 강력한 영향 하에 있어왔기 때문에 종교의 자유가 없다. 예를 들어 중국과 북한, 베트남, 티벳은 아직도 공산 치하에 있고 네팔은 공산정권이 들어섰다. 불교는 강한 국가적 자의식에도 불구하고 무신론적 공산주의의 세력에 저항하지는 못하고 말았다. 물론 공산치하 때 많은 승려들이 죽었다. 이점에서 공산주의에 강력하게 대항해 온 이슬람 국가들과는 다르다. 스리랑카와 태국, 일본만이 공산당의 통치나 그 영향에서 자유롭지만 이 나라들은 기독교 선교가 어렵다.

불교는 물질세계를 부정하는 사상으로 인하여 비 정치적 종교라고 생각하는 경향이 있다. 하지만 동남아시아에서 불교는 결코 정치와 현실세계에서 초연한 비 정치적 종교가 아니라 더 정치성을 띠고 있다. 동시에 종교와 정치가 긴밀하게 결탁되어 소승 불교도 거의 이데올로기화 되고 말았다. 한국 불교는 장로 대통령 이후 종교 편향을 노골적으로 시비할 정도로 정치적 힘을 행사한다. 한국에는 조직화된 불교 원리주의 집단은 없지만, 급진적 불교 집단들이 나타나기 시작해서 활발히 교세를 확장하고 있으며 군사와 교육적 측면에서 기독교 교회들과 경쟁하고 있다. 이들은 한국 사회에 문화적 정체성을 가져다 준 것은 자신들뿐이라고 생각하면서 세속주의에 대항한다. 이러한 현상은 대부분의 불교 국가에서 동일하게 나타난다. 많은 사람들이 불교는 마음에 대한 심미적·정신적 종교이며 세속 세계와는 거리가 멀다고 생각하지만 그렇지 않다. 오히려 현대 아시아의 불교는 강력한 국수주의와 반 세속화 입장을 보여준다. 한 예로써, 스리랑카가 영국 지배에서 독립한 후에 전투적 불교가 나타났다. 미얀마 불교 지도자들은 '불교 사회주의, 즉 마르크스주의와 불교 사상을 이상하게 혼합한 형태'[6]를 창설했으며, 태국에서는 불교가 거의 정치적 이념에 가깝다. 불교 국가들에서 나타나는 이러한 종교적 분위기로 인해 원리주의자들은 불교를 특정한 종교적·정치적 목적으로 사용하는데 힘을 얻는다.

불교 원리주의자들의 출현은 또한 불교부흥과도 관련이 있다. 수세기 동안 불교는 쇠퇴해 왔는데, 20세기 초반부터 제국주의 세력과

---

[6] Jergenmeyer, *The New Cold War*...34.

기독교 선교, 그리고 사회의 세속화 영향에 대해서 자기-자각적 반응을 보이면서 부흥의 징조를 보이기 시작했다.[7] 아시아에서는 스리랑카에서 처음으로 부흥이 일어났는데, 이것은 사회 변화에 효과적으로 적응하기 위한 불교 개혁운동을 통해 일어났다. 불교부흥은 1910년대와 1950년대, 그리고 1970년대의 세 시기로 구분할 수 있다.

20세기 초반에 일어난 첫 번째 부흥으로, 스리랑카는 식민주의 세력에 도전했다. 두 번째와 세 번째의 부흥은 문화적, 국가적 정체성을 찾으려는 깊은 갈망에서 비롯되었다. 불교부흥이 일어난 것은 종교적 확신에서뿐만 아니라 국수주의적 감상에도 그 원인이 있다. 이것은 불교국가 사람들의 대다수가 불교를 자기 나라의 중심으로 생각하기 때문이다. Donald K. Swearer는 20세기 불교 부흥의 특징에 대해 묘사하기를, "명상의 부흥이며, 일반신도들이 운동가의 역할을 하게 되었고, 새로운 변증법이 발달하고, 종교에 바탕을 둔 공동체적 정체성을 갱신하고 재확인하는 것이"[8] 라고 했다. 이러한 점에서, 스미스는 정치화된 불교의 한계점을 정확하게 지적하였다.

> 불교 사제들과 신도들은 효과적인 정치적 선동을 일으켜 정부를 전복하거나 대체할 수도 있지만, 어떤 원리주의적인 방법으로도 사회 구조를 바꾸려고 한 적이 없었다. 불교정치 세력이 정부를 전복할 수는 있지만, 사회개혁을 가져올 수는 없다.

---

7) J. Isamu Yamamoto는 남아시아에서 Theravada 불교의 부흥에 대한 이유들을 지적하면서 다음과 같이 말했다. 불교는 기독교 선교사들의 도전에 대한 반응으로 부흥되었다, 둘째, 심오한 사상가들이 고대 종교를 방어하기 위해 등장했다, 셋째, Pali text를 서양 언어로 번역함으로 아시아 거주인들을 넘어서 퍼져나갈 수 있게 되었다. *Beyond Buddhism* (Downers Grove: Inter-Varsity Fellowship, 1982), 76-77.

8) "Fundamentalist Movements in Theravada Buddhism," in *Fundamentalism Observed*, eds., Martin E. Marty and R. Scott Appleby, 633.

1970년 불교부흥은 완전히 소진해버려서 이전의 역동성은 거의 찾아볼 수 없었다. 1970년의 이란혁명은 세계에 전반적으로 많은 영향을 미쳤지만, 불교세계에는 영향을 주지 못했다. 너무나 많은 불교사제들과 신도들이 최근 경험들에 대한 기억과 함께 종교부흥의 한계를 분명히 자각하고 있다.[9]

불교 원리주의 집단은 스리랑카와 미얀마, 태국에서 주로 발전하는데, 이 지역은 소승 불교 지역이다. 그 중에서 스리랑카의 원리주의가 가장 강성하며 마테유즈에 의하면, 스리랑카의 정치화된 불교도들은 싱할리인들의 문화적 배타주의를 응원한다. 그리고 동시에 불교적 국가 이념을 옹호한다.[10] 스리랑카의 대표적 원리주의 집단에는 *Janatha Vimukthi Peramuna* (JVP: the People's Liberation Front, 인민해방전선), 1956년에 조직된 *Eksath Bhikku Peramuna* (United Clerical Party, 연합종교지도자당)와 1985년에 조직된 Mawbima Surekeemy Vyaparaya (Movement for the Defence of the Motherland・모국 방어 운동)가 있다. 이들은 겨우 소수의 핵심 지도자들로 시작되었지만, 점차 대학 캠퍼스와 젊은 계층, 여성들 중 많은 사람들이 적극적으로 참여하게 되었다. 서양의 정치학자들은 이들을 '불교 행동주의자(activist)', '불교 국수주의자(nationalist)', '싱할리 불교 극단주의자(extremist)'라고 부른다. 메이너는 극단주의자라는 용어를 더 선호하는데, 그 이유는 스리랑카의 많은 불교 행동주의자들이 불교의 원리주의적 신조를 따르지 않기 때문이

---

9) "The Limits of Religious Resurgence," in *Religious Resurgence and Politics in the Contemporary World*, ed., Emile Sahlieyeh, 39.
10) Bruce Matthews, "Buddhist Activism in Sri Lank," in Questioning the Secular State, ed., David Weterlund, 284-85.

다.[11] 브루스는 '불교 행동주의자' 라는 용어를 사용해야 한다고 주장한다. 이유는 스리랑카 원리주의는 이념적이라기 보다는 행동파에 가깝고 너무 인종 중심적 폐쇄성을 드러낸다. 그런 점에서 율겐 마이어는 원리주의를 종교적 민족주의로 정의하는데, 스리랑카 원리주의는 여기에 해당될 것이며 이슬람이나 기독교 원리주의처럼 경전에 집착하지는 않는다.

 Bruce가 평한 것처럼 싱할리 불교 원리주의의 이념은 다른 인종 집단보다 싱할리가 우월하다고 주장하는 정치적 이념에 불과하다. 따라서 이들은 경전과 교리에는 관심을 덜 기울인다. 이들의 신념은 스리랑카 섬과 싱할리 족 사이의 핵심적인 연결고리를 주장하는데, 특히 불교 수호자로서의 역할을 보여주는 것이다. 그러나 이들의 문제는 소수집단과 다른 종교들, 특히 새로이 등장하여 전도를 통해 성장하고 있는 복음주의 기독교를 더욱 박해한다. 복음주의 집단들은 대부분 기존의 교회에서 탈퇴했는데, 그 이유는 기존 교회들이 발전하고 성장하기보다는 살아남는데 급급하여 영적 활력과 전도에 대한 열정을 상실했다고 생각했기 때문이다. 스리랑카의 불교 원리주의자들에 대해 스리랑카의 한 정치학자도 같은 점을 지적했다.

 싱할리 불교 원리주의자들은 불교를 해석할 때, 붓다가 불교를 보존하고 보호하기 위해 지명한 민족이 불교 싱할리라고 생각한다. 또한, 그들은 스리랑카 섬을 '*dhammadipa*'로 생각하는데, 그것은 불교의 가르침인 '*dhamma*'의 섬(dipa)이라는 뜻이다. 5세기 스리랑카의 '신화역사' 와 *Mahavamsa*의 해석에 기초하여 Sinhala족과 dhamma 사이에 정체성을 가지고 있었는데, dhamma의 섬이 되기

---

11) "Organizational Weakness and the Rise of Sinhalese Buddhist Extremism," in Accounting for Fundamentalism, eds., Martin E. Marty and R. Scott Appleby, 770.

로 되어 있는 스리랑카는 불교도들이 다스려야 한다는 생각을 갖게 된 것이다.[12]

1980년대에 Tamil 분리주의자 운동에 대한 반응으로 싱할리 불교도들은 무력으로 대항하게 된다. 싱할리 불교도들과 타밀 힌두교도들 간의 갈등에도 불구하고 정부는 세속적·중립적으로 되려고 했으며 여기에 반발하여 원리주의자들은 더욱 무력에 호소한다. 싱할리 개혁주의자들은 Jayawardene 대통령과 인도의 Rajiv Gandhi가 1987년 5월에 맺은 협정에 완강히 반대했다. 이 협정은 스리랑카의 북부와 동부 지역에서 일어나고 있는 Tamil족 반란을 진압하기 위해 인도 군대를 데려오려는 것이었다.

스리랑카에 있는 여러 원리주의집단 중에 폭력적인 행동과 야만적인 살상으로 가장 악명 높은 집단은 JVP이다. JVP는 미사여구를 사용함으로 다른 민족주의자들과 극단적 종교 집단들보다 더욱 불교적인 것 같지만, 그 행동에 있어서는 더 야만적이다. 수백 명의 주민들이 JVP에 의해 살해당했다고 한다. 이것은 대개의 경우 집단 살해의 형태로 일어났는데, 숙적들을 공개적으로 끌고 와서 오랜 원한을 갚은 것이다. 또 다른 경우에는 시골 지역에서 개혁주의자들의 세력을 보여주고 정부의 권위를 약화시키기 위해 폭력을 사용했다. JVP는 다양한 폭력 행위에 연관되어 있었고 1988-89년 경찰과 죽음의 집단에 의해 없어질 때까지 살인을 저질렀다. JVP는 인도 상품과 사업, 그리고 인도 버스에 대해 불매동맹을 선언했으며, 타밀 힌두교도를 찾아내어 죽이기 위해 심지어 무장군인과, 경찰, 그리고 공립, 사립학교의 학생들까지 조사했다. JVP의 폭력성으로 수백 개의 학교와 모든 대학들이 폐교되었고, 1988년 9월 12일에는 심지어 콜

---

12) Appleby, 2.

롬보가 마비되기도 하였다.

JVP는 싱할리 인들은 선하고 외국인인 타밀인, 영국인, 그리고 인도 군대는 악의 세력이라고 주장하기를 서슴치 않는다. JVP 구성원의 대부분은 18세에서 26세 사이이며, 가장 활발한 지지자들은 중부지역과 남부지역에 사는 실직한 주민들이다. JVP의 지도자들이 때로 마르크스주의의 용어를 사용하기도 하지만, 이들은 이상주의적 사회주의의 미래보다는 과거 스리랑카 불교의 영광을 회상하려는 경향이 있다. 세속적이고 민주적인 Colombo 정부는 불교의 적이며 사회 발전의 방해가 된다고 이들은 생각한다.

불교 원리주의자들은 스리랑카 섬은 오직 붓다에게 속하였기 때문에 '잘못된 신도들'은 이 섬에서 결코 영원히 거주하지 못할 것이라고 주장하면서, 스리랑카의 비 싱할리와 비 불교도들에 대해 아주 배타적인 태도를 취한다. 잘못된 신도들이란 물론 스리랑카에 사는 타밀족과 기독교 신자 등 다른 소수집단을 의미한다.

이러한 불교 원리주의 도전에 대처하기 위하여 몇몇 복음주의 교회 지도자들과 평신도들은 복음주의적 기독교회들 간의 협력을 증진시키기 위해 '스리랑카 기독교 협회(CCSL: Christian Consultation of Sri Lanka)'를 구성했는데, 이것을 통해 박해 사건들을 정부에 보고하기도 하였다. 그들이 1996년에 작성한 보고서 내용을 요약하면 다음과 같다.

1. 선교사들의 교육은 사람들을 강제적으로 기독교로 개종시킨다고 비난한다.
2. 교회는 서양 제국주의의 흔적으로 여겨진다.
3. 서구화의 영향은 싱할리의 문화를 말살시킨다고 비난한다.
4. 기독교 교회들은 '비윤리적 개종'을 통해 불교도를 기독교

인으로 바꾸려 한다.
5. 교회가 지원하는 노동자들은 폭행과 극심한 차별대우를 받는다.
6. 급진적 불교집단은 많은 교회 건물들을 파괴하였다.[13]

지금도 불교 과격 세력들은 개종을 중지시키는 법령을 만들기 위해 정부에 압력을 행사하고 있다. 이들은 대중매체를 통해 체계적 운동을 함으로 기독교 교회에 해로운 반 기독교 감정을 촉발하였다. 특히 시골에서는 예배를 방해하고, 경찰이 신체적 공격을 하며, 개종자들의 자녀들이 학교에서 기독교를 공부할 수 있는 권리를 박탈한다.

그러나 불교와 타협한 천주교와 개신교 교회들은 박해에서 면제되었고 어느 정도 사회에 영향을 미치면서 오래 존속하게 되었다. 결과적으로 불교도들은 이 집단들을 무시할 수 없게 되었다. 시골 지역에서 특히 개척 교회들이 박해를 받는데, 이들 대부분은 좀 '시끄러운 오순절' 계통 교회들과 복음주의 교회들이다.

어떤 사람들은 불교가 평화적이고 관대한 종교라고 생각하지만, 다른 불교 국가에서도 핍박이 일어난다. 미얀마, 부탄, 베트남은 다른 종교의 자유가 보장받지 못한다. 다만 불교와 기독교의 긴장이 이슬람과 기독교간의 긴장만큼 심각하지는 않다는 것이다. 부탄에서는 불교가 공식 종교이다. 따라서 시민이 전도 활동을 할 경우 감옥에 갇힐 수 있다. 네팔은 법적으로 불교가 인정되고 기독교는 수

---

13) 저자는 1996년 12월 스리랑카의 콜롬보를 방문했을 때 이 목록을 수집했는데, 이것은 스리랑카기독교협회(Christian Consultation of Sri Lanka)의 교회 지도자들과 박해받고 있던 교회 직원들과의 면접에 기초한 것이다. 스리랑카기독교협회(Christian Consultation of Sri Lanka)는 박해와 압력을 받고 있는 복음주의 교회 지도자들과 평신도들로 구성된 공식 기관이다.

용되지 않는다. 비록 개인적 신앙 행위는 허용되지만, 전도 활동은 불법이다. 태국과 미얀마는 법적으로 종교적 자유를 보장하지만, 실제로는 학교와 대학에서 불교를 강제적으로 가르치고 있기 때문에 완전한 종교의 자유는 존재하지 않는다. 거기에다 태국의 사회적 분위기는 불교를 따를 것을 조장한다. 이것은 마치 권투 시합에서 혼자 싸우는 것과 마찬가지다. 태국과 미얀마에서는 실제적으로 종교와 정치의 분리를 기대할 수 없다. 그러므로 생활에서 종교적 다원주의는 실현될 수 없다.

미얀마에는 뚜렷한 불교 원리주의 집단은 없지만, 몇몇 불교도들과 정치지도자들이 미얀마를 불교 국가로 만들기 위해 기독교도들과 무슬림들을 압제하는 과정에서 원리주의자의 특징이 나타났다. 미얀마 불교도들에게 불교란 '정통' 미얀마족이라는 정체성과 사실상 동의어이다. 더욱이 '미얀마의 문화적, 종교적 가치를 놓고 볼 때 민주주의와 인권은 친숙하지 않은 외국 문물로 여겨져서 배척되어 왔다.' 국제 연합에서 미얀마 정부에게 세계 인권 선언을 요구했는데, 미얀마의 군사 정부는 이것을 미얀마의 전통과는 맞지 않는 서양적 산물이라고 비난했다. '그래서 정부는 그 잔인성에 대한 국제 사면기구의 보고를 신-식민주의와 제국주의라고 거부했으며 국제 연합 대표들과 다른 관찰자들이 인권의 문제를 조사하기 위해 접근하려는 것을 거절했다.' [14] 물론, 지성인 Aung San Suu Kyi와 학생들은 이러한 독재적인 군사 정권에 대항하는 운동을 하고 있다. 오늘날 불교도가 아닌 미얀마인은 거의 모든 면에서 중요하게 여겨지지 않고 때로는 심지어 kala(외국인)로 불린다. 군사 정부는 20 만 명 이

---

14) Mikael Graver, "Questioning Autocracy in Burma: Buddhism Between Traditionalism and Modernism," in *Questioning the Secular State*, ed., Westerlund, 298.

상의 무슬림들을 미얀마에서 추방하고 Kayah주에서 기독교 교회들을 파괴하기도 한 적 있다. 이러한 과정에서 불교는 문화적 정체성이 재확인된 셈이다.[15]

2) 결론

이상 우리는 불교 원리주의를 고찰할 때 과연 불교는 관용의 종교인지 묻고 싶다. 동남아의 소승 불교 역시 하나의 문화 체계이며 생활로서 사람들은 불교로부터 탈출할 자유가 없다. 석가모니가 말한 고뇌에서, 현세에서 해방이라는 고상한 불교 이념을 사실상 불교 국가에서 찾아보기 힘들고 기복신앙으로, 일종의 이데올로기로 변질되고 말았다. 영국의 다원주의 신학자 존 힉이 말한 힌두교와 불교의 교리인 자아가 초월적 자아(trascendental self)로 변한다는 것은 대중들의 불교와는 거리가 먼 것이다.

4. 힌두교 원리주의

1) 서론

힌두교 원리주의의 기독교에 대한 무서운 위협과 도전은 2008년도 여름 인도 오딧사 지역에서 일어난 기독교회에 대한 살인과 방화 등 무서운 폭력사태에서 잘 나타난다. 이점에서 서남아시아는 정치, 경제, 종교적으로 많은 문제가 있다. 서남아시아는 종교,

---

15) Westerlund, 315.

인종, 언어가 다양하고 중동지역 다음으로 세계에서 가장 많은 종교적·인종적 분쟁이 있는 지역이다. 세계의 주요 종교들이 이곳에서 생겨났지만 종교는 분쟁과 전쟁을 일으키는 주요 원인이 되었다. 기독교에 매우 비판적인 한 일본 국수주의자는 유대교, 기독교, 이슬람과 같은 유일신 종교는 너무 배타적이어서 유일신 사회에는 전쟁이 그치지 않는다고 주장한다. 그 대신 힌두교, 불교, 신도교와 같이 범신론적이고 다신론적인 종교는 유일신 종교보다 더 포용적이고 평화적이라고 말한다. 그러나 힌두교의 인도와 불교의 스리랑카는 유일신 종교 국가 못지않게 전쟁과 갈등이 있다는 현실을 언급하지 않는다. 아시아의 한 정치학자는 이 지역은 정치와 종교 원리주의의 상관관계를 잘 설명한다.

> 서남아시아 정치의 최근 발전경향, 특히 인도와 방글라데시의 최근 선거와 파키스탄의 최근의 선거에서 보여주는 것은 민주주의를 위해 수년간 정치적으로 투쟁해 왔음에도 불구하고 서남아시아의 시민사회는 아주 연약하여 여전히 종교 원리주의의 위험에 취약하다. 서남아시아의 지성인들, 활동가들, 노동자들과 농부들은 시민사회를 강화하기 위해서는 이성과 타인에 대한 애정을 가지고 민주적이고 대중적인 가치를 추구할 수 있는 기본 조직을 세워야 한다.[16]

인도는 힌두교 원리주의로 인해 종교 다원화 사회가 심각하게 위협받고 있기 때문에 힌두교 원리주의에 대해 논의할 필요가 있다. 특히 금년 여름 힌두교 원리주의 세력의 기독교 박해는 상상

---

16) Tanweer Akram "Fundamentalism and Civil Society in South Asia," *South Asia Forum Quarterly*, 9:3(Summer 1996): 1.

을 초월하는 것이다. 힌두교는 종교들 가운데 가장 포용적인 것으로 알려져 있지만, 최근에 인도에서 교회가 파괴되고 선교사들이 죽임을 당하는 사건이 일어나면서 인도의 국제적 이미지가 손상되어 힌두교가 포용적이라는 주장은 설득력이 없어졌다. 힌두교와 이슬람간의 계속되는 분쟁은 대부분 힌두교와 이슬람 원리주의자들이 일으키고 있으며, 힌두교와 시크교 사이에도 충돌이 일어나고 있다. 힌두교와 기독교는 긴장상태에 있음으로 인해 인도 사회의 안정과 평화는 계속적으로 위협받고 있다. 라르슨은 인도가 겪고 있는 5가지의 종교적 고충에 대해 설명한다. "(1) Punjab 주에서 시크교 분리주의자들의 요구 (2) Jammu와 Kashmir 주에서의 무슬림들의 자치권 요구 (3) 1986년 이혼법에 대한 권리 보호에서 보여주었듯이 공통 조항을 만드는데 있어서의 난관과 개인법에 관련된 위기 (4) 카스트 제도로 인한 갈등 (5) 1992년 12월 Ayodya의 오래된 이슬람 사원을 파괴함으로 생긴 충돌이다. 이것은 힌두교의 주요신 중 하나인 Rama가 태어난 바로 그 신성한 장소에 Rama를 위한 사원을 재건축하려는 보수적인 신 힌두교 집단의 시도였다."[17] Ian A. Talbot는 1980년대 인도의 문제들에 대한 자신의 견해를 제시하는데, 그의 평가는 1990년대에도 적절히 적용될 수 있다. 첫째, 힌두교 원리주의자들의 폭동의 횟수와 강도가 현저하게 증가하고 있고, 둘째, 힌두교 원리주의 조직이 증가하여 확산되고 있으며, 셋째, 국제 정치의 명성을 얻기 위해 종교 분쟁이 빈번해지고, 넷째, 정치적·종교적 긴장이 지속되고 있고, 다섯째, Punjab 지역에서 폭력이 일어나고 있고, 폭력적인 힌두교의 지역 축제를 새로운 지역에 확산시키도록 정치적으로 고무하

---

17) Gerald J. Larson, *India's Agony Over Religion*(New York:State U. of New York 1995), 227-28.

고 있다는 것이다.[18] 힌두교 원리주의자들이 보이는 급진적인 표현과 행동들이 여기 언급된 다섯 항목에 직접·간접적으로 연관되어 있다.

Asiaweek의 보도에 따르면, "인도에서 힌두교 원리주의자들의 폭력이 그 흉칙한 머리를 들어 올리고 있으며, 정부는 그 열기를 느끼고 있다"[19]고 한다. 서양에서 '공동체(community)'와 그 형용사인 '공동체적(communal)'이라는 용어는 사회적 상호협력(co-operation)과 단일성을 의미하지만, 인도의 경우에만 역사적으로 분리주의와 파괴적 활동을 의미해 왔다. 힌두교 원리주의를 공동체주의(communalism)로 표현하지만 서구적 공동체 의식은 찾아볼 수 없다.[20]

힌두교 원리주의는 공동체주의라고도 말하는데, 이것은 사실상 민족주의를 대신하는 일종의 이데올로기이다. 힌두교 원리주의 역시 이슬람 원리주의와 마찬가지로, 세속주의에 대한 강한 반작용으로 등장했다. 힌두교 원리주의는 인도의 세속화 과정에 반대한다. 원리주의자들은 인도에 강력한 힌두교 공동체를 세워야 하며 다른 종교들은 쫓아내야 한다고 주장한다. 인도의 한 힌두교 학자는 이러한 관점으로 공동체주의를 정의한다. 즉 원리주의를 공동체주의로 말한 것은 한 종교 공동체가 그 사회를 지배하는 것을 의미한다. 한 종교 공동체가 다수가 되어 그 사회를 지배할 때 그것도 완전히 민

---

18) Ian A. Talbot, "Politics and Religion in Contemporary India," in *Politics and Religion in the Modern World*, ed., George Moyser (London: Routledge, 1991), 141.
19) "Violence: Hindu extremists target Christians in India," *Asiaweek*, (January 15, 1999), 40.
20) Christopher S. Raj, "Communalism in India: Options and Responses of the Church in Tomorrow's India," unpublished paper, 1-2.

주적이라는 것이다.

　인도가 영국 식민주의에서 해방되자 곧 이 용어가 등장하였는데, 네루는 이 단어를 매우 싫어한 것으로 알려져 있다. 또한 모든 힌두교 학자들이 '힌두교 원리주의'라는 용어를 싫어하여 공동체주의라는 표현을 선택하였다. 원리주의는 편협성과 불투명성이라는 부정적 이미지를 준다는 것이다.

　힌두교도 전쟁의 요소를 가지고 있다고 언론인 호트가 주장한다. 그는 인도의 종교적 성향을 다음과 같이 말한다. "인도에 종교 폭력이 아주 깊이 뿌리 박혀 있기 때문에, 힌디어에는 원리주의라는 말 대신 'dharmiklarai(종교 전쟁)'라는 단어가 있다. 이 단어는 일상생활에서도 사용된다. 인도에는 개방적이고 교육받은 사람들이 많이 있지만, 그들 가운데 있는 단순하고 편협한 힌두교도들의 파괴적 힘을 통제할 수는 없다."[21]

2) 힌두교 원리주의와 힌두교 부흥운동

　힌두교 원리주의 역시 힌두교 부흥과의 밀접한 관계가 있다. 영국 식민지 때 힌두교는 서양 문화와 기독교에 가려져서 잠잠하게 보였다. 현대 인도의 힌두교 부흥 운동은 인도가 영국 식민주의로부터 정치적으로 독립한 것과 연관이 있는데, 이것은 문화적·국가적 정체성을 추구하면서 현대화에 반대하는 것이다. 1947년 인도 독립 이후 이슬람공화국을 선포한 파키스탄에 자극받은 인도인들 사이에서 힌두교에 대한 충성심을 다시 자각하게 되면서, 지성인들과 힌두교 종교 지도자들 가운데서 힌두교의 부흥이 문화적·국가적 정체성의

---

21) James A. Haught, *Holy Hatred: Religious Conflicts of the 90's*, 58.

위기와 깊은 관련을 가지게 되었다. 인도의 저명한 신학자인 Devanandan은 힌두교의 부흥에 대해 다음과 같이 언급 한다:

> 인도가 공화국으로 주권을 쟁취한 이후, 민족주의자들의 운동은 역사에서 또 다른 국면에 접어들었다. 이들의 즉각적 관심사는 인도가 찾은 자유에 긍정적인 의미와 내용을 부여하려고 하였다. 단지 외국의 지배로부터의 자유가 아니라 자기 자신이 되기 위한 자유를 말하는 것이다. 이러한 목적으로 힌두교도들을 가장 효과적으로 단결시키기 위하여 힌두교 문화를 부흥시키려는 시도가 일어났다. 이것을 위해서는 힌두교 유산으로 돌아가는 것이 필수적이었다. 그리하여 민족주의자들은 세속 정부의 이상에 동의하면서도 삶의 철학으로서, 또한 국가문화의 기초로서 힌두교에 대한 충성심을 의식적으로 부흥시켰다. 따라서 힌두교 부흥은 국가 전체의 문화부흥 이라고도 말할 수 있다.[22]

힌두교 부흥운동은 Uttar Pradesh와 Madhya Pradesh주에서 일어났는데, 이곳은 힌두교의 근거지이다. 힌두교는 원래 체계적이고 조직적인 종교가 아니었다. 부흥주의 운동가들이 원리에 대한 일련의 어구들과 글귀들을 만들어서 힌두교를 전파하기 위해 의식적으로 노력한 것이다. 힌두교 부흥운동을 통해 급진적 정치 기구들이 생겨났다. 힌두교에는 카스트 제도, 유아 혼인, 사띠(suttee: 남편의 장례식에서 과부를 태워 죽이는 것), 인간 제물과 같이 바람직하지 못한

---

22) D. Devananda, "Resurgent Hinduism," in *Christianity and the Asian Revolution*, ed., Rajah B. Manikam (New York: Friendship Press, 1954), 135.

요인들이 많이 있기 때문에, 그들은 이미 개혁을 통해서만 힌두교가 살아남을 수 있다는 데 대한 강한 확신을 가지고 있었다. 이러한 요인들은 현대 사회에서 비과학적·비합리적인 것으로 여겨지는 것들이다.

현대 힌두교는 다원화를 허용하는 국가를 향하여 나가고 있다. 몇몇 정치 지도자들은 막 시작한 독립국가에서 자신의 이상을 성취하기 위해 정치적 세속주의와 힌두교를 결합하려고 하였다. 정치적 세속주의란 힌두교를 국교로 채택하는 것이 아니라 종교의 자유를 허용하는 종교적 다원화 사회를 의미하는 것이다. 간디가 생각하는 힌두교의 목표는 정신적 가치가 사회적, 경제적, 정치적 계획의 기초가 된다는 것이다. 그의 목표는 인도의 정치적 독립성 그 자체만은 결코 아니었는데[23] 간디 외에도 다른 정치지도자들 또한 동일한 생각이었다. 즉 '종교적 자유가 보장된 18세기 미국식의 세속 국가 건설이었다.' [24] 그러나 간디와 다른 여러 지도자들의 정치적 견해는 인도를 '종교적 국가'로 만들고자 하는 힌두교 극단주의자들의 심각한 도전을 받았다. 힌두교 극단주의자들의 행동은 간디의 암살에서 나타났다.

힌두교 원리주의 국가를 세우려는 강한 열망은 이렇게 해방이후 처음부터 나타났다. 새로 태어난 인도 정부가 이슬람 공화국을 선포한 파키스탄과는 달리 인도를 세속 국가로 선포했을 때, 대부분의 힌두교 극단주의자들은 너무나 실망하여 국가적 통합을 유지하기 위한 수단으로써 힌두교를 국교로 만들려는 캠페인을 전개하였다. 그러나 아직 극단적 힌두교가 실제적으로 발달된 것은 아니었다. 인

---

23) Joseph Mitsuo Kitagawa, *Spiritual Liberation and Human Freedom in Contemporary Asia* (New York: Peter Lang Pub., 1990), 144.
24) Kitagawa, 1440.

도 독립 이전 힌두교 원리주의자들의 활동은 사회 활동과 종교 활동에 제한되어 있었고, 정치적 조직이나 활동은 없었다.

1980년대에 힌두교 부흥운동이 일어났을 때, 몇몇 힌두교도들이 정당을 조직하기 시작하면서 이들은 공격성을 보이기 시작했다. 마침내 그들은 힌두교 중간 계층의 인정도 받게 되었다. 이들은 인도 힌두교가 단일성과 동질성, 일관성을 가질 수 있게 지속적으로 노력하여 힌두교 정체성을 강화했다. 국민자원봉사단 Svayamsevak Sangh (National Union Volunteers: RSS), 세계힌두연합 (Swayamse and Vishwa Hindu Parishad: the World Hindu Council: S.V.H.P), 그리고 Hindu Mahasaba이 힌두교의 급진적 정당으로 나타났다. 인도에서 원리주의 정당이 번성하는데는 몇 가지 이유가 있다. Akram은 그 이유를 다음과 같이 요약한다. 첫째, 세속 국회 정당은 보편적으로 부패에 연루되어 있다. 둘째, 인도 기득권층들은 하류층을 위한 공무원 할당제 같은 것을 못 마땅하게 여겼다. 셋째, 원리주의자들은 종족간의 종교적 긴장과 충돌을 이용하고 있다. 넷째, 원리주의자들은 파키스탄과 중국의 관계에 대하여 수사학적 표현을 사용한다.[25]

실제로, Keshav Baliram Hedgewar(1889-1940)는 1925년 RSS(국민자원봉사단)를 창설했으며, Madhava Sadashiv Goldwalkar(1906-1973)이 그를 계승했는데, 그는 Arya Samaj 운동과 연관되어 있었다. RSS의 주요 임무는 젊은 힌두교도를 훈련시켜서 세속사회의 유혹에 직면하고 있는 인도에서 힌두교의 전통적 가치들을 부흥시키는 것이었다. RSS는 엄격히 말하면 문화조직으로서, 국가를 갱생하는데

---

25) Tanweer Akram, "Fundamentalism and Civil Society in *South Asia*," *South Asia Forum Quarterly*, 9:3(Summer 1996): 77.

관심이 있으므로, 정치에 개입해서는 안 된다는 주장도 있었다. RSS 철학의 핵심은 힌두교 민족주의이다. 그러나 RSS는 점차적으로 종교적 민족주의를 발전시켜 왔는데, 인도는 힌두교도들에게 속한 것이라고 정의하면서, 거의 1억에 달하는 수많은 무슬림들과 시크교, 기독교, 불교도들은 인도를 떠나야 한다고 주장하였다. 이 회원들은 '모국 인도'를 경배하며 인도를 Hindustan(힌두교의 땅)이라고 외쳤다. 1948년 한 극단주의 힌두교도가 Mahatma Gandhi를 암살한 후에 RSS가 금지되기도 했지만, RSS는 다시 법적 권리를 찾았으며 지금은 5백만 명의 회원이 있으며, 이중 2백만 명은 활발히 활동하고 있다. 이들 중 자원자들은 종교 교육을 받으며 niyudh라는 인도 고대 무예를 배운다. 그들은 무장되어 있을 뿐 아니라 무예를 전시하기도 한다.[26] 하지만, RSS의 극단적인 활동으로 인해 많은 인도인들은 이들을 나찌 집단과 같은 극단적 민족주의자로 생각하고 있다.

VHP(세계힌두연합)는 정치 조직으로 활동하기보다는, 인도 사회의 힌두교화 운동을 했다. VHP는 이슬람들이 파괴한 Rama 사원에 대한 재건축 요구 계획을 세웠다(이것은 1964년 RSS의 S. S. Apte가 설립한 것이다). 그러나 1980년대에 VHP는 대부분 정치화되었으며, Bharatiya Janata Party(BJP 인도인민당: 힌두교 정당)과 정치적으로 연관되면서 밀접한 유대를 갖게 되었다. VHP는 1981년 남인도의 Meenakshipram에서 힌두 하급 계층이 이슬람으로 집단 개종한 것에 대해 조직적인 저항운동을 하면서 처음 유명해졌다. VHP는 1985년 모두 인도인으로 구성된 새로운 조직인 Dharma Sansad에 연결되었다. 남인도 지역 Karnataka에 근거지를 두고 있는 VHP에는 다

---

26) Eva Hellman, "Dynamic Hinduism: Towards a New Hindu Nation," in *Questioning the Secular State*, 238-39.

양한 힌두교 분파 출신의 900명의 대표가 있으며, 힌두교 정화와 힌두교 민족주의의 전파를 위해 투쟁할 것을 맹세한 성자들의 명령을 따른다. 또한 VHP는 또 하나의 강력한 운동단체인 Shiv Sena와 연합을 형성했다. 1986년 VHP는 인도 전역에 3,000 여 개의 지부와 1백만 이상의 헌신된 구성원들이 있다고 주장했다. 이들은 힌두교에 충성스럽지 못한 정치인들을 정복하는 것을 목표로 삼고, 친 힌두교 법안을 만들기 위해 로비활동을 했다.

  BJP는 인도에서 가장 큰 정당으로 출현했지만 이 당이 커지면서 공동체 간의 폭력이 증가하였다. BJP 국가 이념 역시 힌두교에 바탕을 두고 있다. 인도는 오직 힌두교도를 위한 나라라고 주장한다. BJP는 1974년 조직되었는데 1999년 선거에서 Indira Gandhi가 이끄는 인도 국민회의파를 패배시켰다. 반면 BJP는 RSS와 밀접한 관계를 맺고 있다. 양쪽 다 기독교도와 무슬림들은 힌두교로 재 개종해야 한다고 역설하였다. 그래서 이들은 두 종교 신자들의 재 개종 운동을 주도했다. 군사적 힌두교는 강한 선교 의식과 함께 다른 종교에 대한 어떠한 관용도 부정한다. 현대 힌두교 선교운동의 대표적 집단은 Ramakrishna Mission, Divine Light, Sri Ram Chandra Mission, Swami Narayan Hindu Mission, Kriya Yogic Mission, 그리고 Sdha-Yogic Mission이 있다. 그러나 덜 우익적인 힌두교 선교 운동단체는 Rama Krishna Mission과 Sadha Yogic Mission가 있다. 그럼에도 불구하고, 많은 힌두교 지도자들은 가까운 장래에 그들의 종교가 세계를 주도하게 될 것이라고 기대한다. 한 힌두교 지도자는 힌두교에 대해 한 세계 대회에서 힘차게 언급했다; "서양에서 힌두교의 선교는 열정적인 성공을 거두었다. 힌두교는 이제 영향력 있는 세계적 종교가 되어가고 있으므로 기독교의 종말은 멀지 않았다. 한 세기가 지나기 전에 이 세계에는 이슬람과 힌두교, 두 개의 종교만이 남게 될 것이다."[27]

3) 힌두교 원리주의의 비관용성

최근에 힌두교 원리주의자들의 편협성이 인도와 네팔에서 드러나면서, 소수 종교가 심각한 박해를 받고 있다. 일반적으로 힌두교 원리주의자들은 이슬람과 기독교, 시크교와 온갖 종류의 종교적 갈등을 일으키고 있다. 힌두교 국가인 네팔은 힌두교와 불교 외의 다른 종교들에 대해서는 여전히 닫혀 있다. 그곳의 기독교인들과 지도자들이 '불법적 종교 활동'으로 인해 체포되어 투옥되었다고 언론매체들이 종종 보도한다. 1995년 9월에 11명의 기독교인들이 불법적으로 힌두교에서 기독교로 개종했다는 혐의를 받았다. 현재 네팔은 이전보다는 종교의 자유를 좀 더 허용하고 있어서, 기독교 교회들이 급속히 성장하고 있지만, 종교적 자율성에 대해서는 많은 제한이 있다.

힌두교 원리주의자들은 기독교 선교는 서양의 물질이라는 뇌물로 힌두교도들을 유혹한다고 비난하면서, 기독교인이 된 사람들을 다시 힌두교로 재 개종시키는 운동을 하고 있다. 그리고 힌두교도들을 매수하기 위한 외부 자금이 유입되었다고 주장하지만 결정적 증거는 없다.[28] 그럼에도 불구하고, 힌두교 원리주의자들은 기독교 선교는 종교만 바꾸는 것이 아니라 국적을 변화시키고 있다고 주장한다. 인도의 대표적 기독교 잡지인 India Today지는 '십자가의 화형

---

[27] C. V. Matthew, *Neo-Hinduism*, 6. From a Christian perspective this claim might seen reminiscent of the slogan "the evangelization of the world in this generation" suggested at the 1910 Edinburgh mission conference.

[28] "The Nation: Religious conversions," India Today, January 25, 1999, 29.

이라는 제목의 글에서 인도의 여러 지역에서 일어나고 있는 교회와 기독교인들에 대한 유래 없는 공격은 힌두교 원리주의자들의 새로운 폭력 게임이라고 강조하였다.[29]

힌두교와 기독교간의 대립에 대하여, 인도의 한 대표적 신학자는 기독교가 힌두교에 가장 큰 위협이 된다고 주장한 바 있다. 예를 들면, Robin Boyd는 기독교 역사는 다른 종교들과의 갈등의 역사임을 주장했다. 기독교는 철학과 문화와도 갈등이라는 것인데 그의 주장에 의하면 기독교의 첫 번째 큰 충돌은 유대교와의 대립이었으며, 두 번째는 그리스 문화와의 대립이었다. "기독교는 헬레니즘의 장벽을 넘어 그리스 밖의 세계로 전파되었다"고 말한다. [30] Boyd는 기독교와 이슬람간의 긴장과 대립을 무의미한 것으로 보았는데, 그 이유는 이슬람은 유대 기독교에서 나왔기 때문이라는 것이다. 그는 심지어 기독교와 중국 문화와의 대립도 중요하지 않다고 하며 유교와 도교는 '불교 전통에서 유래된 인도인' 들의 산물이기 때문이라고 했다.[31] 그러므로, "기독교에 대한 세 번째로 크고 결정적인 대립은 힌두교와의 대립이며 기독교는 힌두교와 함께 지속되거나 패망한다."[32] 하지만, 불행히도 Boyd는 힌두교가 다른 종교들보다 우월하다고 주장함으로 타협을 했다. 따라서 신학은 힌두교의 공헌 없이는 완전해질 수 없다고 한다. 유교와 도교에 대한 Boyd의 논평에 대해서는, 유교와 도교가 불교에서 유래되었다는 증거가 없으므로 우리는 동의하기 어렵다. 이 두 종교는 중국에서 힌두교 이전에 이미 번

---

29) *India Today*, January 11, 1999, 10.
30) Sunand Sumithra, *Christian Theology From an Indian Perspective* (Bangalore: Theological Book Trust, 1990), 231.
31) Sumithra, 231
32) Sumithra, 231

성하였다.

  기독교와 힌두교간의 대립은 1999년 교황의 인도 방문에서 드러났다. 1999년 11월 6일 교황 John Paul 2세가 예수 그리스도의 2000번째 생일 기념 전날 아시아 순회 일정 중 인도를 방문했을 때 일부 힌두교 원리주의자들은 격분했다. 그는 간디의 무덤에 있는 간디의 인용문을 빌어 다음과 같이 썼다: "한 문화가 배타적으로 되려고 하면 살아남을 수 없다." 이 말은 힌두교를 겨냥한 것으로, Bhratiya Janant 정당 주도하에서 소수 기독인들을 박해한 것을 염두에 둔 것이다. 힌두교 원리주의자들은 1999년 1월 오리사주에서 호주 선교사와 두 아들을 살해한 적이 있다. 교황은 주후 3000년이 되면 이 거대한 나라에 엄청난 신앙의 추수를 보게 될 것이라고 하자 힌두교 원리주의자들은 격분하였다. "우리는 그들이 가난한 자와 문맹인들과 굶주리는 자들을 이용하는 이런 식의 위선적인 방법을 혐오한다." 이들은 교황의 방문에 대항하여 Goa에서 Delhi까지 1,600km의 행진을 주도하기도 했다. 교황의 인도 방문 후에 일부 힌두교 지도자들과 불교 지도자들은 네팔에서 만나 기독교가 인도와 네팔에서 선교활동을 하지 못하게 하기 위한 논의를 가졌다. 2008년 오리사주에서 폭력사태는 과거 어느 때 보다도 심각한 것이었다.

  다음의 사실은 힌두교 원리주의자들의 이중성을 드러낸다. 한 힌두교 학자는 힌두교 신문에서 주장하기를, "'Hindutva' 또는 'Hinduism'이란 단어는 힌두교 이외의 다른 종교를 따르는 모든 사람들에게는 적대적인 것으로 해석될 수 없다.", "종교는 한 사람의 사적인 문제이며 아무도 그것을 방해해서는 안 된다. 국가적 단결을 해치거나 약화시키는 행동은 묵인될 수 없다."라고. 이 말은 소수 종교에 대해 관용을 보인다. 그러나 다음의 설명은 정 반대로 힌두교의 편협성을 드러낸다: "우리가 자신의 종교를 추구할 때 명심해야 할 것은 더 큰 종교 즉, 인도라는 종교가 있다는 사실이다. 이 종교에 기부하기를 거부하는 사람에게는 어떠한 영역도 주어서는 안 된다."[33]

소수 집단들에 대한 이러한 압력에 대하여, 한 로마 카톨릭 주교는 깊은 우려를 표했다:

> 강력한 힘이 오늘날 인도에서 상승하는 추세인데, 그러나 이것은 세속 국가의 정신과는 뚜렷이 적대적인 것으로, 인도 정치의 미래를 영구적으로 바꿀 수 있는 것이다. 한 종교, 한 문화, 한 나라라는 극단적 힌두교 원리주의 이데올로기라는 반-신정 국가주의는 소수 종교 집단을 불안하게 한다. 이러한 이념을 제도화하는 것은 결국 세속주의 원리와 대립하는 것이다. 이것은 Bharat(인도인이 인도를 부르는 힌디어)이 힌두교도의 땅이라는 그 사상을 반영하는 것이다. 이것은 힌두교도와 인도를 동일시하는 것이다. 이것은 소수 종교인들을 이등시민으로 생존하게 하는 것이다.[34]

종교적으로 다원주의 사회인 인도에서 종교적 정치적 대립은 인도의 미래의 조화를 의심스럽게 만든다. 1990년대에 Ian A. Talbot는 원리주의자들의 이러한 극단주의는 네루가 지향한 다양한 문화와 종교의 평화적 공존을 제안한 정책이 흔들린다는 것을 의미한다고 우려하였다.[35]

---

33) Vijay Kumar Malhotra, "Religion and Politics," *The Hindustan Times*, (February 2, 1996), 13.
34) Louis D'Silva, "The Church and the Challenges in India," *Indian Missiological Review*, 15:2 (June 1993): 7.
35) Ian A. Talbot, "Politics and Religion in Contemporary India," in *Politics and Religion in the Modern World*, ed., George Moyser (London: Routledge, 1991), 156-57.

4) 인도 파키스탄 전쟁

힌두교와 이슬람 간의 종교적 대립으로 이미 인도 국가는 인도와 방글라데시, 파키스탄의 3부분으로 나뉘어졌다. 그럼에도 불구하고, 인도와 파키스탄에서 Jammu와 Kashmir의 문제로 종교분쟁은 계속되고 있다. 힌두교와 이슬람의 갈등은 너무나 복잡하고, 그 역사가 길어서 이 나라의 경제적, 정치적, 사회적 발달에 커다란 장애가 되어왔다. 1990년대 초반 이후 이슬람에 대항하는 무력적 힌두교도들의 공격적 태도가 증가함으로 이슬람도 맞서서 대항함으로 두 종교 간의 긴장과 대립은 더욱더 깊어졌다. 인도 외부에 있는 이슬람 지도자들은 힌두교 급진주의자들이 무슬림을 박해하는 것에 대해 심각한 우려를 나타냈다. 이제 인도의 무슬림들은 현대 역사에서 갈림길에 서 있는 것이다. 인도와 파키스탄의 핵무장 경쟁으로 아시아의 평화가 위협받고 있는데, 이것은 주로 두 종교 간의 대립에서 생기는 것이다. Newsweek 잡지는 이 지역은 무슬림과 힌두교도 간의 근본적 차이를 나타내는 은유가 되었다. 일간지들은 Jammu와 Kashmir 두 지역에서 끊임없이 지속되는 분쟁, 분파 들간의 충돌과 다툼에 대한 소식을 다루고 있다. Ayodhya는 두 종교 간에 가장 논쟁이 심한 지역으로, 끝없는 종교적 갈등이 끝이지 않는다. 1992년 급진적 힌두교 원리주의자들이 이슬람사원인 바브리모스크를 파괴했다. 파키스탄은 인도에서 무슬림들을 박해하는 것에 대한 반응으로 이슬람 선교를 더욱 강화한다. 지난 세기동안 중동의 파키스탄 동맹국들은 인도에 있는 무슬림들의 문화, 종교, 교육 기관을 위한 자금을 늘려왔다. 예를 들어, 리비아와 사우디 아라비아는 이슬람사원 건축을 위해 막대한 재정지원을 했다. 또한, 불가촉천민 계급을 개종시키기 위해 많이 노력해왔다. 하지만, 이러한 모든 노력은 힌두교를 더욱더 선동할 뿐이었다.

Talbot의 주장에 의하면 힌두교와 이슬람과의 갈등은 정치적, 역사적 요인들도 연관되어 있기 때문에 순전히 종교적인 것만은 아니다. 그러나 대부분의 학자들이 동의하는 것은 이 갈등은 정치적인 쟁점이라기보다는 근본적으로 종교적이다. 한 일본 기자는 이 갈등을 '이슬람의 유일신과 다신론적 힌두교의 신들'[36] 간의 전쟁으로 묘사한다. 인도 종교에 대한 한 전문가는 갈등을 악화시킨 두 종교 간의 근본적 차이를 다음과 같이 묘사 한다:

> 힌두교와 이슬람을 구분하는 차이점은 근본적으로 종교적이다. 역사적 전통이나 정치적 경쟁, 경제적 차이로 인해 이것이 심화될 수도 있지만, 대부분 사람들의 경우 중요한 것은 오직 종교적 쟁점일 뿐이다. 힌두교도의 세계에는 많은 신들이 있고, Brahman을 존경하며, 소를 숭배한다. 또한 축제일에는 신나는 음악을 연주한다. 이것과는 다르게 무슬림은 유일신을 믿으며, 선지자를 추종하고, 코란을 존중하며, 이슬람사원에서 음악은 금지된다. 일년에 한번 Baer-Id 축제 때는 소를 희생제물로 드린다. 소를 살육하는 것은 힌두교도를 자극하며, 10경우 중 9경우에 공동체적 소요의 직접적 원인이 되어왔다. 힌두교도들이 밴드를 연주하며 행진함으로 이슬람 사원의 기도에 방해가 되고 이로 인해 무슬림들의 격분을 일으켜 지난 20여 년 동안 특히 큰 도시들에서 종종 심각한 소요의 시발점이 되었다. 성스러운 건물의 위치에 대한 논쟁[37]은 문제를 일으키는 또 다른 요인이며, 다른 복합적인 원인으로 두 종교인들

---

36) Junichi Ishikawa, *Atlas of the World's Religions* (Tokyo: Shincho Pub., 1995), 41-42.
37) 마투라의 크리슈나 탄생지, 바라나시의 황금사원 등이 과거 힌두 성지 또는 사원 자리에 이슬람 모스크가 들어선 곳으로 1992년 힌두 원리주의자들에 의해 파괴된 아요디아 바브르 모스크와 같이 힌두와 이슬람의 충돌의 위험성이 있다.

의 행진은 충돌을 야기한다.[38]

　Bajrnag Dal이라는 그룹은 BJP의 전투적 전위대로 알려져 있다. 이들은 1992년 인도 북부 아요디아에서 이슬람 사원인 바브리 모스크를 파괴한 혐의를 받고 있다. 이 사건으로 인해 2,000명의 목숨을 앗아간 국가적인 힌두교-이슬람 충돌이 일어나게 되었다.

　종교적 대립은 심지어 예술 영역에도 일어났다 .Bajrnag Dal은 인도 유명 화가인 무슬림 후세인이 힌두 여신인 사라스와띠를 나체로 그린 것에 대해 반발하여 그의 전시회를 공격 그의 작품을 파괴하였고 법정에 고소하였다. 하지만, 인도의 예술가들은 이러한 힌두 원리주의 자들의 공격과 고소는 예술적 표현과 자유를 침해하는 것이라며 규탄하였다. 인도 예술가들과 예술 비평가들은 Hussain의 배후에 연합하여서 정치 지도자들이 예술적 문제를 정치로 끌어들이고 있다고 하면서 이 문제의 정치화를 비난했다. 수십 명의 예술가들은 Hussain의 그림들을 태우는 것에 대항했는데, 이것은 수치스러운 행동이라고 하면서 혐의자를 체포할 것을 요구했다. 이것은 힌두교 원리주의가 드러내는 끔찍한 사건이라고 생각한다.

5) 힌두교 원리주의와 시크교 원리주의의 충돌

　급진적 힌두교도들은 인도 내에 있는 불교와 시크교에 대해서는 관용을 보인다. 하지만 힌두교도들과 시크교도들 사이의 대립은 만성적인 종교적, 정치적 문제로, 인도 정부와 사회를 심각하게 위협하고 있다. 사실상, 인도에 시크교가 출현한 것 자체가 두 종교

---

38) Newman, *Competition in Religious Life*, 79-80.

사이의 종교적 갈등을 일으키게 되어있다. 그 이유는 시크교는 주로 힌두교의 카스트 제도에 대항하는 강력한 반작용으로 생기게 되었기 때문이다. 시크교의 창시자 Nanak Chand (1469-1539)는 유일신에 대한 신앙을 강조하고 우상 숭배와 카스트제도를 반대했다. 따라서 낮은 카스트 계층이 대규모로 시크교로 유입되면서 공격적 신조를 발전시키게 되고, 이로 인하여 폭력이 일어나게 된다.[39]

Chand는 힌두교와 이슬람에서 보편적인 원리들을 차용해서 새로운 종교를 만들면서 새로운 사회 종교적 신조를 첨가하였다. 그는 자기 제자들이 은둔하면서 명상만 하기보다는 경건하게 열심히 일함으로써 사회 문제에 적극 참여할 것을 가르쳤다.

17세기 초 이슬람 박해에 대한 반작용으로 더욱 강력한 시크교가 나타나면서 시크교와 이슬람 사이에도 갈등이 생기고 말았다. 특히 전투적 시크교도들은 몸에 지니는 다섯 개의 문장으로 유명하게 된다. 곧 머리와 수염, 머리빗, 무릎길이의 바지, 오른쪽에 강철 팔지, 그리고 단검(sabre)이다. 세월이 흐르면서 시크교도들은 북인도의 정치에서 주도권을 가지게 되었고, 무슬림들과 힌두교도들에 맞서 많은 전투를 치렀다. 다른 모든 방법들이 실패했을 때, 성스럽고 공의로운 목적을 위해 무력을 사용하는 것이 이들에게는 정당화되었다.

하지만, 현재 시크교와 힌두교의 대립은 역시 시크교의 무력운동에서 비롯되었는데, 이것은 Punjab 주에 독립된 시크교 국가를 세우려고 하는데 원인이 있다. Punjab 지역에서 시크교 혁명주의자들이 벌이는 분리 투쟁 운동은 인도 정치에 심각한 도전이 될 것이다.

---

[39] Karandeep Singh, "The Politics of Religious Resurgence and Religious Terrorism: The Case of the Sikhs of India," in Religious Resurgence and Politics in the Contemporary World, ed., Emile Sahliyeh, 248.

현재 시크교와 힌두교 대립의 대표적인 사건은 1980년대 초 시크교 국가를 건설하려는 시크 원리주의자들이 황금사원을 점령하자, 인도 수상인 인디라 간디의 명령을 받은 인도의 부대가 1984년 시크교의 중앙사원인 Golden 사원을 공격함으로 일어났는데, 이로 인해 수천 명의 시크교도들이 학살되었다. 시크교도들은 인도 부대에게 학살당한 시크교 원리주의자들을 순교자들로 여기고 있다. 보도에 의하면 Pubjab의 Amritsar와 Gurdaspur, 그리고 Ferozepur 지역 경계의 마을들 전체에 테러리스트들의 기념비가 산재해 있다. 국제 사면 위원회(Amnesty International)는 1987년 이후 인도 정부가 불법적으로 수많은 시크교 개혁주의자들을 학살한 데 대해 책임을 추궁하였다. 결국에는, 이러한 사건들로 인해 시크교도인 자신의 경호원에 의해 인디라 간디 수상이 암살당하기에 이른다.

힌두교는 현재 스리랑카에도 있는데, 20세기 초반에 기독교와 힌두교간에 갈등이 있었다. 현재 많은 Tamil족들이 힌두교에서 기독교로 개종하는 경향이 있다. 이것은 Tamil족이 불교도 Singhalese로 인해 인종 차별을 겪고 있는데 힌두교가 그들에게 정신적, 실제적인 위안을 줄 수 없기 때문이다.

제6장

아시아의 공룡: 중국

서론

중국은 베이징 올림픽으로 뉴스의 각광을 받았다. 그러나 티베트 사태와 위구르 문제로 국제사회에서 '어글리' 중국으로 비쳐지고 있다. 경제적으로는 미국을 능가할 규모지만 너무나 많은 문제를 안고 있어서 세계적 중국이 되기에는 요원하다고 중국인들 스스로 자인한다. 올림픽 일등국이지만 세계 사람들이 아무도 중국을 일등 국가로 인정해 주지 않는다. 같은 동양인으로 안타까움을 금치 못한다. 최근 중국 정부는 올림픽을 계기로 많은 선교사를 추방하고 선교를 철저히 감시하여 마치 공안과 선교가 숨바꼭질 하는 상황이다. 그러나 한편에서는 중국이 가정교회를 철저히 규제하고 공인교회는 더 인정하여 정부 통제하의 기독교를 더 활성화하는 정책으로 나간다는 전망도 있다. 경제는 자본주의, 정치는 공산주의라는 모순된 정책으로 생기는 불협화음, 즉 이념 진공을 부분적으로는 기독교를 수용하는 방향으로 나갈 것으로 전망한다. 공산주의로도, 공자로도 안 된다는 것을 중국 지도부가 인식하였다는 루머도 들린다.

21세기는 중국의 세기라고 토인비가 말하였다고 하며, 헌팅톤에 의하면 중국은 거대한 인구, 자원, 대만의 중소기업, 홍콩의 증권 시장, 싱가포르의 통신, 화교자본은 앞으로 세계경제를 지배할 수 있다는 것이다. 많은 인구를 세계로 분산하는 정책을 쓰는 중국, 아프리카에 1억 인구를 이주시킨다는 계획으로 아프리카에 눈독을 들이는데, 인권시비가 많은 나라에도 막 투자하여 국제사회로부터 비난을 받는다. 여하튼 국내적으로는 인권 침해, 언론 검열, 공해, 노동 착취, 부정부패, 빈익빈 부익부로 인한 사회적 갈등, 여기에다가 티베트와 위구르를 점령함으로 야기되는 테러와의 전쟁. 메이드 인 차이나가 중동에까지 진출하지만 아직은 메이드 인 차이나를 알아주지 않는다. 도덕성이 결여됨으로 상품에까지 막대한 지장을 받는다. 메이드 인 재팬이나 코리아를 따라오려면 시간이 걸린다. 결국 중국은 일등 국가로 도약하는데 요구되는 세계적 가치관과 사상의 부재로 인한 한계를 절감하고 있다.

해외 언론은 중국의 종교인구 증가를 자주 거론하였다. 특히 기독교 인구증가가 가장 괄목할 만한 것이다. 일본 신학자 후루야 야스오 박사는 해외에서 유학한 상당수 지식인들이 기독교인이 되었지만 귀국해서는 일종의 교양적 신자노릇한다고 부정적으로 말하였다. 그러나 타임지 중국 특파원이자 중국 전문가인 아이크만은 신실한 지식인 신자들이 각 분야에 포진하고 있다고 긍정적으로 평하면서 'Christianized China' 혹은 'Christianization of China'라는 표현까지 한다. 만약 중국이 기독교화하면 그 기독교는 처음에는 분명히 복음주의가 되어 용이 양으로 변할 것이라고 하였다.[1]

그는 중국의 기독교 인구를 10%로 본다. 특히 장쩌민 주석은 퇴임 전, 2002년 가을 전인대회를 앞두고 어느 고위층 집에서 모인 파

---

1) David Aikman, *Jesus in Beijing* (Grand Rapids: Monarch Books, 2006), 305, 310.

티에서 한 인사가 "장 동지, 만약 당신이 물러가기 전에 앞으로 중국인들이 복종해야 할 법령을 제정한다면 어떤 법을 공포할 것인가"고 묻자 의외로 천정을 쳐다보다가 빙긋이 웃으면서, "나는 기독교를 중국의 공식 종교로 만들고 싶다"고 하였다.[2] 충격적인 말이 아닐 수 없다. 이제 유교 문화권에서 기독교회가 성장하고 있다는 사실이 중국에서 증명되고 있다. 한국 다음 중국이 벌써 선교대국으로 발전하고 있다. 중국의 가정교회 지도자들은 이구동성으로 미래 이슬람 선교는 중국교회의 몫이라고 힘주어 말한다. 벌써 중국 가정교회가 많은 선교사들을 중동으로 파송하였다. 그러나 그들은 돈도, 이슬람에 대한 훈련도 없다. 이제 중국이 더 이상 선교지가 아니다. 어느 가정교회 지도자가 방문한 한국 크리스천들에게 중국 선교에 가장 위대한 전략은 무엇이냐고 묻자. 그는 "중국은 선교하지 않는 것이 가장 위대한 선교"라고 답하였다. 우리가 바라는 것은 일본은 기독교 없이 서구화하여 세계적 나라가 되었지만 한계가 있다. 19세기 근대화 과정에서 기술은 서구, 문화는 중국을 고집하였다. 그 정책이 바뀌어 종교도 기독교, 기술도 서구화를 시도하기를 희망한다.

1. 중국선교의 역사적 고찰

1) 경교의 전래: 혼합된 기독교

중국과 기독교의 관계를 역사적으로 정확하게 추정하기란 결코 쉬운 일이 아니다. 어떤 학자는 이사야 시대에 이미 유대인들은 중국과 교류하였기 때문에 구약에 중국이 등장한다고 믿는다. 많은 구

---

2) David Aikman, *Jesus in Beijing*, 31-32.

약 학자들은 이사야 42:12의 "혹자는 북방과 서방에서, 혹자는 시님 땅에서 오리라"는 말씀에서 시님을 중국으로 해석한다.[3]

이 해석이 정확하다면 말일에 중국에서도 택한 백성들이 자발적으로 하나님께 나아올 것을 예언한 셈이다. 구약시대에 유대인들이 중국에까지 가서 살았다고 하는 학설도 있다.

라토렛은 중국선교의 정확한 첫 시작은 잘 모른다고 말하면서도 경교 이전에 기독교가 중국에 전래되었을 가능성을 배제하지 않는다. 미정통의 교회사 이야기에는 도마가 중국까지 선교하였다는 것이며, 둘째로 가능성은 2세기말에 중앙아시아를 통하여 일찍이 중국에 선교사가 왔다는 것이며, 셋째 가설은 대승불교는 실제로 기독교의 영향이 가미된 것이기 때문에 불교 속에 기독교가 들어 있었다는 내용이다. 그러나 이것은 역사성이 결여된다.

중국의 기독교 선교는 대체로 4단계로 구분할 수 있는데, 첫 단계는 당나라 때 경교 선교로 시작한다. 페르시아에서 발전된 경교는 전통적인 기독교와는 전혀 다른 교리 체계로서 7세기 당나라 때에 전래되어, 한동안 중국에서 번창하였다. 예수님의 제자 도마가 인도와 중국에 복음을 전했다고 하나 증거가 없으며 경교 이전에 실크로드를 통하여 서구 기독교가 중국에 전파된 것으로 말하지만 추측에 불과하다. 당나라 때 경교는 왕실의 지원을 받아 크게 발전하여 서기 781년 장안에 경교 비문을 세웠는데, 이 비문은 중국의 경교 연구에 대단히 중요하다. 페르시아에서 온 경교 선교사 알로펜(Alopen)은 당시 당 황제로부터 환대를 받았으며 '수도 장안의 대영주(大靈主), 제국의 수호자'로 임명되었다. 태종은 경교를 연구하고 다음과

---

3) 박윤선. 이사야 주석과 C. F. Keil and Delitzch 주석에 의하면 시님을 중국으로 해석한 첫 학자는 Arias Montanus이며, 많은 학자들이 여기에 동의한다.

같이 포교를 명령하였다고 한다. "이 교는 도덕적으로 숭고하고 심오한 신비성을 풍부히 가지고 평화를 존중하는 종교임으로 나라가 공인하는 종교로 한다." 그리하여 장안에 수도원이 건립되고 많은 신도와 사원이 있었다. 경교는 당의 숙종, 대종, 덕종 3대에 걸쳐 왕성하여 관리 중에 이사는 경교의 승으로서 경교발전에 기여하기도 하였다.

경교의 신앙은 하나님을 하늘과 땅과 바다를 창조하신 하나님으로, 그리고 그의 형상으로 인간을 만드시고, 모세를 통하여 율법을 주시며 선지자들에게 영을 부어주시며 마지막으로 세상에 그리스도를 보내심을 말한다. 죽은 자의 부활과 세례의 신비를 믿으며, 신의 어머니로서 마리아를 경배하며 신상을 배격한다. 아울러 연옥설을 반대하면서도 죽은 자를 위하여 기도한다. 성찬에서 그리스도의 실재적 임재를 믿으며 교회조직은 성직자를 8직분으로 분류한다. 여기서 분명히 할 것은 최근 페르시아의 경교를 이단으로 보는 것을 반대하는 학자들이 많으나 중국의 경교는 이단으로 볼 수밖에 없다. 지금 서안에 있는 경교비의 내용은 경교연구에 큰 도움이 된다. 경교비에서는 창조, 타락, 메시야 출생 등을 언급하고 있으나 십자가와 부활에 대하여는 언급이 애매하며, 신앙은 인간의 마음을 기쁘게 하고 산자를 번역하게, 죽은 자를 기쁘게 한다고 하며, 신자의 덕으로서 사랑, 자비, 친절, 인간의 평등을 가르친다. 특이한 것은 노예와 빈부귀천이 없음을 강조하는 점이다. 예배는 금식, 명상, 하루에 7회 예배와 찬양하며 산자와 죽은 자를 위하여 기도한다. 매7일마다 성찬식을 행하며 또한 동쪽을 향하여 절하고, 예배 시에 목탁을 쳤다고 한다.[4]

---

4) 오윤태, 『한국기독교사』 1편 218-19.

중국의 경교는 불행하게도 페르시아의 네스토리안과 많이 다르다는 것이 교회사 학자들의 견해이다. 기독교를 불교와 동교의 용어로 표현하여 오해의 소지가 너무 많다. 라토렛은 경교실패의 첫째 원인으로, 경교는 중국에서 계속 외국인 종교로 남게 되었을 뿐만 아니라 상류층의 외국인이 전도하여 교회를 운영할 원주민 지도자 양성에 실패한 점을 들고 있다. 둘째로, 당시의 사람들은 새 종교에 대한 열망이 없었고 불교가 이미 영적 공백을 메우고 있었으며 경교는 불교의 한 종파로 간주되고 말았다는 점이다. 그 이유는 기독교 교리를 불교적 용어로 표현한 것이다. 셋째로, 신자들을 관리하는 선교사가 멀리 있었다.[5]

여기서 더 부가할 것은 다음 왕들은 불교를 권장하고 기독교를 핍박하였다. 불교가 기독교에 저항하고 말았다. 경교는 그 후 핍박으로 사라진 것으로 보이나 13세기에도 극소수로 존재하였다.

2) 로마 카톨릭 선교: 토착화 논쟁

두 번째 단계는 몽골 때의 서구 선교이다. 당나라 때 경교 선교 이후 11세기와 12세기에 중국의 북부와 동부 해안지방에 신자가 있었던 것으로 전해지나, 그 세력은 미미하여 중국사회에 거의 영향을 미치지 못하였다. 13세기 중국대륙과 동구라파를 휩쓴 칭기스칸은 그의 야만성에도 불구하고 종교의 중요성을 인식하고 승려와 신자를 존경하였다. 교황 이노센트 4세는 1246년 프란시스코 수도원 아곤(Agohn)을 선교사로 파송하여 기독교 신자에 대한 몽골의 공격을

---

5) Kenneth Latourette, *A History of Christian Missions in China* (New York: Russell and Russell, 1929), 51-61.

항의하고 기독교 교리를 설명하였다. 뿐만 아니라 요한은 징기스칸에게 세례 받기를 권유하였으나 거부당하였다. 칭기즈 칸 사후 1294년에는 몬테코르비노의 요한이 선교사로 북경에 도착, 티무르 대제의 영접을 받았다. 이 선교사는 '우상에 너무 빠져버린' 임금을 회심시키지는 못하였으나 교회를 설립하고 6,000명의 신자에게 세례를 베풀었다. 그러나 이 교회의 수명도 단명이었다.[6] 미개인인 몽골족'의 패배, 그를 대신하는 명 왕조의 성립에 의하여 경교도, 로마 카톨릭도 중국에서 완전히 그 자취를 감추게 되었다.

서구 기독교는 몽골 선교를 위해 많은 투자를 한 것 같으나 당시 서구 카톨릭의 광대한 세력과 또 중국의 광활한 땅과 인구에 비하면 그것은 아무것도 아니었다. 오히려 적극적인 선교 활동이 없었다고 말하는 것이 타당하다. 몽골의 쿠빌라이는 로마 교황에게 종교와 예술에 뛰어난 인물 100명을 파송하여 달라고 요청하였다. 쿠빌라이는 선교사들이 어떤 종교보다도 낫게 기독교의 탁월성을 보여줄 수 있다면 자신을 포함, 모든 부하의 백성들이 개종할 것이라고 장담하였다. 그러나 불행하게도 그의 서신에 응답하는 대응책이 없었다. 로마교황이 쿠빌라이에게 선교사를 파송한 것은 선교목적이 아니라 비종교적 성격을 띤 정치적 협상과 몽골군의 사정을 탐지하는데 비중을 두었다. 여기서 제도권의 교회는 선교의 요청을 받고도 적절하게 대응하지 못하는, 그야말로 선교의 무성의를 교회사에서 기록한 셈이다.

제 3단계의 중국선교는 16세기 예수회 선교회에 의해 재개되었다. 예수회 선교사 프란시스 사비엘이 일본에서 몇 년 동안 선교활동을 하다가 일본의 복음화를 위해서는 중국을 먼저 영적으로 정복

---

6) Stephen Neill, *A History of Christian Missions*, 126.

해야 한다는 판단을 하게 되었다. 그 이유는 일본의 모든 문화가 중국에서 연유한 것을 알았기 때문이다. 그리하여 그는 중국선교를 시도하였으나 뜻을 이루지 못하였다. 다음 발리나노(Valignano)라는 순회선교사가 마카오에서 중국입국을 시도하였으나 역시 실패하였다. 그는 중국입국이 불가능한 것을 한탄하여 중국의 산을 향하여 "바위야 바위야! 너는 언제 문을 열었느냐"고 외쳤다. 발리나노 이후 마테오리치가 세심한 준비 끝에 중국에 입국하여 선교활동을 하였는데, 이때 우리나라의 사절들이 예수회 선교사들과 접촉하여 천주교와 서양문화를 수입하였다.

아이크만은 마테오 리치는 중국 선교역사에서 가장 뛰어난 인물로 평가한다. 중국 이름은 리 마도우(Li Mdou)로서, 당시 르네상스의 기술을 통달하였고 중국어와 학문에 아주 능숙하였다. 한 만찬에서는 그는 중국의 고전시를 처음부터 끝까지 다 낭독하여 중국인들을 깜짝 놀라게 하였다는 것이다.[7]

그러나 마테오리치는 지나치게 겸손하여 중국왕실의 환심을 사는데 전력하였기 때문에 선교사로서 중국을 기독교화 하기보다는 복음을 중국화 하는데 더 주력하였다. 그는 성경의 하나님을 천주로 번역하였고 제사는 종교의식이 아닌 것으로 해석하며 심지어 공자를 성 공자(St. Confucius)로 불러도 무방하다고 하였다. 이러한 토착화 덕분에 예수회 선교는 중국 상류층을 위시하여 많은 사람들에게서 호응을 얻었다. 특히 예수회 선교는 중국에 과학, 수학, 화학 등 현대 과학으로 접근하여 중국 근대화에 이바지한 셈이다. 마테오리치는 임금의 환심을 사기 위하여 벽시계를 선물하였다. 그러나 태엽 감는 법을 고의로 가르치지 않고 매일 불려가서 은밀하게 태엽을 돌

---

7) Aikman, 45.

림으로 임금에게 접근하였다. 그러나 예수회의 이러한 토착화 선교는 경쟁관계에 있는 프란시스코 수도회 선교사들에 의하여 심각한 도전을 받는다. 프란시스코 수도회의 선교사들이 교황에게 예수회 선교회의 오류를 고발함으로 말미암아 중국에서는 100년 동안 의전 논쟁(rite controversy)이 있게 된다. 교황청은 숙고 끝에 예수회의 토착화 선교를 불법으로 간주하고 신자의 제사 참여를 거부한다. 이것은 결국 중국 임금의 노를 불러일으켜 제사를 인정하지 않는 선교사는 추방되거나 박해를 받는다. 한국에 들어온 천주교는 바로 제사가 불법화된 이후에 들어왔기 때문에 한국 천주교회는 초기 조상제사를 거부한다. 중국에서 천주교회는 19세기에 다시 본격적으로 선교를 하여 중국에서 뿌리를 내린다. 그러나 성경번역과 기독교의 중국화에 크게 기여하지 못하는 것이 약점을 남는다.

3) 개신교 선교의 시대와 민족주의 도전

중국에서 개신교 선교는 처음부터 험난하였다. 27년 만에 10명의 개종자가 생겼을 정도이다. 서구는 아시아를 대포로 문을 열었는데, 중국도 예외는 아니었다. 오래된 문화, 많은 인구, 오랜 역사에 대한 자부심이 무너지고 말았다. 영국과 아편 전쟁으로 중국은 종이 호랑이라는 별명이 붙었다. 중국은 한국, 일본과 더불어 민족적 자만심 때문에 오랫동안 고립주의 정책을 취하였다. 특히 중국은 서쪽의 외국인을 '오랑캐' (혹은 야만인)와 '외국귀신'으로 취급하였으며, 스스로 '잠자는 호랑이'로, 중국이야말로 세계의 가장 중앙에 위치한 중심권의 나라로 자부하였다. 일찍이 영국의 한 외교관이 중국 임금이 면담, 영국의 새 상품을 소개하자 임금은 중국에는 영국에 있는 모든 것이 다 있어서 필요없다고 거절하였다고 한다. 이것은 중국의 서양문화 발전에 대한 자만심과 무지를 단적으로 들어내는 에피소드이다.

그러나 중국은 아편전쟁을 통하여 서구 열강과의 싸움에서 패하자 억지로 문호를 개방하게 되었고 여기에 서양 선교사들이 따라왔다. 이때에 처음 들어온 선교사는 스코틀랜드 장로교 선교사 로버트 모리슨이다. 그는 중국으로 직접 들어갈 수 있는 루트가 없었기 때문에 뉴욕을 경유, 미국 상선을 이용하였다. 뉴욕 항에서 상선의 선장은 젊은 선교사 모리슨에게 야유조로 "당신이 정말로 저 큰 중국 대륙의 우상에 무엇을 새길 수 있다고 기대하는가?"라고 물었다. 그 질문에 모리슨은 "예, 나는 못하지만 하나님이 하실 것입니다"라고 응수하였다. 그 뒤를 이어 칼 구츨라프, 허드슨 테일러 등 많은 선교사들이 중국에서 복음을 전파하였는데, 19세기 말에는 그 수가 무려 1,300명이나 되었다. 개신교 선교가 의료, 교육, 문화 등에 끼친 영향은 지대하다. 중국 역사의 전문가 페어뱅크는 이 문제에 대해 다음과 같이 부언한다: "미션 학교와 병원, 선교사의 사상과 활동, 서구 문화의 번역사업, 여성교육, 자선사업과 빈민구제 사업 등의 영향은 엄청난 것이다. 이 영향은 중국 사람들에게 크게 도움이 되었지만 고대 중국사회를 크게 분열시켰다."[8]

'선교의 위대한 세기'인 19세기 서구 기독교는 너도나도 식의 경쟁으로 중국선교에 참여한다. 미국과 구라파의 대부분의 교단들과 초교파 선교회들은 중국에 선교사를 파송하거나 간접선교에 참여하여 바야흐로 중국은 서구선교의 경쟁 장이 되어버린다. 초기에는 성경번역과 학교설립, 병원설립, 문맹퇴치, 여성의 지위향상 등 여러

---

8) J. K. Fairbank, *The United States and China* (Cambridge: Mass.,: Havard University Press, 1979), 196.

분야에서 활동하고 중국의 근대화에 기여한다. 그러나 중국은 한국과는 달리 복음주의 기독교가 들어올 때 동시에 자유주의 신학, 계몽주의, 무신론사상, 진화론 등의 사상도 동시에 들어와서 중국인 지성인들을 많이 사로잡는다. 이로 인하여 한국에서 보다 더 예리하게 교파 선교는 도전과 비판의 대상이 되어 중국의 서구 선교사들은 선교를 위한 연합을 시도한다.

중국선교는 초기에는 주로 해안선을 따라 진행되었으나 허드슨 테일러 같은 선교사는 내지에 주력함으로 유명한 중국내지선교회를 창설한다. 중국의 많은 선교단체 중에서 현재도 중국선교에 영향력을 행사하는 선교회는 중국내지선교회에서 명칭이 바뀐 해외선교회(OMF)일 것이다. 테일러의 신앙선교는 본국에 후원자나 교회도 없이 믿음으로 선교지에 와서 선교를 하였고, 그는 후에 초교파 선교로 발전시키면서도 선교본부는 본국에 두지 아니하고 현지에 두었다. 그리고 선교사의 자격은 학문보다 헌신과 열성에 두었다. 중국내지선교회의 표어는 하나님이 주실 것이라는 뜻의 '여호와 이레'이며 여호와께서 도우시리라는 '에벤에셀'이었다. 테일러의 선교전략은 개종자를 얻고 중국인 교회를 설립하는 것이 아니라 중국 땅에 복음의 지식을 두루 전파하는 것이었다. 그리고 그는 모금을 하지 않았기 때문에 다른 선교회와 경쟁관계가 아닌 원만한 협조관계를 가졌다. 테일러의 신앙선교는 구라파뿐만이 아니라 미국교회에서도 많은 영향을 끼치었다.

하지만 중국에서 기독교 선교의 지대한 영향에도 불구하고 저항을 받는다. 서구 열강에 수모를 당하고, 다음은 청일전쟁에서 일본에마저 패배한 중국은 반 외세감정이 절정에 달한다. 일부 근대파들은 적당히 서구 무기와 기술만 도입하면서 국가도 지키고 중국의 신앙도 지킨다는 것이 무너지는 위기의식을 가진다. 여기에 기독교에 대한 저항운동이 일어나는데, 대표적인 것이 홍수전의 의화단 사건이다. 홍수전은 유사기독교운동으로 자신을 예수의 동생이라고 자처하면서 중국에 건설될 이상향을 표방하면서 농민반란운동을 전개하였다. 다음으로 1900년에 일어난 유명한 반 외세운동인 의화단 사건은 중국선교와 교회에 치명타를 가하였다. 이 사건으로 190명의 선교사가 순교하였으며, 수천 명의 중국인 천주교와 개신교 신자들이 죽거나 박해를 받았다. 의화단 사건 이후 1920년대에 와서 다시 반 기독교운동이 대학가와 중국 사회에 파급되어 교회를 괴롭혔으니 곧 1919년 5월 4일에 일어난 소위 5·4사건이며, 1922년 공산당 학생들에 의하여 일어난 청화반기독교 학생 운동 사건이다. 의화단 사건이 순수한 민족주의적 보수 반동적이었다면, 20년대의 반 기독교운동은 공산당의 조종이었다고도 할 수 있다. 청 왕조를 무너뜨리고 근대 중국을 일으킨 손문의 3민주의는 기독교 영향이 있었지만 제도적 개혁이 약하여 완전한 개혁을 부르짖은 모택동의 공산주의에 밀리게 된다. 손문의 정부에는 기독교 신자들도 많이 참여하였다. 그러나 손민을 계승한 장개석 정권은 기독교적 색채가 강하였음에도 불구하고 부정부패로 민주주의적 중국을 세우는데 실패한다.

4) 자립교회 운동의 등장

결국 중국에서 기독교는 한국과는 달리 항상 민족주의, 과학주의, 계몽주의, 공산주의의 도전에서 헤어나지 못하다가 1949년 공산화로 고난의 시대에 돌입한다. 중국에서는 기독교회가 한국보다 더 심각하게 민족의식과 결탁, 기독교의 중국화를 요구당한다. 지성인 신자들은 20세기 손문의 민주정부가 들어서고 공산화운동이 전개되면서 과거 선교를 식민주의의 앞잡이 혹은 서구화 기독교로 거부하였다. 그래서 이들은 기독교회의 중국화를 열렬히 제창하였다. 즉 기독교의 중국화, 신학의 중국화였다. 그러나 일부 토착신학의 제창 가운데는 성경의 하나님을 중국의 '천'과 동일시하며 혹자는 성령과 유교의 '인'을 동일시하였다. 결국 이러한 자립교회운동과 토착화운동은 기독교회의 선교적 의존에서 탈피하고 기독교의 중국화를 시도하는 일종의 기독교의 주체성 운동이라 하였다. 즉 반(反) 서구화와 반 교단 운동으로 정리된다.

20세기 초기에 일어난 복음주의적 자립운동의 대표적인 것으로 워치만 니의 소군교회운동(Little Flock Group: 1928), 예수가정(The Jesus Family:1926), 참예수회(The True Jesus Church:1917), 중국독립교회연합(The Chinese Independent Church:1917)이다. 소군교회 운동은 49년에는 7만 명의 신도로 증가하는데, 이들은 특히 성공회의 형식주의와 의식주의를 거부한다. 참예수회는 로스엔젤레스에서 일어난 오순절 운동 영향으로 중국인이 이 운동을 도입한다. 49년에는 700 교회에 12만 신도였고, 중국 독립교회는 한때 189교회에 1만 명의 신도가 있었다. 예수가정은 성령파로, 신유와 방언을 강조하였다.

여기서 우리는 자립교회의 존경할만한 지도자를 소개해야 할 것이다. 이들에 대하여 달리 평가하는 자들이 있지만, 그들의 하나님의 나라를 위한 헌신과 봉사가 오늘날 중국교회에 영적 거름이 된 것이다. 이들 중 제일 유명한 지도자는 왕명도이다. 20년대에서 50년대 걸쳐 이 운동을 지도한 그는 공산정권에 한때 굴복하여 잠시 석방되었지만 다시 옥고를 치렀다. 23년간의 감옥 생활 중에서 성경 몇 장으로 지낸 것으로 유명하다. 다음 유명한 중국 지도자는 존 송 박사이다. 그는 화학박사지만 그로 인한 경제적, 사회적 지위를 버리고 유니온 신학교에서 공부하든 중, 자유주의 신학에 실망하고 부흥운동을 일으킨다. 윗치만 소군교회는 지금도 '진동파'로 경계의 대상이 되고 니의 교회관을 비판하는 자들도 있지만 순교적인 신앙은 무시할 없을 것이다.

중국 자립교회 운동의 특징은 교회관이 약한 것 같으나 순수한 신앙운동으로, 돈도 시설도 기관도 없이 영혼구원의 신학을 강조하며 철저히 비정치 신학이었다. 그들은 원리주의 신앙에서 순수성을 발견하였다.[9] 자립교회 운동은 외국의 간섭과 보호, 외국교회의 조직, 현대적 가치를 거부할 뿐 아니라 현대 신학에 오염되지 않은 사도적 신앙에 기초한 성경적 가르침을 회복하는 것으로 생각하였다. 동시에 세상과 대립하는 순수한 신앙, 자유주의 교회는 적대시하는 신앙이었다.[10] 자립교회 운동은 현대 선교학에서 말하는 문화적 면에서 상황화나 토착화와는 전혀 다른 것이다. 이들은 1920년대에 'Back To Jerusalem' 운동을 전개하였다. 예수님 재림 전에 중국에서 예루살렘까지 복음이 전파되어야 하는데, 이것을 위하여 그 중간에 있는 불교 문화권, 힌두교 문화권, 이슬람 문화권에서 먼저 복음을 전해야 한다는 것이다. 이들은 사실 미전도 종족 선교운동을 시작한 셈이다.[11] 그러나 중국이 공산화되자 이 운동은 도리어 중국 옷을 입고 중국 크리스천을 기만하는 미 제국주의의 문화적 독약으로 정죄 당한다.

5) 수난 중의 기독교

중국의 공산화는 중국 기독교회를 공인교회와 비공인 교회로 분리하게 한다. 국가 통제 하의 교회는 항상 순응파가 있는 반면 저항파가

---

9) 渡辺信夫 108.
10) Deng Zhaoming, "The Church in *China*," in *Church in Asia Today*, Saphir Athyal ed., 100.
11) ポール・ハッタウエイ編著『バック トウ エルサレム』(マルコーシュ パブリケーション, 2006), 12-5.

생기게 마련이다. 네비우스의 3자원리는 공산 정권하에서 자립, 자강, 자치라는 3자애국 운동(영어로는 TSPM)을 조직하게 한다. 공산당은 기존의 교회를 제국주의의 앞잡이, 봉건제도의 기득권 세력으로 몰면서 국가 사랑 다음에 교회 사랑을 강요하면서 외국 기독교와의 모든 관계를 단절시킨다. 기독교의 세계성을 철저히 배제한다. 민족주의의 저항을 받은 기독교는 공산주의로부터 극심한 박해를 받기 시작한다. 조나단 차오는 공산화 때부터 개방 때까지의 중국교회를 시련기의 교회(1949-1958), 탄압 받는 교회(1958-1966), 고난 중의 교회(1966-1976), 소생하는 교회(1976-1980)로 구분한다. 먼저 시련기의 교회 상황을 약술하면 중국 공산당은 공산주의에 협조적인 진보적 인사들을 회유하여 공산당에 협조하도록 교회조직을 구성한다. 종래 사용하든 교단 명칭은 다 사라지고 하나의 중국교회서 존재할 뿐이었다.

50년대 공산당은 농지개혁을 하고 생산성 향상을 위하여 많은 교회들을 문을 닫게 하였다. 그럼에도 신앙을 굴하지 않고 비밀리에 소그룹으로 신앙을 지키는 자들이 생겨났다. 이것이 소위 가정교회의 시작이다. 지하로 숨은 교회는 보이지 않았지만 이들의 숨은 신앙을 통하여 기독교가 죽지 않고 도리어 30년간 교회가 성장하는 기현상을 보인다. 시골에서는 보이지 않는 가정교회가 병든 자의 위로자가 되었고 약한 자를 돌보는 친구가 되었다. 놀라운 사실은 1967년에서 68년 문화혁명 기간에도 웬조우(Wenzhou)지역에서는 500명의 신자들이 산에서 모이는 일이 있었다고 한다.[12]

불행하게도 공산당 정부에 앞장서서 협조하고 3자애국운동에 주도적 역할을 한 인물들은 개인 구원보다 사회참여를 강조한 진보적 인물들이었다. 이들은 미국의 자유주의 신학교에서 고등교육을 받

---

12) Deng Zhaoming, 110.

았다. 칼 로렌스는 3자 애국운동의 지도자 정광훈 주교(Bishop Ting)에 대해 평가하기를 "그는 없어도 되는 사람이며, 그는 지시 맡은 것만을 실천한다. 실제 권력은 북경에 있다"고 하였으며 3자애국운동은 "그리스도의 관에 마지막 못을 박기 위한 함성"으로 단정하였다. 문화혁명 때 중국 기독교가 당한 수난은 다 말할 수 없을 정도이다.

개방을 전후하여 중국의 교회는 영적 생명력을 나타내고 고난 중에도 교회는 급성장하여 1980년대 초기 중국교회의 신자는 무려 5천만으로 추정하였다. 중국의 가정교회에 대하여 로렌스는 사도행전의 교회, 즉 배우는 교회, 기도하는 교회, 이적이 역사하는 교회, 하나님께 찬양하는 교회, 전도하는 교회, 성장하는 교회라고 높이 평가한다. 중국 가정교회에서는 병든 자를 위하여 기도할 때 불치의 병이 치유되는 놀라운 사건이 많이 일어난다고 보고된다. 이러한 신유의 역사는 공산화 이후에 특이하게 일어나는 현상이지만 그전에 이미 왕명도 목사 같은 이는 신유를 체험하였다. 이점에서 신유현상은 공산화 이후 더 성행하였으며 그전에도 이미 어느 정도 있었을 현상이다.

중국교회는 1978년 개방 이후 기독교가 종교 자유를 얻어 새로운 시작을 한 셈이다. 등소평은 4근대화의 필요성을 절실히 느끼고 당시 카터에게 원조를 구걸하러 미국을 방문하였다. 카터는 미국의 돈은 교회 돈이라는 유머로 중국의 종교개방을 유도하였다. 1949년 공산화, 60년대 문화혁명의 고난의 시기에도 교회는 지하로 숨어 생존하였다. 중국교회는 지금 공산당원 보다 많은 신자를 자랑하고 있으나 정부 공인교회와 '지하교회'로 보이지 않는 대립이 있다. 교회는 여성들이 75%를 차지하여 2002년 중국교회협의회(the China Christian Council)회장도 여성이고 18개 신학교 중 4학교 교장은 여성이다.

우리는 중국 기독교회가 무려 30년 동안 문이 닫혀 외국에서 들어간 선교사도 없었고, 자체적으로 사역하는 중국인 교회 목사 없이도 10배 이상 성장하였다는 사실을 중시해야 한다. 복음은 외부의 전도자 없이도 전하여지고 퍼지는 내적 생명력이 있다는 사실을 중국 교회에서 배워야 한다. 지금 그러한 역사가 이슬람의 중동에서 일어나고 있다.

2. 중국교회와 신학

중국교회는 종교의 자유가 제한 된 상황에서도 성장하여 숫자적으로는 미국 다음으로 기독교 인구가 많은 나라가 되었다. 한족 교회 중에는 자립하는 교회가 많으며 선교열정 또한 대단하다. 이슬람 선교는 물론 미전도종족 선교에도 참여하여 서북부와 서남 중국의 미전도 종족을 대상으로 복음전파에 힘쓰는 교회들이 증가하고 있다.

그러나 중국교회가 당면한 국가 통제하의 교회가 언제까지 갈 것이냐 하는 것이다. 국가와 종교는 분리되어 각자가 영역주권을 가질 때 그 사회는 민주화로 나아갈 수 있다. 종교가 스스로 국가와 불순한 동맹관계를 가질 때 순수성을 상실한다. 종교는 초자연의 세계를 추구하는 것이다. 종교가 국가 공권력의 통제하에 있을 때 자율성은 상실할 뿐 아니라 종교 자체의 정체성 마저 흔들릴 수 있다.

중국교회는 기독교의 다양성을 상실당하고 있다. 교파도 교단도 부정당하여 강압에 의한 하나의 교회를 유지한다. 일치성은 성령의 자연스런 결과이지 강제로 되는 것은 아니다. 정부가 비공인교회를 억지로 공인교회로 통일할 경우 또 다른 진통이 예상된다. 많은 가정교회는 아직도 공인교회를 인정하지 않는다. 신학적, 신앙적 불신의 골이 너무 깊다. 가정교회의 정광훈 신학에 대한 불신은 대단히 심각하였고, 가정교회 지도자들은 삼자애국을 거부하는 신학성명을 발표한 적이 있다. 1998년 가정교회 지도자들은 조나단 차오 박사와 함께 자신들이 신앙고백과 정부에 대한 그들의 입장을 발표하였다. 그들은 3자에 가입하는 이유로, 지정된 장소에서만 예배드리는 것과 지정된 사람만이 설교하는 것과 지정된 지역에서만 종교 활동을 하도록 한 것을 거부하였다. 그것은 성경적 타당성이 없다는 것이다.[13]

사실상 아직도 중국 정부는 가정교회 지도자들을 구속하고 선교사들을 추방하고 있는 실정이다.

중국교회의 급성장은 많은 문제도 일어난다. 교회 급성장으로 인하여 지도자가 절대 부족하고 신학 수준도 낮아서 신앙이 너무 미신화 된다고 우려한다.[14] 3자 지도자들은 외국의 이단과 교단신학과 비 정통신학이 교회를 혼란하게 한다고 염려한다. Zaoyang에서는 38가정이 갑자기 실종하는 사건이 일어났다. 이들은 2000년도가 종말이어서 광야로 도피해야 한다고 그대로 실행한 자들이라는 것이다. 그들은 재산 팔아서 신장에서 휴거를 기다렸다고 한다. 그러나 삼자 신학교의 신학에 대하여 많은 회의도 있다. 농촌 교회와 많은 가정교회 지도자의 자질 문제도 서서히 정리가 되어야 할 과제이다. 가정교회 지도자들의 상당수는 지식인 크리스천을 리드할 교육적 수준이 너무 낮다. 따라서 중국교회가 양적으로는 급성장하지만 사회적 영향력은 아직 약하다. 그래서 일부 한국교회 선교사들이나 후원교회는 중국의 엘리트 청년들을 영어로 신학교육을 하는 것도 시

---

13) 이 주제에 대하여는 Aikman, 329-341을 참조할 것.
14) Cao Shengjie, "Mission in the Chines Church," *Chinese Theological Review*, 20(2007): 4-5.

도하고 있다.

1) 중국 교회의 신학

이 문제는 너무나 광범위한 주제이다. 그러나 개략적으로 중국 교회의 신학이 앞으로 중국교회와 아시아에 미칠 영향이 크기 때문에 다룬다. 역사적으로 중국 기독교와 중국 문화는 갈등과 충돌의 역사이다. 네스토리안 전도 역시 불교 도전에 직면하였고, 천주교 역시 '공자의 도전'에 직면, 마테오 리치는 공자와 기독교를 절충하고 만다. 리치의 토착화는 토마스 아퀴나스의 자연과 계시는 충돌하지 않는다는 신학사상에 기초한 것이다. 제2 바티칸 공회 이후 천주교 신학은 더 타종교에 관용적이다. 복음주의는 리치의 토착화 모델을 수용하지 않는 입장이다. 도미니쿠스 선교회가 리치의 토착화를 정죄함으로 중국은 기독교가 위축된다. 즉 100년 동안 소위 'the Rite controversy'가 일어난다. 19세기에 이미 반 외세운동, 1923년 반서구 반 기독교 운동이 등장하는데, 이 운동의 주도세력은 서구 합리주의, 자유주의, 무신론, 마르크스주의. 과학주의 사상에 영향 받은 학생 청년들이다. 여기서 소위 3자운동이 발전하는데, 이것은 네비우스 원리의 변형이요 변질이다.

개신교는 모리슨과 테일러 등 복음주의 선교운동으로 시작하지만 중국은 처음부터 자유주의도 함께 와서 성장 저해 요소로 작용한다. 하지만 양자 다 중국 문화에 부정적인 입장을 가진다. 부정부패, 전족, 강제결혼, 미신 등 사회도덕의 타락에 선교사들은 실망한다.

복음주의는 처음부터 원리주의로서 예를 들면 허드슨 테일러는 전 천년설자이다. CIM은 개인경건과 개인구원을 강조하였고, 조상제사를 거부하였으며, 하층계급을 대상으로 전도하였다. 따라서 이들은 신학 훈련이 부족하였다고 비판을 받는다. 지금도 중국 비공인 교회는 이 신앙이 지배하는데, 이유는 20세기 초기 반서구 감정과 강한 민족주의 운동에 자극받은 원리주의적 신앙의 교회지도자들이 가정교회 운동을 전개한다. 이들은 교회관은 좀 약하지만 대신 성경을 절대 무오한 하나님 말씀으로 믿는다. 동시에 이들은 반공산주의이며 일본의 식민지배에도 협조하지 않았다.

그러나 2차 대전 이전에 중국에서는 토착화를 외치면서 자유주의 신학적 관점에서 중국 문화의 우수성을 강조하는 신자들이 다수 있었다. 대표적인 신학자가 바로 T.C. Chao로서, 그는 교회제도와 교리가 서양 교파주의에서 해방되어야 한다고 주장하였다.

자유주의 신학이 공산주의와 타협하였으나 개방화 이후 많은 사람들이 개인구원의 기독교로 회심한다. 지적 호기심으로 복음주의 저서가 출판 대학에서 번역되기도 한다. 하지만 Edmond Tang에 의하면 진정한 회심자는 아주 적고, 많은 사람들이 기독교와 중국문화의 대화를 더 추구한다는 것이다.[15]

중국에서 기독교 신학의 갈등은 천 혹은 신으로서 하늘에 대한 해석에 기인한다. 임금을 하늘의 아들 혹은 천자로 부르는데, 카톨릭은 처음 성경번역을 할때 하나님을 상제(샹티)로 그대로 하였다. '천'을 인격적 신으로 본 것이다. 유교에서도 신으로서 하늘은 인격이냐 비(非) 인격이냐는 항상 논쟁이 된다. 그럼에도 불구하고 천 사상은 복음의 접촉점 노릇을 하였다. 복음주의 선교사들도 '인자' 라는 표현이 많은 마가복음으로 시작하는 것을 제안한다. 독일의 종교학자 막스 뮬러는 중국어 성경 번역에서 천(하늘)을 그대로 사용해

---

15) Edmond Tang, "Chinese Theologies," in *The Dictionary of Third World Theologies*.

도 된다는 주장을 펴는데, 이에 복음주의 선교사들은 반대한다. 막스 뮬러의 저서 [An Introduction to the Science of Religion]에서 그는 이 문제를 시인한다. 뮬러는 성경의 하나님과 중국의 천 사상을 동일시하였다. 여기에 반대한 자 가운데는 네비우스박사도 포함된다. 영국의 구약신학자 R R. Rowley는 중국사상과 기독교의 절충을 시도하였다.

지난 20년 동안 '중국 기독교신학'(Sino-Christian theology)논의가 활발하였으며, 문화 적 크리스천(cultural Christians)도 제기되기 시작하였다. 그러나 전자는 성경적 신학이 결여될 위험이 있고, 후자는 종교성 없는 신자가 될 수 있다. 문화신자는 중국 지성인으로 그리스도를 인격적으로 믿는 신앙을 의미하는 것으로 정의한다. '시노신학'이란 Liu Xiaofung이 발전시킨 신학이다. 그는 토착화신학을 반대하고 신앙과 신학의 개인화를 강조한다. 인격적 신앙을 철학적으로 다루는 것이다. 중국 사회가 기독교를 공격하는 상황에서 초대교회 처럼, 그리고 틸리히 처럼 변증적 답변이 되어야 한다는 것이다. 지식인들이 기독교를 비과학적이라고 비합리적이라고 공격하는 상황도 고려해야 한다는 것이다.[16] Liu가 토착화신학을 반대한 이유는 기독교 신학이란 하나님의 말씀과 인간경험이 조우하는 것이지 결코 하나님 말씀과 지식이 만나는 것이 아니라는 것이다. 그는 기독교와 문화의 충돌 전제로 하면서도 기독교가 결코 전통문화와 배치되지 않는다고 주장한다. 양자 사이의 접촉점이 있다고 믿는다. 예수님도 마 5:17-18에서 율법을 폐하러 온 것이 아니라고 하였다. 아이크만이 희망한 대로 기독교화 되는 중국에 가장 필수적인 것은 복음주의

---

16) Iai Pan-Chiu, "Typology and Prospect of Sino-Christian Theology," *Chen Feng* 6:2(2005): 211-30.

신학이 뿌리를 내려서 중국이 선교 대국으로 부상하는 것이다.

결론

지금 중국은 이념적으로 중요한 전환점에 서 있다. 정치는 공산주의, 경제는 자본주의라는 자연스럽지 못한 결합은 항상 갈등의 소지를 안고 있다. 자본주의는 서구에서 기독교와 합리주의 및 계몽주의의 산물이다. 자본주의는 경제 논리를 개인의 권리와 자유에 맡기는 이론이다. 그런데 개인의 권리보다 국가권위를 우위에 두는 중국으로서는 고민이 아닐 수 없다. 중국 사람들에게 이미 공산주의는 존재하지 않는다. 경제와 인구 대국 중국은 아직도 국제사회에서 일등 국민으로 대접을 받지 못하고 있다. 국제적 이념과 가치관을 제공하는 나라가 되어야 할 것이다.

중국 사회의 내적 갈등은 종교를 부흥시키고 있다. 그래서 파룬궁 같은 반체제적 종교도 부흥한다. '3자교회'는 외부로부터 고립되었다가 최근 많은 교류가 진행된다. 그러나 이념은 그대로 유지되어 교회의 세계성을 행동화할 수 없다. 국가권력 밑의 교회라는 비정상적인 교회로 존속한다. 반면 비공인교회는 외부 세계와 활발한 접촉을 가진다. 교단 조직도, 지도자도 공식화되지 못한다. 사역자들이 아직도 수준이 낮은 것은 중국 교회가 극복해야 할 과제이다. 교단이나 지역 단위의 연합운동도 불가능한 실정이다. 그럼에도 불구하고 이슬람 국가로 선교사를 파송하여 과거 고난의 시기에 지도자들이 일으켰든 'Back to Jerusalem' 정신은 살아있다. 21세기 한국교회는 중국교회와 협력하여 아시아 복음화를 이룩해야 한다.

제7장

경제 대국 일본, 기독교 소국 일본

서론

아시아나라 중에서 기독교 선교가 어려운 나라중의 하나는 일본이다. 경제는 대국이지만 기독교는 소국이다. 기독교는 보이지 않게 차별하는 나라이며 국수주의가 아직도 대낮에 확성기로 떠들어 댄다. 그래서 2007년도 아프간 인질 사태와 한국 대형 교회가 동경에서 대형집회를 하자 산케이신문은 한국 기독교의 선교열정을 한국인들의 잘못된 문화적 기질로 혹평하였다.

일본은 스스로 아시아를 벗어나서 구라파 대열에 끼이는 것을 자랑하는 나라이다. 이것을 탈아입구(脫亞入歐)라고 말한다. 그러나 한 일본교회 지도자가 탄식한대로 일본은 기독교로 인하여 발전한 나라인데 기독교를 죽이는 나라라고 하였다. 아주 적절한 지적이다. 화혼양재(和魂洋才)의 문화철학은 일본의 정체성인지 모른다. 그러나 그것 때문에 일본은 'Pax Japonica'가 어렵다. 가장 선진국이 되다보니 기독교가 아니라도 얼마든지 일등시민이 될 수 있다는 자부심, 그러나 일본도 역시 내부적으로 많은 문제가 많다. '욘사마' 붐으로 야기되는 이상한 현상은 일본 지식인들을 혼돈스럽게 한다. 일본인들의 자존심이 뿌리부터 흔들렸다.

과거 자유주의 신학이 주도하였던 일본 교회에 서서히 변화의 바람이 불고 있다. 복음주의가 고개를 들기 시작한다. 목사 없는 무목 교회를 위하여 한국교회와 협력을 추구하는 운동이 일어나고 있다. 일본은 만약 기독교 인구가 5%가 되면 엄청난 사회적 국제적 위력을 발휘할 것이다.

1. 헌팅톤의 일본문화 분석

문명충돌론을 제기한 사무엘 헌팅톤의 일본론은 우리의 흥미를 끌기에 충분하여 먼저 간략히 소개한다. 첫째로, 일본에는 다른 나라에 존재하는 디아스포라(국외 이산자)가 존재하지 않는다. 다른 나라의 디아스포라는 자기 문화를 지키려고 노력하는데 일본은 그렇지 않다. 헌팅톤의 지적대로 일본인들은 이상하게도 일본인임을 나타내지 않으려고 한다. 따라서 미국에는 일본어를 전혀 모르는 일본인들이 많다.

둘째로 일본은 최초로 근대화에 성공한 중요한 비 서구의 나라이면서도 서구화하지 않았다는 점이다. 서구화하지 않고 근대화에 성공하는 것은 1870년대 이래 일본 발전의 중심 테마였다. 그 결과 만들어진 사회는 근대화의 정점에 이르렀으면서도 기본적인 가치관, 생활양식, 인간관계, 행동 규범은 참으로 비서구적이며 이런 현상은 앞으로도 계속 유지되리라고 생각한다.

셋째로, 일본은 혁명적인 대 격동을 경험하지 않고 근대화를 달성하였다. 영국, 미국, 프랑스, 러시아, 그리고 중국에는 혁명이 있었고, 독일에서조차 나치즘이라고 하는 형태의 혁명이 있었다. 일본의 근대화는 위로부터 추진된 것으로서, 메이지유신과 미 군정기에 진행되었다. 사회를 분열시킬 수 있는 사회적 위기나 유혈을 동반하는 혁명이 없었기 때문에, 일본은 전통적인 문화의 통일성을 유지하면서 고도로 근대화된 사회를 구축하였다.

넷째로, 다른 나라와의 사이에 문화적인 관계가 없기 때문에 난제가 생겼고 또 기회가 생겼다. 일본은 자국 문화의 정체성 때문에 다른 나라들의 힘을 모아 도와주는 것을 믿지 못한다. 한편으로는 다른 사회와 문화적인 관계가 없기 때문에 다른 나라에 대해서도 공통된 문화적 배경 때문에 도와줘야 할 책임도 없다. [1)]

헌팅톤의 일본론 핵심은 일본은 철저하게 독자적 문명을 형성하여 이웃과도 통하지 않는 고립된 나라라는 것이다. 즉 대부분 학자들은 일본을 불교 문화권으로 보는데 그는 신도를 독립된 문명으로 간주한다. 그는 문명 충돌론에서 8개의 문명권을 분류하면서 일본을 신도 문명권으로 분류한 것은 예리한 통찰력이라고 본다. 이슬람과 기독교적 서구가 충돌하는데, 신도는 다른 문명권과 충돌하는 것은 없다. 그러나 신도는 불교와 유사문화권으로 천황을 신격화하는데, 왕이 신격화되는 아시아 나라는 이상하게도 기독교 선교가 없다. 예를 들면, 태국, 부탄, 네팔, 라오스 등.

일본의 근대화는 위에서부터 이루어져 혁명이 없었다고 하는데, 그러나 메이지유신 때 수구파는 칼과 활로써 대포와 총을 든 근대파 그룹과 일전을 벌였다. 다만 국가적 차원에서 대규모가 아니었을 뿐이다. 여기에서 제거된 사무라이 계급이 기독교를 받아들인다.

---

1) サムエル・ハンテイングトン 著, ウム スンチャン 譯 『文明の衝突と二一世紀の日本の選擇』43-46.

2. 일본의 문화적 정체성: 태양신의 나라

경제대국, 과학대국 일본은 문화적으로는 참으로 이상한 나라이다. 원시적 신화에서 나온 태양신이 일본을 세웠다는 신화를 아직도 철석같이 믿는다. 그래서 천황은 아직도 거의 신적 권위를 유지한다. 천황은 태양신인 아마테라스 오오카미(天照大神)의 후손이기에 성(姓)이 없는 신의 가족이다. 과격 보수주의자들은 봉건주의의 유산인 천황 제도를 더 공고히 하고 영구화하려고 한다. 그러나 천황은 실권 없는 상징이기에 미국의 Neil Fujita는 일본사회를 도너츠에 비교한다. 즉 서구는 원추형의 사회구조이지만 일본은 중앙에 권위를 가진 권력의 핵이 없이도 교묘하게 사회와 정치가 유지되는 나라라는 것이다. 일본연구가 Wolfgang역시 일본을 국가로 보기보다는 책임자가 없는 하나의 '그 시스템' (the System)으로 해석한다.[2] 맥아더는 천황제 폐지를 고심하다가 존속시키는 쪽으로 방향을 정하였다고 한다. 만약 천황제가 없어질 경우 발생하는 영적, 문화적 충격과 진공상태를 우려하였다고 한다.

극좌파와 기독교의 진보계 및 복음주의 진영에서는 이러한 천황제도의 폐지를 외치지만 오히려 국민들이 이를 외면하는 실정이다. 최근에 일부 우익적 학자들은 일본은 가족국가라는 말을 하는데 서슴지 않는다. 수 년 전 황태자가 아들을 낳을 가능성이 적자 여 천황제 문제를 크게 토론한 것이 일본사회이다. 일본은 태양신의 나라로서, 단일민족이요 한 가족이라는 것이다. 하지만 아는 사람은 다 알다시피 일본은 결코 단일 인종의 국가가 아니다. 만약 단일민족이요

---

2) Neil S. Fujita, "Conic Christianity and Donut Japan," *Missiology* 22:1(January 1994): 44-47.

신민이라면 왜 아이누 족과 오키나와 사람들을 차별대우 하는가? 이것은 모순이다. 최근 일본 교회 지식인들이 일본의 인종 구성을 발표하였다. 한국인 혈통이 25%, 중국계가 25-27%, 기타 대만과 남방인 이라는 통계가 나왔다.

그러나 국수주의자들은 태양신이 일본의 전유물로 생각하지만 태양신 숭배는 이집트, 이란, 중앙아시아, 멕시코 등 세계 도처에 있다. 그런데 이집트의 태양신(바로) 사상은 내세 사상이 강하다. 그러나 일본의 태양신은 샤머니즘 영향으로 사후 개념이 약하다. 모든 인간은 다 신이 된다. 중국황제나 이집트 왕들은 내세에 간다고 믿기 때문에 화장하지 않는다. 그러나 일본은 불교식의 화장 문화이다.

최근 일본의 신학자 西谷幸介는 일본의 신도이념을 정치적 종교로 해석한다. 그는 독일종교학자 막스 뮬러(Max M ller)의 교체일신론(henotheism) 이론을 일본에 적용한다. 'henotheism'이라는 용어는 뮬러가 저서 [종교학 서론]에서 처음 사용한 것으로 인도의 다신론을 염두에 둔 것이다. 인도는 다신론 국가이지만 모든 사람은 대체로 하나의 신을 믿는다. 어느 신을 믿어도 결국은 하나의 신에 도달하기 때문에 바꾸어 가면서 섬겨도 된다는 의미에서 '交替一神論'으로 표현한다. 니시타니는 절대적 다신론이 불가능하다는 폴 틸리히의 말을 인용하고 뮬러처럼 교체일신론이 일본에서 발전한 것은 인도처럼 다신론은 정치적으로 사회적으로 도리어 혼란을 조성함으로 모든 국민들이 하나의 신을 믿어야 통일성을 가지게 된다는 것이다. 통일적 가치관의 원천은 결국 종교이기 때문에 국가 통합과 통일을 위하여 교체일신론을 발전시켰다는 것이다. 그는 일본의 경우를 單一神敎的 習合運動으로 정의한다. 單一神敎의 신앙은 결국 '사회적 종교'이다. 森喜郎의 神の國은 이것을 입증한다는 것이다. 그러나 이것은 결과적으로 배타적 민족주의가 된다는 것을 강조한다. 기독교의 유일 신론은 아모스 선지자가 말한 대로(9:7이하) 타 민족과의 평등과 화해를 도모하지만 단일신론은 배타이며 권력의 절대화 위험과 부패의 위험이 유일신론의 사회보다 더 많다는 미국 신학자 리처드 니버의 이론을 소개한다.[3]

니시타니는 학자로서 용감하게 일본을 비판한다. 많은 일본 학자들이 다신론은 관용이고 기독교, 이슬람, 유대교 일신론은 비관용이며 배타적이라는 주장하는데 대하여, 그는 이것을 노골적으로 반박하고 신도 사상에도 일원론적이며 일신론적 요소가 있다는 것을 역설한다. "근대천황제는 일종의 일신교, 의사일신교가 아닌가" 라는 岸田씨의 말을 인용한다. 그는 동시에 다신론 종교가 관용과 평화라는 주장에 대하여 다신론적 몽골이 외국을 침략하였고 과거 다신론적 신도를 배경으로 한 일본이 중국을 침략하였다고 일본의 과거를 고발한다. 일본에 이러한 학자가 있다는데 경의를 표한다.

일본은 근대화, 산업화, 합리적 개인주의 사회로 보이지만 보이지 않는 집단주의가 강하다. 과거 2차 대전을 일으킨 것은 국가를 중심으로 국민들이 강하게 단결하였기 때문이다. 신도가 통합의 기능을 잘 수행한 셈이다. 그런데 일본이 종교를 통하여 국가통합을 시도한 것은 이슬람인 터키에서 배운 것이다. 19세기 후반 터키와 일본은 다 같이 러시아의 남침위협을 받았다. 그래서 정치적으로 친하게 되는데 터키의 무관으로 간 일본 군인들은 터키의 케말 파샤식 군사우위, 종교를 통한 국가 통일을 배우게 된다. 여기에 일본의 영적 비극이 있다.

---

3) 西谷幸介『宗教間對話と原理主義の克服:宗際倫理的討論のために』(新教出版社, 2004), 159-65.

3. 일본의 종교적 정치적 원리주의

천황 절대주의를 미국의 한 정치학자는 일종의 종교적, 정치적 원리주의로 표현한다. 아주 정확한 지적이다. 국제사회에서나 신학적으로 논란이 되는 원리주의는 이슬람이나 기독교에만 있는 것이 아니라 일본에도 있다. 일본도 정치가 종교를 이용하거나 지배하여 종교를 정치에 이용한다. 종교를 통하여 민족의 아이덴티티를 정립하고 애국심을 가지려고 하지만 기존의 종교를 기반으로 하지 않고 체계화되지 않은 신도와 민족주의를 결합하여 일종의 국수주의적 혹은 극우파적 민족주의를 발전시켰다. 미국의 정치학자 데이비스는 일본의 원리주의를 종교적, 정치적 원리주의로 표현한다.[4] 국수주의자들은 일본 종교와 국가가 정통성을 가지며 우월하다는 것을 정당화하는 작업을 한다. 그러나 종교인들이 스스로 먼저 그러한 정당화를 하는 것이 아니라 처음부터 정치가들이 정치적 동기로 그러한 일을 한다. 일본 역사 교과서는 이러한 정치적 종교적 원리주의의 표본으로 보아야 할 것이다. 이 교과서는 일본의 독특성과 우월성을 입증하는데 많은 공을 들이지만 과학적으로 말하면 허구가 많다. 일본을 독수리가 특별히 보호하였느니, 일본어의 원류는 중국이나 우랄 알타이어가 아닌 독자적이라고 한다. 일본 원리주의 등장은 문화적 자존심과 관련된다. 일본은 고유의 문화가 없는, 문화 수입국이라는 것에 대한 일종의 반동운동이다. 한 일본인 지성인이 우연히 인도네시아의 국제교육 기관을 방문하였다. 마침 일본문화를 강의하는 인도네시아 교관은 일본은 순수 일본문화가 없는 나라로 소개하였다. 물론 일본인은 기분이 나빴다. 일본인들은 이 말에 상처를

---

4) Davies.

입었다. 일본 원리주의는 일본이라는 특수한 정치적, 지리적, 문화적 상황에서 발생하였다. 그럼에도 불구하고 국수주의자들을 원리주의로 묘사한다. 그 이유는

첫째, 일본 국수주의자들은 철저히 신도라는 민족적 종교를 이념으로 한다. 특히 천황을 절대시 혹은 신격화한다. 일본은 태양신의 나라라는 것이다. 즉 선민사상을 가진다. 90년대 일본 수상 森喜郎은 일본을 '神の國'라고 해서 논란이 되었다. 불행하게도 국수주의자들의 선민사상은기독교 식의 섬기는 선민사상이 아니라 다른 나라를 지배하는 것을 정당화하는 선민사상이다. 대동아 공영권 혹은 '八紘一宇' 천황을 중심으로 하는 하나의 세계 가족 사상은 대표적인 예이다.

둘째로, 원리주의는 외부 문화 혹은 수입문화를 거부하고 자기 종교를 수호한다. 일본 원리주의도 동일하다. 이들은 일본도 처음부터 고유한 문화전통과 사상이 있었다는 것을 강조한다. 일본의 정치적 종교적 원리주의는 17세기에 등장하기 시작하였다. 대표적 학파가 역시 민족주의적 국학파이다. 원리주의 사상의 시작 자는 모토오리 노리나까(本居宣長: 1730-1801 국학자)로 그는 일본 문화는 결코 수입문화가 아니라 처음부터 고유한 문화를 가졌다고 강력하게 역설한다. 일본은 최고신인 아마테라스 오미카미가 세웠고 그의 자손이 왕이기 때문에 일본은 세계를 통치할 권리와 자격이 있다는 인식에서 시작한다. 따라서 문화도 처음부터 독자적으로 존재하였다는 것이다. 고사기는 이에 대한 대표적 작품이라는 것이다. 현대 원리주의자들이 경전의 문자적 해석에 집착하듯, 신전(神典)을 해석하는 것은 중국식이라고 단정하고 경전 무오성을 주장하며 신은 설명할 수 없는 존재로 묘사한다. 그의 주장을 인용하면,

본래, 신은 다종다양하며 신이란 귀한 신이 있는가 하면 비천한 신도 있고 강한 신도 있는가 하면 약한 신도 있으며, 선한 것도 있고 악한 것도 있다. 마음도 행동도 여러 가지 있는데, 신들도 여러 가지이다. 대체로 하나로 결정하려고 하면 말하기가 불가능하다. 그러나 세상 사람들에게서 있어서는 부처 같은 성인들과 신을 동일한 것으로 이해하는 것이 당연하다고 하더라도 신을 이야기 하는 것은 금기로 여긴다.[5]

그는 철저히 경전의 합리적 해석을 거부하며 수입 문화론을 철저히 인정하지 않는다. 그런데 이상하게도 같은 때에 사우디아라비아에서도 와화비 원리주의가 등장하였는데, 양자는 아주 유사하다는 것이 오카와 타다시의 이론이다. 당시 두 나라는 다 서구의 위협에 직면하여 위기의식을 느꼈다. 노리나까 이후 수호파(水戶派)라는 사상이 등장하였는데, 이것 역시 일종의 원리주의로서, 이것은 초기 수호파와 후기 수호파로 분류된다. 수호파란 에도시대 때에 수호번에서 발달한 일종의 학파로서 유교, 불교, 기독교의 영향을 받으면서도 일본 고유의 문화 본질을 추구하였다.

양자를 비교하면 다 외국 요소를 극단적으로 증오한 나머지 외국 문물과 융화하거나 타협하는 자들을 배교자로 몰았다. 그래서 개화파들을 배신자로 규정, 테러를 하는 것을 정당화하였다. 수호파는 막부 시대에 맹렬하게 활동하였고 일본 사회에 영향을 주었다. 일본과 아라비아 원리주의자들은 회한하게도 자기들의 땅을 신성한 나라로 말한다. 와하비 원리주의에 심취한 빈 라덴이 아라비아에 불결한 미군이 주둔한 것을 증오한 나머지 9·11테러를 자행하였는데, 수호학파의 거장 가이타꾸 세이시(會澤正志)는 "神州는 태양이 나

---

5) 中野毅 外. 編. 『宗教とナショナリズム』(世界思想社, 2005), 195.

온 곳이며 원기가 시작한 장소이다"고 하였다. 라덴은 아라비아는 알라의 신성한 땅임으로 외국인, 특히 기독교인과 유대인들이 발을 들여놓는 것을 허용하여서는 안 된다는 것이다. 미군들 중에는 말할 필요도 없이 기독교인들과 유대인들이 있다.

　셋째로, 이 두 원리주의는 과거에 자기들 나라에 황금시대, 즉 일종의 유토피아가 있었는데, 이 황금시대로 돌아가야 한다는 것이다. 수호학파들이 말하는 황금시대 혹은 유토피아는 始原이라고 표현한다. 이들은 물론 다 자기 사회에 존재하는 불순물은 철저히 제거해야 한다는 것이다. 불순물이란 바로 수입한 사상이나 문화 혹은 종교이다. 수호학파는 불상을 파괴하고 신도와 불교의 분리정책을 실시하였다. 참고로 아라비아는 지금도 외국 관광객을 받지 않고 다만 성지순례 기간 무슬림들만 약 200만 이상이 순례하는 것을 허용한다. 이유는 외국인들은 신성한 땅을 더럽히는 불순물이라는 것이다.

　넷째로, 비기독교 원리주의는 폭력을 정당화하는데, 일본 원리주의도 예외가 아니다. 최근 친한적 발언을 한 자들은 신변의 위협을 느낀다. 아라비아의 와하비나 현대 이슬람 원리주의는 폭력을 지하드로 해석, 정당화한다. 이슬람 원리주의 집단인 알카에다는 지하드를 수행하다가 죽을 준비가 된 자들이다. 수호학파 중에도 혁명을 지지하는 자들이 있다. 이들은 일본은 황국으로, 신성한 나라의 백성인데, 장군 중에서 '천조의 의향'을 망각한 부적절한 장군이 있을 경우 하급 무사나 민중들이 폐위시켜도 된다는 것이다. 이들의 사상은 일본은 아시아에서 신의 선택된 백성이라는 배타적 선택론이다. 따라서 일본의 신도가 최고의 종교라는 자부심을 가지며 일본은 다른 나라를 지배할 권리가 있다는 것이다. 이 특수주의는 국제화 시대에 어울리지 않는 배타적, 교만한 민족주의이다.

4. 일본의 기독교 선교역사

1) 로마 카톨릭 선교역사

일본의 기독교 선교역사는 태평양의 섬나라라는 지리적 조건으로 인하여 로마 카톨릭이나 개신교 선교는 다 같이 한국보다 오래되었다. 그러나 성장은 한국에 비하여 많이 뒤떨어졌다. 일본의 기독교의 첫 접촉은 정확한 역사적 근거는 없이, 이미 신라를 통하여 경교가 일찍이 들어와서 불교에 영향을 주었다고 주장하는 학자들이 있는데, 한국에서 선교사로 오랫동안 일한 허대전 선교사가 그 중의 한 분이다. 그에 의하면 일본 아미다 불교의 메시아 부처사상은 기독교와 경교의 접촉을 반영한다는 것이다.[6] 그러나 이 학설은 가정으로만 참고가 될 뿐 받아들여지지 않고 있다. 따라서 일본 기독교의 선교는 구라파가 16세기 중세에서 근세로 전환하는 시기에 포르투갈과 스페인을 통하여 들어왔다. 당시 두 나라는 세계의 해상권을 장악하고 동진하던 중 일본과 조우하게 된다. 일본을 처음으로 서양에 소개한 사람은 물론 마르코 폴로이다. 그는 일본을 치판구로 소개하고 일본의 궁궐은 금으로 장식되었다고 과대 소개를 하였다. 일본에 상륙한 첫 서구인은 포르투갈 상인으로, 이들은 1542년 혹은 1543년 큐슈 남쪽 다네가섬에 발을 들여놓았다. 포르투갈인의 일본 상륙을 일본인 사가들은 일본역사에 중요한 사건으로 의미를 부여한다.[7] 당시 일본의 정치, 사회적 상황은 혼란기로 250여 영주(大名: 다이묘)에 의하여 나라가 분열되어 있었다. 당시의 일본의 사회적

---
6) 허대전, 『초대교회와 동방선교』, 홍치모 역(서울: 바른신앙, 1991), 99-101.
7) Richard H. Drummond, *A History of Christianity in Japan* (Grand Rapids: William B. Eerdmans Pub., 1971), 29.

상황은 세 가지로 설명된다. 첫째는 왜구의 출현이며, 둘째는 토일발(土一揆), 셋째는 신흥무사단의 대두이다. 왜구는 일본의 해외무역을 유도하게 하여 일본경제에 중대한 변화를 일으켰고, 토일발은 민중들의 반 영주, 반 수구운동으로, 권력층에 대한 일종의 저항운동이다. 신흥무사단은 당시의 일본은 권력이 고정된 것이 아니라 새로운 무사단에 의하여 권력이 형성되었음을 의미한다. 히데요시는 이러한 신흥 무사단의 대표적인 예이다. 이렇게 당시 일본은 질서의 혼란기, 전통 파괴의 시대였다. 이러한 이유로 외부의 사상이나 문물에 대한 관심과 호기심이 많았다. 이때 일본은 한국을 침략하는데 사용된 조총을 포르투갈 인으로 부터 사들였다. 이점에서 외부의 세계에 대하여 철저히 차단하는 중국과는 달리 일본은 자기의 전통문화는 지키면서 문화를 개방하였다. 당시의 일본의 사회적 상황을 영국의 선교학자 스테픈 니일은 다음과 같이 서술한다.

> 이 나라는 외국인에 대하여 문호를 개방하고 있었다. 일본인들은 무역을 갈망하고 있었으며 특히 조총에 대하여 관심이 높았다. 이들은 일단 조총을 구입하자마자 곧 그들의 조병창에서 일본인 특유의 모방 능력을 발휘하여 모사품을 만드는 작업에 착수하였다. 불교는 신망을 잃고 있었다. 이 나라에서는 그리스도교 복음을 저항할 만한 강력한 민족종교가 형성되어 있지 않았으며 따라서 새로운 사상에 대하여 참으로 마음이 열려 있었다.[8]

이렇게 수용성이 높은 일본에 처음으로 기독교를 전한 사람은 인도 선교의 개척자인 예수회 선교회의 프란시스 사비엘이었다. 사비

---

8) 스티븐 니일 『기독교 선교사』, 홍치모, 오만규 역 (서울: 성광문화사, 1992), 198.

엘은 예수회의 위대한 선교사로서, 그의 선교열정은 과히 초인적이었다. 그는 인도네시아에서도 복음을 전하였고 말레이시아의 말라카에서 선교하던 중 일본을 탈출한 일본인 청년 3명을 만나는데 그 중의 한 사람이 야지로였다(일부학자들은 사비엘이 야지로를 만난 것은 인도의 고아라고 말한다). 그는 야지로의 지성에 감동되어 일본선교를 결심하였다. 그리하여 다른 두 명의 선교사와 야지로를 대동하고 1549년 8월 15일 일본 최남단 도시 가고시마에 도착하였다. 그러나 사실 야지로는 부호상인의 아들이었지만 깡패출신으로 사람을 죽이고 포르투갈 상선을 타고 일본을 탈출한 것이다. 이점에서 일본선교는 이사야 66:19에 나오는 도피자로 시작된다. 그런데 한 가지 흥미로운 사실은 사비엘은 인도인보다는 일본인을 아주 높이 평가하고 있다는 사실이다. 일본인에 대한 사비엘의 칭찬을 일부 인용하면,

> 아직까지 우리가 만난 사람들은 우리가 아는 사람 중에서 가장 훌륭한 사람들이다. 이교도들 중에서는 일본 사람들과 비견할 민족은 따로이 없지 않을까 생각된다. 그들은 외모가 퍽 훌륭하며 전반적으로 훌륭한 사람들이다. 악의가 없고 불가사의한 일을 존중하여 세상의 어떤 것들보다도 명예를 존중하는 백성들이다……그들은 대단히 선의적이며 사교적이고 지식을 열망하는 사람들이다. 그들은 하나님의 일에 대하여 듣기를 좋아하며 하나님의 일을 이해할 수 있을 때에는 특히 기뻐한다. 그들은 이치에 맞게 제시된 것들을 즐겨 들었다. 그들은 누가 그들과 더불어 이치를 따져서 그들이 하고 있는 것이 악한 것이라고 지적하고 이치에 의하여 깨닫게 되면 그들 사이에 죄와 악습이 있다는 사실을 인정하였다.[9]

---

9) 니일, 199.

사비엘이 일본에 머문 것은 불과 2년 3개월에 불과하지만 그가 일본에 끼친 영향은 지대한 것이다. 그는 여러 지역을 순회하며 전도하여 많은 결신자를 얻었다. 그러나 사비엘의 선교사상과 전략은 반드시 성경적이라고 보기에는 어려운 문제가 있다. 먼저 그의 문화관을 살펴보자. 사비엘은 일본에 오기 전에는 이교도의 문화는 무가치한 것으로, 오히려 파괴해야 한다고 하는 정복설의 지지자였다. 따라서 이교도들의 문화나 사상에 기독교를 심는 어떠한 노력도 잘못된 것이라는 것이 그의 지론이었다. 그러나 그는 일본의 문명과 일본인들을 보고는 태도를 바꾸었다. 그는 일본인 조력자의 도움으로 요리 문답 등 신학용어를 번역할 때 일본불교의 용어와 개념 등을 알게 모르게 그대로 채용하여 일본에 전한 복음이 순수한 기독교가 아니라는 오점을 남겼다. 그의 이러한 문화순응(accommodation)의 선교는 후일 예수회 선교정책으로서 후계자인 발리그라노(Alessandro Valignano), 마테오리치 등에 막대한 영향을 주었다. 그가 범한 대표적인 실수는 예를 들면 신의 명칭을 일본불교 용어인 大一로 하였는데, 이 용어는 사실상 일본 불교의 한 종파인 신곤학파가 섬기는 태양신이다. 그리고 하늘을 정토로, 율법을 불법으로 번역하였다. 이렇게 번역된 기독교를 보고 일본인들은 기독교를 십중팔구는 불교의 어떤 새롭고, 보다 나은 종파를 신봉하는 줄로 생각했을 것이다. 사실 일부 다이묘들과 불교의 승려들은 예수회 선교사들을 인도에서 온 불교의 사람들로 오해하였다. 우리는 여기서 또한 예수회의 일본선교의 전략을 비판적으로 고찰할 필요가 있는 것은, 예수회 선교는 철저히 포르투갈의 식민주의를 등에 업고 선교하였고 무역과 선교의 결탁에서 오는 이득을 철저히 이용하였다는 것이다. 아울러 사비엘은 중세 천주교의 정복설, 즉 타종교는 무력으로라도 정복하여야 한다는 사상을 기초로 선교하였다. 그는 포르투갈 군대의 보호를 철저히 받은 인물이라는 점에서 식민주의와 선교를 혼합시킨 인물이다. 물론 군대지원을 자청한 것은 선교지에서 신자를 보호한다는 것이다. 일본에서 예수회는 선교비의 일부를 포르투갈 상인들이 일본과의 무역에서 얻은 이익금으로 충당하였다.

일본에서 예수회의 선교는 이러한 문제점에도 불구하고 사비엘 다음에 온 Alessando Valgnano는 비교적 합리적인 선교정책을 실시함으로 천주교 선교에 크게 기여하였다. 그가 행한 공적은 1) 기독교의 토착화이며 2) 일본인 신자를 사제로 서품하는 것이며, 3) 일본인 지도자들을 구라파에 보내어 서구문물을 접하게 한 것이다. 이것은 당시의 예수회 선교사들에게는 용납되기 어려운 결단이었다. 이러한 과감한 정책으로 일본에서 천주교는 기하급수로 성장하였다.

특히 흥미로운 사실은 사비엘은 구라파에서나 실시된 집단개종을 일본에서 대담하게 시도하였다는 점이다. 예수회는 일반적으로 선교의 대상을 상류층으로 하는 것을 원칙으로 하지만 인도에서는 성공을 거두지 못하였다. 그런데 그는 일본에서는 하류층으로 시작하면 하나님 나라의 진전이 그만큼 더딜 것으로 판단하여 왕에게 접근하는 것을 생각하였지만, 그것은 어려운 일이었다. 그리하여 그는 다이묘를 접근하기로 하였는데, 그 전략은 적중하였다. 당시 다이묘들은 불교나 유교에 흥미를 가지지 못하였고 경제적으로는 자기영역에서 들어오는 수입으로는 부족하여 포르투갈과의 무역으로 수입을 충당하였기 때문에 선교사들을 환영하였다. 다이묘가 기독교로 개종할 때 수하의 사람들은 불가피하게 따라서 신자가 되었다. 이러한 사회적 상황으로 전개된 집단개종과 개인전도로 천주교는 날로 성장, 선교시작부터 1630년까지 신자는 무려 100만 명으로 증가하였다. 16세기 후반 일본에서 천주교 성장은 임진왜란 때에 왜군장군 고니시가 신자라는 것과 포르투갈 신부 세스페데스가 종군신부로 한국에 왔다는 사실에서도 입증된다. 여기서 심각하게 고려할 것은 예수회 선교는 결국 다이묘들의 보호와 지지를 얻는 대가로 대중들에게는 권력에 대한 복종을 가르쳤다. 즉 로마 천주교의 교권적인 절대주의를 가르침으로 암암리에 백성들로 하여금 정치 권력자들에게 복종하는 것이 하늘의 이치라는 것을 가르친 셈이다.

그러나 기독교는 항상 도전 없이 지나는 법은 없다. 일본에서 천주교의 급성장은 저항과 핍박을 받게 된다. 천주교는 당시 일본을 부분적으로 천하통일을 한 오다 노부나가의 보호 하에서 성장하였다. 그런데 오다의 부하로서 자수성가한 도요토미 히데요시는 선교사들과 깊은 관계를 가졌다가 돌연 태도를 급변하여 기독교를 탄압하기 시작하였다. 그는 1587년 반천연추방령을 발동, 20일 이내에 모든 선교사들은 일본을 떠날 것을 명령한다. 천주교가 박해를 받은 원인은 물론 일본이 카미(神)의 나라이기 때문에 서양의 종교는 용납될 수 없다는 것이지만, 그것은 명분이고 실은 선교자체의 문제에 직접적인 원인이 있다고 드루몬드는 강조한다. 즉 선교가 너무 식민주의와 밀착하였고, 예수회 다음 필리핀으로부터 일본에 온 스페인들로 구성된 프란시스코 수도회의 선교사들과 포르투갈 중심의 예수회 선교사들 간의 갈등이 다른 요인이다. 예수회 선교회, 프란시스코 선교회, 도미니쿠스 선교회간의 갈등과 불화를 본 일본인들은 기독교도 하나의 통일된 종교가 아님을 알고 실망한다. 특히 히데요시는 예수회 선교사들과 깊은 교제로 인하여 1586년 성주간(Holy Week)기간에는 교회당을 방문하였을 정도로 우호적이었다. 심지어 그는 만약 축첩을 허용하면 자신도 기독교 신자가 되겠다고 하였다고 한다. 히데요시가 기독교에 우호적이었는데, 태도를 바꾼 것은 기독교인중 일부 다이묘들이 불교사찰을 불태우고 부하들을 강제로 개종시켰다는 것을 듣고 흥분하였기 때문이라고 한다. 이러한 여러 가지 복합적인 이유로 히데요시와 도쿠가와 이후 천주교는 무려 250년 동안 수난의 시대로 접어든다.

특히 도쿠가와 이에야스는 기독교가 외세를 불러오는 중요한 원인이라고 판단, 기독교인들을 철저히 박해하고 장사하는 신자들은 농민들로 전락시킨다. 그러나 농민들이 너무나 가혹한 탄압에 항거, 기독교인 중심의 농민반란을 일으키다가 무참하게 학살당하는 사건이 일어난다. 도쿠가와는 외국과의 관계를 단절, 모든 외국인들의 출입을 금지함으로 외국으로 나갔던 일본인들이 돌아오지도 못하는 상황이 되고 말았다. 이렇게 하여 일본은 명치유신 이후에 개방하게 된다.

박해가 절정을 달할 때는 일본정부는 모든 사람들을 5인조로 조직하여 신자들을 색출하였거니와 5인 중에 신자가 있을 때는 연대처벌을 받도록 하였으며 신자가 있다고 밀고하는 자에게도 포상을 하였다. 박해 때에 많은 순교자가 탄생한 것은 말할 필요가 없다. 박해를 더욱 심하게 한 요인 중의 하나는 후에 불교와 유교가 종교적으로 기독교를 공격하였다는 것이다. 이리하여 일본에서 천주교 신자는 19세기 개방 시까지 지하교회로 존재하게 된다. 그리고 일본은 19세기 서구에 의하여 개방될 때까지 화란이 일본과 통상을 독점한다. 일본은 화란을 통하여 기독교를 제외한 기술과 새 과학을 도입한다.

2) 개신교 선교역사

19세기 중순 일본은 서양에 의하여 강제로 문이 개방되기까지 국내의 정치, 사회변화가 일어났다. 일본국민들은 도쿠가와 가문의 세습권력과 군사독재에 항거하여 봉기를 일으키고 천황중심의 정치를 회복하여 메이지천황은 과감한 개혁을 단행한다. 이것이 소위 메이지 유신이다. 그러나 이미 그전에 일본은 서구열강으로부터 문호개방의 압력을 받았다. 미국 순양함 페리호가 일본을 압박하여 문호를 개방하는 것을 필두로 서구 열국들은 일본과 수교 관계를 맺었다. 이것을 계기로 기독교에 대한 억압정책은 완화할 수밖에 없었다. 당시 도쿠가와 정권은 종교에 대하여는 사회봉기의 위험성이 있다고 경계하였다. 문호개방을 틈타 기독교가 들어오자 제일 먼저 영접한 자는 당시 정치변혁에서 거세당한 귀족의 청년(士－의 靑年)과 다이묘들이었다. 이것은 일본에서는 한국과는 달리 기독교가 상류접근을 한 셈이다. 권력자는 대체로 새 종교에는 회의적이다. 메이지 정권도 초기에는 기독교를 탄압하였으나 구미방문의 정부사절단들이 메이지에게 탄압의 철폐를 건의한다. 신문물을 배우러 서구 여러나라를 방문한 사절단들은 가는 곳마다 일본에 종교의 자유가 있느냐는 질문을 받는다. 수치를 느낀 사절단들은 귀국하여 강력하게 정부에 종교의 자유를 건의하였다. 이리하여 마침내 메이지는 1873년 기독교 신앙의 자유를 허용하였다.

먼저 일본에 온 초기 선구선교사들의 신앙과 신학을 로마 천주교와 비교해 보면 철저한 복음주의 선교사들이다. 그러나 그들은 한국과는 달리 통일된 선교전략을 가지는데 실패하였다. 한국에서는 네비우스 선교사를 통하여 통일된 선교전략을 수립하였는데, 일본에서는 이것이 없었다. 선교사들의 선교전략은 초기에는 선교가 허락되지 않아 학교와 병원 설립 등의 봉사와 영어교육 등의 서양문화를 소개하는데 더 주력하였다. 그러나 이들의 신앙은 개인적 회심의 강조, 성경의 절대 무오성 확신, 엄격한 도덕실천, 전도 강조, 서구문화의 절대우월성에 대한 확신으로 무장된 사람들이다.

일본에서 개신교 선교는 전술한 바대로 당시 권력에서 소외된

'土—의 靑年'(사무라이 계급의 사람들)들로 시작된다. 서구 선교사들은 이들을 중심으로 요코하마, 구마모토, 삿포로에서 각각 신문화 수입과 영어교육, 성경교육 등을 통하여 선교를 시작하는데, 이것이 유명한 '3band'이다. 일본선교는 한국과 비슷하게 근대화의 과정에서 서구문화에 대한 호기심과 맥을 같이하며 아울러 지성인들과 새 문화를 동경하고 기존질서에 반대하는 계층의 사람들이 기독교를 영접하였다. 따라서 선교사들은 직접 전도보다는 봉사와 교육 등에 더 치중하였다. 일본의 오노시수오는 개화기 일본선교의 네 가지 특징으로 1) 제거된 귀족들이 기독교를 받아들인 것. 2) 기독교를 사회변혁의 수단으로 생각하면서도 도덕적 종교로 이해하였다는 것. 3) 목사나 선교사보다는 평신도의 전도가 강하였다는 것. 4) 소도시와 농촌에서 초기에 전도가 성공하였기 때문이라고 설명한다.

5. 저항 받는 기독교

근대화의 물결을 타고 들어온 개신교는 천주교와 동일하게 많은 저항과 핍박을 받았다. 일본에서 기독교에 대한 도전은 일본인 특유의 집단주의, 민족주의, 신도, 불교, 조상숭배, 기타 사회 인습 등의 도전으로 요약된다.

먼저 일본선교의 장애요소는 일본인 특유의 기질과 전통인 집단주의이다. 일본은 서구식 근대화를 도입하여 경제대국을 이룩한 나라이지만 개인은 존재하지 아니하고 동양적인 집단주의가 지배하는 나라이다. 비록 해방 전 세대들의 애국심을 현재의 일본 청소년들에게는 찾을 수 없지만 가족주의, 직장이나 마을을 중심으로 하는 공동체 사상, 국가주의는 어느 나라의 국민들보다도 강하다 하겠다.

따라서 기독교를 아직도 외래종교로 취급하는 일본의 풍토에서 기독교를 받아들이는 것은 공동체에서 이탈을 의미한다. 실제로 아직도 시골에서 예수 믿는 사람은 '村入分-'(무라하찌부)으로 취급한다. 일본은 개인은 없고 집단만 존재하는 나라라고 사회학자들은 말한다. 따라서 직장에 취직하는 데는 경쟁이 심하나 일단 취직이 되면 평생 보장으로 경쟁을 모른다. 대신에 직장에 대한 충성이 강하다. 이러한 개인부재의 집단주의의 정신적 뿌리는 자아를 부정하는 불교의 영향으로 보는 학자도 있는데, 설득력 있는 이론으로 보인다. 일본에서 선교를 한 미국인 선교사 Charles Corwin은 현재 일본 청년들은 비록 절에 가지 않지만 인간을 비인격화하는 영향은 일본 사회에 뿌리가 그대로 남아 개인주의는 무정부와 파괴를 가져오는 것으로 일본인들은 생각한다는 것이다. 나, 너, 우리 등의 대명사가 없는 언어구조는 개인을 쉽게 환경에 몰입하게 한다. 예를 들면 영어로는 외롭다 할 경우 'I am lonely'이다. 그러나 일본어는 그냥 외롭다(사비시이)하면 된다.

일본의 집단주의를 형성하는데 중요한 사회조직은 가족, 촌락, 국가이다. 사회학자들은 일본의 이 3구조를 일종의 자연적 종교집단으로 규정한다. 가정에서는 조상신을, 촌락은 一神(마을의 수호신)을 섬기고, 국가는 천황을 신으로 모신다. 일본어로는 '이에'(家), '무라'(村), '구니'(國)로 표현되는 삼각구도는 일본인의 가치관을 형성하는데 결정적인 역할을 하는데, 여기에는 결국 종교가 중심역할을 한다.

둘째로 신도와 전근대적인 봉건주의의 잔재물인 천황제도는 기독교 선교에 장애물이었고 지금도 걸림돌이 된다. 이미 한국교회는 '태양신과의 싸움'에서 항복을 선언하였지만 아직도 일본에서는 신도와 천황제도는 기독교에 중대한 도전이 된다. 일본의 기성세대는 천황을 존경하고 숭배할 정도이다. 아직도 상당수 일본인들은 천황을 '태양신의 아들'로 존경하며 경의를 표한다. 이로 인하여 일본인들은 기독교의 독생자 예수 그리스도를 믿는 신앙과 천황숭배는 상충된다는 것을 안다. 명치유신 때 신도를 국가신도와 종파신도로 분리하고 국가신도를 모든 국민에게 강요한 종교정책은 초기 기독교에 심각한 도전이었다. 이러한 충돌의 대표적인 사건이 소위 우찌무라 간조의 불경죄 사건이다. 그는 천황숭배를 정면으로 거부하였다. 우찌무라 간조 이외에도 많은 일본인 신자들은 신사참배를 거부하여 수난을 당하였다. 지금도 많은 일본인들은 기독교 신앙의 선택은 일본국에 대한 배신으로 까지 생각한다. 일부 신학자들 중에 천황제도의 폐지를 외치는 자들이 있으나 계란으로 바위 깨기에 불과한 실정이다.

셋째로 기독교에 대한 도전적인 세력은 불교를 위시한 타종교와 이단과 신흥종교의 부흥이다. 불교는 일반적으로 타종교에 대한 저항과 반대가 비교적 적은 것으로 생각되지만 일본에서 불교는 반드시 그런 것만은 아니었다. 일본인들의 종교는 특정종교 하나만을 믿는 것이 아니라 한국처럼 종교다원화 사회로서 불교, 유교, 신도를 동시에 믿는 혼합적인 신앙이다. 각 가정은 가미타나를 섬기는데, 그것은 불교의 신도 되고 조상신도 된다. 기독교 신자들은 그러한 가정의 신을 우상으로 간주, 섬기지 않는데 대하여 사람들은 거부반응을 가진다. 특히 기독교 신자들은 전통적 가치관을 거부하거니와 국가의 명령보다는 하나님의 명령을, 부모형제보다 신자들을 더 동지로 생각하는 것에 대하여 불쾌감을 가진다. 선교초기에는 불교의 중들 중에도 불교를 버리고 기독교로 개종하여 불교로부터 극심한 핍박을 받은 이들이 있었다. 불교 이외에도 1970년대 소위 제3의 종교 붐을 타고 일어나는 민간 수준에서 샤머니즘적 혹은 불교적 신흥

종교는 기독교 선교에 심각한 도전이 된다.

 넷째는 일본인들의 강한 민족주의가 기독교 선교에 심각한 타격이 되었다. 근대적 민족주의는 19세기 서구에서 발전하였고, 동양에서는 서구적 민족주의가 일찍 발전하지 못하였다. 그런데 일본은 상황이 달랐다. 서구에서는 기독교가 민족주의를 고쳐시키는데 기여하지만 오히려 아시아에서 민족주의는 기독교에 부정적인 영향을 미치어 선교에 도전이 된다. 19세기 후반 일본에 기독교가 들어오자 국수주의자들은 강력하게 기독교를 외세의 종교로 몰아붙이고 기독교 신자들을 비애국자로 매도하였다. 여기에 자극을 받은 일본인 신자들은 자연히 국가에 대한 충성과 하나님 나라에 대한 충성은 충돌하지 않는다고 변호하면서 강한 애국심을 보이는데 많은 노력을 하였다. 우찌무라 간조의 2J사상(I love Jesus and Japan, but which is first, I don't know)이나 海－名－正(에비나 탄조)의 민족신학도 이러한 맥락에서 이해되어야 할 것이다. 러일 및 청일 전쟁 때 기독교 신자군인들이 전방에 자원한 것도 신앙심은 더 강한 애국심을 자극한다는 것을 보여준 필사적인 노력이었다. 일본인 신자들의 애국심에 대하여 선교 지도자 스티븐 니일도 "일본인 그리스도인은 모두 애국적인 일본인이었다"고 지적한다. 특히 최근 일본은 특유의 집단주의로 인하여 세계경제를 주도하게 되자 이에 고무되어 새로운 형의 '일본주의'를 주창하는 자들이 적지 않게 일어나고 있다.

 다섯째로 일본선교의 장애요인은 현실주의와 세속주의이다. 일본인들은 불교, 유교, 신도의 영향을 받지만 불교의 타계적인 사상은 한국보다 희박한 편이고 오히려 더 현실주의자들이다. 그래서 일본인에게는 오늘만 존재하고 내일은 없다는 말을 한다. 이러한 일본인들에게 미래의 천국을 강조하는 종말론적인 기독교는 별 관심이 없다. 이것은 초기의 장애만이 아니라 현재에도 도전으로 작용한다.

또한 일본인들은 종교가 무거운 짐을 요구하는 것을 생리상 거부한다고 한다. 일본인들의 이러한 의식구조의 원인에 대하여 다음과 같은 원인을 설명하는 자가 있다.

일본은 자연의 혜택을 많이 받았기에, 사막의 백성과 같이 엄하고 절대적 신에 복종할 필요는 없다. 일본인은 자연의 신들에게 귀여움을 받으면서 생존할 수 있고 신들과도 친히 교제하며 혜택에 감싸여 산다. 그래서 인격신, 역사를 인도하는 신들이란 일본인에게 있어서는 인연이 없으며, 일본인의 신은 인간의 정서를 만족시키는 자연신인 것이다.

마지막으로 타협주의적 일본인들에게 배타적 진리와 구원을 강조하는 기독교는 생리상 적합하지 아니하다. 오야마박사는 "한국교회가 성장한 것은 한국인 특유의 배타적 기질이 배타적 구원관, 배타적 진리관을 가르치는 기독교와 어울렸다. 그러나 일본인들은 새 종교를 받아들일 때 기존의 것을 버리는 것이 아니라 기존종교에 새 종교를 혼합하는데, 신도는 이의 대표적인 예이다"라고 말하였다. 오야마 박사의 지적은 상당히 예리한 분석이라고 본다. 일본인들의 이러한 타협적 기질은 최초의 철도부설에서 잘 나타났다. 명치시대 때 동해선 철도부설로 통신성과 군부가 서로 대립하였다. 군부는 군사목적의 철도를, 통신성은 민간위주의 철도를 고집하다가 결국 절충하였는데, 일본인들은 종교나 사상도 외래의 것을 수입하여 타협시키는 기질이 농후하다는 것이다. 일부 일본인 신자들은 성경을 해석할 때에도 자기들의 적성에 맞는 구절들만 취하여 다시 조립한다. 일본인들의 이러한 타협주의 정신은 인간관계를 중시하는 반면 신과의 관계는 등한하다는 약점을 들어낸다. 따라서 일본인들에게는 하나님은 유일하신 절대 계약자라는 언약사상은 없다고 시인한다. 모순된 말이지만 일본인들은 신에게 서약은 하지만 신을 믿지 않는 사람들이다.

서양선교사들 중에는 절충과 혼합의 일본문화를 인도의 힌두교에 비유한다. 힌두교는 모든 것을 포용하여 삼켜버리는 습성이 있는데, 일본도 동일하다는 것이다. 일본인은 미션스쿨에서 세례를 받고, 신식(神式:신도의식)으로 결혼식을 올리고, 불교식으로 장례식을 치른다. 한 서양선교사는 일본의 종교적 혼합습성에 대하여 다음과 같이 평한다.

> 이 나라는 수렁못이다. ……이 나라는 생각했던 것보다 훨씬 무서운 늪지였다. 어떠한 모라도 그 늪지에 심긴다면, 뿌리가 썩기 시작하여 잎이 누렇게 시들어간다. 우리들은 이 늪지에 그리스도교라는 모를 심고 말았다…….일본인이 그때 신앙했던 것은 그리스도교가 가르치는 하나님이 아니었다. 즉 우리들이 말하는 하나님이 아니고 그들의 신이었다. 이것을 우리들은 오래도록 알지 못하고 일본인이 크리스천이 된 것이라고 단정하였다…….일본인은 오늘날까지 신의 개념을 갖고 있지 않았으며 앞으로도 갖지 않을 것이다.[10]

우리는 일본의 신학에서도 이러한 혼합적 요소를 볼 수 있으니, 그 대표적인 것이 入木一의 종교다원주의로써, 그의 사상이 한국의 종교다원주의에 막대한 영향을 미치었다. '이것이냐 저것이냐'의 양자택일보다는 '이것도, 저것도'의 절충적 사고는 사회적으로는 장점이 될 수 있을지 몰라도 기독교에는 부정적으로 작용함은 사실이다.

---

10) 택정언, 『일본기독교사』, 9-10.

6. 일본 기독교의 현재

한 나라의 복음화는 그 나라의 교회에 일차적인 책임이 있다. 세계선교가 서구에서 비서구로 이전하는 현시점에서 아시아 각 나라의 책임은 중대하다. 그 나라의 교회가 선교의 비전과 책임이 없을 때 외국선교사의 존재는 자칫하면 그 나라 교회를 부정적으로 자극할 수 있다. 현재 일본의 기독교 인구는 100만이라고 말하나 실제로 교회 출석인구는 약 30만이 넘는 것으로 추산한다. 이것은 전인구 1억 3천만에 비하면 너무나 미미한 것이다. 일본의 기독교는 1990년 통계에 의하면 인구 약 123백만에 교회는 총 7천개가 넘는데, 1교회당 인구는 약18,000명이다. 이것은 교회당 1개에 인구 1천명의 한국에 비하면 엄청난 차이가 난다. 주일 출석신자 100명이 넘는 교회는 약 180개에 불과하고 50%이상이 신자 출석률은 10-30명 내외이다. 다시 말하면 60-70%의 교회는 출석신자가 30명 미만이며, 사례 받는 목회자는 절반에 불과하다고 한다. 그래서 동북, 중부 일부, 시꼬쿠 및 규슈지방에는 무교회 지역이 많이 있다. 최근 일본에도 복음주의 교회와 오순절 교회가 성장하고 있다. 동시에 한국에 비판적인 목사들이 있는 반면 한국을 비판하면서도 한국교회의 부흥운동을 배우는 교회는 비교적 성장추세로 나아가고 있다. 일본 개혁파교회나 다른 일부 교회들은 한국교회와 협력하고 있다. 아직 소수지만 농촌의 무목 교회를 한국 선교사들이 담임하는 것은 고무적인 협력이라고 보아야 할 것이다.

수 년 전 서양 학자가 일본 기독교의 토착교회, 즉 우찌무라 간조 같은 무교회 운동이나 다른 토착교회들은 도리어 서서히 양적으로 쇠퇴하고 있다고 주장하는 책을 썼는데, 그러나 그는 그 원인은 정확하게 분석하지 못하였다. 그런데 그는 일본에 있는 한국 순복음교회도 토착기독교로 분류한 것은 좀 이해하기 어렵다. 한국교회가 일본에서 배워야 할 교훈은 일부 일본 교회 지도자들이 동경이나 관광지에 세워진 한인 중심의 교회들에 대하여 비판적인 시각을 가진다는 사실이다. 이들 한인중심의 교회들은 유흥업에 종사하는 한국인 신자들의 윤리적 측면은 무시하고 열정을 기준으로 무조건 집사로 세우는 것에 비판적이다. 한국교회는 교회의 윤리적 차원을 외면한다는 것이다. 이 비판을 재일한인 교회들은 유념해야 할 것이다.

7. 일본의 신학

일본의 개신교 선교는 일부 상층계급, 청년 지성인들로 시작하다 보니 자연 지적인 면이 강하다. 이것은 교회와 신학을 형성하는데 주요 요인으로 작용한다. 일본교회는 신학적으로 말하면 처음부터 자유주의 신학이 강하게 지배하였다. 특히 2차 대전 중 일본이 독일과 밀접한 관계로 인하여 독일신학이 일본신학계를 장악하게 된다. 자유주의는 필연적으로 복음주의에 중대한 도전이 된다. 20세기 초기 일본교회가 자국의 복음화를 위한 대대적인 전도운동을 전개하면서 자유주의 교회를 배제할 것을 제창하자 에비나 탄조같은 지도자는 그러한 조치에 강력하게 항의하면서 기독교의 혼합적 성격을 외친다.

특히 일본 기독교는 민족주의와 타협한다. 우찌무라 간조와 에비나 탄조, 우에무라 마사히사시 같은 자들은 대표적인 인물이다. 우찌무라 간조는 동경지진 때의 한국인 대학살을 미소로 방관하였다고 일본 교회 지도자가 말한다. 우에무라는 "조선은 신이 일본국을 위하여 조상들에게 주셨다. 고로 일본이 한국을 합방하는 것은 고유한 권리이고 인류의 진보를 위하여 헌신적 조처이다"라고 하였다. 에비나 탄조는 종교다원주의자이다. 그의 주요사상은 1)모든 종교는 일치가 가능하고 종교 간의 차이를 극복할 수 있다. 2)인간은 자신의 노력으로 신이 될 수 있다는 종교진화론이며, 3)그리스도는 우리와는 좀 다르나 신은 아니다. 4)한일합방은 신의 뜻이라고 하였다. 에비나 탄조의 제자인 와다세쯔 노요시는 더 극단적인 말을 한다. 그는 1)성경과 古事-는 일치한다. 2)기독교와 천황제는 일치한다. 3)기독교의 삼위일체와 신도의 3위일체는 조화된다고 주장한다.[11]

2차 대전당시 일본의 일부 자유주의 신학자들은 하나님은 삼위일체가 아니라 4위일체임을 주장하였는데, 내용은 성부, 성자, 성령, 및 천황이다. 아울러 도성인신(incarnation)도 이중적이다. 그리스도 안에서의 도성인신과 천황 안에서 도성인신이라는 것이다. 현재 일본신학자들은 더 이상 노골적으로 일본주의와 기독교를 혼합하지 못하나 대신 종교다원주의가 한국의 신학자에게까지 영향을 줄 정도로 강하니 그 대표적인 신학자가 기독교와 선불교를 혼합한 야끼 세이찌이다.

진보적 신학은 사회의식이 강한 기독교를 발전시킨다. 지성인들로 시작된 일본의 기독교는 사회적 영향력이 처음부터 강하였지만 세계적 에큐메니컬운동은 더욱 이것을 진작시킨다. 일본 NCC는 제일조선인의 인권문제를 위시하여 평화 문제 등에 지대한 관심을 표시하며, 한국에서는 별 관심이 없는 평화의 신학을 번역하며 소개한다. 이점에서 일본 기독교의 사회적 영향력은 결코 과소평가 할 수 없다. 그래서 James Phillip은 일본교회의 희망으로 다음 열 가지를 지적한다. 1)대학가의 학생들이 기독교로 개종하는 것 2)도시산업선

---

11) 이 주제는 飯沼二朗, 韓晳曦 『日本帝國主義下の朝鮮傳道』를 참조할 것.

교활동 3)생명의 전화 같은 상담활동 4)평신도운동 5)기독교 영성운동 6)기독교 사회사업운동 7)평화와 정의운동 8)사회적 영향력이 있는 기독교 문학가와 작가 9)각종 학교의 기독교 교사 10)성경학자와 신학자들이다. 그러나 이상의 일본 기독교에 대한 희망적 요소는 사실 NCC를 중심으로 하는 것으로, 이들은 자유주의 신학에 바탕 하여 사회참여에 강조하다 보니 자연히 사회적 영향력은 크다고 볼 수 있으나 그것이 일본 기독교의 성장으로 연결된다는 것을 의미하는 것은 아니다.

이러한 자유주의 주도의 일본교회에 대하여 최근 복음주의 교회는 부흥운동을 시도한다. 최근 복음주의 교회는 선교적 차원에서 연합운동을 전개하고 세계 복음주의 운동에 동참하며 교회성장과 복음주의 신학의 발전에 노력하는 것은 대단히 고무적인 일이다. 일본은 1980년에는 5,918교회였으나 1990년에는 7,001교회를 기록, 10년 동안 약 1천개 이상 증가하였다. 그리고 일부 복음주의 신학자들은 자유주의 신학에 대항하여 학문 활동을 활발하게 전개할 뿐 아니라 복음주의 연합도 한국보다도 더 잘되고 있다. 우다 수수무 박사는 복음주의 신학을 발전시킨 훌륭한 신학자이다. 그는 NCC가 스스로를 복음주의로 혹은 성서주의로 자처한데 대하여 신랄하게 비판한다. 또한 일본교회는 해외에 선교사를 약 350명 이상을 파송하였다. 아울러 일본교회는 자국 복음화를 위한 노력을 일찍부터 시작하였다. 1972년 최초의 국내선교대회를 시작으로, 1984년 경도에서 제2회 선교대회를 가졌고 최근에는 고시엔 전도대회와 빌리 그래함 전도대회를 통하여 국내전도 운동에 박차를 가하고 있다.

그러나 최근 일본 신학에서 유감스러운 것은 진보적 신학자들의 지나친 반 부시, 반미에 미국 복음주의를 공격적 신학 혹은 세계 정복의 신학으로 매도한다. 혹자는 청교도도 신랄하게 비난한다. 한 신학자는 부시를 전쟁광으로까지 악평한다. 구리바야시 테루오는 부시의 신앙이 변질되었다고 비난한다. 부시는 내면적 경건을 중시하는 웨슬러의 신학에서 한층 더 묵시록적이고도 전투적인 칼뱅의 신앙으로 전환하였다는 것이다.

　미국과 부시를 비난하는 가장 중요한 원인은 이라크 전쟁이다. 참고로 일본 교회 대부분은 이라크 전쟁을 잘못된 전쟁으로 반대하여 고신과 가까운 일본 개혁파교회마저도 이라크 파병 반대 성명서를 낼 정도인데, 여기에는 일본의 철저한 반전사상이 깔려있다. 반전사상은 좋으나 이라크 전쟁의 신학적 배경은 미국 복음주의와 원리주의의 잘못된 종말 사상에 기인한다고 혹평한다. 미국 보수파 집단인 프로미스 키퍼 운동과 개혁주의자들이 전개하는 'Christian Reconstruction' 운동도 세계정복의 신학으로 단정하는 목회자가 있다. 후자는 신자들은 세상을 섬길 의무가 있음으로 각자가 문화적 사명을 다해야 한다는 신학이다. 창세기 1:26절의 문화적 사명에 관한 교훈이다. 일본어는 '통치하라' 혹은 '지배하라' 이다. 이러한 신앙사상으로 인하여 미국은 이라크 전쟁을 일으켰고 이슬람을 사탄으로 보면서 십자군 전쟁으로 미화하였다고 한다.

　기독교 국가 미국에 대한 증오심을 표출한다. 어느 신학자는 미국 보수 기독교는 미국을 '하나님의 나라', '기독교 국가 미국', '하나님이 함께 하는 나라', '언덕위에 세워 진 마을' 이라는 용어로 민족적 혹은 국가적 자부심을 가진다고 혹평한다. 즉 종교와 민족주의가 밀착하였다는 것이다. 여기서 종교가 순수성을 물론 떠났다는 것을 은연중에 암시한다. 부시의 연설에는 미국은 하나님이 선택한 선민 혹은 언약의 백성임을 노골적으로 강조한다고 불쾌하게 생각한다.

　특히 일본 진보 신학자들이 비판하는 것은 세대주의 신학이다. 미국 기독교 원리주의는 항상 이스라엘을 지지함으로 중동에서 평화를 깨트린다는 것이다. 특히 세대주의자들은 이스라엘에 예수가 재림한다고 가르치고 2000년에는 많은 신자들이 예루살렘을 방문하였으나 종말은 없었다는 것이다. 즉 광신적 종말신자라는 것이다. 필자는 이 비판에는 어느 정도 동의한다. 현재 이스라엘은 결코 기독교의 4촌은 아니다. 이스라엘의 유대 원리주의도 기독교를 엄청나게 박해하고 선교를 못하게 한다. 미국의 친 이스라엘 정책은 중동 등 다른 이슬람 국가 선교에 큰 장애요인이 된다.

일본 신학자들은 기독교 원리주의와 이슬람 원리주의를 동일시하면서 원리주의는 편협주의, 몽매주의, 비타협주의, 문자주의, 폭력에 호소하는 종교적 전체주의로 본다. 우리들의 신앙은 사실상 미국 기독교의 원리주의라고 해도 과언이 아니다. 그런데 일본은 대체로 신학자들이나 대중들마저 이슬람 원리주의와 기독교 원리주의를 전혀 구분하지 않는다. 그래서 일본복음주의동맹(Japan Evangelical Association: 일본 복음주의 기독교회들과 단체들의 협의체로서 NCC와는 신학적으로 대립된다)은 2006년에 원리주의에 대한 특별 연구 논문집을 내었다. 그러나 유감스럽게도 이 보고서 역시 이슬람 원리주의나 타 종교 원리주의는 전혀 거론하지 않고 미국 기독교 원리주의의 부정적인 차원만을 부각시켰다. 그래서 재일본 서양 선교사가 이 연구서를 예리하게 비판하였다. 이 문제는 여기서 거론하지 않겠다.

일본신학자들이 미국 사회 문제에 대한 비난은 주로 인종차별, 계급차별, 여성차별, 동성연애자 차별 등이다. 특히 어떤 언론인은 주일 오전 예배를 흑인과 백인이 분열하는 분열의 시간으로 말할 정도이다. 후지이 하지메는 9·11이후 미국은 변한 것이 없이 도리어 미국다운 것이 더 강화되었는데, 미국다운 것이란 군국주의와 물질주의라는 견고한 터 위에 세워진 인종차별, 계급차별, 여성차별, 동성

애차별이라는 4박자이다. 그는 미국 기독교를 군국주의로 말한다. 9·11은 미국인들로 하여금 더 애국심을 일으키게 하였고 테러전이라는 명목으로 미국의 폭력성이 드러났다고 주장한다. 그런데 폭력성의 중심에 미국 교회가 있다는 것이다. 특히 주류교회가 전쟁을 지지하였거니와 제리 폴웰이나 빌리 그래함 아들 프랭클린 그래함 같은 극우파들은 무하마드를 사탄으로, 이슬람을 악의 종교로 정죄함으로 테러와 전쟁은 물론 이라크 전을 정당화한다는 것이다. 9. 11 이후 미국 복음주의와 부시를 비난하는 대표적 저서들을 소개하면 다음과 같다.

David Domke, *God Willing?: Political Fundamentalism in the White House, The "War on Terror," and the Echoing Press* (2004)

E. Luther Copeland, *The Southern Baptist Convention and the Judgment of History: The Taint of An Original Sin*(2003) 본서는 일본어로 번역되었다. 일본어 서명은:八田正光 譯,『アメリカ南部バプテスト聯盟と歷史の審判: ひとつの根源的な罪の 痕迹』(新敎出版社, 2003).

神林毅彦,『ミシシッピお知ると矛盾大國アメリカか見えてくる』(解放出版社, 2002), (부시를 알면 모순 대국 아메리카가 보인다).

三浦俊章,『ブッシユのアメリカ』(2004),(부시의 아메리카)

關西學院大學キリスト敎と文化硏究センター編『アメリカ戰爭と宗敎:アジアのまなざし』

から』(新敎出版社, 2004). (관서대학 기독교와 문화센터 편, 아메리카 전쟁과 종교: 아시아의 관점에서)

鹿嶋春平太,『聖書かわかればアメリカか讀める』(P.H.P.硏究

所, 2001) (성서를 읽으면 미국을 읽을 수 있다).
山本周二, 『ピユ―初期のアメリカ植民地實像』九州大學出版部, 2002) (퓨리턴 초기 미국식민지 실상).
森 孝一 『"ジョージ.ブッシユ"のアタマの中身: アメリカ超保守派の世界觀』(講談社, 2003). (부시 머리의 핵심: 미국 초보수파의 세계관)
蓮見博昭 『9·11以後のアメリカ政治と宗敎』(有限會社梨の木舍, 2004). (9·11이후의 미국정치와 종교).

위의 저서 중에서 야마모토의 미국 청교도를 완전히 부정하는 논조는 학문적으로 객관성과 공평성을 상실한 것이다. 비기독교 경제학자들이나 정치학자들도 청교도가 근대사회에서 경제와 정치 등 사회의 모든 분야에 미친 긍정적 차원을 다 인정하고 있다. 막스 베버의 [프로테스탄트 윤리와 자본주의 정신]은 칼 마르크스의 자본론을 뒤 엎는 중요한 학문적 저서이다. 베버는 청교도의 윤리가 근대 자본주의의원천이 된다는 것을 학문적으로 정립하고 있다.

최근 일본 복음주의 목회자들은 교회성장과 선교를 힘쓰고 있으며 복음주의 신학자들은 교회성장 신학과 선교학 이론을 발전시키며 복음주의 신학을 정립하고 있다. 그러나 아직 자유주의가 더 강한데, 이것은 성장과 선교와는 거리가 있다. 교회성장을 도리어 부정적으로 본다. 유감스러운 것은 일본 원리주의 비판은 전혀 외면하면서 미국 기독교의 보수성과 극우사상만을 지적하는 모순을 범한다.

결론

경제대국 일본은 종교와 문화는 아시아에 속하면서도 구라파 문화를 도입하여 세계제일의 경제대국을 건설하였다. 일본은 바야흐로 '일본의 평화'(Pax Japonica)를 꿈꾼다. 미국은 세계주의 정신인 기독교를 바탕으로 현재까지 Pax America를 유지하지만 일본은 폐쇄적인 민족주의와 국가주의로 Pax Japonica를 실현할 수 있을지는 아직 두고 보아야 할 것이다. 일본의 Pax Japonica는 오히려 세계평화가 아닌 새로운 형태의 정복주의가 되지 않을까 중국과 한국 등 이웃국가들은 자못 불안한 눈초리로 지켜보고 있다.

아시아의 여러 나라들은 아시아 종교로 근대화를 이룩하는데 실패하였지만 일본은 전근대적이고도 신화적인 신도를 기초로 근대화를 이룩한 특이한 나라이다. 즉 근대화와 고대종교가 공존하는 수수께끼와 모순의 나라이다. 기독교적으로 말하면 많은 우상을 심기는 나라이다. 일본 교회가 성장하지 못하는 이유 역시 일본의 문화적 밭도 중요한 원인이지만 그러나 교회와 신학에도 책임이 있다.

제8장

종교대국 인도

서론

인구 10억의 인도는 중국 다음으로 세계에서 인구가 많은 나라로서(세계인구 6명중 1인은 인도인이다), 가난하지만 아시아에서는 힌두교 이외에 많은 종교를 만든 종교의 나라이다. 인도는 우리와는 직접적인 관련이 없는 먼 나라로 생각하였으나 얼마 전 역사연구에 의하면 인도의 불교는 가야국 시대 때 인도의 한 귀족가문이 직접 신하들과 함께 김해에 정착하여 가락국 창건과 더불어 가야 불교에 기여하였다는 학설이 나왔다. 김해 김씨는 이들의 후손으로 종친회도 인도를 방문한다고 한다. 지금까지 한국의 불교는 중국을 통하여 들어온 것으로 생각하였는데, 이것은 한국과 인도의 밀접한 과거사가 있었다는 것을 알려준다. 여하튼 종교의 나라 인도는 근대화를 향한 노력을 향하여 몸부림을 친다. 인도의 근본적 문제는 힌두교로 근대화가 가능한지 의문을 제기한다. 인도인들은 물론 '예스'이다.

인도는 종교 대국이다. 힌두교를 위시한 인도의 모든 종교는 과학과 정보화의 시대에 원시적으로 보임에도 불구하고 미국과 한국, 일본 등에서 수많은 신흥종교와 이단들의 뿌리가 되고 있는 실정이다. 근래 일본사회를 떠들썩하게 하였든 옴진리교도 역시 힌두교의 명상을 바탕으로 하면서도 일본식의 군국주의를 가미한 신비주의와 무사정신을 교묘하게 결합하였다. 인도는 이점에서 현대와 고대가 공존하는 나라이다. 경제적으로 엄청난 부자와 금방 굶어 죽어가는 극도의 가난한 자들이 공존하는 나라이다. 세계는 민주, 평등, 자유, 정의라는 보편적 가치관을 향하여 나아가는데, 인도는 아직도 이러한 인류의 보편적인 가치관을 외면한 채 계급주의가 상존하는 나라이다. 1994년도 한국에서 상영된 인도영화 '벤디트 퀸'(Bandit Queen)은 인도의 한 천민출신 여인이 당하는 사회적 수난을 말하여 준다. 인도 최고의 영화로 전 세계에 알려진 이 영화가 인도에서 초기에는 상영이 금지되었다는 것은 바로 인도의 오늘을 잘 말하여 준다. 그 여주인공은 불행하게도 국회의원까지 지냈지만 암살당하고 말았다.

 종교적으로는 다원화 사회이면서 회교와 힌두교간의 종교 간의 갈등은 전쟁의 불씨로 작용한다. 오랜 문명에도 불구하고 많은 문제를 안고 있기 때문에 인도 작가 V.S Naipaul은 인도의 문명을 '상처 받은 문명'(wounded civilization)으로 묘사한다. 동시에 힌두교 원리주의자들은 기독교를 괴롭힌다. 이 문제는 이미 힌두교 원리주의에서 다루었다. 이렇게 인도는 외적으로 보면 사회갈등이 많은 빈곤의 나라이면서도 정신적으로는 힌두교의 물질 초월사상이 서구인들에게 매력이 있어서 서구, 특히 미국을 정신적으로 정복할 정도이다. 미국의 많은 이단들과 신흥종교는 인도의 신비종교에 뿌리를 두고 있다. 이점에서 인도는 참으로 아이러니한 나라이다.

 인도는 나라 크기만큼 세계적으로 무시할 수 없는 많은 것들이 있다. 힌두교, 불교, 자이나교, 시크교의 발상지, 인종, 언어, 문화, 기후가 다양한 나라이다.[1] 그래서 연일 종교와 문화로 인하여 전쟁이 끊이지 않는 나라이기도 하다. 이점에서 인도는 나라를 분리시키려는 원심운동이 크게 작용하는 반면 나라를 하나로 묶으려는 구심력이 동시에 이율배반적으로 작용하는 나라이다.[2]

1. 인도개관

세계인구의 16% 이상을 차지하는 인도는 2020년에는 13억이 될 것으로 추산한다. 주요인종은 인도 아리안, 드라비다인종, 오스트로 아시아계, 신 티베트계, 기타이다. 인도를 지배하는 인종은 주전 3000년경 페르시아에서 인도로 들어온 인도 아리안계로 인구의 73%를 차지하고, 다음 드라비다계로, 북부와 중부인도에 집중하여 있는데 인구는 24%를 차지한다. 나머지는 전체인구의 2%도 되지 않는 소수 인종이다. 그러나 이들 종족들은 수많은 소수인종으로 분류된다. 이러한 종족의 분파가 2,400여종이며 그 언어에 있어서도 종류가 1,652개 이다(그 중 힌두어와 영어가 28%로 가장 보편적임) 그러나 일반적으로 통용되는 언어가 17개이다. 인도는 70만개의 마을과 6천개의 부족이 있다.

인도에서 가장 큰 문제는 힌두교가 낳은 카스트 제도이다. 현재는 헌법상으로는 카스트 제도는 불법이라고 단정하지만 현실적으로는 아직도 무서운 사회적 힘으로 작용한다. 상층계급은 승려계급은 브

---

[1] Theodore Williams, "India, A Setting Subcontinent," *The Church in Asia*, ed., Donald Hoke (Chicago: Moody Press, 1975), 217.
[2] Mary Ann Lind, *Asia: A Christian Perspective* (Seattle: Frontline Communications A Division of Youth with A Missim, 1990), 41.

라민(Brahmin)으로 인구의 4.9%를 차지한다. 다음으로는 무사계급인 크샤트리아이고 상인계급인 바이샤가 있는데, 양 계급의 인구는 10.5%이다. 낮은 계급인 수드라는 전인구의 47.6%를 차지한다. 이상 4계급에 들지 못하는 천민계급은 영어로 'Outcasts, Untouchable, Harijan'으로 표현하는데, 이들은 전 인구의 15%나 된다. 'Untouchable'은 불가촉천민을 의미하는데, 이것은 옛날 우리말로 표현하면 양반들이 몸에 접촉하여서는 안 될 정도로 불결한 사람을 의미한다. 현재도 이들은 약 1억이 된다고 한다. 위의 범주에 들지 않는 나머지 무슬림들, 기독교 신자들, 천민 부족들은 스스로 계급과는 상관없는 것으로 자처한다. 물론 인도사회의 고심은 계급간의 갈등과 불화로써 근대화와 민주화에 막대한 지장이 된다. 그런데 우리가 이해하지 못할 사실은 이들 주요한 4계급과 여기에 들지 못하는 천민들을 다시 세부적으로 나누면 무려 6,400개의 카스트가 있다고 한다. 법으로는 계급차별이 없는 평등사회를 자부하지만 아직도 천민계급의 사람들에게는 신분상승에는 완전한 자유가 없는 셈이다. 예를 들면 세탁을 전문으로 하는 사람들은 '돌비'라는 천민층인데, 이들의 자녀들은 아직도 열심히 공부하여 출세하려는 엄두를 잘 내지 않는다. 이러한 보이지 않는 사회적 제약 때문에 천민들이 공무원이 되는데 있어서도 무조건 문호가 개방된 것은 아니다. 수상은 공무원들의 계급에 의한 쿼터제를 철폐하려고 하지만 상층계급 사람들이 반대하여 어려움에 직면한다. 국내 정치에 악영향을 주고 있는 것은 카스트 제도, 여러 종교의 대립, 부패와 비능률, 지역주의 감정 등인데 이런 문제의 해결이 국내 정치의 최대 난제 중의 하나이다. 한마디로 인도의 정치제도는 민주주의적 사회주의를 지향한다. 네루 수상의 딸 인디라 간디는 스스로 인도의 이러한 다양한 문제를 해결하기 위하여 민주주의적 사회주의(democratic socialism)가 불가피한 최선의 해결책이라고 스스로 자인하였다. (네루가문이 오랫동안 인도정치를 지배하였기 때문에 인도인들은 India is Indira, Indira is India라고도 말한다). 1947년 종교 문제로 파키스탄과 분리한 이후 여러 차례에 걸쳐 파키스탄과 전쟁을 하였고 또한 중국과는 한때 국경문제로 전쟁을 치렀다. 국내적으로는 아직도 여러 면에서 정치적 불안을 안고 있다. 인도의 정치적 문제는 바로 종교와 인종 문제이다. 북부의 카슈밀 주는 항상 파키스탄과 불안한 평화를 유지하며 북동쪽의 나가랜드 역시 인도로부터 독립을 시도하여 외국인의 나가랜드 출입을 엄격하게 통제한다. 마니풀이나 편잡 주도 동일한 상황이다.

2. 종교

폴 틸리히는 "위대한 문화의 배경에는 항상 종교가 있다"고 하였는데 이 말은 인도에 해당된다. 인도는 힌두교, 불교, 제인교, 시크교, 자이나교의 5대 종교의 발생지이며 기독교, 이슬람교, 유교, 바하이교, 파르시(Parsi)교 등 외래 종교가 공존하고 있다. 불교와 자이나교는 당시 계급적이며 제사장 중심의 힌두교에 대한 개혁운동으로 출발한 종교이며, 파르시교는 아주 소수인의 종교로서 페르시아의 조로아스터교를 인도와 방글라데시에서는 파르시로 부른다. 그러나 인도는 종교가 평화적 공존을 하는 것이 아니라 대립과 갈등의 관계로써, 인도 정치의 고질적 문제로 남아있다. 종교인 분포도는 공식통계는 힌두교 82.6%, 이슬람 11.2%, 기독교 2.7%, 시크고 2.4%, 불교 0.7%, 자이나교 0.4%이다. 그러나 오래 전 인도교회성장연구소가 발표한 통계는 대중힌두교가 50%, 철학적 힌두교 15%, 이슬람 14%, 토착종교인 12%, 기독교 4%, 시크교 2%, 불교 0.71%, 자이나교 0.42%, 기타 1.27%이다.[3] 인도의 기독교 신자는 약 4%로 말하는데 공식통계는 실제보다 낮다. 이유는 기독교 신자들은 자신들이 기독교인이라는 것을 숨기는 경우가 많기 때문에 실제는 많을 것으로 본다. 힌두교는 인도의 상층 계급을 종교적으로 신성화하는 의미에서 일종의 계급종교이다. 현재 인도정부는 카스트제도를 법적으로 인정하지 않으며 심지어 법적으로는 종교의 자유가 보장되었다. 그러나 힌두교를 인도의 가치, 습관, 생활양식으로 간주, 이것을 바꾸는 것을 금지한다.

3. 인도의 기독교 선교역사

1) 천주교 선교역사

인도는 인도의 역사만큼이나 기독교도 유구한 역사를 자랑한다. 그러나 인도 특유의 특징인 역사의식의 부재로 인하여, 예수님의 제자 도마가 세웠다는 말토마교회(성도마교회)가 존재하나 역사적 자료는 거의 전무한 상태이다. 역사적 자료는 없지만 인도에는 일찍이 기독교가 전래되었다는 여러 가지 신빙성 있는 증거가 드러난다. 종교학적으로는 대승불교는 기독교의 영향이 많이 나타난다고 하는데, 그것은 불교가 주후 2세기경 인도의 북부에서 기독교와 접촉한 결과로 해석한다. 그리고 인도의 교회사에는 벌써 3,4세기경에 구원

---

[3] S. Vasantharaj Albert, *A Portrait of India-III*(Madras: Church Growth Association of India, 1995), 7.

론에 대한 신학적 논쟁이 있었던 것으로 전하여진다. 인도의 기독교 선교는 대략 3기로 나눌 수 있는데, 첫째는 도마로 시작되는 시리아 교회인 말토마교회의 설립이요, 2기는 지리상 발견 이후 로마 천주교의 선교이며 3기는 개신교 선교이다. 일본인 교회사 교수인 카사이 미노루는 인도교회사를 역시 3기로 분류하고 1기인 도마교회의 시대는 교회가 인도종교와 사상에 적응을 통하여 오랜 역사를 생존한 특이한 교회로, 2기인 로마 천주교회의 시대는 교회가 인도 사상과는 유리하여 식민지 세력을 업고 탈 인도화를 시도한 것으로, 3기인 영국 식민지하의 개신교는 초기에는 인도정신을 거부하였으나 후기에 기독교 안에서 소수의 엘리트 신자들이 민족적 자각에 기초하여 토착화 운동을 전개한 시기로 본다.

먼저 1기인 도마교회의 설립은 에데사를 중심으로 출발하였다. 인도교회의 1/3을 차지하는 케랄라(kerala)지방의 말토마교회는 인도문화의 특징인 신화와 역사의 차이가 없는데서 역사적 자료가 빈곤하지만 정설로 받는다. 도마는 주후 52년에 인도에 도착하여 20년간 선교사역을 하였다. 제롬의 교회사에 의하면 예수님은 도마를 인도에 파송하였다. 기독교가 인도에 들어갈 때는 인도가 아쇼카로 시작된 불교 중흥의 시대에서 힌두교로 다시 전환하고 또한 정치적으로는 혼란의 시기였다. 예수님 당시 인도는 페르시아, 헬라, 중국의 침입을 받았는데, 그때 팔라바(Phalava)라는 임금이 기독교와 조우한 것으로 전하여진다.[4] 도마가 인도에 선교사로 갔다는 이야기는 많은 이적과 신비주의로 가득한 도마의 행전(Acts of Thomas)에 기록되어 있다. 도마행전의 서두는 예수님의 11제자가 예루살렘에 모

---

4) Samuel Hugh Moffett, *A History of Christianity in Asia* (New York: Harper San Francisco, 1992), 18-19.

여서 명령하신 세계선교 전략을 논하는 것으로 되어 있다. 제자들은 지역을 나누었는데, 제비를 뽑으니 인도는 도마에게 떨어졌다. 그러나 도마는 자신은 유대인이고 몸이 약한데 어떻게 인도로 갈 수 있느냐고 거절한다. 그런데 그날 밤에 예수님께서 다시 나타나서 "무서워 말라 도마야 인도로 가서 복음을 전하여라. 나의 은혜가 너와 함께 하노라"라 하였다. 도마는 결국 당시 왕궁을 지을 목수를 찾으러 온 군다팔 왕의 하인 아반에게 노예로 팔려 인도로 간다. 그는 결국 인도에 가서 복음을 전하고 교회를 세우고 나중에 순교하였다고 전하여진다. 물론 이 도마행전의 신빙성과 심지어 군다팔이라는 왕이 없었다고 역사성을 부정하는 자들이 있었지만 1834년 아프가니스탄의 카불계곡에서 군다팔의 동전이 발견됨으로 어느 정도 역사성이 입증되었다.

그러나 92년 도마 이후 성 도마교회는 지도자 부재로 약하여진다. 2세기에는 시리아교회가 인도에 전하여진 것으로 본다. 근거는 주후 341년 시리아 상인 토마스카나가 트라반코트에서 기독교 신자를 발견하였으며 다음 180년경 알렉산드리아교회는 인도로부터 선교요청을 받고 판테스라는 사람을 파송한다. 그는 인도에서 마태복음서를 사용하는 신자를 만남으로 인도 기독교회의 존재를 확인한다. 다음 4세기경 네스토리아교회의 인도선교이다. 이들은 페르시아에서 박해를 받다가 약 400명이 집단이주로 현재의 마드라스에 도착하여 교회를 설립하였고 다음 페르시아교회는 인도에 장로를 세웠다.

케랄라 주의 신자는 전체 인도 기독교 신자 1,422만중 440만이 있으며 이 중 도마교회 신자는 250만을 넘는다고 한다. 로마 카톨릭 교회도 인도 성직자의 반수가 케랄라 주 출신이라고 한다. 도마교회 신자들은 인도전역에 걸쳐 관료, 교육자, 상인으로 활발하게 활동한다. 따라서 케랄라 주에서는 힌두교와 기독교가 자연스럽게 공존한다.

그런데 성 도마교회는 16세기 서구의 동양진출과 함께 시작된 로마 카톨릭 선교로 인해 시련을 당한다. 당시 서구는 막연하나마 먼 나라에 기독교회가 존재할 것이라는 기대와 생각을 가지고 있었다. 그 기독교회를 발견하기 위한 노력은 항해자들로 인하여 실현된다. 포르투갈의 상선을 따라 들어온 천주교회 선교사들은 인도의 교회를 발견하고는 크게 놀라고 이 교회가 교황의 지도를 받지 않는데 실망하고 이들은 교황청의 지도를 거부하였다. 포르투갈 식민지와 함께 인도에 들어온 천주교 선교는 주로 고아와 봄베이와 망가와로인데, 이 지역에는 지금도 힌두교 2인중 천주교 신자가 1인일 정도로 신자가 많다.

인도의 첫 천주교 선교사는 유명한 예수회의 선교사 프란시스 사비엘이다. 그는 로마 카톨릭 선교역사에서 그야말로 영웅적인 인물이다. 그는 포르투갈 임금의 두터운 신임으로 '상당한 군사력과 국왕에게 직접 교신할 수 있는 권리를 가지고 인도로 갔다.'[5] 그는 포말레이지아를 거쳐 1542년에 인도의 고아에 도착하였고, 남쪽의 코로만돌 해안의 어부를 주업으로 하는 바라타스계급의 사람들에게 전도하여 많은 개종자를 얻는다. 이것은 인도선교 역사에서 처음으로 실시된 집단개종이다. 물론 사비엘 이전에 서구 천주교회가 파송한 사역자가 없었던 것은 아니다. 사비엘 이전에 이미 포르투갈 정부는 천주교 사역자들로 하여금 자기들의 영역에서 교회를 세우고 사목활동을 하게 하였다. 그런데 포르투갈은 식민지 정책에서 인종동화 정책을 서서 포르투갈인들이 원주민 여자와 결혼하게 하고 그

---

5) 스티븐 니일, 「기독교 선교사」, 188.

들의 자녀들은 자동적으로 천주교 신자가 되게 하였다. 사비엘은 이러한 상황에서 고아에서 일하는 것을 피하고 남인도의 코로만델 해안의 어부들인 파라바스 계급을 상대로 선교하였는데, 개인전도가 아닌 집단개종을 시도하였다. 이것은 물론 천주교 특유의 전략이다. 이들이 집단 개종한 것은 힌두교 사회에서 소외되었기 때문이다. 이들이 기독교로 개종하자 무슬림들이 괴롭혔다. 이에 이 사람들은 포르투갈의 보호를 요청하자 사비엘은 대가로 세례를 요구한다. 사비엘의 선교는 이렇게 하층민 대상이면서도 집단개종을 실시하였고 지도자 양성에 힘을 쓴다. 이점에서 사비엘이 인도에서 공헌한 것은 많은 개종자를 얻은 것과, 둘째는 성직자와 선교사의 양성이다. 그러나 사비엘의 선교에 시련이 없는 것은 아니었다. '조력자들의 무능과 연안 지역에 사는 포르투갈인들의 악행과 폭력, 그리고 파라바스족들의 무지 및 변화에 대한 그들의 미온적 태도 때문에 고통을 겪어야 했다. 그러나 그는 훌륭한 기초를 세웠다.' [6]

다음 인도에서 로마 천주교 선교에 빼놓을 수 없는 인물은 같은 예수회 선교사 노빌리(Robert de Nobili)이다. 사비엘이 하층민을 상대로 선교하였다면 노빌리는 상층계급인 브라만을 상대로 전도하였다. 그는 스스로를 로만적 브라만(Roman Brahman)으로 자처하고 이들을 대상으로 전도하려면 인도화가 요구된다고 생각하고 인도성자들의 복장에 소고기를 먹지 않고 십자가를 브라만들처럼 염주로 착용하였다. 그는 산스크리트어를 마스터하고 매일 힌두교 학자들과 토론을 하고 힌두교 경전을 이용하여 전도하였다. 노빌리의 이러한 토착화식의 선교는 중국에서 마테오 리치가 한 것과 동일한 모델이다. 그는 2년 만에 브라만 계급 중에서 10명의 청년들을 회심시키

---

6) 스티븐 니일, 191.

고 세례를 주었고 4년 후에는 소수의 브라만을 포함하여 63명을 얻었다. 그는 개종자들에게 카스트를 포기하라고 가르치지 않고 오히려 인정하였다. 또한 신부를 세우는 것도 하층민들과 상층민들로 구분하여 예배까지도 분리하였다고 한다. 사비엘과 노빌리의 선교는, 수고는 하였지만 성경번역을 하지 않은 것이 흠이다. 그리고 철저한 신앙인을 만드는 데는 실패하였다. 또한 식민지의 선교라는 인상도 피하지 못한다. 인도 기독교의 진보적 지도자 데바난단은 사비엘과 노빌리의 선교를 다음과 같이 신랄하게 비판한다.

포르투갈인들은 어떤 방법을 사용하든지 사람들을 기독교로 개종시키면 그들의 식민지 세력을 강화하는 것을 의심치 않았다. 그들은 초기 개종자들의 영적 성장에는 관심이 없었다. 그리하여 개종자들이 그를 선교사 아버지의 외형적인 자세와 태도만을 배우고 새로운 신앙의 결과로써 진정한 인격의 변화를 보이지 않았다.

상류계층을 회심시키려는 포르투갈 선교사들의 초기의 노력이 실패한 것은 이러한 정치적 동기 때문이다. 브라만 계층의 사람들이 회심하면 그들은 카스트의 행동을 그대로 유지한다. 몇 년 전 까지만 하여도 상층계급의 신자들과 하층민 신자들은 한 장소에서 예배를 드리지 않았으며 하층민은 신부의 서품을 받지 못하였는데, 이것은 잘못된 토착화(adaptation) 때문이다. 더욱 심각한 것은 로마 천주교회는 기독교 신앙과는 도저히 맞지 않는 힌두교의 종교관습을 허용한 것이다.[7]

---

7) P. D. Devanandan. *Christian Issues in Southern Asia* (New York: Friendship Press 1962), 33-34.

2) 개신교선교역사

개신교의 인도 선교 역시 식민지로 시작하는데, 다만 선교의 주체가 다를 뿐이다. 천주교가 포르투갈을 등에 업고 하였다면 개신교는 영국을 등에 업고 한 셈이다. 인도 개신교 선교역사를 통하여 나타난 특징을 요약하면 다음과 같이 정리할 수 있다. 첫째로, 인도선교는 'Pax Britanica' (영국의 평화)와 함께한다. 영국이 인도를 식민지화 한 것은 동인도회사를 보호한다는 구실로 시작한다. 당시 영국은 구라파에서 불란서와 패권다툼의 우위를 차지하면서 인도에서 세력을 확대한다. 둘째로, 인도는 영국의 식민지 지배로 교육, 의료, 정치 등 많은 분야에서 서구의 영향을 받으면서도 종교문제에 관한한 자신들의 문화적 유산과 종교를 유지하는데서 인도선교는 어려움에 봉착한다. 이것이 다른 나라와 특이하게 다르다. 식민주의에 대한 반발은 민족주의를 고취시켰고 인도인들 특유의 민족주의는 지성인들로 하여금 기독교에 등을 들리게 하는데 이것은 지금도 지속된다. 셋째로, 인도 교회는 외국선교에 너무 의존하여 자립정신을 가지지 못하는 것이 선교의 약점이다.[8] 넷째로, 인도 선교는 인종, 문화의 다양성으로 인하여 개신교 선교도 개인주의적 선교보다는 집단개종에 의존한다. 특히 19세기 후반과 20세기 초기에 실시된 집단개종은 너무나도 유명하다. 인도에서 시행된 집단주의 전도원리는 맥가브란 교수를 통하여 세계적인 선교원리로 통하여지고 있다. 동시에 집단개종은 곧 기독교 선교가 상층계급의 사람들보다는 하층민들을 상대로 하였다는 것을 의미한다. 이것이 인도교회의 한계로 나타나

---

8) Kenneth S. Latourette, *A History of The Expansion of Christianity*, vol 6.(1973), 68-71.

기도 한다. 인도의 개신교는 주로 힌두교 사회에서 소외된 사람들이 대거 기독교로 몰려들었다. 따라서 사회적 상황이 기독교 선교에 유리하게 작용한 반면 불리하게 작용한다.

　개신교 선교는 1706년 7월 6일 바돌로매 지겐발그와 헨리 플루차가 타밀지역의 트란케발에 도착하였는데, 이들은 덴마크의 왕이 파송한 독일인들이다. 이들 선교사들은 독일에서 일어난 경건주의 선교운동의 영향으로 인도 선교를 위하여 왔다. 당시 트란케발은 덴마크 식민지로서 이미 와 있던 덴마크 차프런들이 환영하지 않았다. 식민지 당국자는 그들을 강변의 뜨거운 태양 아래 서 있게 하였다고 한다. 이들은 후일에 인도인의 안내로 선교를 시작하였다. 이들은 독일인으로 코펜하겐에서 안수 받고 덴마크 왕이 파송하였으나 나중에 후원은 영국 교회의 지식보급선교회(Society for Promoting Christian Knowledge)였다. 인도에서 주요한 식민지 세력은 영국이면서도 영국교회가 먼저 선교를 하지 못한 것은 동인도회사의 방해 때문이다. 여기서 우리는 식민지와 선교는 함께 한다고 비판하지만 식민지 세력의 권력자들은 선교를 자기들의 이권에 방해되는 세력으로 보았다. 당시 트란크 바르는 덴마크의 영역이었다. 지겐 발그 이후 거의 80년 뒤에 유명한 윌리엄 케리가 인도에 온 것도 역시 덴마크의 영역이다.

　초기 이들 선교사들의 선교정책은 성경을 조속히 번역하는 것이요, 원주민들의 문화와 의식구조를 가능한 이해한다는 것이며, 개인회심에 힘쓰는 것이며, 인도교회에 인도지도자를 세운다는 일종의 자립정책과 토착화 선교이다. 이들은 이러한 정책에 따라 학교를 설립하며 성경을 번역하고 인도의 문화와 종교연구에 힘썼다. 이들의 연구는 후대 선교사들에게 큰 자료가 되었다. 이들의 문화와 종교연구는 본국에서 출판하자는 제의를 받았으나 이교의 미신을 알리는 것이 선교의 목적이 아니라는 이유로 거절하였다고 한다. 지겐 바르그의 선교는 비로 13년에 불과하였으나 350명의 신자로 루터교회가 인도 땅에서 처음으로 세워졌다. 그러나 이들 역시 예수회 선교회와 같이 교회에서 카스트 제도를 인정하고 용납하는 잘못을 하였다. 지겐바르그 다음 지식보급회가 파송한 선교사는 유명한 크리스천 슈바르츠로서, 그는 48년 동안 선교하면서 4천명의 신자를 얻었다. 그런데 이들 세 선교사가 인도교회에서 차지하는 비중은 이 교회의 출신들이 지금도 인도 사회에서 지도자로 크게 역할을 하고 있다는 사실이다. 인도의 첫 성공회 감독도 바로 이 선교가 세운 교회인물이다. 그리고 이 선교는 독일인들이면서도 선교부는 영국교회이고 후원은 덴마크라는 점에서 에큐메니칼한 선교이다.

　다음 인도 개신교 선교에 중요한 선교사는 윌리암 케리이다. 그는 1793년 북인도의 캘거타에 도착하여 선교를 하는데, 케리는 그야말로 현대선교의 아버지로 알려진다. 후에 그는 세람폴로 본거지를 옮겨서 다른 선교사들과 귀한 협력선교를 하는데, 이 세람폴의 선교기지야말로 인도교회사에서 대단히 중요하다. 그는 세람폴 대학을 설립하여 인도사회에 기여하는 많은 사역자를 양성하였다. 케리의 선교전략은 가능한 많은 장소에 복음을 전하는 것이며, 다양한 언어로 성경을 번역하고 보급하는 것이며, 교회를 설립하고 가능한 속한 시일에 원주민 지도자를 양성하는 것이다. 세람폴 팀은 30년동안 신구약성격을 6개의 언어로, 신약만은 23개의 언어로 번역하였다. 케리 자신이 번역한 것만도 벵갈어, 산스크리트어, 마라티어이다.[9]

　케리이후 19세기 인도로 많은 서구 선교사들이 속속 들어오는데, 이들 선교의 주요 특징은 교육을 통한 선교가 주류를 이룬다. 선교

---

9) Donald Hoke, 249-50.

사들은 힌두교의 카스트 제도가 강한 인도에서는 고등교육을 통한 선교가 효과적이라고 생각하였다. 대표적인 인물로는 캘거타 영국 선교사 알렉산더 두프, 봄베이의 존 윌슨, 마드라스의 윌리암 밀러 이다. 이들 교육선교를 통하여 초기에는 많은 힌두교 청년들이 기독교로 개종하였다. 그러나 곧 학교선교는 한계에 부딪힌다. 즉 선교가 비기독교 종교의 문제점을 지적하지만 동시에 교육이 도입한 서구의 합리주의와 과학주의는 이들로 하여금 기독교에 눈을 돌리게 하기보다는 세속주의를 더 선택하며 20세기에 불어 닥친 민족주의 바람은 더욱 인도의 지성인들을 기독교에서 멀어지게 하였다.[10]

19세기 서구 기독교회는 많은 선교사들을 인도에 파송하여 인도는 수많은 선교부와 교파가 형성된다. 1833년 비 영국 선교가 허용되면서 미국의 회중교회가 봄베이에서 적은 시작을 하였고 그 뒤를 이어서 1833년 미국 장로교회가 펀잡에서 선교부를 설치하였다. 미국 루터교회는 1841년 미국 장로교회가 펀잡에서 선교부를 설치하였다. 미국 루터교회는 1841년 프라데쉬에서, 미국 감리교회는 1856년 북인도에서 선교를 시작하여 현재는 북인도에서 제일 큰 교단이 되었다. 구라파의 선교는 바젤선교부와 라이프치히 루터교 선교부가 인도선교를 시작하였다.

그러나 서구의 인도선교는 중국에서 의화단 사건과 같은 반서구 운동이 일어나서 선교가 심각한 타격을 받았다. 인도의 폭동(Indian Mutiny)로 알려진 이 사건은 영국군 부대 내의 인도인 병사들이 일으킨 폭동이지만 인도인들은 이것을 기화로 반서구 감정을 표출하였다. 이 폭동으로 38명의 선교사와 기관목사들과 20명의 인도인 신자들이 순교하였다. 그러나 이 폭동은 의화단 사건과는 달리 폭동은

---

10) Devanadan, 40-42.

인도 북부지방의 뱅갈 등 일부 지역이었고 기독교가 많은 남부지방은 피해가 없었다. 오히려 폭동 사건 이후 인정부는 오히려 기독교 선교를 지원하였다.[11]

19세기 인도선교에서 가장 중요한 사건은 집단개종이다. 집단개종은 이미 천주교의 예수회가 시작한 것이거니와 초기 개신교 선교는 개인회심을 추구하였다. 개신교 선교는 천주교회의 집단개종을 거부하여 개인회심을 이상적 선교로 보았음에도 불구하고 인도에서는 이것이 어렵게 되었다. 서구 선교사들은 자연스럽게 인도의 특수한 사회적 상황에서 집단개종을 시도하였다. 먼저 집단개종을 한 선교부는 전술한 지겐 바르크와 슈바르츠이다. 다음은 1840년 미국 침례교 선교부가 현재의 안드라 프라데쉬인 텔레구 지역에서 시작된 것으로 40년동안 무려 2만 여명의 사람들에게 집단세례를 실시하였다. 이것의 시발은 지극히 작은데서 시작된다. 침례교 선교부는 이 지역에서 선교가 너무나 미미하여 포기할 정도였는데, 한 하층민의 사람이 자기 동네를 소개하면서 선교를 부탁하였다. 침례교 선교사들은 이 동네를 방문하고 나서 가능성을 발견하고 집중 선교한 결과 많은 개종자를 얻었다. 그러나 여기서 전도를 많이 한 것은 선교사들이 아니라 원주민이었다. 이렇게 시작된 집단개종과 세례는 인도를 휩쓸었다. 그런데 이 집단개종에 대하여 비판도 제기되었다. 집단개종의 문제점에 대하여도 인도 복음주의 지도자 데오도르는 다음과 같이 해명한다.

1) 선교사들이 처음부터 하층민들을 상대로 선교하였다는 것은 잘못된 편견이다. 많은 경우 선교사들은 상류계층을 상대로 선교하였다. 다만 열매가 적었을 뿐이다.

---

11) Latourette, 132-33.

2) 하층민들이 대거 개종한 것은 경제적, 정치적, 사회적 동기라는 것을 잘못된 편견이다. 반드시 물질적 동기로 개종한 것이 아니라 영적 동기도 많이 작용하였다.

3) 집단개종은 주로 농촌에서 일어났고 공동체 의식이 약한 도시에서나 힌두교가 강한 지역에서는 불가능하였다.

4) 집단개종의 장점은 그 지역의 교회의 생활과 관계가 있다. 교회가 활발하게 신앙생활을 하면 신자들이 개인적으로 집단적으로 신앙의 능력을 보인다.

5) 집단개종은 선교사들이 주도한 것이 아니라 원주민 신자들이 적극적으로 전도에 임하였다.[12]

맥가브란 교수는 인도에서 감리교 선교사 파켓과 더불어 집단개종운동을 전개하고 이것을 이론적으로 체계화하였다. 그러나 집단개종이 인도의 특수한 상황에서 일어나는 일이기는 하지만 오늘날 인도교회의 많은 신자들이 명목상 신자로 남는 것은 집단개종의 문제점이라고 할 수 있다. 인도에서 선교의 과제는 결국 기독교가 서양의 종교, 천민의 종교, 여성의 종교라는 비난을 어떻게 면하느냐이다.

6. 인도의 기독교회

인도의 기독교 총인구는 인구의 4%미만인데, 신자의 80%는 불가촉천민이나 하층계급이다. 이미 지적한대로 천주교부터 인도에서

---

12) Theodore Williams, "India: A Seething Subcontinent." Hoke, *The Church in Asia*, 257-56.

선교는 하층민 상태였다. 그러나 최근 상류층 계급의 사람들 중에서 기독교로 개종하는 자들이 생기고 있다고 한다. 인도교회는 힌두교와 다른 수많은 비기독교 종교의 사회 속에서 많은 박해와 시련 중에 세워진 고난의 교회이다. 최근 기독교가 서서히 성장하고 있다. 그리고 인도교회는 최근 전도의 열의를 보여서 국내의 다른 부족들에게 선교사를 파송한다. 현재 인도교회의 약 200선교회가 12,000명의 선교사를 파송하였다. 인도의 교회는 수적으로 적지만 국제적 무대에서 오랜 역사와 문화유산 및 일찍이 영국의 영향권에 있었기 때문에 지도력을 행사한다. WCC는 물론 복음주의 진영에서도 인도교회의 지도자들이 국제기구에서 지도력을 행사한다.

 인도교회는 아시아의 나라 중에서 연합운동이 비교적 활발한 편이다. 선교에서도 한국과 마찬가지로 선교사들이 교단주의의 폐단을 인식하고 지역할당제를 채택하였다. 이 지역할당제는 인도교회가 한국보다 앞섰다. 그러나 지역할당제만으로는 이교적 인도에서 전도의 효과가 적다고 판단한 선교회와 본국 지도자들은 신앙고백과 신학을 초월한 기구적 연합을 시도하였다. 이 결과 1908년 남인도 연합교회가 탄생하였는데, 참여교단은 장로교회, 개혁교회, 회중교회이다. 이것을 기초로 1947년 남인도교회가 조직되었는데, 여기에는 장로교회, 회중교회, 성공회, 감리교회이다. 북인도교회는 1924년 장로교회와 회중교회가 연합하여 형성되었는데 1970년에 성공회, 침례교회, 감리교회가 가담하였다. 이점에서 세계적 연합운동이 인도에서는 큰 영향을 준 셈이다. 진보적 교회는 신학교 운영도 연합으로 함으로 수준이 대단히 발전하였다. 그러나 복음주의자들은 이 신학교에 가는 것을 꺼리는 것은 물론이다. 인도교회가 연합을 발전시킨 것은 에큐메니칼 운동의 영향도 있지만 교단주의의 폐해가 어느 나라보다도 심각하거니와 인도인들의 포용적 자세도 작용하였다고 본다. NCC는 많은 학교와 기관을 가지고 있다. 316개의 고등학교, 53개의 대학, 279개의 병원이 있으며 신학교는 15개이다.

인도교회의 다른 특징은 기독교와 민족주의 운동이다. 어느 나라나 이것은 동일하지만 인도는 특히 오랜 기간의 식민지 통치로 서구에 대한 강한 거부반응을 보였다. 초기 기독교학교에서 배운 자들도 나중에는 교육을 통하여 민족적 자각에 의하여 기독교회에 대한 충성보다는 인도국가에 대한 충성을 더 내세웠다. 이것은 물론 선교사들과 충돌이 불가피하였다.

인도교회는 또한 자의식과 더불어 인도의 문화유산에 대한 강한 자부심을 가지는데, 이것은 결국 토착화로 나타났다. 인도의 명상집단을 모방한 기독교적 아슈람 (Ashram)은 이러한 토착화의 대표적인 모델이다. 인도 기독교로 하여금 인도문화에 대한 강한 자부심을 가지도록 한 사람은 간디이다. 그는 영국에서 기독교 대학에서 공부를 하였지만 기독교로 개종하기보다는 힌두교의 우월성을 역설하고 인도문화의 고수를 강조하였다. 1938년 마드라스 선교대회는 토착화의 중요성을 말하는데, 이것은 오히려 서구신학자들이 제창하였다. 인도에서도 인도 교회의 토착화를 자극한 것은 영국인 C.F. 안드류스로서, 간디는 이 사람을 아주 칭찬하였다. 1960년대 초기 한국교회도 토착화 논쟁이 시작되는데, 어떤 점에서 한국 교회의 토착화를 자극하는데 기여한 신학자 중의 한 사람은 인도의 D.T Niles이다. 그의 저서 [Upon the Earth는 유명하거니와, 그는 1962년 8월 한국을 방문, 인도에는 인도신학이 있듯이 한국에는 한국 신학이 있어야 한다고 역설하였다.

인도교회는 인구에 비하여 수적으로 적은 교회지만 신학수준은 비교적 높은 편이라고 본다. 영어권의 교회라는 이점과 더불어 힌두교의 철학적 영향으로 많은 신학자를 배출하였다. P.D. Devanandan

같은 신학자는 일찍이 서구에서 교육을 받은 신학자로서 WCC에서 큰 역할을 하였다. 그러나 진보적 신학자들은 너무나 혼합적인 신학사상이 나온다는데 문제가 있다. 특히 천주교와 자유주의 교회에서 타종교와 기독교 신학을 타협하는 혼합주의는 기독교에 중대한 도전이 된다. WCC종교간 대화기구의 책임자로 오래 일한 사마르타같은 신학자는 이러한 타협주의의 대표적인 인물이다.

인도교회의 문제점으로는 집단개종에 의한 제자양성의 실패로 명목상 신자가 많다는데 있다. 개신교 선교는 교육을 중시하였지만 그것은 직접전도를 위함이기보다는 장기적인 안목에서 지성인들을 위하여 전도의 준비역할에 중점을 두었다. 그러나 지성인 신자들은 반서구적 감정과 강한 민족의식으로 인하여 기독교적 아이덴티티를 강하게 표하지 않는 약점이 있고, 반면 80%의 신자들이 하층민 출신인지라 사회적 영향력이 적은데다 명목상 신자가 많아 기독교의 사회적 변화라는 차원에서 큰 역할을 기대할 수 없다. 인도에서는 맥가브란이 말하는 "사람들은 인종, 문화, 언어의 장벽을 넘지 않고 신자가 되기를 원한다"는 지적이 교회의 숫적 성장이라는 점에서 적중하였다. 흥미로운 사실은 과거 대중운동에 의하여 한꺼번에 많은 사람들이 세례를 받을 때는 목사가 일일이 머리에 물을 뿌리거나 직접 침례를 거행하지 못하기 때문에 양동이 물을 뿌렸다고 한다. 여기서 우리는 인도 교회의 성숙면에 대한 한 단면을 볼 수 있다. 이것이 인도교회가 극복해야 할 과제이다. 집단개종에 의한 대중운동에 대하여는 일찍이 개종에 물질적, 사회적 불순동기가 고질적인 숙명론적 가치관, 카스트에 의한 계급적 사회의 부조리, 경제적 불평등 등은 그래도 기독교로만 가능하지 않느냐는 기대를 일부 사람들이 가지고 있다는 것은 긍정적으로 평가되어야 할 것이다.

인도교회는 경제적으로 가난한 것이 앞으로 해결해야 할 과제이다. 인도의 경제적 상황에서는 불가피한 상황이지만 오랫동안 식민지 시대를 경험한데다 자립정신을 가르치지 않았기 때문에 교회의 자립도가 너무나 낮다. 그리하여 교회의 젊은 청년들은 목사가 되기를 싫어한다. 인도교회의 목사는 어떤 점에서 고달프다. 시골교회는 너무나 가난하고 좀 경제형편이 좋아서 목사가 좋은 옷이라도 입으면 외국돈을 얻어서 잘 산다고 사회인들이 비난한다. 인도의 계급주의와 천민들의 사회적 문제를 해결하기 위하여는 진보적 신학자들은 인도판 해방신학인 달릿 신학(Dalit theology:dalit이란 천민계급을 의미한다)을 제창한다. 그러나 이것은 한국에서의 민중 신학처럼 과격한 신학으로 복음주의 교회는 이 신학을 거부한다.

인도교회의 취약점은 일부교회의 나타나는 반문화적, 반 지성주의이다. 한국교회에서도 60년대만 하여도 신학교육에서 지성은 신앙과 배치된다는 반문화주의가 지배하였는데, 인도는 힌두교의 현실도피의 영향으로 이러한 경향이 아직도 강하게 작용한다는 사실이다. 인도교회는 하층계급의 사람들이기 때문에 카스트의 어려운 여건 속에서도 신분상승을 할 수 있는 유일한 방법은 교육이다. 그런데 교육을 등한히 한다면 교회의 사회적 영향력 증대는 불가능하다.[13]

마지막으로 인도교회는 남부를 위시한 몇 지역과 사회계층에 편중된 것이 문제라고 본다. 인도교회가 대동단결하여 기독교회를 전 지역과 전 인구에 확산시키는 것이 큰 과제이다. 이것은 인도교회 단독으로는 어려운 일이다.

따라서 인도선교는 결코 단순하지 아니하다. 인구와 언어와 종족의 다양성은 인도선교에 큰 장애가 되거니와 힌두교는 이론상으

---

13) Saphir P. Athyal, "Southrn Asia," in *Toward the 21st Centuy in Christian Mission*, eds. James Phillips and Robert Coote, (Grand Rapids: Eerdmans Pub...1993), 61.

로는 포용적임에도 불구하고 실제로는 힌두교의 우월성을 전제로 한 포용성이어서 외적으로 타종교에 대하여 강한 거부반응을 나타 내지 않으나 속으로는 정반대 현상이다. 그리고 독립이후 인도정부 는 모든 종교단체의 토착화 정책을 내세워 외국인들이 기관을 관리 하는 것을 금지함으로 선교사들은 서서히 줄어들었고 현재는 법적 으로는 선교사의 비자가 불가능하다. 그래서 한국 선교사들은 유학 생 비자나 다른 명목으로 입국하여 활동한다. 최근 힌두교 과격단 체인 RSS는 이러한 비자로 인도에서 활동하는 선교사가 무려 8천 명이나 된다는 사실을 알고 외국 선교사들을 추방하자는 운동을 전 개한다. 이들의 명목은 인도를 외국의 종교와 문화에서 보호하자는 것이다. 이들은 한 걸음 나아가 외국선교사가 활동하는 지역에는 힌두교 선교사를 파송해야 한다고 역설한다는 것이다. 인도의 일부 주에서는 외국인에 의한 개종활동이 전혀 금지된다. 그러나 이러한 어려움 중에서도 인도교회가 인도복음화를 위하여 많은 노력을 기 울이고 선교회를 조직한 것은 고무적인 일이라고 생각한다.

 우리는 과거 인도선교가 인도에서 기여한 공도 인정해야 한다. 교회의 교육, 사회복지, 인권운동, 병원 사업 등에서 많은 일을 하 였다. 천주교회는 현재 130여개 대학, 510여개의 병원, 85개의 한 센병원, 135개의 노인복지센터를 경영한다. 특히 테레사 수녀의 봉 사활동은 기독교의 사랑과 봉사정신을 잘 표현하는 대표적인 예이 다. 개신교도 많은 기여를 하였다. 그럼에도 불구하고 인도 지성인 들은 기독교에 대한 다른 평가를 한다. 간디는 인도 기독교 선교에 크게 부정적인 역할을 한 사람으로 손꼽아야 할 것이다. 그가 지적 하는 기독교의 문제점은 첫째 기독교는 서구와 너무 밀착되었다는 것이고, 둘째는 하층 카스트인들이 집단 개종하였는데, 이것은 비 종교적이거니와 문화적 뿌리와 단절되는 것이며, 셋째로는 개종은 불필요한 일이다. 넷째는 복지와 봉사는 개종을 목적으로 하여서는 안된다는 것이다. 사실 간디는 기독교 선교를 부정하면서도 인도에서 집단개종운동으로 유명한 감리교 선교사 J. Waskom Pickett 감독과도 아주 친하다. 피켓은 노골적으로 간디에게 "당신은 예수 그리스도가 유일한 구주임을 믿느냐"는 질문을 했는데 간디는 이에 대하여 "그러한 주장은 잘못이다"고 답한다. 다시금 피켓이 "그러면 왜 믿지 못하는가"라고 반문하니 예수도 죄인이라는 것이다. 이에 예수는 어떤 점에서 죄인인가고 물으니 탕자에게 소고기를 접대하는 점에서 죄인이라고 답하였다고 한다.[14]

간디의 기독교 선교에 대한 부정적 견해는 기독교 선교에도 막대한 영향을 준다. 그래서 직접 전도의 가치와 효용성을 부정하고 대신 신자의 현존이 더 좋다고 주장하는 신학자들이나 선교사들은 간디의 말을 즐겨 인용한다. 물론 인도의 가난과 사회적 문제는 봉사와 행동을 필요로 한다. 그러나 인도의 문제는 오히려 더 직접 전도로 인간변화를 요한다. 인도를 잘 아는 영국의 선교학자이며 WCC지도자인 스티븐 니일은 인도의 오랜 경험에서 인도의 가난은 신자의 현존보다는 전도가 더 필요하다고 역설하는 대표적인 지도자이다.

7. 인도 기독교 신학

인도교회는 기독교 인구는 적으나 힌두교 사상의 영향으로 많은 신학자를 낳았다. 특히 인도 신학은 학문적 수준이 있으나 그 신학

---

14) John T. Seamands. "The Legacy of J. Waskom Pickett. International Bulletin of Missionary Research, Vol. 13, No. 3(July 1989), 123.

이 인도 교회성장에 기여하였느냐는 고려할 문제가 많다. 인도의 자유주의 신학자들은 토착화, 상황화, 다원주의 신학, 달리트 신학 등을 발전시켰다. 그러나 토착화와 상황화는 너무 힌두교를 의식하였기 때문에 이슬람에서 개종한 사람들은 기독교가 힌두교와 너무 타협하였다는 비판을 받았다. 다원주의 신학은 전도나 선교보다 대화신학을 발전시키어 인도에는 많은 종교대화 연구소가 있다. 물론 이들 대화연구소는 WCC 기금으로 운영된다.

인도는 영어권과 아리안 인종 배경의 우수한 두뇌로 인하여 세계 기독교 운동에서 많은 지도자를 배출하였다. 아쉬운 것은 경제적 기여는 약하면서도 지도력을 행사한다. PD Devannadan, DT Niles, M. M. Thomas, Robin Boyd, Stanely Samartha(WCC 종교대화국 총무), 복음주의 진영의 Saphir Athyal, Ken Gnanakan등.

헌팅톤은 문명충돌론에서 서구 기독교와 이슬람의 대립을 심각하게 생각하였으나 일찍이 조직신학자 찰스 하지는 기독교와 힌두교 문명의 대립을 심각하게 다루었다. 그것도 19세기 중순에. 그는 조직신학 서론 '범신론'에서 힌두교 기술에 많은 페이지를 할애하였다. 마드라스 대회가 토착화 이론도 인도 신학의 영향이 크다고 말한다. 인도 토착화 이론의 제공자는 도리어 서양신학자라고 일본신학자가 말한다. D. T. 나일스의 저서 [Upon the Earth]는 한국 토착신학 논쟁의 자극제가 되었다. 그는 1962년 한국을 방문, 인도에는 인도의 신학이 있듯이 한국에도 한국 신학이 있어야 한다고 주장하였다.

인도 신학자 Robin Boyd는 기독교는 첫 시기에 헬라 로마 문명과 조우하였고, 2시기는 이슬람과 조우하였으나 마지막은 힌두교와 조우할 것이라고 하였다. 이슬람만 기독교를 억압하는 것이 아니라 힌두교 원리주의는 지금도 인도 기독교에 가장 무서운 위협세력이다. 그러나 신학적으로 힌두교 철학이 기독교 신학을 크게 흔들고 있다.

가장 대표적인 것이 다원주의 신학이다. 존 힉은 인도에 오랜 기간 체류하면서 힌두교에 큰 감화를 받고 다원주의를 발전시켰다. 힌두교는 포용적이라고 말하지만 아주 강한 우월감을 가지며, 두 가지만은 절대 비 포용적이다. 1) 기독교나 이슬람처럼 'onlyness'를 강조한다. 2) 힌두교에서 다른 종교로의 개종은 절대 비 포용이다.[15]

인도는 많은 다원주의 신학자들이나 사상가들을 배출하였다. 그러나 이들은 엄밀히 말하면 힌두교의 우월성과 절대성을 전제로 하는 다원주의이지 힉이 말하는 다원주의는 결코 아니다. 힉의 다원주의는 모든 종교는 평등하여 어느 종교도 절대나 우월성을 말하여서는 안 된다. 간디, 스와미 비베카난다. 사르바팔리 라다크리스 슈난 같은 힌두교 사상가들을 다원주의로 말한다. 그들의 다원주의는 힌두교 우월성과 절대성을 고수한다. 그러한 점에서 이들은 진정한 다원주의자들이 아니다. 특히 비베카난다는 1893년 시카고 종교대회에 참석하여 중요한 연설을 하고 기독교를 맹 비난하고 힌두교의 우월성을 서방 세계에 외친 대표적인 인물이다. 결국 종교대화라는 명분으로 미국의 진보적 신학자들이 주최한 종교대회는 도리어 아시아 종교인들의 운동장을 만들어 준 셈이 되고 말았다.

그리고 인도 신학자들은 로고스 신학(Logos theology)과 'cosmic Christ'를 발전시켰다. 이것은 이미 초대 교부 시대에 발전된 이론으로, 모든 종교에, 혹은 문화에 이미 로고스와 우주적 그리스도가 잠재하는데 사람들이 그것을 모를 뿐이라는 것이다. 한국의 다원주의 신학자들은 인도의 다원주의자들의 영향을 받은 셈이다. 파니카의 [The Unknown Christ of Hinduism]은 대표적인 저서일 것이다. 힉은 신을 인격적 신으로 보다는 비인격적 존재로 말하는

---

15) F. Hrangkhuma, "The Church in India," *Church In Asia Today*, 382.

데, 그것은 인도 사상가이자 대통령을 지낸 라다크리슈난이 발전시킨 이론이다. 힉은 결국 기독교의 인격적 신을 힌두교의 비인격적 신에 양보하고 만 것에 불과하다. 인도 다원주의자들은 모든 종교는 결국 한 근원으로 흐르는데, 그 근원은 힌두교라는 것이다. [16]

한국 사회나 서구를 휩쓰는 명상, 각종 신비종교의 뿌리는 힌두교나 불교와 관련이 있다고 본다. 현실 거부 혹은 물질거부 사상에 기초한 금욕이나 명상 등은 물질주의에 실망한 사람들에게 힌두교적 인도 사상에 호소하게 한다. 미국에서는 이미 초월명상이 기독교에 도전이 되어 웨스트민스터 신학교 교장 클라우니 박사는 일찍이 기독교 명상과 초월 명상을 대비하는 연구서를 내기도 하였다.

인도 신학은 한 마디로 표현하면 예수 그리스도로 인도를 변화시키는 것 보다 도리어 예수님에게 인도 힌두 옷을 입히는데 급급하다는 인상을 면키 어렵다. 소수의 복음주의 신학을 제외하고는 자유주의 신학이 지배한다. 인도 기독교 신학의 주 흐름은 종교간 대화, 토착화 (inculturation), 해방으로 말한다. 그러나 인도의 해방신학은 영국 식민지 시대에는 영국에서 독립이 해방이었으나 70년대 남미 해방신학의 영향으로 사회적 혁명이 해방이었다. 그러나 이러한 해방은 문제가 많은 인도 사회에 그야말로 기름에 불붙이는 것과 같은 위험이 내재한다. 그래서 인도의 일부 자유주의 신학자들은 해방을 영적, 내면적으로 해석하려고 시도한다. 남미에서 자유주의 신학자들이 해방신학을 발전시킨 것과는 정반대이다. 반면 하층민들을 의미하는 달리트 신학이 최근 인도의 신학이다. 그러나 이 신학 역시 주류 사회에 강한 배타와 반발로 신학적 문제가 나타

---

16) 인도 다원주의 신학에 대하여는 필자의 *Religious Pluralism and Fundamentalism in Asia*, Ch. 3, "Asian Religous Pluralism을 참조할 것.

난다. 인도는 계급 차별에서부터 성차별, 종족 차별, 빈부 격차, 정치의 부정부패 등 문제가 너무나 많다. 그럼에도 표면적으로는 힌두교에 대한 생각은 절대적이다.

막스 베버는 저서 [힌두교와 불교: 사회적 분석]에서 이들 두 종교를 포함한 모든 아시아 종교는 귀족적 구원론과 합리성과 희생정신의 결여로 민주사회, 건전한 자본주의 발전은 기대하기 어렵다고 분석하였다. 인도네시아 신학자 Newange마저 아시아에서 해방은 종교에서 해방이라고 강조하였다. 이점에서 인도 신학은 정반대이다.

인도 신학의 첫째 특징은 복음주의 입장에서 요약하면, 혼합주의 신학의 발전이다. 19세기에 Keshub Chunder Sen은 힌두학자로 삼위일체를 힌두교 삼위일체와 조화를 시도한다. 삼위일체를 Brahman, chit, ananta(브라만, 영, 자아)로 해석한다. 예수 그리스도는 chit의 화신이라는 것이다. 첫 로마 가토릭 신학자 Brahmanbandhav Uphadhyaya는 아퀴나스의 자연과 은총 교리를 적용하여 힌두교와 기독교의 조화를 시도한다. 아퀴나스는 자연세계와 은혜 세계로 나눴다. 두 영역은 다 같이 진리에 도달할 수 있다는 신학사상이다. 그러나 거룩의 영역을 더 높이어 힌두교 수도원인 'ashram'을 발전시킨다. 이것은 지금 인도에 많이 보급되었다.

특히 신학을 비이원론적인 advaita(non-dualism)에 적용하는데, 이것은 기독교 신학의 엄청난 양보에 불과하다. 즉 힌두교 최고신은 영어로 Brahman이지만 브라만과 인간과 자연은 엄격한 구분이 되지 않고 하나의 존재영역에 속한다. 셋은 연속성 관계이다. 신이 인간이 되고 인간이 브라만이 된다. 즉 힌두교의 구원은 'atman Brahman', '나는 브라만이다' 는 고백이다. 힌두교 철학은 일원론이다. 신의 세계는 jnana지식이 요구된다. 지식이 신으로 통하는 일

종의 길marga이다.[17]

　인도 신학은 기독교를 힌두교 완성 혹은 성취로 보는 학설(fulfilment) 이론을 발전시켰다. 예루살렘대회에서 이미 이러한 이론이 제안되었다. 보충설이란 기독교는 100% 구원이 가능하지만 힌두교는 80% 혹은 90%일 경우 부족한 것을 기독교가 보충하여 주면 된다는 이론이다.

　불행하게도 서구 신학자들 중에도 힌두교와 기독교의 혼합 혹은 절충을 시도한 선교사가 있는데, 이들 서구 선교사들은 신학 수준이 높다. 그러나 복음주의 선교학자들은 이들 서구 선교사들의 혼합주의를 반대한다. 인도의 힌두교는 기독교 신학자들에게 종교다원주의를 자극시키었다. 이러한 케이스의 대표적인 신학자는 카톨릭 신학자 파니카이다. 그는 힌두교와 기독교는 서로 상극이 아니라 잠재성(potency)과 행동(act), 씨와 열매, 및 상징과 실재의 관계라고 강조하였다. 심지어 한 힌두교 신자가 힌두교 울타리 안에 들어와도 궁극적으로는 그리스도 안에서 구원을 얻는다고 말한다. 다원주의 신학자 존 힉은 사실상 힌두교에 심취하여 종교다원주의 신학을 발전시킨 것이다. 이러한 신학적 배경으로 인하여 개신교 신학자들도 포용주의적 구원론을 발전시킨다. 포용주의란 이미 그리스도 안에서 모든 사람은 구원을 받았다는 바르트 식의 구원론이다.

　결론으로 인도 자유주의 신학은 힌두교와 타협, 인도 기독교에 영적 생명과 선교에 도움이 되지 못한 결과가 되었다.

---

17) Kristen Kim, "India," in *An Introduction to Third World Theologies*, ed., John Parratt, 44-72.

제9장
이슬람 원리주의의 희생국 아프가니스탄

서론

　세계의 고원지대에 위치한 아프카니스탄은 이슬람 원리주의가 지배하는 아주 경직된 이슬람 국가이면서도 '이슬람으로 통일이 되지않는' [1] 전쟁의 나라이다. 아직도 탈레반과 정부군이 첨예하게 대립하고 미군과 구라파 연합군 수만 명이 주둔하면서 탈레반을 제압하지 못하는 전쟁의 나라 아프가니스탄(이후 아프간으로). 이 나라의 미래에 대하여 한 러시아 정치학자가 정확하게 진단한다. 아프간의 미래는 미국이나 나토 동맹들에 달린 것이 아니라 이웃 나라인 파키스탄과 우즈베키스탄 등 중앙 아시아에 달려있다고. 이유인즉, 파키스탄은 파슈톤 족을 통하여 아프간을 자기 영향권에 두려고 하고, 반면, 우즈베키스탄 등 중앙 아시아 국가들은 북부지방의 우즈베키 종족을 통하여 아프간에 영향권을 행사하려고 하기 때문이다. 아프간은 결국 과거의 험난한 역사가 그러하였듯 것처럼, 앞으로도 샌드위치의 나라에 불과하다는 것이다.[2]

---

1) 石川純一『宗敎世界地圖』(新潮社, 1995), 141.
2) Vyacheslav Belokrenitsky, "Islamic Radicalism in Central Aisa: The Influence of Pakistan and Afghanistan," in *Central Asia at the End of the Transition*, edit by Boris Rumer. (New York: M. E, Shark, 2005), 183.

1. 아프가니스탄의 일반적 고찰

이 나라의 공식 국호는 아프가니스탄 공화국(Republic of Afghanistan). 통칭 아프가니스탄, 약칭으로 아프간이라고도 한다. 일찍이 유라시아 대륙의 동서 교통로와 인도를 잇는 이른바 '문명의 십자로'로 불리우던 전략적 중요성을 지닌 요충지로 아시아 중남부 지역에 위치한 내륙 국가이다. 종교는 이슬람교이 99%(수니파 79%, 시아파 20%, 기타 1%)의 이슬람 국가이다. 힌두교 0.3%이며 기독교는 0.01%에 불과하다.

아프간은 인종과 언어와 문화의 모자이크 국가이다. 인구는 2,600만 명에 80여 개(혹은 60개로도 말함)의 부족들로 형성된 부족국가로 항상 부족들 간의 갈등과 치열한 대립이 심하다. 여기에다가 군벌들이 가세한다. 주류 인종은 이란계의 파슈톤으로, 이들 역시 40여종의 소수족으로 나누어진다. 이들은 전체 인구의 약 38%를 차지하고 파슈투 언어를 사용한다. 파슈툰은 '파슈툰 와레이(파슈툰 정신)'라는 독특한 도덕, 관습에 자부심이 아주 강하다. 다음으로 타지크가 25%이고 하자라가 19%, 우즈베크가 6%이고 다른 소수부족이 12%나 된다. 파슈톤 부족은 파키스탄 등 일부 주변국가에도 있는데, 전체인구는 2,300만이다.

아프간의 비극은 다인종의 이슬람 국가이지만 이슬람이 부족 통합에 실패하고 있다는 사실이다. 비교종교학에서 종교의 기능은 사회통합의 기능을 중시한다. 그러나 아프간에서 이슬람은 이것은 통하지 않는 소리이다. 이슬람 국가에서 자유는 더 무서운 혼란을 가져온다는 것은 이라크와 아프간이 잘 보여준다. 이슬람이면서도 다른 이슬람을 못 봐주는 나쁜 전통이 있는데, 아프간도 예외가 아니다. 근대적 국가가 어려운 것은 부족주의가 우선하고, 경찰의 힘 보다 마을 원로의 입김이 더 세다. 슈라라는 국회가 있으나 지르가라는 부족장들의 모임이 더 힘을 발휘한다. 서구적 정부와 정치 형태가 정착하기 어렵다는데 문제가 있다.

아프간의 가장 심각한 사회문제는 아편이다. 탈레반 정권은 아편 생산이 이슬람 율법에 반한다는 이유로 양귀비의 재배를 강력히 규제하였다. 이에 따라 세계 생산량의 70%를 차지하던 아프간의 아편은 2001년도에는 185톤 생산에 그쳤다. 이 양은 2,000년도 생산량 4,589톤의 약 4%에 불과하다. 그런데 북부동맹은 도리어 경제적 이유로 아편재배를 장려하는 편이 되었다고 한다. 마약 때문에 골치가 아픈 미국으로서는 급증하는 아편 생산을 눈감아 줄 수도 없고, 그렇다고 동맹세력인 북부동맹의 돈줄을 끊을 수도 없다는 것이다. 남미 콜롬비아에서도 농민들은 아편재배를 하면 소득이 농사보다 월등히 좋은 수입을 올리는데, 아프간도 예외는 아니다. 농민들은 굳이 고생하면서 농사짓기보다 아편재배를 선호한다. 과거 미국은 반소항쟁, 반 탈레반 항쟁을 이유로 군벌들의 아편재배를 오히려 권장하였다고 한다. 80년대 모기작전이라고 불린 미국의 작전이 바로 아편 퍼트리기였다는 것이다.

2. 아프간 역사

고대에는 아프가니스탄은 다양한 문화가 만나는 전략적인 지점이었다. 역사를 잠깐 소개하면, BC 6세기에 아케메네스 왕조 페르시아의 일부로 지배를 받았으며, BC 4세기에는 알렉산더에 의해 정복되었다. 알렉산더 사후에는 일부지역은 셀레우코스 왕조의 지배를 받게 되었고, 또 일부는 마우리아 제국에 넘어갔다. 셀레우코스 왕조의 박트리아 총독 통치령에서 박트리아 왕국이 생겨나 그리스도와 인도의 문화가 융합된 독특한 문화를 선보인다.

BC 2세기에는 큐산 왕조에 의해 정복되었으나 3-4세기에는 페르시아의 사산 왕조, 인도의 굽타 왕조의 공격을 받고 5세기에는 에프탈 왕조의 침입을 받는다. 6세기에는 이 지방이 큐산, 에프탈 등의 왕조로 나뉘어 통치되다가 7세기 사라센 제국의 동진으로 이슬람교가 전파되었다. 1219년에는 칭기wm칸이 이끄는 몽골족의 침략을 받아 차카타이 왕국에 편입되었고 1397년 티무르의 침입으로 다시 티무르 제국에 편입되었다. 이후 15-16세기 동안 이 지역은 페르시아계의 사파비 왕조와 인도계의 무굴 왕조로 분할 영유되었다.

근대와 현대에 들어와서는 1722년 기르자이계의 아프간족이 사파비 왕조를 붕괴시켰고, 같은 왕조 말기에 등장한 나디르샤 아프샤르는 아프간족을 구축하고, 나디르샤 사후에는 두라니계의 아흐마드샤가 칸다하르에서 두라니 왕조를 건설하여 비로소 아프가니스탄의 민족적 독립 왕조를 실현하였다. 그 아들 티므르샤는 수도를 칸다하르에서 카불로 옮겼다. 19세기에 들어서면서 아프가니스탄은 러시아의 남하와 영국의 인도 방위의 집점이 되면서 1838-42년, 1878-80년, 2차에 걸친 영국과의 전쟁으로 보호국이 되었지만, 1919년 2월 영국과의 3차 전쟁을 일으켜 결국 1919년 8월 19일 라발핀디 조약을 체결함으로 독립을 맞게된다. 2차 대전후 아프가니스탄은 비동맹 중립을 견지하면서 한편으로는 소련에 의존하게 되었다.

한편 200여년간 유지되어 왔던 왕정은 1973년 국왕 자이르샤의 외유중 수상인 다우드의 쿠데타로 무너지고 대신 공화제가 성립되었고 다우드가 스스로 대통령이 되었다. 그러나 1978년 쿠데타로 다우드가 살해되고 타라키를 수반으로 하는 좌익·친소 정권이 들어서게 되었으나 79년 말 소련군의 아프가니스탄 침공으로 바브라크

카르말이 원수가 되었다. 88년 2월 고르바초프가 아프가니스탄을 포기함으로 소련군이 철군하였다.

그러나 철군 이후 파벌, 군벌, 인종 간의 갈등 등으로 심각한 내전을 겪다가 결국 탈레반이 6년간 통치하게 된다.

3. 탈레반의 공포정치

서방세계는 혼란한 아프간을 탈레반이 장악하였을 때만 하여도 탈레반을 무서운 집단으로 인식하지 못하였다. 아프간이 소련과 싸울 때 미국은 탈레반을 음양으로 많이 지원하였다. 그러나 아프간을 장악하고 세계 최대의 바미안 불상을 파괴하자 온 세계가 탈레반의 무서움을 인식하기 시작하였다. 이 불상은 높이가 무려 55m나 되는, 유엔이 지정한 세계적인 문화재이다. 신라의 승려로서 불교 연구를 위하여 이곳을 여행하였던 혜초는 '왕오천축국전'에서 바미안 불상을 언급하였다고 한다. 애틀랜틱 만슬리 Atlantic Monthly 통신원 카프란은 탈레반을 다음과 같이 설명한다.

> 탈레반은 다음의 무시무시한 것들을 통합한 것이다. 원시적인 부족의 신조와 맹렬한 종교적 이데올로기와 천박한 무능과 순진성과 외부세계에서 고립됨으로 야기된 완고한 잔인성과 전쟁 중에 부모 없이 자란 고아들의 결합이다. 그들은 동시에 국제화의 표본이며 수입된 범이슬람 이데올로기와 오사마 빈 라덴의 전 세계적 테러조직이 제공하는 경제적 지원과 수억 달러의 밀수산업의 결과이다.[3]

---

3) Robert D. Kaplan, *Soldiers of God: With Islamic Warriors in Afghanistan and Pakistan* (New York: Vintage Books, 2001), 237-38.

탈레반이란 말은 아랍어 '타라브', '배우다'에서 파생된 것으로 엄밀히 말하면 학생이고, 탈레반은 문법적으로 복수형이다. 알 카에다와 다른 주요한 특징은 철저히 아프간의 주류인종인 파슈툰 족들로만 구성되었고 수니파이다. 이것은 세계적 움마를 말하는 이슬람과는 배치된다. 이들은 아프간 전쟁 중에 고아들이었으나 파키스탄에 피난민으로 있을 때 파키스탄 정부는 이들을 이슬람 학교인 마드라사(Madrasas)에 대량 유치, 엄격한 이슬람 교육을 시켰다. 이 학교는 등록금이 없어서 돈 없는 사람들이 갈 수 있는 유일한 교육장이며, 순수한 이슬람을 가르치는 곳으로 알제리, 탄자니아, 필리핀 등지에서도 학생들이 유학 올 정도이다. 파키스탄의 1만3천 마다라사 중에 특히 아코라 카탁(Akora Khattak)의 한 학교인 다룰 우룸 하카니아(Darul Uloom Haqqania)가 가장 유명하다. 아프간의 상당수 장관들, 주지사, 판사들은 이 학교 출신이다. 이들 이슬람 학교가 이슬람 원리주의자들을 양성한다고 무샤라프 대통령조차도 비난하지만 증거가 없을 정도로 상당수 학교들은 은밀히 하는 모양이다. 이들 학교를 졸업한 많은 외국 학생들과 파키스탄 학생들은 알 카에다 조직원이 된다. 최근 파키스탄은 붉은 모스크 유혈사태 이후 이슬람 원리주의와의 대립이 심하여 파키스탄에서 종교적 극단주의를 뿌리 뽑겠다고 말하는데, 이것은 바로 이들 학교를 겨냥한 것이다.

　마드라사가 가르치는 내용은 꾸란, 무함마드의 어록, 이슬람법, 아라비아어와 아라비아 문학이다. 그러나 정부는 이슬람만을 가르치지 말고 수학, 일반과학, 영어, 컴퓨터, 인터넷 등을 가르치라고 권장한다. 그런데 일부 학교는 기독교와 유대교를 적으로 가르치면서 두 종교에 대하여도 소개한다. 이 학교들은 자기 학생들이 졸업 후에 좋은 직장을 얻기보다 이슬람을 위하여 봉사하고 심판 날에 보상받기를 바란다는 것이다. 이 학교가 그야말로 철저한 무슬림을 만드는 경건한 이슬람 학교인 것은 한 학생의 간증에서 잘 나타난다. 국립학교에서 공부한 25세의 무함마드 조베이트라는 학생은 다음과 같이 말한다. "내가 국립학교에서 공부할 때는 이슬람에 대한 헌신이나 경건이 전혀 없었지만 이 학교에서 공부하면서 선지가 무함마드에 가까워지는 것을 느꼈다. 그래서 나는 온 세계를 여행하면서 이슬람을 전파하겠다."

 탈레반은 초기에는 마치 해방군인 양 국민들의 찬사와 지지를 받았으나 무서운 공포정치를 실시하였다. 그래서 사우디와 파키스탄만 탈레반 정권을 인정하였다. 탈레반은 당시 불안한 치안을 유지하고 파벌들의 내전을 진압하는 데 부분적으로 성공, 남부에서는 백성들의 지지를 얻었다. 탈레반이 아프간 국민들에게 해방군으로 기대와 인기를 모은 직접적인 사건은 칸다하르에서 무자헤딘 병사들이 세 여자를 강간하는 일이 일어난 것이었다. 이에 탈레반 지도자 오마르는 탈레반을 모집하여 이들을 색출하여 처형하였다.

 탈레반의 가혹한 종교적 율법주의를 실행한 이유 중의 하나는 카불을 자유로운 퇴폐적 도시로 간주하였기 때문이다. 카불은 소련군이 점령한 기간에 세속주의 물결이 들어와서 도시가 타락하였다는 것이 이들의 관점이다. 그럼에도 탈레반은 교육을 받지 못한 가난한 대중들에게 자신들의 비전을 가르쳤다. 탈레반은 샤리아를 엄격하게 집행하기를 원하였다. 그러나 탈레반의 지도노선은 혼선이 일어났다. 카불의 탈레반들과 칸다하르의 지도자들 간에는 샤리아 적용이 일치하지 않았다. 하지만 분명한 것은 이들은 이슬람 세계에서 유례없는 엄격한 이슬람적 청교도 윤리를 실시하려고 한 것이다. 탈레반은 나치스나 소련의 KGB같은 비밀경찰인 종교경찰 조직을 가동하여 철저히 정보정치를 하였다. 사우디의 무타와 같은 것이다. 그런데 여성에 대한 처벌이 더 가혹하였다고 당시를 취재한 일본 기

자가 전한다.[4]

탈레반이 아프간을 통치하였을 때 행정과 정치원리는 흥미롭다. 먼저 탈레반은 선거제도를 허용하지 않았는데, 이유는 샤리아는 선거를 거부한다는 것이었다. 하지만 어떤 결정이 요구될 때는 유명한 학자들과 협의한다. 탈레반은 마을에서는 장로들과 유명 인사들로 구성된 지르가(jirgas)를 조직, 어떤 문제를 협의하고 결정한다. 카르자이와 부시 이후 지르가 모임을 가졌지만 많이 모이지 않은 것 같다. 탈레반의 모든 이념과 행동강령은 와합주의, 리비아 혁명군 및 이란 혁명의 차용이지만 아프간 문화가 각색되었다. 지나친 여성 학대는 이슬람의 전통이라기보다는 파슈툰의 여성 천시 문화가 혼합되었다는 것이다.

하지만 이들이 자행하는 종교적 공포정치의 실태는 너무나 끔찍하다. 타종교에 대하여 지나치게 배타적이며, 선교사를 추방하고 감금한 것은 세계가 다 아는 사실이고, 기독교 선교를 하는 자국민은 사형에 처하거니와 일부 크리스천들을 불도저로 밀어서 죽이고 혼전 섹스를 하다가 잡힌 여자는 공개처형하고 포로는 눈을 도려내고 손목을 자르는 등 잔학한 방법으로 참살한다. 이들은 음악, TV, 영화를 금지하며, 턱수염 면도 금지, 사진 촬영 금지(이슬람에서 촬영은 신중해야 한다), 연 날리기와 오후 스포츠 금지, 절도는 손목 절단, 음주는 채찍형이다. 여자가 외출 할 때는 반드시 부르카를 입어야 하는 것은 말할 필요도 없다.

그러나 이제 아프간 사람들이 탈레반을 싫어하는 조짐이 보이자 최근 사회봉사 등 방향 선회를 일부 하며 심지어 구 탈레반이 철저히 거부하였던 매스미디어도 잘 활용한다. 그래서 이들을 신 탈레반이라고 한다.

---

4) 佐藤和孝『アフガニスタンの悲劇』(角川書店, 2001) 44이하를 참조할 것.

1) 탈레반의 여성 정책

탈레반 원리주의에서 가장 공포감을 느끼게 하는 것은 외국 언론들이 앞 다투어 보도하였지만 여성차별이다. 탈레반이 집권하면서 네 가지 중요한 정책을 선포하였다. 첫째는 여자들의 직장근무를 다 중지시켰고, 둘째는 여자들의 교육을 일시 중단하였고, 셋째는 여자들은 반드시 부르카를 착용해야 하고 외출 시는 남자의 허락을 받아야 한다. 넷째는 여자들은 외출 시 남편이나 친척이 반드시 동행해야 한다. 다섯째 남자들은 수염을 길러야 하고 터번을 해야 한다. 다만 여자가 일할 수 있는 영역은 여자들이 꼭 있어야 하는 인도적인 외국 자선단체이다. 탈레반 정부에는 미덕 권장 및 부덕 방지 위원회the Department for Promotion of Virtue and the Prevention of Vice가 있다. 여자들의 취업을 금지함으로 가족을 부양해야 하는 과부들이나 처녀들은 심각한 경제난에 허덕이게 되었다. 그래서 파키스탄으로 피난 간 난민들은 만약 자기 딸들이 고국으로 돌아가서 교육의 기회를 갖지 못하고 직장이 허용되지 않으면 고향으로 돌아가지 않겠다고 불만을 토로하였다.

한 마디로 탈레반은 여자를 거의 사람으로 취급하지 않을 정도로 여성의 인권을 탄압하였다. 탈레반은 집권하자마자 먼저 여자들을 직장에서 추방하여 가정에 감금시키며 모든 여학교들은 폐쇄하였고 대학에서도 여학생들은 모두 공부를 중지시켰다. 만약 여자들이 거리에서 법에 따른 복장을 하지 않으면 종교경찰이 매로 사정없이 때렸다고 한다. 헤라트에서는 여자들이 혼자서 쇼핑을 하다가 종교경찰에 엄청나게 맞는 일이 일어났다. 그럼에도 영화 '칸다하르'에서 보면 여자들은 얼굴이 전혀 보이지 않는 부르카를 착용하고도 손톱에는 매니큐어, 입술에는 루즈를 발랐다.

탈레반의 이러한 정책은 이전의 무자헤딘 정권과는 사뭇 다른 것이다. 무자헤딘 정권은 결코 여자들에게 부르카를 강요하지 않았는데, 이 전통은 여자들이 몸을 완전히 덮지 않고 얼굴만을 가리는 다른 이슬람 나라와 동일한 것이다. 아프간에서도 과거에는 도시에서만 부르카가 의무였다. 심지어 1950년대와 60년대에는 여성들이 몸에 부르카를 착용하지 않은 채 항공사나 방송국 및 공무원으로 일한 적이 있었다. 그러나 이 부르카는 값이 싼 것이 아니어서 가난한 사람들은 부르카를 착용할 수 없었다. 흥미로운 사실은 아프간의 부르카 천은 주로 한국에서 수출된 것이다.

  탈레반의 엄격한 여성차별은 간음하다가 현장에서 붙잡힌 여자는 돌로써 공개 처형하는 제도이다. 탈레반 정권이 붕괴된 후에는 이들이 이러한 공개 처형을 안 할 줄로 생각하였으나 새 정부도 이 법은 그대로 존속시켰다. 카르자이의 새 정부가 들어서자 서방의 한 외신 기자가 "이 법은 그대로 유지 합니까"라고 질문하자, 젊은 법무부 장관은 "그것은 샤리아이기 때문에 없애지 못한다. 대신 과거에는 큰 돌을 던지게 하였으나 앞으로는 적은 돌을 던지도록 하겠다"고 답변했다. 참으로 어이없는, 현대 사회에서 상상을 초월한 형벌이다.

4. 아프가니스탄의 기독교 선교역사

  아프가니스탄의 기독교 전래 역사는 네스토리우스파의 동방 선교 역사에서 찾을 수 있다. 네스토리우스파와 야곱파들은 로마 카톨릭 교회의 영향을 받지 않고, 5세기 중엽부터 독자적으로 시리아와 아라비아와 페르시아 등지의 동방지역으로 퍼져 나갔다. 후대에는 이 지역에 먼저 들어온 유대적인 재래 교회들과 합류하거나 별개의 교회로 존재하면서 사산 왕조시대와 이슬람의 칼리프 치하와 몽골 제국의 통치 아래서 박해와 관용을 받으며 존속하였다. 이 교회들은 이교국가의 통치하에서 하나의 교회로 연합할 필요성을 느껴 5세기 말엽에 시리아 교회와 네스토리우스파가 연합하여 동양교회(The Church of the East)를 만들었다.

네스토리안 선교사들이 제 5세기에 아프가니스탄에도 교회를 설립했다. 열성적인 네스토리안 기독교도들은 중앙아시아 곳곳에 그들의 전도사역의 흔적을 남겼다. 그 예로써 서아프가니스탄의 베라에는 인질이라는 지명이 있는데, 인질(injil)은 복음을 의미한다. 바로 이곳에는 감독이 있었다고 한다. 당시 선교사들은 신약성경과 시편을 다 외울 정도로 정열적이었다. 그러나 안타깝게도 그들은 자신들의 시리아어 성경을 현지어로 번역하지 않았고 곧 신앙이 형식화되고 영적 생명력의 결여로 이슬람이 들어올 때 저항은 물론 생존의 힘마저 상실하고 말았다. 그러나 역사에 의하면 극소수의 네스토리안교도들이 있었는데, 1830년과 1840년 사이에 수많은 네스토리안 기독교인들이 중앙 아시아에서 쿠르드족과 투르크족과 회교도들에 의해 살육을 당했다고 한다. 오늘날은 소수의 네스토리안 생존자들만이 이란과 이라크, 시리아, 인도, 미대륙 등에서 발견되고 있다. 오늘날 아프가니스탄에서는 한 명의 네스토리안도 없는 것으로 알려져 있다.

아프가니스탄에서 기독교의 선교는 2차 세계대전이 끝난 후이고, 그전에는 소수의 선교사들이 시도하였으나 큰 열매를 얻지 못하였다. 로마 천주교는 예수회 선교사들이 17세기에 수도 카불에 들어갔으나 포교의 결과는 매우 미미했다. 개신교 선교를 요약하면 첫 개신교 선교사는 Dr. Joseph Wolf였는데, 성공회 목사였다. 그는 1830년대 초기에도 도보로 그리고 말을 타고 이 지역을 답사하면서 복음을 전파할 수 있었고, 심지어는 회교도 신하들에게 둘러싸여 있던 왕에게도 공개적으로 복음을 전할 수 있었다. 1850년 경에는 지금의 파키스탄 땅인 서북 국경 지역인 인디스에 선교사가 주재하도록 허락을 받기도 했다.

그러나 영국의 식민통치 기간 중에는 일체 선교사의 입국이 금지되다가, 1947년에 영국이 물러가고 인도와 파키스탄이 분리되면서 이 나라는 독립적으로 개발에 착수하게 되어 여러 분야에서 전문가들을 초청하게 된다. 서방에서 온 이 전문가들 중에서 상당수가 기독교인들로서, 이들을 통하여 어렵지만 복음이 전하여지게 된다. 아프간 정부는 국가발전을 위하여 교사, 교수, 기술자, 의료인, 외교관, 유엔기관의 주재원 등을 초청하기 시작했다. 1951년 3월 정부는 미국에서 프랑크 라우바흐 박사를 초청하여 문맹퇴치 사업을 전개한다. 당시 유네스코의 통계에 의하면 이 나라의 문맹률은 97%였다고 한다. 따라서 이 나라의 선교는 평신도들이 중심이 된다. 그를 뒤이어 기독교 기술자, 유엔 소속의 프로젝트 전문가들이 들어왔다. 이들 외국인 신자들이 많이 한 지역에 집결되어 있었기 때문에 이들을 중심으로 신자친목회를 구성, 예배를 드리든 중에서 이웃 나라에서 선교사 활동을 하던 미국 장로교회 선교사 아들 크리스티 윌슨이 바로 이 신자친목회 목사로 파견된다. 윌슨은 아프가니스탄에서 일한 자로서 이 나라의 가장 전문가이고 평신도 선교사역(tentmaking)의 세계적 전문가이다.[5] 이것이 이 나라에서 공식적인 기독교의 시작이지만 그러나 외국인들의 집회라는 점에서 원주민교회는 아니다. 이 친목회는 1956년 Community Christian Church가 된다. 그 뒤를 이어 다른 지역에도 외국인들만이 모이는 교회가 두곳 있었으나 본국인은 크리스마

---

5) 윌슨박사는 미국 골든-콘웰신학교 선교학 교수로 수고하다가 은퇴하였음.

스와 장례식 외에는 절대 참여가 허용되지 않았다. 그러나 이 교회는 소련 침공 기간 중에 철거되었다. 소련군이 아프가니스탄을 침공할 때 아프가니스탄인들의 지하교회가 있었다고 한다. 이 소문을 들은 소련군은 외국인 교회당에 지하실에 교회가 있는 줄로 생각하고 교회당 지하실을 파낼 정도였다는 것은 잘 알려진 이야기이다.

당시 외국인 평신도들은 직접 전도가 불가능함으로 이 나라를 위한 개발사업에 여로 모양으로 기여한다. 재미있는 이야기는 평신도들은 아프가니스탄이 농업국가인 점을 착안하여 무지개송어와 오리를 미국과 일본에서 수송하여 왕이 낚시하는 연못에 두어 왕의 홍미를 일으키게 하여 왕은 오리를 전국에 키우도록 하였다는 것이다. 물론 이 오리수송은 너무 힘들고 대신 알을 수송하는데, 이것도 18일 이상 소요되어 부화가 가능할지 염려되어 미국의 기독교인들이 열심히 기도하였다는 것이다.[6]

외국인 신자들은 1966년에 국제 아프간선교회(International Afghan Mission)를 결성하여 의료와 교육사역을 시작했다. 오늘날까지 주된 선교사역은 사회사업이나 개발 프로그램의 성격을 띠고 있다. 현재 파키스탄에 살고 있는 아프간 난민들은 복음을 들을 수 있는 기회를 맞고 있다. 여러 기독교 선교단체들이 아프간 난민들 사역을 위해 협력하고 있다. 어떤 피난민 거주 지역에서 생긴 일로, 소수의 자생적인 크리스천 모임이 생겨나 예배드리기를 시작했는데, 며칠 지나지 않아, 회심자 중의 한 사람이 신자들의 명단을 모두 보고했기 때문에 초 신자 한사람이 살해당하자, 교회가 흩어져 버리는 사태가 발생한 적이 있었다.

---

6) 아프가니스탄의 기독교 선교에 대하여는 주로 익명의 저자가 쓴 "Afganistan," in *The Church in Asia*, ed., Donald Hoke, (Chicago: Moody Press, 1975)를 참조하였음.

아프가니스탄은 세계에서 가장 접근하기 어려운 복음제한 국가 중 하나이다. 공식적인 교회도, 선교사도 존재하지 않는다. 다만 다수의 기독교 구제기관과 사역자들이 활동하며 본국과 국외 난민들을 중심으로 간접적인 복음 사역을 하고 있을 뿐이다. 그 중 대표적인 기관이 유일한 정부 등록 단체인 '국제협력선교회'(International Assistance Mission)이다. IAM은 1965년 여름에 아프가니스탄 선교를 위해 파키스탄 국경 지대에서 준비하며 사역하던 몇 개의 전문인 선교 기관의 책임자들이 모여 만든 연합 기관이다. 그 이름은 그리스도의 이름 곧 "나는....이다"(IAM)를 따라서 지었다. 각국에서 오는 개신교 선교사들과 선교 기관은 IAM의 우산 밑에서 공식적인 사역을 하게 되어 있다. IAM의 사역은 SERVE의 사역과 비슷하다. 맹인들을 위한 프로그램이 있다.

결론

아프간은 지금도 비극이 진행되고 있다. 그 비극의 가장 중요한 원인은 이슬람이다. 물론 아프간의 이슬람은 과격한 원리주의가 지배하고 이것을 부추기는 것은 파키스탄이다. 아프간은 지금도 기독교는 금지된 종교이다. 국제적으로 엄청난 도움을 받아 조금씩 사회 발전이 이루어 지고 있다. 그러나 미군과 구라파 연합군이 없는 아프간은 물가의 아이와 같다. 탈레반의 잔인상을 이미 간략하게 다루었다. 그런데 아프간 사태 때 우리 사회와 언론은 도리어 탈레반은 두둔하고 피납자들을 비방하는 심각한 도덕적 문제점을 드러내고 말았다. 아프간의 비극도 심각하지만 여기서 우리 사회의 비뚤어진 가치관도 염려하지 않을 수 없다.

제10장

과거에 사는 나라 몽골

서론

몽골은 한국과 같은 몽골족이라는 인종적 동질성으로 한국과 대단히 가까운 나라가 되어졌고 90년대 이후 기독교가 갑자기 성장하는 나라로 부상하였다. '용감한' 이라는 뜻을 의미하는 몽골은 징기스칸때 이후 무려 200년 동안 러시아와 중앙아시아는 물론 중동까지 지배하는 세계적 왕국이었다. 몽골족도 한 때는 '몽골의 평화' (Pax Mongolica)를 구가하였다. 몽골제국 때 아시아에서는 기독교가 가장 왕성하였던 때인지도 모른다. 당시 기독교는 엄청나게 성장하였다. 그러나 원을 건설하였든 몽골 제국은 원의 멸망과 함께 기독교도 스폰지로 닦은 것처럼 사라지고 말았다. 성경과 헌신적 지도자나 사역자가 없는 기독교회는 언제든지 사라질 수 있다는 선교적 교훈을 우리에게 주고 있다. 몽골 제국과 기독교에 대하여 사무엘 마펫은 그의 [아시아기독교회사]에서 다음과 같이 서술한다.

> 다른 혁명의 변화들과 마찬가지로, 이 '몽고의 평화' 의 시대는 '최상의 시기이며 최악의 시대였다.' 평화의 인물은 아니

었지만, 그럼에도 불구하고 칭기즈 칸은 13세기 아시아 격동의 역사 가운데 일찍이 '로마의 평화' 세기와 같이 기독교가 확장하는 길을 준비해 준, 짧은 기간의 상대적인 평화와 대륙의 통합, 그리고 종교의 자유 등, 하나의 일시적인 막간(interlude)을 세웠다. 기독교인의 희망과 진보의 시대를 불시에 종지부 찍은 인물은 1세기 반 이후의 타머레인이었다.

1990년 서울에서 아시아 선교 대회가 개최될 때 몽골에서 성경 번역 선교사로 일하였던 영국인 기븐스에 의하면 당시 몽골에는 6명의 기독교 신자가 있는데, "2명은 한국에, 다른 2명은 미국에 있고, 지금 2명만 몽골을 지키고 있다"고 의미 있는 농담을 하였다. 그 몽골에 지금 기독교가 무려 수백 개에 3만-4만 명의 크리스천으로 성장하였다.

1. 몽골과 징기스칸

몽골(Mongolia)은 인구 260만 명에 불과하지만 아시아에서 6번째로 넓은 땅을 가졌다. 면적은 1,564,116㎢이며 수도는 울란바토르이다. 정치형태는 의회민주주의 국가로 대통령과 총리가 있다. 몽골은 외몽골과 내몽골로 구분되는데, 불행하게도 내몽골은 중국의 통치하에 있다.

과거 몽골을 흔히 '몽고'라고도 하였는데, 한자로는 무지몽매할 몽(蒙)자에 오래된 옛 고(古)자로, 이 나라를 비하하는 중국인들이 붙인 이름이다. 중국인들은 몽골을 공포와 저주의 나라로 생각한다. 중국의 원 나라는 몽골인들이 세운 나라이다. 그래서 최근 한국의 한 학회는 한국과 몽골을 하나의 연방으로 하자는 미확인 보도가 중국 신문에 났고, 중국의 네티즌들은 엄청나게 이것을 두고 비난하였다. 바다가 없는 몽골과 땅이 부족한 한국의 비굴한 야합이라고.

몽골(Mongol)' 의 뜻에 대하여 다양한 설이 있다. 몽골 사람들은 '몽' 이란 부족이 '중심(골,)' 이 되어 세운 국가라고 해석한다. 혹자는 '용감한 자의 나라' 라고 말하기도 한다.

징기스칸 이전에는 몽골이라는 나라가 없었다. 현재의 몽골 평원은 기원전에는 사냥꾼과 순록 사육자 및 유목민들이 작은 집단을 이루어 살았으며, BC 3세기에는 흉노족(匈奴族)이 세운 제국의 중심지가 되었다. 4세기~10세기까지는 오르혼 돌궐족(투르크 족)이 이 지역을 차지하였었다. 그러다가 745년~840년에 동투르크스탄의 위구르족이 몽골 북부지역에 제국을 세웠지만, 이 제국은 키르기즈족의 침입으로 멸망하고 말았다. 따라서 몽골은 13세기에 칭기즈 칸 (테무친)이 당시 많은 몽골 부족을 통일하고 타타르족을 무찌른 뒤, 중앙아시아와 페르시아 만 연안 지역 및 카프카스 남부를 차례로 정복함으로 세워졌다. 몽골은 결국 칭기즈칸으로 말미암아 유명한 몽골 제국이 된다. 지금도 몽골 인들은 징기스칸을 거의 신격화하면서 과거의 찬란하였던 몽골제국을 그리워한다. 징기스칸의 영화와 전기는 수 없이 많다. 그러나 현대적 가치관에서 말하면 징기스칸은 가는 곳 마다 정복하면서 많은 사람을 죽였지만 존경받는 과거의 영웅으로 남는다.

징기스칸은 자기 이름도 쓸 줄 모르는 무학자지만 남의 나라 말을 기초로 몽골어를 만들었다. 그가 무식한 것은 몽골 인들은 지금도 겔이라고 하는 천막을 고집한다. 유목민들은 책과는 거리가 멀다. 과거 사막의 아랍인들과 무하마드가 무식한 것과 유사하다. 그래서 한 일본의 학자는 징기스칸과 무하마드를 비교 연구하기도 하였다.

그럼에도 불구하고 징기스칸은 역사의 위대한 영웅으로 칭송되고 있다.

1) 세계를 정복한 징기스칸

징기스칸의 몽골 제국은 정복한 지역은 19세기 대영 제국보다 더 넓다고 한다. 그러나 영향력은 물론 대영제국에 미치지 못한다. 지금 세계는 사실상 White Anglo-Saxon Protestant(WASP)가 지배한다고 해도 과언이 아니다. 무하마드 시절 아라비아 반도는 샤머니즘의 많은 부족들이 서로 싸운 것처럼 징기스칸 시대 몽골족들은 서로 치열하게 싸웠다. 불행한 상황에서 태어난 그는 강인한 자로 성장, 몽골 평원을 평정하고 만다. 그는 자신에 대하여 다음과 같이 말한 것으로 전하여 진다.

> 집안이 나쁘다고 탓하지 마라. 나는 아홉 살 때 아버지를 잃고 마을에서 쫓겨났다 가난하다고 말하지 마라. 나는 들쥐를 잡아먹으면서 연명했고 목숨을 건 전쟁이 내 직업 이고 내 일이 었다. 작은 나라에서 태어났다고 말하지 마라. 그림자 말고는 친구도 없고 병사는 10만병, 백성은 어린애와 노인까지 합쳐 200만 명도 되지 않았다. 배운 게 없다고, 힘이 없다고 탓하지 마라. 나는 내 이름도 쓸 줄 몰랐으나 남의 말에 귀 기울이면서 현명해지는 법을 배웠다. 너무 막막하다고, 그래서 포기해야겠다고 말하지 마라. 나는 목에 칼을 쓰고도 탈출했고, 뺨에 화살을 맞고 죽었다가 살아나기도 했다. 원수는 밖에 있는 것이 아니라 내 안에 있었다. 나는 내게 거추장스러운 것은 깡그리 쓸어버렸다. 나를 극복하자 나는 징기스칸이 되었다.

그는 1206년 몽골을 통일하고 징기스칸의 칭호를 받았다. 이 칭호는 '만물의 지배자' 또는 '강건한 지배자'를 뜻한다. 1207년 그는 북서부 중국과 티벳을 지배하는 서하와 전쟁을 시작, 1210년에 서하가 항복함으로써 끝이 난다. 이 기간 동안 위구르족 또한 몽골족에게 평화롭게 항복하며 제국의 관리자 계급이 되었다. 곧 이어 징기스칸은 금나라와 전쟁을 벌이면서 중앙아시아를 침략하여 호라즘 제국을 멸망시킨다. 수년 전 중국에서 만든 영화 [징기스칸]에 의하면 호라즘과의 전쟁은 이슬람과의 대결인 셈이다. 당시 중앙 아시아를 차지한 호라즘 제국은 이슬람의 전성기였다. 지금의 중앙아시아 사마르칸트이다. 징기스칸은 가급적이면 이슬람의 호라즘과 대결은 피하려고 노력한 모습이 보인다. 그래서 그는 시험적으로 사절로 상인과 관리 4백 명을 호라즘으로 파견한다. 하지만 오만한 호라즘의 한 왕이 무자비하게 그들을 살해하고 만다. 무슬림 나라인 호라즘 왕은 몽골을 이교도 오랑캐로 멸시하였었다. 알라가 지켜주는데 이교도 몽골에게 정복당한다는 것은 어불성설이라는 식의 교만한 모습을 보였다. 호라즘을 정복함으로 몽골 제국은 이라크는 물론 이란까지 공략, 200년 동안 중동을 지배한다.

중앙아시아에서 사역하는 한국 선교사들은 징기스칸의 중앙아시아 정복은 이슬람의 동진을 저지하는데 크게 도움이 되었다고 해석한다. 그러나 징기스칸은 종교에 관한 한 자유를 허용하였기 때문에 도리어 징기스칸의 지배하에서 이슬람이 견제를 당하였다는 역사는 없는 것 같다. 도리어 아시아의 샤머니즘이 이슬람에게 정복당하고 말았다.

[징기스칸] 영화의 인상적인 장면은 징기스칸은 호라즘을 치지 전에 3일간 장생신에게 기도한다. 금식 기도하는 그에게 신하들은 "우리가 그들을 정복할 터이니 제발 기도를 중단하라"고 호소하자 기

도를 중단하고 호라즘 공격을 개시한다. 물론 엄청난 사람들이 죽는다. 징기스칸은 헝가리와 폴란드까지 공략 서구를 깜짝 놀라게 한다. 그러나 당시 동구는 국가들이 혼란하고 약한 상태였다. 동구와 몽골의 전쟁은 역사상 아시아와 구라파의 첫 대결로 말한다. 몽골의 서방 세계 원정은 양방면으로 행해졌다. 하나는 동구를 공략하는 것이고, 다른 하나는 중동을 공략하는 것이었다. 중동 정복을 한 몽골 왕은 제4대 몽케로서 그는 자기 부족의 왕가가 소유한 병력의 1/5을 차출하여 원정군을 편성하였는데, 장군은 징기스칸의 손자 후라그였다. 당시 중동은 십자군 전쟁으로 수난을 당한 후였기 때문에 중동 국가들은 힘이 빠진 상태였는지도 모른다. 후라그는 이슬람의 암살자교단인 이스마엘을 소탕하였고, 다음은 바그다드는 수도로 한 앗바스 왕조를 무너트리는 것이었다. 몽골은 나아가서 팔레스타인과 이집트 원정까지 시도한다. 그런데 당시 팔레스타인을 점령한 프랑스 왕은 몽골과 손을 잡고 이슬람을 포위하는 것을 타진하지만 몽골은 대등한 협력을 거절하였다고 한다. 그런데 흥미로운 사실은 몽골 왕의 한 첩은 네스토리안파 신자였고, 12,000명의 군사를 거느린 정예부대의 지휘관 역시 기독교 신자였다고 한다. 몽골군이 바그다드를 점령한 이슬람의 칼리프는 부대에 넣어 말로 끌어서 죽게 하였다고 한다.[1] 한국을 침략하였을 때도 많은 몽골 군사들은 크리스천이었다고 한다.

  몽골은 동으로는 고려(1259년)를, 그리고 1279년 중국 본토를 다 정복, 원 나라를 건설한다. 그는 일본까지 정복하려고 '여몽연합군'을 창설하여 일본 정복을 시도하지만 '神風'(카마카제)으로 말미암아 실패한다. 재미있는 사실은 몽골 군대를 위한 배는 중국의 한족

---

1) 牟田義朗 『物語:中東の歴史』(中公新書, 2002), 164-68.

들이 만들었는데, 고의로 배의 하부를 깊게 하는 바다용 배가 아닌 강물에서 통하는 배를 만들어 작은 풍랑에도 파선하도록 하였다고 한다. 몽골은 고려가 같은 몽골족이라는 이유로 비교적 부드럽게 통치하였다고 말한다. 몽골은 많은 처녀들을 끌고 갔고 남자 인질들도 데려간 것으로 알려지는데, 일부 남자들은 원 나라에서는 장관급 벼슬까지 하였다. 몽골 인들은 원 나라 관료에 한족들을 등용하는 것을 피하고 대신 고려인들을 등용하였다. 우리 사회에는 몽골과 관련된 것들이 남아있다. 예를 들면 정작 몽골에는 몽골간장이 없는데도 우리 나라에는 몽골 간장이 최고다. 그것은 몽골 군인들이 먹든 우물을 두고 나온 말이라고 한다.[2]

징기스칸이 죽은 후 몽골은 1294년 4개의 나라로 갈라져도 무려 2백 년 동안 대 제국을 형성한다. 그러나 몽골의 원이 멸망한 1368년부터 수백 년 동안 몽골족은 원래의 고향인 초원지대를 떠나지 않았다. 그러나 내부의 권력 다툼으로 결국 만주의 청에 완전 정복당하고 만다.

2) 근세 몽골의 등장

1912년에 청나라의 몰락은 중국에 많은 변화를 가져온다. 청나라에 정복당하였든 주변의 나라인 위구르가 한때 독립하는데, 몽골도 1912년 러시아의 지원으로 독립한다. 그러나 이 독립정부는 불과 5개월도 못가고 러시아 지배를 받게 되고, 1917년 러시아가 공산화되자 1924년 11월 26일 몽골 인민공화국이 정식으로 선포되었다. 이때

---

[2] 몽골의 풍속과 문화에 대하여는 안병갑, 『몽골 이야기』 (서울:총회풀판부, 2008) 참조할 것.

부터 소련과 몽골은 정치 경제 문화 이념적으로 밀접한 유대관계를 맺었다. 그래서 지금도 몽골어는 러시아로 표기된다. 1960년대와 1970년대에 중 소 관계가 악화되자 몽골과 중국의 관계도 더욱 나빠졌다. 1980년대에는 두 나라 사이의 긴장이 완화돼, 1986년에는 몽골과 중국 사이에 외교 관계가 수립되었다. 몽골은 1990~91년 동유럽과 소련을 휩쓴 민주화 혁명에 동참해 주요 정치 경제 개혁을 단행했다.

현재는 의회민주주의 정치형태지만 금년 국회의원 선거 부정 시비로 정치적으로 불안하다. 08년 6월에는 군중들이 울란바타르 정부청사 옆에 있는 몽골 인민혁명당사를 불로 태워 온 시내가 연기로 가득차고 말았다. 금년도 아시아 여러 나라에 일어나는 과격한 데모가 몽골도 예외는 아니다. 과거 정의와 평등을 외치든 공산당은 자본주의와 민주주의는 부정부패와 불의의 상징이라고 외쳤는데, 아시아의 어느 공산당 정부나 권력도 부정선거, 부패에서는 자유롭지 못하다. 이 사건으로 약 700여명이 경찰에게 체포되었고, 5명이 사망, 200여명이 중경상을 입었다고 한다.

몽골의 경제는 부흥하지만 한국에 수 만 명의 근로자를 보낼 만큼 아직 자국 생산은 약하다. 최근 금광이 발굴되어 이 나라 국민들의 10%가 원시적인 금광 채굴에 종사한다고 한 TV가 보도하기도 하였다.

2. 라마 불교의 몽골

징기스칸은 일찍이 종교에 대하여 관용정책을 취하였으나 이상하게도 몽골은 불교가 거의 국교가 되고 말았다. 몽골의 불교는 신비적 불교로 말하는데, 티베트에서 들어온 것으로 말한다. 혼합주의 불교의 대명사인 몽골 불교는 제3의 범주에 속한다. 소승불교도 대승불교도 아닌 일종의 신비적 불교이다. 불교나 비기독교 종교는 대부분 샤머니즘과 혼합하였지만 몽골의 불교는 더 혼합적인 불교이다. 이 불교는 어느 점에서 종교 다원주의 신학자 존 힉이 말하는 "초자연적 궁극 실제를 종교적으로 체험한다"는 것과는 거리가 먼, 철저한 현세주의 중심의 종교이다. 이러한 문화적 상황에서 몽골 인들이 중시하는 '어버'(몽골인들이 섬기는 일종의 신임)가 전도의 접촉점이 될 수 있는지? 문제를 제기하고 싶다. '어버'에서 위로를 얻고, 병과 재난을 막아 주고 가축의 번성을 돕는 수호신으로 여기는 신앙은 몽골 인들의 실용주의적 신앙관을 잘 표현한다.

종교혼합이 심한 몽골은 어느 종교든지 원형을 보존하기 어려운 나라이다. 불교, 이슬람, 기독교가 다 샤머니즘에 혼합, 정체성을 상실한다. 특히 기복적 신앙이 너무 심한데다 저주사상도 강한 나라이다. 순 처녀성에는 독성이 있다고 믿고 승려만이 그 독성을 제거할 수 있다는 잘못된 사상은 승려들을 타락하게 하였다. 불교문화는 무신론에 대한 저항력이 약하여 아시아의 많은 불교 국가들이 공산화되었는데, 몽골도 예외는 아니었다. 공산화된 나라는 대부분 종교국가였다는 사실을 명심해야 한다. 몽골과 티베트에 성행하였던 라마 불교는 권력과 밀착, 부패하며 늘어나는 승려들과 과다한 종교세로 몽골 경제 발전의 장애가 되기도 하였다. 1921년 공산화될 때 몽골에는 남자 60%가 불교 라마(lamas)였고 많은 수도원이 있었다. 이점에서 몽골은 종교의 역기능을 경험한 나라이다. 700여 개가 넘던 라마 사원은 거의 파괴되었고, 수만의 라마 승려가 처형되었으며, 라마 사원의 토지들은 압수되었을 뿐만 아니라 거의 대부분의 라마교 서적들은 불태워진 것으로 전하여 진다.

3. 몽골의 기독교 역사: 기독교가 실패한 나라

몽골에서 효과적 선교를 위하여 몽골 기독교 역사이해가 중요하다고 생각한다. 몽골 선교의 역사자료는 이상하게도 중세 서구 로마 카톨릭의 몽골 선교에 대한 자료는 많으나 개신교 자료는 적은 편이다. 최근 몽골 기독교 역사에 대한 대표적인 저서는 일본 고고학자 에가미 나미오(江上波夫)가 1935년 몽골 정부의 허락 하에서 몽골의 기독교 흔적을 연구하고 최근 대작 [몽골제국과 기독교]를 저술하였다.[3] 본서는 투르크 몽골인인 온구트 부족이 네스토리안 기독교를 받아들였다는 고고학적 증거를 제시한다. 그의 이론은 투르크 몽골인 온구트 부족들은 기독교를 받아들여 당시 동과 서를 연결하는 문화적으로 가교 역활을 하였다는 것이다. 본서 3장의 몬케 코로비노의 선교활동은 중요한 연구가 될 것이다. 다음 가능한 중요한 자료는 도손의 [아시아 선교]이다.[4] 본서가 몽골선교사들에게 중요한 자료가 되는 것은 징기스칸 시대 때 로마 카톨릭 선교사들의 생생한 몽골 여행기이다. 본서에는 징기스칸의 손자인 구육 칸이 교황 인노

---

3) 『モンゴル帝國とキリスト教』 (サン・パウロ, 2000), 영어는 Namio Egami, The Mongol Empire and Christendom.
4) Christopher Dawson, ed., *The Mission to Asia* (London: Sheed and Wood, 1955).

센트 4세에게 보내는 서한을 위시하여 루브룩의 윌리암의 몽골여행기는 마르코 폴로의 동방견문록에 버금가는 것으로 당시 아시아 문화, 종교, 풍속, 인종을 잘 설명한다. 문화인류학과 역사연구에 귀한 자료이다. 그러나 윌리암은 네스토리안 기독교를 부정적으로 보기 때문에 많은 편견이 있다고 마펫은 지적한다. 당시 선교사 몽테 코르비노의 편지와 페루기아의 안드류의 서한 역시 당시의 상황을 이해하는 데 크게 도움이 될 것이다. 최근 아시아 기독교회사 연구에 유익한 자료는 장신대에서 교회사 교수로 수고하다가 프린스톤 신학교에서 은퇴한 사무엘 마펫의 아시아 기독교회사 1권이다. 그 외에도 고전이지만 라토렛의 교회사와 스테픈 니일의 기독교 선교역사도 선교역사 이해에 빼 놓을 수 없는 도서이다. 동시에 미국 정통 장로교회 선교사 허대전의 [초대교회와 동방교회]는 아시아에서 경교 역사에 필수적인 저서이다.

몽골의 기독교 역사는 주로 5시기로 나누지만 중국에 가려 독자적 연구가 비교적 적은 편이다. 몽골의 기독교 역사 5시기를 분류하면 제1시기는 635년-1206년인 페르시아 네스토리안 기독교 선교부터 징기스 칸 등장시대이며, 제2시기는 몽골시대이며(1206년-1368년), 제3시기는 몽골시대 이후 시대(1368년-1765년)이며, 제4시기는 근대이전 시대(175년-1991년)이며, 제5시기는 1991년 개방이후 시대부터이다.

몽골이 기독교와 접촉을 한 것은 한국보다 역사가 더 빠르다고 본다. 역사 기록에 의하면 7세기에 이미 몽골에는 수백 명의 기독교인이 있었다고 하는데, 그것은 중국에도 전하여졌던 경교이다. 네스토리안 교회의 페르시아 선교사 알로펜이 당에 기독교를 전하여 당에는 기독교인이 많이 있었다는 사실은 서안에 있는 경교비가 증명하여준다. 따라서 경교가 몽골에도 전하여진 것으로 확신한다.

그러나 필자는 중국에 전하여진 네스토리안 교회를 경교로 표현하고 페르시아 교회는 네스토리안 교회로 부르고 싶다. 이유는 중국에 전하여진 경교는 번역과정에서 페르시아의 네스토리안과는 많이 변질되었고 생각한다. 그 이유는 경교비의 내용은 신학적으로 너무나 문제가 많다. 특히 교회사에서 네스토리안을 이단으로 보지 않을 정도로 새롭게 보려는 시도가 일어나고 있다. 당시 희랍의 정교회와 로마 카톨릭과의 주도권 다툼이 네스토리안을 더 이단으로 몰았다는 것이다.

선교에 열정적인 네스토리안 선교사들이 실크로드를 타고 직접 몽골을 방문하였거나 아니면 그들이 개종시킨 중국인들 가운데 몇몇이 당나라 시대(618-906)에 이곳을 방문했을 가능성을 배제할 수 없다. 이 사실을 확증해 주는 그럴듯한 흥미 있는 증거는 당나라를 뒤이은 중국 송 왕조 시대에(960-1280), 기독교는 경멸스러운 몽골인들의 신앙으로 간주되었고 또한 이 때문에 탄압당하였다는 점이다.

그러나 제2시기에 몽골 선교역사는 많은 기록들이 전하여 진다. 13세기에 극동에 기독교회가 존재하였다는 것은 게일선교사도 시인한다. 허대전 선교사는 마르코 폴로 전기를 읽고 아시아 기독교회의 존재에 관심을 가지고 게일 선교사에게 질문하였다. "13세기에 과연 극동에 기독교회가 있었습니까" 하고, 답변은 "예 아시아 전역이 복음을 받았으나 다 잃어버렸을 뿐입니다."[5] 허대전은 당시 일본을 침략한 몽골군대에 이미 십자가 문양이 있었다는 것을 강조한다. 일본 바다에 떠 있는 몽골군대 갑옷 문양에 십자가를 하였다는 것이다.[6]

---

5) 허대전, 13.
6) 허대전, 104-105.

가장 신빙성 있는 것은 12세기에 이들 동방 교회 선교사들이 몽골의 고비 사막의 북쪽으로 들어와 거기서 케라이트 부족을 복음화시켰고, 그 결과 그 부족 통치자와 백성들의 일부가 기독교인이 되었다고 한다. 호크는 징기wm칸이 몽골의 제 부족들을 정복하였을 때 칸은 당시 기독교화 된 케라이트 족들과 손을 잡고 그들의 수도인 카라코룸을 수도로 하였는데, 당시 케라이트 부족에는 20만 명의 신자가 있었다고 한다. 그런데 엔가미는 당시 경교는 몽골의 온구트 부족을 완전히 복음화 하였다고 주장한다. 이것은 사무엘 마펫이나 다른 학자들이 투르크 몽골족인 케라이트 족들이 기독교화 되었다는 이론과는 다른 것이다. 엔가미는 온구트 부족과 기독교와의 상관관계를 많이 연구하였는데, 그는 온구트 부족도 같은 투르크인으로, 시리아 기독교의 영향 하에 있었다는 것이다. 그런데 이 온구트가 징기즈칸과 혼인관계를 맺어 공생공존 하였고 이들은 동과 서를 연결하는 가교 역할을 하였다. 온구트 부족은 내몽골 서북쪽 올론 수메를 거점으로 소 국가를 형성하였다(지도참조). 그런데 온구트족들이 믿었던 기독교는 바로 네스토리안 기독교임을 동방을 여행한 마르코 폴로, 몬테 코비나 오도리코 다 폴데논이 구라파에 소개하였다. 온구트족들은 천주교 선교사들을 만나면서 네스토리안 기독교에서 천주교로 개종하였다.

이 문제에 대하여 르네 그루세도 유사한 주장을 한다. 그의 주장을 대략 소개하면 다음과 같다. 온구트 부족은 13세기에 현재 Kuei-Sui지역과 만리장성 북쪽에 살았다. 이들은 당시 몽골 법조계에서 높은 지위를 누린 사람들이 많았는데, 이유는 이들은 징기즈칸에 충성하는 조공국가였다. 대가로 정복자는 딸을 주어서 혼인관계를 맺었다. 특히 온구트 왕자 조지(터키어로는 코르구즈)는 헌신적인 신자로서 쿠빌라이 소녀와 결혼하였다. 그로 인하여 상당수 온구트족들은 왕실에 있으면서 기독교가 수세대 명맥을 잘 유지하는데 기여하였다. 이들은 고비 사막에 거주하면서 경교를 공개적으로 신앙 고백하였다. 그러나 같은 투르크인 케라이트 부족 중에서도 신자가 있었는데, 쿠빌라이 어머니는 대표적 인물이다. 그래서 쿠빌라이는 친족관계 때문에도 기독교에 호의적이었다. 1287년에 경교가 좀 복잡한 처지에 있을 때도 왕의 보호를 받았다. 그러나 경교 신자였던 나얀이란 몽골왕자가 만주에 있는 쿠빌라이에 반란을 일으키고 군사행동을 할 때 선두에 십자가를 들고 행진하였는데, 후에 그 왕자가 패배하자 경교는 무참하게 박해를 받게 된다. 그럼에도 쿠빌라이는 면전에서 십자가를 모독한 병사를 엄히 꾸짖었다고 한다. 당시 몽골을 방문하였던 마르코 폴로에 의하면 쿠빌라이 왕은 병사에게 복음을 전하고 심지어 분향을 태워버렸다고 한다.

쿠빌라이의 신앙은 지금으로 말하면 전형적 다원주의 사람이었다. 그는 당시의 4 종교의 '선지자들'을 다 존경한다고 하였다. 즉 기독교의 예수, 사라센의 마호메트, 유대의 모세와 불교의 석가모니이다. 그럼에도 그는 기독교 문제를 다루는 기구를 설치, 1291년에 시리아의 경교 신자 이사(Isa)를 이 자리에 임명하였다. 심지어 라반 사우마(1225-1294)는 Suiyuan에서 주교가 되었다. 그러나 그는 예루살렘 성지순례를 떠나게 된다. 그때 온구트 왕자는 가지 말라고 적극 만류하였음에도 떠나고 만다. 사우마는 페르시아에 도착한 후에는 바그다드의 주교가 된다. 그는 1287년 교황 니콜라스 2세와 프랑스 왕을 만날 정도가 된다. 그는 서구 십자군과 몽골군이 연합하여 이집트의 이슬람군대를 저지할 것을 주선하기도 하였지만 그 일은 성사되지 못하고 말았다.[7]

이미 언급한대로 징기즈칸의 손자 쿠빌라이 칸은 기독교에 호의적이

---

7) 윌리암의 기행문 "The Journey of Willian of Rubruck," Christopher Dawson, *The Mission to Asia*, 89-220을 참조할 것. 윌리암의 글 외에도 도손은 몽골을 방문한 수도사들과 몽골과 관련된 교황청 문서들을 수록한다.

었다. 그래서 그는 1271년 로마 교황청에 "기독교 신앙이 가장 위대하다는 것을 가르칠 수 있는 선교사 100명을 보내어 주십시오, 그러면 나와 내 백성들은 다 신자가 될 것입니다"라고 요청하였다. 그러나 교황청은 당시의 구라파의 정치적 불안으로 선교사 두 사람만을 보내었지만 중도에서 실패하였다는 기록이 있는데 이것은 제도권 교회는 선교를 하지 않는다는 증거로 항상 거론되기도 한다.

쿠빌라이 칸의 요청으로 로마 카톨릭의 도미니크 수도사들과 프란시스코 수도사들이 한때 6,000명의 개종자를 얻었다는 보고가 있으나 그 대부분은 기존의 경교 신자가 카톨릭으로 전환한 경우였기에 진정한 의미에서 선교적 효과로 보기에는 다소 무리가 있다. 또한 이들 개종자들의 대부분은 몽골 황제들의 비호와 신뢰를 받고 있던 외국인들이었다. 따라서 쿠빌라이 칸의 원 왕조가 몰락했을 때 기독교에 대한 반대가 급격히 일어났고, 복음 증거의 종말이 외딴 몽골 지역에 500년 동안 내려지게 되었다. 원나라의 몰락은 몽골 자체의 선교는 물론 나아가 아시아 기독교 선교가 사실상 차단되는 결과를 가져왔다. 더 불행한 것은 나중에 칸은 티베트의 라마교 승려를 초청하여 몽골을 불교화 하고 말았다.

4. 징기스칸과 기독교

몽골에서 기독교의 전성기는 몽골의 전성기 때였고, 동시에 쇠퇴하면서 기독교도 사라지고 만다. 일반적으로 종교는 나라나 사회가 어려울 때 더 부흥한다. 종교를 통하여 사회나 국가의 재생(revitalization)을 시도하기 때문이다. 그러나 몽골의 경우는 일반적 통념과는 정 반대이다. 몽골의 원 나라이후 기독교는 사라지게 된다. 그러면 왜 징기즈칸과 그 후손 왕들은 당시 기독교에 호의적이었는가? 'Pax Mongolia'를 구가하든 몽골이 기독교를 잘 받아들인 것은 기독교에 저항력이 적은 샤머니즘이라는 문화적 배경을 무시할 수 없다.

둘째로 징기즈칸의 종교 관용정책이 주요 원인이다. 그는 이미 종교다원주의를 잘 알고 또 실천한 사람이다. 그는 먼저 피정복지에서 종교의 자유를 허용하였다. 역사가 도손의 지적대로 몽골제국은 태평양에서 흑해 및 발트해를 정복하였고, 종교적으로는 유교, 불교, 이슬람 및 기독교 국가를 지배한 셈이다. 그럼에도 몽골은 어느 종교도 국교로 채택하지 않았다. 그렇다고 샤머니즘을 국가 이데올로기로 하지도 않았다. 당시 서구나 아시아 국가들은 종교가 대체로 국가의 통치 이념이 되었다. 즉 이데올로기가 된 셈이다. 그러나 샤머니즘은 영적 통일성의 원리를 가르치지 못하였다. 오히려 샤머니즘은 부족 종교인지라 도리어 통일보다는 분열을 조장한다. 징기즈칸이나 그 후의 몽골의 통치자들도 칸과 동일한 정책을 펴서 기독교에 비교적 우호적이었다. 구육 칸 역시 다원주의자였다. 루부륵의 윌리암의 여행기를 보면 그는 구육 칸(일명 Great Khan)앞에 설 때 두려워 "신이여 나를 불쌍히 여기소서(miserere mei Deus)" 하고 속으로 기도하였다고 하며, 그리고 궁전에서 잔치가 벌어졌는데 여러 인종과 종교가 섞인 것을 목도하였다. 그런데 놀라운 사실은 기독교인, 무슬림, 불교신자들이 서로 논쟁하는 것을 보았다고 증언한다. 구육 칸은 종교의 중요성을 인식하였다. 그래서 어느 특정 종교에 치우치지 말고 동등하게 대하고 승려들도 존경으로 대할 것을 지시하였다고 한다. 칸은 몽골은 사막 국가고 야만인들이지만 불교, 마니교, 이슬람, 기독교 등 다양한 종교로 문명국이 된 것을 깨달았다는 것이다.[8]

---

8) Dawson, xxiii.

이것은 대단한 일이라고 칭찬하지 않을 수 없는 것은, 고대 시대 때 전쟁은 신들의 전쟁이었다. 승리자는 반드시 자신들의 종교를 강요하였다. 그래서 유대인들은 완강하게 헬라와 로마에 저항하였다. 일본이 한국교회에 신사참배를 강요한 것도 그러한 원리이다. 징기스칸은 종교에 관한 한 중립적이어서 정복지 백성들의 종교는 존경하였고 기독교에 대하여는 초기에 호의적이었다. 그는 "우리 몽골인들은 유일신을 믿으며, 유일신 신앙으로 살고 죽을 것이다"고 말하였다고 한다.
　셋째로 당시 몽골은 이슬람을 무서운 적대자로 간주하였다. 그래서 서구 기독교와 손잡고 이슬람 세력을 꺾으려는 정치적 동기도 기독교에 우호적이 되게 하는데 한 중요한 동기가 된다. 이슬람 역시 몽골을 두려워하여 서구와 손잡기를 원하였다. 그러나 이슬람의 이러한 제안에 대하여 영국의 한 주교는 "개들끼리 서로 싸워서 서로 망하게 하라 그러면 그들의 폐허 위에 세계적인 카톨릭교회를 세워서 양떼들이 우리로 들어오게 할 것이다"고 하였다. 나중에 몽골은 이라크의 바그다드까지 공략하고 말았다.
　여기서 우리는 당시 몽골군대의 위협에 대한 서구의 반응을 살펴볼 필요가 있다. 당시 서구 기독교는 몽골을 무서운 야만인으로 취급하고 몽골의 침략을 달래기 위하여 교황청은 사신을 파견한다. 사신들은 당시 천주교 선교를 주도하였던 수도사들이었으며 이들의 몽골기행은 지금도 기록으로 전하여 당시 몽골의 문화, 역사, 종교를 알 수 있는 중요한 자료가 된다. 사절로 파견된 대표적 수도원은 프란시스코와 도미니크 수도원이며 수도사는 로렌스와 존, 그리고 유명한 루브룩의 윌리암이었다. 윌리암의 기행문을 읽어보면 그는 몽골로 가는 도중 많은 아시아 인종과 문화를 접한다. 티벳트에 관한 글에서는 당시 사람들이 죽은 자의 부모를 먹었다는 기록이 나온다. 그리고 그가 몽골을 다녀 온 후 철학자 로저 베이콘을 만났다고 하는 사실은 당시 서구가 아시아에 대한 관심이 많았음을 알 수 있다. 이렇게 몽골에 많은 경교 신자와 천주교 신자가 있었음에도 불구하고 원 나라가 패망하면서 기독교도 쇠퇴하고 만다. 몽골인들이 세운 원 나라는 명에 망하게 되는데, 명 나라는 철저히 중화 민족주의 이념으로 원 나라의 모든 종교와 문화를 뒤집는 정책을 펴서 결국 기독교도 철저히 박해한다.[9] 또한 프란시스코 수도원의 몽골 선교는 정치와 종교가 혼합되었다. 당시 서구 기독교는 몽골의 침략을 저지하는데 수도사들을 이용한 셈이다. 이것은 항상 로마 카톨릭이 정치와 종교를 섞는 불순한 동기가 도리어 나중에 와서는 역작용을 하게 된다. 그리고 기독교를 토착화시키지 않았다.

몽골이 후에 기독교가 뿌리는 내리지 못한 것은 징기스칸의 부하들의 자문이 크게 작용하였다고 한다. 징기스칸은 많은 위그르인을 등용하였는데 이들 중 신자가 많았다. 13세기에 몽골 제국의 황제인 구육(Guyuk)의 어머니가 신실한 기독교인이었다. 그 결과 구육과 그 주변 사람들에게 기독교가 다수 전파되었다. 따라서 초기 몽골 시대에는 기독교가 크게 자유를 누리고 있었으나 새롭게 재기하지는 못했다. 그 이유는 당시 몽골 지도자들 중에 몽골족의 기독교화를 크게 우려하는 소리가 높아졌기 때문이다. 몽골의 지도자들은 "기독교가 원수를 용서하고 사랑할 것을 강조하는데 만일 국민들 모두가 기독교인이 되면 어떻게 전쟁을 수행할 수 있겠는가?"라고 왕에게 진언했으며 이러한 우려는 왕에 의해 받아들여지게 되어 기독교 장려 정책은 끝이 나고 만것이다.

그러나 기독교는 항상 내부적 요인도 책임이 있다. 아시아에서 경

---

9) 吉田 寅, "中國," 日本基督敎出版局, 『アジア・キリソト敎の歷史』, 127.

교가 실패한 것은 외부적 요인도 있지만 내적 요인이 더 중요하다고 경교 연구사가 스튜어트는 주장한다. "기독교 선교 초기에 나타났던 절실하고 선명한 신앙표현이 사라지고 라오디게아의 역사가 시작된 것이다."[10] 아시아에서 기독교는 스폰지로 닦아버린 것 같이 사라지고 말았다. 그 이유는 자국어 성경이 없었고 하나님의 교회를 위하여 희생하는 지도자가 없었기 때문이라고 말하기도 한다.

5. 근대 이후의 기독교 선교 역사

근대 몽골 선교는 중국과 인접한 관계로 인하여 중국 선교의 부산물로 행해진다. 로마 천주교는 19세기 중국에서 선교활동을 전개하던 중에 몽골에까지 선교를 확대한다. 나사렛 선교회의 조셉 무리(Joseph Martial Mouly)는 초기에 몽골의 시완추에 신자정착촌을 건설하고 교회당과 학교를 세운다. 그래서 그는 1841년에 대리사도(Vicar Apostolic)가 된다. 무리 다음에 곧 나사렛 선교회의 버비스트가 몽골 선교에 가담한다. 이때 천주교회는 동구 몽골에 48명의 사제, 6개의 학교와 상당수의 학습자들이 있었다.

개신교 선교회 역시 동일하다. 개신교의 첫 몽골선교사는 독일의 라이프치히 선교회였다. 이 선교회에 소속된 일부 북구출신 선교사들이 칼 구츨라프의 선교보고에 자극을 받아 티벳은 물론 몽골까지도 선교를 시도한다. 다음 런던 선교회가 1817년 부리아트 부족을 대상으로 선교활동을 하였다. 이러한 식으로 부족 상대의 선교로 1815년 슈미트 박사가 칼무크 방언으로 성경의 일부를 번역한 것을

---

10) 허대전, 164.

시작으로 성경 번역이 시작되었다. 그후 브리야트 방언으로 성경 전체가 번역되었다. 그 후 여러 차례 성경 번역 사업이 진행되었다. 현재 몽골에서는 신약 성경이 새로 번역 출간되었고, 내 몽골에서도 성경 일부가 재 번역되었다. 그러나 한때는 러시아 정교회가 개입, 몽골에서 선교활동을 중단시키는 일이 발생하기도 하였다. 그 후 런던선교회 소속 제임스 길모어(James Gilmore)는 1870년 몽골에 도착하여 12년 간 몽골 유목민을 대상으로 선교하였다. 그는 자신의 활동 결과를 평가하면서 서구 선교사보다 중국인 선교사가 실제적인 선교 사역을 감당하면 더 큰 열매를 맺을 수 있다는 결론을 얻었다. 그래서 수명의 중국인 선교사를 훈련시켰고 이들은 효과적인 선교를 담당하였다. 일반적으로 길모어를 개신교에서는 가장 유명한 선교사로 소개한다.

　1895년 몇몇 스칸디나비아 첫 연합 선교단들이 몽골에서 순회 전도 사역을 시작했다. 데이비드 스텐베르크는 1896년 캬알슈버와 함께 하였고, 1897년 힐다와 클라라 앤더슨, 한나 룬드와 프리드쉬트롬이 함께 사역했다. 그들의 사역의 성과는 사소한 것이었다. 또한 프리드쉬트롬(고비 사막을 횡단하여 탈출함)을 제외하고 모두 1900년의 의화단 사건이 일어났을 때 순교 당했다. 후에 프리드쉬트롬과 그의 아내는 내몽골에 확장된 선교 지역을 세우기 위하여 돌아왔다. 한편 나에스테가르트라는 두 명의 노르웨이 선교사 형제가 1896년 수도 우르가(현대 울란바토로)에서 사역을 시작했었다. 그들은 의화단 사건 때 탈출하여 결국 돌아오지 않았다. 그러나 1919년 우르가에서 선교 사업은 다시 시작되었다. 진료소는 다시 개업되고 더 많은 선교사들이 1921년에 들어왔다. 젊은 사람들은 관심이 있었고 많은 청년과 군인들은 성경을 믿고자 왔다. 그러나 곧 러시아 관리의 주목을 받아 억압당하게 되었다. 그들은 선교 지부를 탐색하여 책을 압수하고 새롭게 일어나는 열의를 말살시켰다. 1924년 5월에 선교사들은 이를 마지막으로 하여 외몽골의 우르가를 떠났다.

제 2차 세계 대전을 전후한 때에 스웨덴 몽골선교회, 복음주의연맹선교회, 그 밖의 다른 선교회의 구성원들에 의하여 외몽골에 대한 몇 번의 선교 시도가 이루어졌다. 그러나 약 반세기 동안 적극적인 복음 사역도 거기서 수행되어질 수 없었다. 1924년 초기 스웨덴 선교사들이 떠났을 때 비록 약간의 조사가 수행되기는 하였지만 공개적인 기독교 개종자에 대한 아무런 기록도 남겨 놓지 않고 있다. 몽골은 1989년까지 아시아, 아니 세계에서 단 한 명의 기독교인도 보고되지 않고 선교 활동도 전무한 세상의 끝이었다. 그러나 몽골 정부가 개방 정책을 실시하면서 선교 활동이 재개되었다.

몽골 선교 역사를 통하여 우리는 우선 양적 성장에만 자족할 것이 아니라, 몽골에 영구하고도 성경적인 건강한 교회를 어떻게 세우느냐가 중요한 과제이다. 일본은 히데요시때 천주교회가 엄청난 박해를 받아 결국 지하로 들어가고 말았다. 그러나 200년 후 종교 개방으로 교회가 다시 문을 열 때 200년 동안 숨었던 교인들이 나타났다. 몽골에도 이러한 이적이 있었는지?

6. 한국의 몽골 선교 역사

한국교회의 몽골 선교는 1925년 감리교의 최성모 목사에 의해 이루어졌다. 3·1운동 때 민족 대표 33인 중 1인이었던 그는 1924년 만주 봉천에 부임하여 내몽골 지역에 선교회 설립에 성공하였다. 그러나 그의 헌신은 길지 못했고 1926년 국내로 귀환하게 되었다. 몽골 선교의 두 번째 시도는 대한 기독교회(후의 동아 기독교)의 이현태 선교사에 의해 이루어졌다. 19세의 나이로 만주·몽골 선교를 꿈꾸고 만주로 건너간 그는 길림성에 있으면서 중국인·몽골인·조선인을 상대로 선교 활동을 펴다가, 1930년경 주거지를 왕야묘로 옮기고 본격적인 몽골 선교를 추진하여 한국인 방범룡, 중국인 이봉삼 등 2명의 전도인을 얻게 되었고, 마침내 몽골인 진씨 일가가 기독교로 개종함으로 몽골인 선교에 성공하였다. 그의 노력으로 만주리에도 교회가 설립되었다. 선교비 보조를 전혀 받지 않은 독립 선교사로 일했던 그는 1935년 본국의 협조를 요청하러 귀국했다가 교단 소속 등의 문제로 거절당한 채 쓸쓸히 돌아가야만 했다.

1936년부터 조남현 왑방으로 옮겨 몽골 선교에 힘쓴 그는 신자 400여명, 예배 처소 4-5개를 개척하였으며 성경학교까지 설립하여 큰 성과를 얻었다. 장로회 봉천 노회에 소속하려던 노력이 실패되고 계속 독립 선교사로 일하던 중 몽골인에게 구타당하여 1939년 10월 5일 그는 무참하게, 그러나 영광스러운 순교를 당했다. 그 외에 장로회 의산노회의 지시로 몽골 선교를 위해 봉천 노회를 통해 파송 받은 조보근 선교사가 안동 제일교회의 보조를 받아 통요에 교회를 세웠고, 1938년에는 통요현 신흥 농장에도 교회를 설립하였다는 기록이 있다.

1) 몽골선교의 도전

1996년 한 서구 선교뉴스는 몽골 선교를 놀라운 성장으로 보도하였다. 91년에 불과 2-3개의 선교회만 있었는데 96년에는 35개 선교단체에 30개가 넘는 교회에 1만 명이 넘는 신자, 세례교인 5천명, 심지어 기독교 몽골어 방송과 TV도 있을 정도로 비약적으로 발전하는 몽골 기독교를 소개한다. 몽골 선교 10년이 지나서 140여 개 교회에

14,000명의 신자가 있었다는 것은 괄목할 발전이다. 그러나 100년 전만 하여도 60일 동안에 무려 50명의 선교사들이 순교한 역사가 있음을 언급한다.

몽골은 어느 나라보다 교회가 급성장하는 선교지이다. 더 긍정적인 사실은 몽골 기독교 신자의 대부분은 18세에서 24세의 청년층이라는 사실은 몽골 선교의 가능성을 암시한다. 특별히 어린이 사역이 중요한 이유는 첫째, 인구 증가 정책으로 어린이가 많기 때문이다. 이들은 사상 교육에 깊이 물들지 않았기 때문에 복음을 쉽게 받아들일 것이고, 많은 수의 어린이들이 초기에 복음을 접한다면 몽골 복음화는 앞당겨 질 수 있다고 본다. 학원 선교도 몽골에서 기독교 성장의 잠재력을 의미한다. 러시아 혁명 이전에는 라마 사원 외에는 교육 기관이 없었으나 러시아 혁명 이후 모든 국민에게 10년간의 의무 교육을 부여하였다. 한국과는 '사촌'이라는 문화적, 인종적 동질성도 장점이다. 몽골정부의 친 한국 정책은 선교에 유리할 것이다.

그러나 선교는 항상 도전이 따른다. 몽골의 종교법은 선교를 제한하고 있다. 몽골은 현재 이념의 진공상태 가운데서 문화적 정체성을 다시 찾으려고 하는 운동이 일어나고 있는데 이것이 기독교 선교에 장애가 될 수 있다. 10여 년 미국의 한 문화 인류학자는 미국의 기독교 선교가 몽골의 전통 문화를 말살한다고 비난하는 글을 뉴스위크지에 게재하기도 했다. 문화인류학은 선교에 필요한 학문이지만 동시에 선교를 문화파괴자로 혹은 문화침략자로 간주한다. 그러나 그는 전통문화와 종교가 한 나라를 엄청나게 후퇴시킨 요인을 종교적 요인에서 보지 않고 개방의 차원에서만 이해한다.

둘째는 몽골 민족주의의 부흥과 범 몽골주의(Pan-Mongolia)의 문제이다. 옛 소비에트 연방이 해체되면서 중앙아시아 일대에 터져나온 민족주의의 부흥은 몽골에서는 사회주의 이념으로 등장하였다.

과거에는 제국주의의 정복자로서 거론조차 금지되었던 징기스칸이 새로 나온 지폐의 표상으로 등장하고, 제국의 영광을 회복하자며 북쪽의 브리야트 몽골, 중국의 내몽골, 서쪽의 알타이 몽골을 하나로 묶어 보자는 논의가 있고, 실제로 94년에는 제1차 범 몽골 민족회의(民族會議)가 울란바트로에서 열렸다. 민족주의자들은 전통 종교인 라마교를 권장하고, 사원을 복원하면서 서양의 종교인 기독교의 폐해를 강조하고 있으며, 기독교 선교를 통해 "몽골이 다종교(多宗敎) 국가가 되는 것이 좋지 않다"는 논설을 몽골 신문과 방송에 여러 차례 주장한 것으로 안다.

일부 초기 기독교 회심자 간에도 몽골 민족 중심의 교회를 건설하자는 의지가 있었다. 실제로 93년에 일부 몽골 교회 지도자 그룹에서 몽골 전도 동맹을 결성하여 민족주의적 세력의 규합을 시도하였는데, 대부분의 선교사들이 호응을 하지 않아 요즘은 활동이 거의 없는 편이라는 소식을 듣는다. 그러나 이 문제는 앞으로 몽골 교회가 성장하게 되면 반드시 부딪힐 중요한 문제가 될 것으로 보인다.

라마 불교의 복원과 성장에 따른 기독교의 대응의 문제이다. 불교 문화권에서 기독교는 서구 종교로 인식되고 있다. 특히 일부 라마교도 안에는 라마교를 국교화 하려는 움직임이 감지되고 있으며, 정치가들도 이념적 공백을 민족의 전통 종교에서 찾으려는 노력들이 있다. 대통령이 수시로 라마 사원을 방문하고, 중요한 불교의 행사에 항상 참여한 것 등은 몽골 선교의 도전을 의미한다. 동일한 불교 뿌리인 티벳의 달라이 라마의 몽골 방문은 결코 기독교 선교에 유리하지 못하다. 달라이 라마는 방문하는 곳마다 불교 붐을 일으킨다. 한국도 불교 조계종이 초청하였으나 다행히 한국 정부가 중국을 의식, 보류시켰다. 그가 올 때마다 대규모 집회가 열리며, 종교적 기적이 나타났다는 선전은 대중들을 현혹시키고도 남는다. 특히 치병이 불교 신앙의 핵심인 몽골에서, 그런데 기독교 선교사들이 라마교를 공격하다간 저항을 받을 것이다.

몽골 사회는 급변하는 흐름 속에서 고통을 겪고 있다. Miss Mogonglia라는 미인대회가 인기를 끄는 상황은 청년들의 서구 문화에 대한 호기심을 반영한다. 정부는 세속적이고 사회주의적 도덕과 가치 기준에서 전통적 도덕으로 돌아가려고 애쓰나, 그 결과는 오히려 해체되고 있으며 사회악은 날로 증대하고 있는 형편이다. 전통적 가치관이 깨어지고 도덕적, 정신적 결렬 상태에서 몽골인들은 그 무엇인가를 필요로 하는 공허함 속에 처해 있다. 바로 지금이야말로 몽골은 희어져 추수할 때가 무르익은 들판과 같다. 만일 우리가 서둘러서 저들에게 복음을 전하지 않는다면 그들의 빈 마음에 원수가 서둘러 가라지를 뿌림으로써 그들에게 복음을 전할 수 있는 기회를 빼앗아 갈지도 모른다.

특히 기독교의 초 자연주의적 신앙과 메시지는 현실주의적 몽골인들에게 잘 먹혀들지 의문이다.

마지막으로 살펴 볼 것은 선교협력이다. 몽골 인들은 많은 선교단체들의 경쟁을 질시하고 있다. 젊은 신자들은 선교가 서로 분열하고 경쟁하는 것이 보기 싫다고 말한다. 91년도에 이미 서구 선교는 선교대회에서 몽골에서의 선교 파트너십을 논의하였다. 선교와 연합은 동전의 양면이다. 한 서양 선교사는 연합 집회에서 몽골 교회의 민족주의를 부추기면서 한국 교회의 분열상을 예로 들었다는 이야기를 듣는다. 그러나 몽골에서 한국선교는 비교적 연합이 잘 되는 편으로 알고 있다.

그러나 울란바트라의 좁은 도시에서 얼굴을 맞대므로, 혹은 동일 아파트에서 거주함으로 좋은 인간 관계로 선교협력이 가능하지만 교회를 설립할 때도 초 교파적으로 가능한지, 그리고 설립된 교회의 교단이나 신앙고백 문제는 간단한 문제는 아닐 것이다. 한국교회도 장로교와 감리교 선교사들은 하나의 조선복음교회를 설립하려고 하였다. 이것이 몽골에서도 가능한가?

특히 한국선교가 좁은 몽골 수도에서 어떻게 수많은 서구 선교단체와 협력도 중요한 과제이다. 아직도 성경번역이나 조직력, 신학수준 등에서 우리는 아직도 서구를 배워야 한다.

제11장

등산의 나라 네팔

서론

　네팔왕국은 작고, 가난한 나라로서, 티벳과 인도의 국경선에 위치한 국가이다. 네팔은 지리적으로나 인종적으로 인도와 가까워 힌두교가 국교인 힌두교 왕국이다. 약 90%이상의 인구가 힌두교도이다. 그러나 실제적으로는 힌두교와 불교가 혼합된 신앙을 갖고 있다. 일부 산지 부족들은 정령 숭배자들이며 회교도와 기독교가 인구의 1%를 구성한다. 석가모니의 탄생지가 또한 네팔에 있다. 오랫동안의 부패한 왕권정치로 인해 경제가 발전하지 못하여 젊은 세대들은 정치에 대한 불신을 가졌다. 이로 인하여 몇 년 전 사회주의적 혁명을 겪기도 하였으며, 현재는 인도처럼 민주주의적 사회주의를 표방한다. 사회주의 국가는 종교가 국교가 될 수 없는데도 네팔은 특이한 정치와 사회구조를 가지고 있다. 네팔은 지형적 조건으로 인하여 19세기 대부분의 다른 나라들이 식민지를 경험하였으나 네팔만은 서구 식민지를 겪지 않았다.
　세계 유일의 힌두교 왕국인 네팔은 아직도 철저히 종교의 자유가 허용되지 않는 나라이다. 이 나라에 태어나면 무조건 힌두교 신자가 될 정도이다. 따라서 가장(家長)의 종교에서 다른 종교로 개종하는 것을 불법으로 규정하고 있다. 이 정책 때문에 기독교가 가장 어려움을 겪는 나라이다. 네팔의 관광은 산과 절이라고 하여도 과언이 아닐 만큼 많은 절들이 있고 수도 카트만두는 고대의 건물과 문화가 아시아의 어느 도시보다도 잘 보존되어 아시아의 플로렌스로 불리기도 한다. 카트만두에 있는 많은 힌두교와 불교 사원들을 두고 영국의 작가 킬패트릭(Kirpatrick)은 "집만큼 많은 절이 있고, 사람만큼 많은 우상이 있다"고 하였다.[1] 이 '우상'의 나라에서 선교사역은 개발과 봉사와 농업 및 교육 프로그램에 한해서만 개방되어 있다. 네팔의 입장은 기독교의 정신은 배제하고 다만 그 열매로 나타나는 봉사와 개발에서 이득을 얻자는 것이다.

1. 네팔의 일반적 상황

1) 자연

네팔은 히말라야나 에베레스트로 잘 알려진 중앙아시아에 위치해 있는 산악의 나라이다. 동서 길이 880km, 남북넓이 192km의 국토이며, 약 14만km²의 면적은 한반도의 2/3정도의 크기로 인도와 중국 사이에 끼여 있는 완충 국가이다. 네팔은 국명보다는 히말라야, 에베레스트, 마나슬루 등 8,000m이상의 8개의 고봉의 이름으로 더 유명한데 이 험산준령은 경제발전의 저해요소가 될 뿐 아니라 선교 확장의 큰 장애물이 되고 있다. 그리고 대부분의 국토는 정글 등으

---

1) Prakash A. Raj, *Kathmandu : the Kingdom of Nepal* (Bererkley: Lonely Planet Pub., 1985), 7-9

로 덮여 있는 황무지이기 때문에 사람들의 거주지는 몇 지역에 편중되어 있다. 이 나라는 산지, 카트만두 계곡, 그리고 잘 정리된 평지인 타라이 지대 등 세 지역으로 나뉜다. 카트만두 계곡은 인구밀도가 가장 높으며, 전 국토의 17%에 해당하는 타라이는 근래에 농경지 개발이 진척되어 이 나라에서는 경제적 가능성이 가장 큰 지역이다. 이 지역은 앞으로 경제 개발을 통한 선교 사역지로서 적당한 지역이다.[2] 네팔에서 가장 가까운 항구는 남동쪽 국경에서 640km 떨어진 캘거타이다. 가장 큰 네 개의 도시들 중 세 도시가 카트만두 계곡에 위치한다. 수도인 카트만두의 인구는 1984년에 30만 명이었다.

네팔의 기후는 열대, 아열대, 온대, 고산성, 한대 등 지역에 따라 다양한 분포를 보인다. 여름은 몬순 기후의 영향으로 4,000mm까지의 비가 내리며, 겨울에는 건조한 대륙성 고기압의 영향으로 한랭건조하다. 4월부터 6월까지는 숨 막힐듯한 더위가 계속되고, 6월부터 3-4개월은 몬순기간으로 폭풍우에 의한 피해가 대단히 크다. 10월부터는 한국과 비슷한 날씨가 계속되며 건조기에 들어간다.[3]

네팔은 아름다운 신의 나라이지만 광물자원이 부족하고 산지의 험준성으로 인하여 네팔을 다른 나라로부터 고립시켜 발전에 장애가 되기도 한다. 그래서 이 나라에서 오랫동안 선교한 프레데릭스는 네팔은 지리와 역사의 희생이 된 슬픈 나라라고 말한다. 산이 너무 높고 험하여 농사를 잘 짓지 못하고 수출할 자원도 없으며 지형적 여건으로 나라를 오랫동안 외부세계와 고립시켜 국가발전이 그만큼 지연되었다는 것이다.[4]

---

2) 문재용, "한국 교회의 네팔 선교를 위한 일반적 고찰" (석사학위논문 ACTS, 1987), 6
3) 이춘심, "네팔 선교를 위한 한국교회의 전략" (석사학위논문, ACTS, 1989), 8
4) Carl W. Friedericks, Over Thirty (Katumandu : United Mission to Nepal, 1986), 7.

2) 인종과 언어

네팔의 1,700만 인구는 인도, 티벳, 중앙아시아에서 온 이주민들의 후손이다. 이들의 인종구성은 매우 다양하나 북방으로부터의 몽골계 인종과 남방으로부터의 인도 아리안계 인종이 주류를 이루고 있다.[5] 일반적으로 인류학자들은 네팔의 역사적인 기원과 언어 및 문화 형태를 연구할 때 다양한 인종들이 있지만 인도-네팔인과, 티벳-네팔인의 두 범주로 나눌 수 있다고 믿는다.[6] 사회적으로는 인도처럼 카스트제도가 지배하는 계급사회이다. 네팔에서는 다만 명칭이 약간 다를 뿐이다. 브라만은 동일하나 무사계급은 체트리스(Chetris)라고 하고 바이샤와 수드라는 인도와 마찬가지이며 이 4계급도 세분화된다. 현재도 이 계급제도는 존재하여 자기들끼리는 신분을 알아보고 처신한다. 네팔에는 또한 14부족들이 있는데, 주요부족은 서부의 구룽과 마가르족, 중부의 타망과 네와르족, 북부의 보타이스족, 동쪽의 라이스, 림부스, 세르파스족이다.

언어는 족속에 따라 다양한 양상을 보이며, 네팔어가 공통어로 국민의 58%가 사용한다. 이는 고대문자 산스크리트(Sanskrit)와 프라크리트(Prakrit)에서 온 브라만, 체트리스 계급의 언어로 인도 유럽계이다. 그 외에도 마탈리어(Maithili)11%, 보즈푸리어(Bhojpuri)8%, 타루어(Tharu)4%, 타망어(Tamang)4%, spdhkfldj(Newari)가 3%이다. 네팔에는 71종의 언어가 있고 이중 23개 언어로 성경번역이 진행중이다.[7]

네팔의 각 부족들은 자기의 고유 언어를 사용하며, 네팔어는 제2

---

5) 문재용, 7
6) 한국복음주의 선교학회편, 「아세아 조감도」 (서울 :성광문화사, 1986), 816
7) 「아세아 조감도」 818

의 언어이고, 지식층에서는 광범위하게 영어를 사용한다. 이처럼 다양한 인종과 언어는 경제개발과 선교확장에 막대한 지장을 초래하는 것이다.

3) 역사

네팔의 고대 역사는 전설과 사실의 구별이 분명치 않고 다만 석가모니의 출생지로 알려져 있다. 예부터 각지의 토후가 군림하였으며 7세기 초기에는 티벳의 속국이 되었으나 12세기에서 15세기에 걸쳐 이슬람의 침략에 쫓긴 라지푸트족이 인도로부터 이주하여 옴으로써 인도적인 문화요소가 섞이기 시작하였다. 이때까지는 전혀 복음이 전해지지 않았다. 13-18세기 까지는 말라왕조가 번성하며, 1662년 최초로 로마 카톨릭 신부의 방문을 받는다. 제 2차 세계대전 후 1951년에 트리부반왕에 의해 왕정이 부활됨으로 인해 이때부터 네팔 선교의 문이 다시 열리게 된 것이다. 1959년에 마헨드라왕은 신 헌법에 의한 입헌 왕정을, 다음 해에는 의회를 해산하고 헌법을 수정하여 국왕의 친정정치를 편 뒤 1962년 12월에는 다시 국왕이 기초한 신 헌법이 제정되었다. 이 체재가 지금까지 지속되고 있다.

4) 정치, 경제, 사회

네팔은 유일한 힌두교 왕국이고, 통치형태 역시 왕정이다. 왕은 힌두교 비쉬누 신의 화신으로 입법, 사법, 행정부의 수반이며, 군대의 총사령관이다. 중국에서는 용이 좋은 이미지를 주는 상징인 반면 네팔은 뱀을 그러한 상징으로 여겨 과거 왕의 의자에는 뱀이 장식되었다. 과거에는 국회는 존재하지 않았고, 그 대신 국가 자문 기관

(National Panchayat)과 판차야트제도[8] (Panchayat System)가 있었다. 그러나 1990년 소위 네팔혁명후 의회제도가 도입되고 수상이 전권을 믿음으로 왕은 상징적 존재로서 실제 권력이 약화되었다. 왕정의 부패로 말미암아 선거에서 공산당인 연합마르크르 레닌정당이 의회의 다수를 차지하였는데, 이것은 이미 예견된 일이었다. 그러나 정치형태는 왕정과 민주주의 의회제도를 절충한 영국식 정치를 유지한다. 전국을 5개 지방과 14개 구역, 75개 군으로 구분하여 지역발전과 평화를 유지하고 있다. 외교정책은 비동맹 중립을 기본으로 하여 인도나 중국과 같은 인접국 및 미국, 영국, 소련 등과 우호관계를 맺고 있다. 1950년 이후부터는 문호개방과 더불어 서서히 개혁의 바람이 불어와 네팔 국민들에게 새로운 희망을 안겨주었다.

네팔은 개방정책을 추진하면서 세계 속에서 발전하는 국가로 발돋움하기 위해 지금까지의 중세의 봉건적 사고방식과 자세를 일소하려고 노력하고 있으며, 그들의 이러한 태도는 우리의 선교 전략에 있어서 희망이 되는 요소이기도 하다. 최근에는 국가의 모든 지원들을 오직 한가지 목적, 즉 새로운 나라(New Nepal)를 건설하는데 집중하고 있으므로 이것이 네팔의 가장 큰 당면 과제이기도 하며, 우리로서는 네팔 복음화의 새 전략이 되기도 한다.

그동안 정부는 너무나 부패하여 국민들의 신임을 얻지 못하였고 항상 정치적 불안을 안고 있다가 1990년 혁명이 일어나고 말았다. 현재는 다당제가 도입되고 자유가 광범위한 범위에서 주어진다. 정치적 소요 때 청년들과 학생들이 붉은기를 든 것은 이미 예견된 일이었다.

네팔은 세계 10대 빈곤국 중의 하나이며, 국민 총 생산량이 33억

---

8) 국민들의 투표에 의하여 선출되는 대표가 구성회원이다.

불로 일인당 국민소득은 160불이다. 1951년 이후 교육, 보건, 전기, 교통 등에 놀라운 발전을 하였으며, 이것이 질과 양에서는 보잘것 없지만 인간 생활에 지대한 영향을 미쳤다. 주요 성장 산업은 관광산업으로 연간 미화 500만불의 수입을 울리며, 외화수입의 다른 부분은 인도와 영국군대의 고용군인으로 받는 월급인 것이다. 네팔 경제 발전의 저해요인은 자금과 기술의 부족 뿐 아니라, 대화불통, 도로사정, 힌두교의 카스트 제도 등에서 오는 문제로 인한 기술, 자금 지원 등의 절대 부족이다. 관광이 주산업이면서도 이들의 사회적 수준은 아직 열악하여 수용시설이 낙후되었다. 특히 외국인 관광객은 아주 큰 관광시설이 아닌 곳은 화장실이 없어서 불편을 겪기도 한다. 이것은 아마도 자연과의 합일을 중시하는 힌두교의 영향이거니와 자연적 조건도 이것을 발전시키지 못한 것으로 문화 인류학자들은 추측한다.

네팔의 문맹률은 여자 88%, 남자 66%이며 개인당 연평균 교육비가 미화 3불이다. 초등학교는 의무교육이나 18-20%의 여학생과 65-70%정도의 남학생만이 입학을 한다. 이중 35%만이 5년간의 전 과정을 마치며, 초등학교 교사 중 32%만이 정규 코스를 마친 교사이다. 문호가 개방되고 선교단체들의 공헌으로 문맹률은 대단히 줄었으며, 정부 역시 전 예산의 12%를 교육비로 투자하고 있다. 때문에 교육선교의 필요성은 아무리 강조해도 지나치지 않으며, 그들의 필요에 의해서 이루어지는 선교이기에 선교의 열매는 클 것이다. 1,700만의 인구 중에 대학은 5개에 불과하다.

2. 네팔의 종교적 상황

네팔은 힌두교가 국교인 나라로 인구의 90%가 힌두교인이다. 그의 불교가 7%, 이슬람교가 2%, 기타 1%이다. 그러나 힌두교와 불교가 혼합되어 있어 정확하게 구분하기가 어려운 실정이다. 수도 카트만두는 힌두교와 불교의 신전이나 사원이 주택 수보다 더 많으며 우상의 수가 주민들의 수보다 더 많은 곳이다. 그렇기 때문에 어느 누구도 힌두교인을 기독교나 이슬람교 또는 다른 종교로 개종 시킬 수가 없다. 오직 자기 종교만을 지키면서 살아야 하고, 모든 사람은 자기 종교 안에서만 자유로울 뿐이며 자기 조상의 종교를 떠날 때는 자유를 잃게 되고 만다. 1990년 혁명 후 의회는 힌두교를 국교로 하는 것을 폐지하자고 격론을 벌였으나 보류되었다.

네팔은 여러 종교가 혼합되어 서로 조화를 이루며 상부상조한다. 불교는 힌두교의 카스트제도와 예식을 변화시키지 못했고, 범신론 다신론을 제거하지 못했으며, 깨달음에 이르기 위해서는 더욱 힘든 고행이 따르게 되었다. 인도에서 발생한 힌두교가 네팔의 국교이며 인구의 90%이상이 힌두교인 임을 자랑한다. 이런 종교의 영향으로 네팔인들은 1년에 120여일 이상을 60여개의 종교행사와 축제들로 소요한다. 또 종교는 문화, 사회제도, 예식, 예술 등에서 깊숙이 혼합되어 서로가 모든 것을 포용하고 흡수하였다. 대문에 기독교의 '오직 예수'에 의한 구원의 진리가 받아들여지지 않는 것이다. 힌두교와 불교 외에 토착종교인 애니미즘도 부족인들에게는 강하게 남아 있다. 그러나 청년들이 교육에 눈을 뜨고 외국의 문화가 들어오면서 자기 가족의 종교에 대하여 회의를 나타내는 자들이 많다고 한다. 어떤 점에서 네팔의 신세대는 자기들의 종교보다는 사회주의나 기독교 등 외부로부터 들어오는 이데올로기나 종교, 특히 근대화와 국가건설에 유익이 된다면 종교를 받아들일 준비가 되었다고 보아야 할 것이다.

3. 기독교 선교의 역사

1) 선교의 시작(1707-1769)

이 나라는 1662년 이탈리아 카푸친의 수도회 신부들이 잠시 방문한 것을 첫 계기로 하여 기독교와 접촉하게 되었다. 이후 1703년 로마교회는 카푸친 수도회의 신부들로 하여금 인도, 네팔, 티베트를 선교하도록 하였다. 이들은 1707년에서 1769년까지의 오랜 기간 동안 인도를 거점으로 네팔의 카트만두에까지 선교여행을 하였다. 1707년부터 세계 도처에서 카톨릭 신앙을 효과적으로 널리 전파한 프란시스코파 카푸친 수도회 수도사 2명이 로마로부터 티베트로 여행하는 도중 네팔의 수도 카트만두 계곡에 도착했는데, 이때는 같은 프란시스코 선교사 피스토이와 몬테콜비노가 인도를 통과한지 400년 뒤이다. 당시 선교사들은 주로 상인, 여행자, 대상들과 함께 여행을 하였다. 이들이 천신만고 끝에 카트만두에 도착하였을 때 주민들은 의심의 눈초리로 보았다. 그러나 이들은 도시국가인 당시의 왕을 찾아가서 방문 목적을 말하고 체류허가를 받았다. 이들은 당시의 국어인 네와르어를 배웠다.

선교사들의 생활은 가난과 독신 속에 헌신하고 복종해야 하는 힘든 길이었다. 그러나 이들은 모든 사람들이 구원에 이르게 하기 위하여 친구로, 교사로, 사회사업가와 의사로 일하면서 어느 곳에서나 누구에게나 복음을 전했고, 악습으로부터 그들을 구하였다. 신부, 선교사들은 바다와 사막을 건너왔고 정글과 산맥을 넘어 죽음이 위협하는 긴 여행과 생활을 하면서도 그리스도의 복음을 위하여 몸 바치며, 네팔과 중앙아시아에 복음의 씨앗을 뿌린 믿음의 용사들이요 선배들인 것이다. 그 이후 고르카 프리트위 나라얀 샤왕국이 네팔을 정복하면서 선교사들과 네와르 신자들은 서구 확장주의자들의 스파이라는 죄명으로 추방하고 말았다. 이때부터 1952년도까지 기독교 선교는 완전히 문이 닫혔는데, 그 이유는 두 가지이다. 첫째는 완전한 독립을 위하여는 외국인들은 추방되어야 한다는 것이며 둘째는 힌두왕국이 오염되지 아니하고 유지되어야 한다는 것이다.[9]

2) 선교 암흑기(1770-1950)

1780년대에 통일된 고르카 왕국으로부터 선교사 요청이 있었지만 자금과 인력부족으로 더 이상은 파송할 수가 없었다. 통일된 고르카 왕국은 국력 강화에 전력했으며, 1814년-1816까지는 인도에 주둔했던 영국군과 전쟁을 하였다. 그 후 자기들만의 독립된 생활과 고유성을 유지하면서 세계로부터 고립되어 쇄국정책을 해나갔다.

1846년부터 1950년까지는 라나가의 수상들이 절대적인 통치권을 가지고 500만-600만의 백성을 잠재웠던 군인 정치 시대이다. 통치자는 힌두교인으로 정치와 종교를 혼합시켰고, 모든 법이 귀족에게만 유리하게 만들어졌다. 이 시대에는 한 명의 선교사도 네팔에 거주할 수 없었기 때문에 국경 밖에서 기도와 말씀으로 준비하며 문이 열리

---

9) Samuel R. Burgoyne and Jonathan Lindell, "Nepal," *The Church in Asia*, 462.

기만을 기다렸던 시기로 네팔의 국경 밖에서 네팔 성경 번역이 이미 마무리되고 네팔 복음화를 위한 모든 준비 작업이 이루어져서 하나님의 때를 기다리는 시기였다. 19세기 후반 국경근처에는 네팔인들이 만든 고르카 선교회가 조직되었고 국경근처에 약 20개의 전도소가 있었다. 19세기 초기에는 소수의 신자들이 입국증을 받아 회교도의 집을 빌려서 성경을 팔았으나 발각되어 추방되었다고 한다. 1914년에는 유명한 선다 싱이 네팔에 몰래 입국하여 전도하다가 역시 발각되어 감금되었다가 추방되었다. 국경지대에서 대기하다가 세상을 떠난 선교사들도 적지 않았다고 한다. 국경 근처에서 네팔인들이 열심히 성경공부하고 전도하였는데, 한 소녀가 국경에서 만난 브라만 계층의 부인에게 전도를 하였다. 이 여자가 카트만두에 들어가서 이웃에게 열심히 전도한 일도 있었다. 1936년에는 하포드라는 여의사가 입국하여 의료봉사를 한 적이 있다. 이렇게 이 나라는 기독교에 대해 문을 닫았지만 복음이 완전히 막힌 것이 아니었다.

3) 문호 개방과 선교(1951-현재)

음울한 라나가의 정치에서 벗어나 문호가 개방되고 백성들에게 자유가 주어지는 광명의 시기가 왔다. 1950년 그 당시 왕이었던 트리브반 샤왕이 인도로 망명하여 인도, 영국, 미국 등의 도움을 받아 1951년 2월 국민의 대단한 환영 속에 입국한다. 이는 입국한 후 문호를 개방하고 왕권을 바로 잡으며, 인도의 도움으로 영국 형태의 민주주의를 이루어 나갔다.

문호 개방과 동시에 네팔 국경에 대기하였던 많은 선교부들은 정부의 허락을 받아, 또는 허락 없이 네팔에 입국하여 의료, 교육, 경제 개발을 기본으로 한 선교 전략을 세워 사역을 시작하였다. 그러나 선교의 자유가 완전히 허용되지는 않았기 때문에 정부는 개발형태로 선교를 허락한 셈이다. 여기서 모든 서구선교는 1945년 네팔 연합선교부(United Mission to Nepal)를 조직하는데, 여기에는 재미있는 역사적 일화가 있다. 당시 새로 부임한 트리부반 샤왕은 오랫동안 인도에서 망명생활을 하였기 때문에 인도와 깊은 인연이 있었다. 그리하여 왕이 된 다음 그는 네팔을 이웃세계에 개방하기를 원하고 인도 수상 네루에게 협조를 요청하였다. 이때 네루는 기독교인이 아니면서도 샤왕에게 "당신의 나라가 발전하기를 원한다면 기독교 선교사의 도움이 필요할 것이요, 감리교 선교사 와스콤 피켓감독을 소개하여 줄 테니까 그를 만나십시오. 그는 당신을 도울 것입니다"고 답하였다. 샤왕은 네루의 자문을 기꺼이 받아들여 피켓을 초청하였고 피켓감독은 네팔 연합선교부를 조직할 것을 건의하였다.[10] 피켓은 인도에서 맥가브란과 더불어 집단개종 운동으로 너무나 잘 알려진 선교사이다. 그러나 대부분의 사람들은 이 이야기는 잘 모르고 서구선교사들이 직접 네팔에 들어가서 개발선교를 허락받은 것으로 전한다. 토바에 의하면 처음 네팔에 발을 들여 놓은 사람은 1951년 플레밍 부부가 의사로서 활동 허락을 먼저 받았고, 그 뒤를 이어서 개신교와 천주교가 학교, 의료 등 각종 봉사를 통한 선교를 하였다고 한다. 일본은 1961년부터 의료팀을 파견하여 지금까지 활동하고 있다.

　네팔연합선교는 그야말로 모든 나라의 선교사들이 교파를 초월하여 세워진 선교단체로서, 처음에는 정부에다가 'United Christian Mission to Nepal'로 신청하였으나 정부는 선교와 개종활동을 두려

---

10) John T. Seamands, "The Legacy of J. Waskom Puckett", *International Bulletin of Missionary Recearch*, 13:3(July 1989): 124.

위하여 이 명칭을 거부하고 선교와 개종활동은 안하는 조건으로 하여 현재 명칭을 허가하였다고 한다.

선교의 완전 자유가 보장되지 않는 상황에서 네팔의 선교는 성경 번역이 비교적 발전하였다. 1966년 위클리프 번역선교회가 10개 부족에서 성경번역을 시작하였다. 1963년 신약과 시편이 성서공회에 의해 개역되고 1977년에는 신구약 모두가 현대어로 개역되어 현재 사용하는 성경이 되었다. 1970년 네와라 언어로 요한복음이 번역되었으며, 현재는 4개의 단체가 성경을 번역 출판하고 있다.

1963년 국법에 의하여 개종하는 것이 불법으로 되어 있다. 조상 대대로 계승되는 종교를 따를 시에만 종교의 자유가 허락된다. 그러므로 자기의 종교를 남에게 전할 수도 없고, 자기의 종교로부터 다른 종교로 개종할 수도 없다. 다른 종교로 개종하는 것은 법적인 문제뿐만 아니라 종교적, 사회적으로 가족과 사회, 직장과 카스트 속에서 축출당하기 때문에 심각한 문제를 야기시킨다.

국법에 의하면 기독교로 개종할 시 1년의 형을 받으며, 기독교를 전파하거나 기독교로 인해 그들의 전통의식, 종교행사 등을 거부할 시는 3년, 다른 사람에게 세례를 베풀 시는 6년의 옥살이가 구형된 법이 있었다. 출옥 후에도 자신은 기독교인으로 존재할 수 있으나 남에게 전도할 수 없고, 직장을 구할 수도 없기에 자유업에 종사하거나 힌두교로 되돌아가야 하는 것이다.

정부의 허락 하에 존재하는 선교기관들은 정부와의 계약과 협의된 관계 속에서 활동해야 하고 전도하는 일은 금지되어 있다. 또 개인 자격으로나 정부의 허락 없이 활동하는 것 역시 금지되어 있으며, 활동을 하다가 발각이 되면 감옥에 가거나 추방을 당한다. 네팔 정부는 새나라 건설과 나라 발전을 위하여 정책적으로 의료, 교육, 산업개발 분야에서 문을 열어 놓고 있는 상황이고, 많은 나라와 단체들이 이 사업에 참여해 주기를 기다리고 있다. 그렇기 때문에 선교 단체들이 공식적으로 네팔에 머물 수 있는 것이다.

4. 네팔의 현재 교회 상황

최근 네팔교회는 동남아시아에서 싱가포르, 인도네시아, 인도의 일부 지방의 교회와 함께 자립정신을 서서히 발휘하는 교회, 생동력과 성장의 가능성을 보이고 있다. 50년대 이후 네팔교회는 외부에서 복음을 받은 신자들이 귀국함으로 비교적 활발하게 된다. 몇 년 전만 하여도 카트만두에는 건물이 있는 공식적인 교회당으로는 천주교회, 외국인들을 중심하는 초교파적 개신교회가 있었고, 대신 비밀리에 예배를 드리는 가정교회가 발전하였다. 1970년대 중순에 전체 신자는 약 500명 미만이었으나 이제는 급속도로 성장하여 10만 명 이상을 헤아린다. 이 나라는 아버지의 종교를 바꾸는 것은 법적으로는 감옥이나 중형을 받기로 되어 있는데, 이 법은 아직도 계속되고 있다. 그동안은 왕의 '자비로운 묵살'(benign neglect)로 누군가가 고발하거나 문제 삼지 않으면 무시할 정도이다. 박해 속에서도 신자들은 비교적 은밀한 장소에서 조용히 예배를 드렸다. 혁명전에는 많은 지도자들과 평신도들이 구속되었었다. 그러나 지금은 아시아에서 기독교가 급성장하는 나라 중 하나이다.

네팔교회는 네팔기독교친교회(Nepal Christian Fellowship)를 조직하여 대부분의 목사들과 전도사들은 여기에 가입하였는데, 현재는 이것이 네팔교회친교회(Nepal Church Fellowship)로 바뀌어졌다. 이 기구는 교단은 아니지만 준교단의 형식을 띄는 교회기구이다. 네팔은 한국교회처럼 교단개념의 교회는 없는 실정이다. 그리고 아가페라는 교회기구가 있으며 오순절 신자들의 조직인 하나님의 성회가 있다. 이들 중 많은 목회자들은 물론 이중 등록되어 있다. 그러나 지금까지 목사들은 교회만을 전담하지 못하고 다른 직업에 종사하면서 복음사역에 종사하고 있으며 목회자들의 학력수준은 고졸 이상이다. 지금은 비교적 자유가 주어지면서 교회가 급속하게 성장하기 시작한다. 인도와는 달리 여러 계층에서 사람들이 기독교로 개종한다. 그러나 너무 공개적으로 개종이나 세례를 주는 것은 신중하게 해야 하는 상황이다.

네팔의 기독교인은 최근 급속히 증가하고 있다. 정부 공식통계상 국민의 0.5%가 기독교인으로 돼있지만 현지 선교사들은 기독교인 비율이 2%이상 되는 것으로 추정하고 있다.

개신교 교회는 약 1천여 개라고 되었는데, 네팔지도자들은 교회숫자는 그렇게 많지 않다고 한다. 전체신자는 약 11만 명으로 성장하였다. 천주교회 역시 19개라고 하는데 네팔인들은 좀 과장이라고 한다. 천주교는 3천명의 신자가 있다. 카트만두에서 가장 큰 교회는 ACTS출신의 목사가 목회하는 교회로서, 주일예배에 무려 1,500여명이 모이며, 이 교회는 지방에 5교회를 개척하였는데, 이 5개 교회의 총 회집인원은 약 1,000명이나 된다고 한다.

결론

세계에서 유일하게 힌두교가 국교인 네팔은 결국 공산주의자들이 정권을 장악함으로 힌두교 왕정은 무너지고 말았다. 무서운 사회 시스템으로 보이는 힌두교 사회가 결국 부정부패한 왕정과 가난을 해결하지 못한 이유로 인하여 힌두교를 버리고 무신론의 공산 게릴라에게 협조하는 백성이 많아 무너지고 말았다. 그러한 사회적 갈등과 혼란 중에서 기독교가 급성장하고 있다. 이제 네팔은 어떤 점에서 공산주의 정치가들과 기독교와의 관계가 어떻게 전개될 것인지 두고 볼일이다. 일찍이 청년들, 대학생, 지식인들은 힌두교 왕정에 등을 돌렸다. 이들의 향방이 어디로 갈 것인지 네팔의 미래가 주목된다.

제12장

불안한 급성장의 나라 캄보디아

서론

20세기 문명 세계에서 가장 처참한 비극을 경험한 나라 캄보디아, 지금은 놀라울 정도로 경제가 발전하고 종교를 개방하여 한국 선교사들이 수백 명이 활발하게 사역하고 있다. 정치적으로 불행하였던 캄보디아는 선교적으로 표현하면 hermit nation이 permit nation으로 바뀌고 있다고 하여도 과언이 아닐 것이다. 한국과 중국의 유교 유교문화권에서 기독교 성장이 일어나고 몽골과 네팔의 불교 문화권에서 기독교회가 성장하는 추세인데, 캄보디아가 지금 추수하는 계절이 되어졌다. 그러나 불안한 선교지인 것도 고려해야 할 것이다. 경제가 급성장하여 40층 이상의 고층 건물이 서지만 사회질서와 간접시설, 사회 시스템은 아직 멀었다. 먼저 도덕적 기반은 너무나 약하다. 불교가 강하게 반발할지 모르는 불안요소도 잠재한다. 교회에 나오는 대학생들 표현을 빌리면 킬링필드 덕분에 자기들은 교회에 나올 수 있다고 한다. 킬링필드가 이 나라에 영적 공백을 가져왔다. 태국이나 라오스 미얀마는 아직 청년들이 일생에 한번은 중이 되어야 한다. 그러나 캄보디아 청년들은 중 되는 것에서 해방된 셈이다. 전통에서 단절되었기 때문에 기회이자 동시에 도전이다.
　국제정치학자 챈들러는 캄보디아 비극의 역사를 아래와 같이 잘 요약한다. 캄보디아는 섬기는 자들은 그의 말에 귀를 기울여야 할 것이다:

> 캄보디아에서는 어느 나라나 마찬가지겠지만 정치 지상주의는 항상 국민들의 삶을 위협하였다. 50년간의 역사에서 캄보디아 사람들은 자기지도자들의 이익이나 주변 국가들의 이해에 적응하도록 요구당하였다. 그들은 50년대는 민주주의적이 되기를 강요당하였고, 60대는 더 복종을 강요당하였고, 그 다음 10여 년간은 이상한 공화제도 정치에서 더 사회주의적이 되기를 강요당하였다. 다음에는 베트남을 의심하면서 참아야 했다. 대부분 경우 캄보디아 국민들은 자기들의 요구를 충족시키지 못하고 지도자들의 이익과 외국의 위협에 시달려야 했다.[1]

1. 캄보디아 나라

　캄보디아란 이름은 서기 1500년경 포르투갈인들이 이곳에 발을 디디면서 사용된 언어이다.
　당시의 왕 이름이 캄부여서 나라이름의 의미인 -ia을 붙여 캄부디아가 되었다. 2,000년 전크메르인들이 이곳에 터를 잡았는데 이들과의 교역사실이 초기 중국의 역사기록에 '푸난'이라고 나와 있다. 푸

---

1) David P. Chandler, *The Tragedy of Cambodian History* (New Haven: Yale University Press, 1993), 316-17.

난은 '언덕'을 의미한다. 따라서 수도 프놈펜도 '펜의 언덕' 이라는 의미이다. 9세기부터 크메르 제국을 건설하고 오늘날 앙코르로 알려진 나라의 최초 왕 자야바르만 2세가 세웠다고 한다. 크메르 제국은 수리야바르만 2세,자야바르만 7세때 전성기였다. 특히 수리야바르만 2세는 크메르 제국의 영토를 넓혀 지금의 타이, 라오스, 캄보디아, 남부 베트남까지 넓혔다. 그리고 그는 세계적으로 알려진 앙코르와트를 건설하였다.

    1431년 크메르 제국은 시암,즉 타이의 공격을 받고 수도 앙코르에서 동남쪽에 위치한 프놈펜으로 수도를 옮겼다. 1860년 프랑스의 탐험가 앙리 무오가 우연히 숲 속에 버려진 거대한 불교사원을 발견했다. 킬링필드 이후 1992년부터 정치가 안정되었으며, 1993년에는 지금의 입헌 군주국으로 되돌아왔다

    캄보디아 총리 훈센은 1993년에 제정된 헌법에 따라 의회에 의해 임명되고 왕이 인준하는 형식을 취한다 수상은 의회의 수반이고, 국왕은 국가의 수반으로 다당제의 형태의 정당을 운영하고 있다. 노르돔 시하모니 현 국왕은 2004년 10월 14일에는 일주일 전 갑작스런 노로돔 시아누크 국왕의 퇴위로, 노로돔 시하모니 국왕이 황위 선발 위원회에 의해 선택되었다. 시하누크 국왕의 간택은 수상인 훈센 총리와 국회 의장인 노르돔 라나리드 왕자가 승인함으로써 계승식은 마무리 되었다. 군주는 상징적이며, 실제 정치에는 관여하지 않는다. 노로돔 시하모니 현 국왕은 정치인이라기 보다는 예술에 정통하며, 캄보디아의 전통무에 조예가 깊고, 체코에서 오랫동안 체류를 했기 때문에 체코어도 능숙하다.

    캄보디아는 2006년 국제투명성 기구가 조사한 국가 투명도 지수에서 163개국 중 151를 차지했다. 2007년에는 179개국 중 162를 차지했을 정도로 부정부패가 심각한 수준이다. 이는 라오스, 미얀마에

이어 동남아 3대 부패국에 손꼽히는 것이다. BBC에 의하면 캄보디아 정계에서 부정부패가 만연하며, 미국을 비롯한 여러 나라에서 지원되는 국제원조가 불법적으로 정치인들의 호주머니 속으로 새어나간다는 보도가 있었다.

한국과의 관계는 1975년에서 1992년까지의 공산주의를 채택했던 시절에는 북한과만 수교하였지만 1993년에 민주주의와 입헌 군주제가 부활되면서 1996년 한국과도 수교하게 되었다. 노로돔 시아누크 국왕이 북한에 망명을 하면서 맺은 친교로 인해 친북적인 성향을 띠었지만, 1993년 훈센 총리가 집권을 하면서 새마을 운동을 발전모델로 삼았기 때문에 한국을 오가면서 친한파적인 성향을 나타내었다.

캄보디아의 인구는 약 1천5백만 명이며, 인종은 90%가 크메르인이고 10%는 중국계, 베트남계 등이다. 그러나 최근 중국인들이 급속도로 증가하고 있으며 상권은 중국인들이 많이 차지하고 있다. 언어는 크메르어이고, 기온은 '우기(雨期)'는 5월-10월이고, 평균기온 30도 로서 하루에 한번씩 비(스콜)가 온다. 건기(乾期)는 11월-4월이고, 평균기온 27도, 2월-4월은 35도이다. 지리적 환경은 해발이 100m이하가 대부분이며, 국경을 따라 산악지형이 형성된 분지형태의 영토이다. 북으로 라오스, 동에는 베트남, 서로는 태국이 인접해 있고, 북쪽이 높고, 남쪽이 낮으며, 남쪽으로 433km의 해안선이 있다. 화폐는 리알(RIEL)이며, 1달러당 4,100리알 좀 넘는다. 주화는 사용치 않고 지폐만 사용하고 미국 달러가 더 환영받는 나라이다. 백화점이나 심지어 오토바이 기사까지도 달러를 받는다. 그러나 가짜 달러인지를 손으로, 눈으로 철저히 체크한다. 나름대로 판단의 기준이 있는 모양이다.

캄보디아 사람들은 캄보디아 인이 되려면 불교인이 되어야 한다고 하지만 이 나라의 불교는 힌두교와 혼합된 불교이다. 캄보디아는 지리적으로 인도와 가까운 것도 있지만 인종적으로 인도와 상통하는 것도 있다. 크메르 족은 몽골계와 다른 아리안 인종과 혼합이 많이 되어, 종교도 인도로 기울어졌으며, 왕들은 종교를 통하여 국가 통합을 이루었다. 따라서 왕은 영적 권위도 누렸다. 아시아 대부분 국가들은 정치와 종교가 동맹관계를 형성하는데, 캄보디아도 예외는 아니었다.

앙코르 제국 왕들의 초기 종교 의식은 힌두교 신을 섬겼는데, 특히 후에는 남근 신을 섬겼다. 앙코르 제국 때는 힌두교와 불교 혼합의 전성기로 본다. 당시 힌두교 제사장과 불교 승려가 공존하였다.[2] 한 중국인 종교학자에 의하면 앙코르 제국 때 이 나라 종교는 도교 영향도 있었다고 주장한다. 그러나 앙코르 제국 후기에 와서 왕들은 소승불교로 방향 전환을 하였다. 소승불교 국가들은 승려들이 백성들의 존경을 받는다는 것은 시주하는 모습에서 잘 나타난다.

캄보디아는 90%가 불교도라 말하지만 혼합종교의 신들을 신주 단주로 모시는 나라이다. 불교로 무아무념의 경지에 이르는 차원 높은 신앙 보다는 현세의 복을 비는 프레아 폼이라는 신주 단주를 모시는 나라이다. '프레아 폼'이란 각 개인의 가정을 지켜주고 복을 준다는 아렉이라는 신을 섬긴다. 그런데 아렉이라는 신 주변에는 힌두교 신 비쉬누, 부처, 코끼리 상이 있다. 완전 혼합이다. 중국계 사람들의 집 입구에는 다재다복(多財多福), 오복임문(五福臨門)등 많은 부적을 부쳐 놓는다.

그러나 불교가 문화와 전통과 의식(rituals)으로 사회를 지배하고

---

2) Jonhn Marston and Elizabeth, eds., *History, Buddhism, and New Religious Movements in Cambodia*, (Hawai: The University of Hawai Press, 2004), 8-9.

있으나 높은 수준의 가치관, 이념, 도덕을 함양시켰다고는 볼 수 없다. 초상이 나면 자기 길 앞을 아예 막아 텐트를 치고 중이 염불을 외쳐 동네가 좀 시끄럽다. 자동차도 물론 통과할 수 없다. 하지만 주민들은 원망하지 않는다. 불편을 감수한다. 그럼에도 이 나라의 서비스 문화는 아직 시간이 더 요할 것이다. 대자대비의 정신이 사람들에게 정착되지 않았다. 불교는 세상 부정, 물질부정, 자아부정의 종교이지만 물질 만능주의가 팽배하다. 그러나 동시에 죽음에 대하여 초연하고, 운명론 사상이 강하여 벼락부자가 많고 빈부의 격차가 심하여도 데모가 없을 정도로 체념한다.

　이 나라 역시 도시화와 근대화가 급격하게 진행되고 있다. 프놈펜 시는 선진국 도시 못지않게 대형건물들이 계속 하늘로 치솟고 있다. 그러나 그 주변의 도시환경은 너무나 대조적이다. 즉 균형 있는 발전은 시간이 더 걸릴 것이다. 그어마 아직도 산업 인구의 75% 이상이 농업에 종사하고 있다. 대기업이나 소기업이 발전하지 않아 청년들의 실업문제가 사회 문제가 되고 있다. 매년 30만 명의 신규노동력이 노동 시장에 들어오지만 일자리가 절대 부족하다. 청년들은 임금이 높은 일본, 싱가포르, 한국, 태국 등으로 가려고 길을 찾는다. 아직도 밤거리는 불안하고 좀 도둑이 많아 문단속이 철저하다. 철제문이 아주 발전한 셈이다. 어찌보면 쇠창살 감옥 같은 느낌도 피할 수 없다.

　교통수단은 오토바이 택시, 자전거, 오토바이가 대종을 이루는데, 시내버스가 아직 없으며 일반 택시도 아주 적어 차 없는 사람들은 불편하지만 오토바이가 택시 노릇을 대신하고 한국인들이 '툭툭' 이라고 말하는 오토바이 인력거(오토 컹 바이)가 중요한 교통수단이다. 대중들은 주로 오토바이 뒤에 타는 것이 익숙해 있어서 여자들도 모르는 남자 뒤에 다리를 옆으로 나란히 하고 잘 앉아 간다.

오토바이는 한번 타는데 1달러에서 시작한다. 아직도 큰 사거리에만 신호대가 있다. 거리는 오토바이 물결로 넘쳐나고 질서가 없어 보이면서도 나름대로 양보를 통한 질서가 있다. 보기에 사람들은 온순하게 보인다. 중동의 공격적 운전과는 아주 대조적이다.

최근 한국 기업이 엄청나게 들어가서 이 나라에 경제 부흥에 기여하고 있다. 특히 한국의 건설 회사들이 아파트, 대형 건물 건설에 참여하고 있다. GS건설은 1조원 규모의 개발 사업을 착공하였고, 이 나라에서 제일 높은 빌딩을 한국 기업이 착공하였다.

이 나라 경제는 급성장하지만 프놈펜 중심이고 아직 시골은 전기 수도가 절대 부족하면 사회간접 시설이 너무나 부족한 상태이다. 전쟁의 참화가 아직도 남아있는 것은 수많은 지뢰이다. 일본 NGO가 특히 많은 도움을 주지만 완전 제거까지는 요원하다고 한다. 150만의 장애자는 사회적으로 소외당하고 있다. 전생윤회와 업보 사상은 인도와 동일하게 장애자들을 구제하는데 적극적이지 못하다. 전생의 죄 값으로 고난당하기 때문에 어쩔 수 없다는 사회적 체념이 이들을 방치한다. 한국과 캄보디아가 많이 가까워 진 대신에 한국 사회로서는 좀 부끄러운 것은 한국 농촌의 많은 남자들이 캄보디아 여성들과 결혼하였지만 폭력 등 사회적 적응에 문제점을 드러내어 캄보디아 정부가 자국 여자들의 한국 수출(?)을 금지한 것이다. 한국의 신랑들은 많은 돈을 내지만 중간 브로커들이 착취하는 것도 큰 사회적 문제이다.

국제 정치적으로는 훈센의 캄보디아는 베트남과는 아주 우호적인 반면 태국과는 국경선 분쟁을 겪고 있다. 한국이 독도 문제로 일본 국수주의자들과 대립하듯, 이 나라 역시 태국과는 항상 '으르렁거리'는 상태이다. 특히 최근 태국과 인접한 쁘레아 비하어 고대 사원을 놓고 일촉즉발의 전쟁이라도 날듯 한 상황이다. 이 지역은 사원 입구 외에는 정확하게 국경을 나타내는 표식이 없다고 한다.

　동남아 불교 국가의 공통된 특징은 왕은 실권은 없는 상징적 존재이지만 영적 권위가 있어서 국민들이 존경한다. 하지만 정치는 총리가 다 하는 셈이다. 훈센 총리는 15년의 장기 집권에 부정부패가 심하여 프놈펜 사람들이나 청년들은 싫어하지만 과감한 개방 정책으로 경제가 부흥하여 2008년 여름 하원 선거에서 압도적으로 당선되어 연정을 하지 않게 되었다.

　그러나 왕과 약간의 갈등 관계이다. 훈센은 폴 포트의 부하였지만 이탈하여 베트남을 등에 업고 정치적 실권을 쥐었다. 아이러니 한 것은 훈센이 없을 경우 캄보디아 선교는 불안할 수 있다는 것이다.

　교육제도는 예전에는 사원에서 교육을 담당하였으나, 프랑스통치 기간 중 크메르 식 교육에 기초를 두고 서양식 교육을 실시했으며, 학제는 초급 1-4년, 중급 5-7년, 고등학교 8-10년, 대학교 4년이며 캄보디아에는 현재 66개의 대학과 연구기관이 있다. 그러나 교육 수준이 인근 국가인 미얀마나 베트남에 비하여서도 많이 떨어진다. 초등학교 등록률이 92%, 성인문자해독률은 74%이며 학생당 교사 비율이 56대 1이다. 초등학교를 제대로 마치는 학생은 64%에 불과하다는 것이다. 고등학교까지는 무상교육이지만 부정부패가 선생들에게까지 파급되어 대부분의 선생들이 학원에서 과외강의를 하는데, 학생들이 학원 강의를 듣지 않으면 공부가 어려워 고등학교를 중퇴하는 경우가 많다는 것이다. 선생 월급이 고작 50불에서 70불밖에 안되어 선생들은 이러한 식으로 학원에서 강의를 한다는 것이다. 최근 사립대학들이 많이 생기는데, 그러나 기숙사가 없어서 한국 선교사들은 시골에서 대학생을 유치하는 소위 학사관을 많이 운영한다. 대학 수준이나 시설은 아직 열악한 상황이다. 그래서 외국에서 학교를 세워주는 것을 환영한다. 학사관은 방만 제공하고 식사는 각자가 해결한다. 선교사들이 이들을 대상으로 전도와 성경공부를 인도한다.

2. 캄보디아 역사

캄보디아는 어떤 점에서 불행한 나라이다. 태국과 베트남의 중간에 있는 그야말로 샌드위치 나라로서, 항상 물고 물리는 관계였다. 앙코르 문명은 주후 1세기에 시작되었지만 9세기 앙코르 시대의 크메르 제국이 형성되기 전에는 부족 중심의 소왕국 시대로 말할 수 있다. 소왕국들은 인도 문화와 종교의 영향을 받아 일종의 도시 중심의 종교국가를 이루었다. 앙코르 시대의 크메르 제국 이전 시대를 앙코르 이전 시대로 부르기도 하는데, 당시 지배국가는 중국계의 푸난 왕국이 힘을 발휘하였고 다음은 첸디아 왕국이 강한 소국으로 캄보디아를 어느 정도 지배하였다. 당시 지배적인 부족은 몽족이었다. 첸디어 왕국의 마지막 왕인 이사나바르만 1세는 현 캄퐁 톰시 부근에 삼보르 프레아 쿡이라는 유명한 절을 건설하였다.

첸디아 왕국 이후 크메르 부족들이 앙코르 제국을 수립, 태국과 베트남까지 지배하여 문화적으로 태국은 언어와 문화를 크메르에서 배웠다. 9세기에서 13세기까지는 앙코르 제국의 전성기였다. 앙코르 제국의 건설자는 전설적 인물인 자야바르만 2세였다. 그는 인도네시아 자바 섬에서 얼마동안 유배생활을 하다가 귀국, 크메르 제국을 세웠는데(AD 802년), 많은 이야기들은 역사로 보다는 전설로 남는다. 역사와 전설, 혹은 역사와 신화가 모호한 것은 인도문화의 특징이라 하겠다. 무사인 그는 주변의 작은 왕국들을 통일하고 스스로 왕이며 신이라고 자칭하고 링가 의식을 행하였다. 링가(linga)란 남근을 신으로 섬기는 힌두교의 의식이다. 이 링가 의식(ling-cult)는 수세기 동안 크메르 제국의 문화와 종교에서 중요한 비중을 차지한다. 다음 왕들도 계속 절을 세우는데 열심이었다. 크메르 제국 역시 왕위 계승을 둘러싸고 형제간의 불화와 전쟁을 하면서도 수라야바르만 왕 때(13세기) 앙코르로 수도를 옮기면서 앙코르 와트를 건설한다.[3]

크메르 제국도 장수하지 못하고 1431년 멸망하게 된다. 이후 베트남과 태국으로부터 시달림을 당한다. 궁여지책으로 19세기에는 스스로 프랑스를 끌어들여 태국과 베트남을 견제한다. 자진하여 서구의 식민통치를 도입한 셈이다. 그러다가 1953년 프랑스로부터 독립하였으나 인도차이나 반도의 불행은 여기서 시작된다. 프랑스가 해결하지 못한 인도차이나 문제를 60년대 초기 미국이 떠맡았다가 베트남에서 미국이 패배하는 수모를 당하게 된다. 베트남의 공산화와 킬링필드의 역사는 함께 한 셈이다. 베트남의 공산화에 실망한 서방 세계는 캄보디아의 비극을 외면하게 된다.

1) 앙코르 와트의 이야기

캄보디아는 바로 앙코르 와트(Angkor)의 나라로 통한다. 앙코르 와트 관광수입이 국가 예산의 1/3을 차지한다고 하며 100만 명의 관광객 중에 한국인이 1/3을 차지한다. 앙코르란 수도 혹은 거룩한 도시이며 와트는 절이다. 따라서 앙코르와트란 절의 수도도 되고 절의 도시라는 의미도 된다. 앙코르 와트는 12세기 번영하였던 크메르 왕

---

3) Visitors Guide, "A Brief History of Angkor," *Siem Reap Angkor* (2008), 14-20.

국의 수도였다. 크메르 왕국 혹은 제국은 9세기에서 12세기까지 있었는데, 이 왕국이 지금의 태국을 물론 베트남까지 지배하였었다. 당시 인구는 100만 명으로, 비옥한 땅의 농사를 위하여 저수지와 개간시설 및 절로 유명하다. 당시 왕들과 귀족들은 절을 지으면 나라가 번성하고 가문이 복을 받는 것으로 믿고 엄청난 규모의 절을 지었다. 그러나 한국의 방송 다큐멘트리는 앙코르와트를 불교 사원으로 소개하였는데, 이것은 사실과 다르다. 당시 동남아 문명은 인도의 영향을 많이 받았는데, 캄보디아도 예외는 아니었다. 따라서 이 절은 힌두교와 불교의 혼합이다.

그런데 크메르 제국은 갑자기 쇠약하여 태국의 침공으로 수도를 앙코르와트에서 현재의 프놈펜으로 수도를 이전한다. 여기에 대하여는 정사와 야사가 완전히 다르다. 앙코르에 엄청난 절을 짓고 난 후에 갑자기 무서운 전염병이 창궐하여 이전하였다는 설과, 태국의 침공으로 이전하였다는 설이 있다. 그러나 세계적 국보급인 앙코르와트가 발견된 것은 19세기 프랑스 학자들에 의한 것이다. 자기 나라의 중요한 문화재 재산도 잘 관리하지 못하였다는 불명예를 남긴 셈이다.

2) 킬링필드의 비극

캄보디아에서 빼 놓을 수 없는 중요한 것은 전 세계에 알려진 비극의 킬링필드이다. 여기에 대하여는 이미 많은 영화와 저서가 쏟아져 나왔다. 일찍이 선지가 예레미야는 바빌론에게 멸망당하는 예루살렘의 비극을 적나라하게 묘사하는데, 이 말씀은 킬링필드에도 해당될 것이다.

"너는 이같이 이르라 여호와의 말씀에 사람의 시체가 분토같이 들에 떨어질 것이며 추 수하는 자의 뒤에 떨어지고 거두지 못한 뭇같이 되리라 하셨느니라"(9:22).

당시 인구의 1/3이 죽어간 킬링필드의 상황을 두고 인간의 목숨은 천하보다 귀하다는 것은 너무 헛된 소리에 불과하다. 근 4년 동안 (정확하게는 3년 9개월 20일) 200-300만을 죽이려면 매년 50만에서 75만 명을 죽였다는 결론이다. 이것을 하루 일별로 계산하면 적어도 하루에 1,550명 이상 죽인 셈이다. 너무나 끔찍한 역사의 비극이다. 현대판 아시아의 홀로코스트로 말한다. 프놈펜 시의 '해골기념관'의 비문은 인상적이다. "저들은(살해자들) 인간의 모습을 하였지만 가슴은 악마보다 더 무서운 자들 이었다"고. 킬링필드는 인간이 얼마나 잔악한가를 보여주는 사건이다. 인간은 선하다는 성선설을 주장하는 자들은 무어라고 말할지 궁금하다.

한국에서는 4월은 잔인한 달이라고 말하는데, 캄보디아도 예외는 아니다. 1975년 4월 19일은 캄보디아 역사에서 비극의 서막을 알리는 날이다. 검은 유니폼의 폴포트 공산군들은 중국을 등에 업고 프놈펜 시에 진입한다. 어제까지만 하여도 농촌에서 해방군으로 환영받든 그들은 프놈펜를 점령하면서 180도 모습을 바꾸고 만다. 해방군에서 학살자로.

크메르루즈(Khmer Rouge) 정권은 캄보디아를 농업 이상국으로 건설하기 위하여 프놈펜 시민들을 완전히 농촌으로 몰아내었다. 그들은 위기의식을 조장하였다. "내일이면 미 폭격기가 프놈펜을 초토화 시킬터이니 많은 재산을 가져갈 필요가 없다. 수 일 내로 돌아올 것이다"고 설득하였다. 그들은 '옹카 루'의 이름으로 무한한 권력을 행사하였는데, 옹카는 사실상 실체가 드러나지 않았다는 것이다. 옹카란 조직을, 루-란 고위층 혹은 위를 의미한다. 이들은 안경 낀 사람과 손이 부드러운 사람들은 무조건 죽였고, 집을 떠나기를 거부하는 자들 역시 즉시 처형하고 말았다. 200만의 시민들이 도시를 떠나는 현대판 엑소더스가 행해진 셈이다. 당시 약 20만의 환자들과 불구자들도 예외가 되지 못하였다는 것이다.

캄보디아 판 '홍위병'들은 사람을 죽이면서 "만약 네가 살아있으면 유익할 것이 없다. 그러나 죽으면 잃을 것이 없어 좋다"고 하였다고 한다. 그들은 소가 죽으면 더 이상 땅을 경작할 수 없었기 때문에 아까워했지만, 사람이 죽으면 얻은 것도 잃은 것도 없는 것 처럼 바라보았다고 한다.[4]

이들의 대략학살은 히틀러나 스탈린과 다른 점이 있었다. 히틀러나 스탈린은 부분적으로 국민의 지지를 얻었고 살인대상도 모든 시민이 아니라 특정 집단이 있었는데, 폴포트 정권은 국민들의 지지기반도 상실하였고 무조건 죽였다. 왜 동족을 그렇게도 많이 죽여야 하느냐 하는 의문에 대하여, 일본인 전문가는 그 원인을 마을을 밤에 습격한 작은 강도단에 비유한다. "붉은 크메르는 소수파인지라 시민이나 농민의 반락이나 반대세력에게 겁을 주었다. 천천히 혁명을 할 이유가 없었다. 그래서 시민들에게 생각할 여유를 주지않고 글자 그대로 단번에 해치워버렸다"는 것이다.[5] 기존의 조직이나 외세와 관련된 것은 철저히 파괴시켰다는 것이다. 이것은 "보통 상식으로 생각할 수 없는 광신적인 민족주의로 말한다." 크메루즈 정권은 다음과 같이 증오의 이데올로기를 노래하였다.

화려하고도 붉은 피가 모국 캄보디아 들판을 뒤덮고 있다. 노동자

---

4) 『킬링필드 위의 사랑』, 이영철 역 (서울: 한국가정사역연구소, 2004), 120-21.
5) 井川一久 編, 『カンボジアの默示錄』(田畑書店, 1987), 220.

와 농민들의 숭고한 피여, 혁명의 남자 전사들과 여자 전사들의 숭고한 피여, 그 피는 무자비한 증오와 결의에 찬 투쟁으로 바꾸자. 4월 17일 혁명군의 깃 빨 아래로 노예에서 해방되었노라.[6]

캄보디아의 비극은 베트남과의 불행한 관계가 중요한 원인이 된다. 70년대 시아누크 왕은 북베트남이 남 베트남을 공략하기 위하여 캄보디아 영토를 통과하는데 많은 편의를 제공하자 성난 시민들과 학생들이 데모를 하자 시아누크 왕 아래서 수상을 하든 론놀은 시아누크가 중국을 방문하는 동안 쿠데타를 일으켜 시아누크를 축출하고 친미정권을 세운다. 이상하게도 동남아의 불교 국가들은 왕정임에도 불구하고 항상 군부가 막강한 정치권력을 행사하지만 항상 부정, 부패, 비합리적 통치 스타일로 국민들의 원성을 산다. 미얀마,. 태국도 유사하다. 비서구의 친미정권은 자본주의, 민주주의를 표방하나 부정부패로 국민들의 인기를 얻지 못한다. 반대파 공산 세력인 크메르 루즈 정권은 이것을 노리고 국민들의 환심을 산다. 크메르 루즈 공산군은 주로 농민들이었고 무식한 자들이었다. 그들은 정부군을 괴롭히면서 온 나라를 상대로 게릴라 전을 전개, 결국 프놈펜을 탈환한다. 이것이 역사의 비극이다. 이 공산당 정권을 크메루즈라고 하는데, 의미는 '붉은 크메르'를 의미한다. 그날 북경에 있었든 시아누크 왕은 폴포트의 승리를 축하하는 샴페인을 터트리면서 '이 날은 캄보디아 역사에서 가장 멋진 장을 여는 날이다' 고 하였다는 것이다.[7]

국제사회는 경찰국가를 자처하는 미국이 캄보디아를 보호하지 못한 것에 대하여 비난하지만, 당시 미국은 월남전에서 패배하여 동남아에서

---

6) Don Comrack, *Killing Fields, Living Fields: an Unfinished Portrait of the Cambodian Church - the Church that Would Not Die* (London: Monach Books, 1997,

7) Don Comrack, *176.*

사실상 철수한 상태였고 여론이나 국력이 인권 명목으로 캄보디아를 지원할 입장이 아니였다.

크메르 루즈의 최고 지도자 폴포트는 1998년 4월 15일 태국 국경 근처 가택 연금중이던 목조건물에서 사망하였다. 그러나 이들을 재판하는데 엄청난 예산이 소요되어 유엔이나 일본 등 선진국들이 보조를 해야 할 판이다. 이 재판의 귀추가 주목된다. 당시 혹독한 고문에서 생존한 일부 피해자들은 재판에 총력을 기울이고 있다. 한 피해자는 뉴욕 타임즈와의 인터뷰에서 "이승에서 복수할 수 없다면 독재자로 다시 태어나서라도 그렇게 할 겁니다"고 하였다. 소수 남은 가해자들은 82세의 고령으로 언제 죽을지 모르는 상태이지만 재판이 지지부진하다고 피해자들은 분개하고 있다.

3. 캄보디아 기독교 역사 고찰

아시아에서 기독교 선교는 어디서나 로마 카톨릭이 앞선다. 이 나라에 카톨릭이 선교를 시작한 것은 16세기이며. 많은 어려움 중에서 1950년까지는 십 만 명의 카톨릭 신자가 있었다. 주요 선교회는 예수회, 프란시스코 수도회, 파리이방 선교회 마리아 수도회 등이며 첫 캄보디아 신부는 1957년 탄생한다. 카톨릭은 원주민 사제 세우는데, 인색한데, 캄보디아도 예외는 아니였다. 카톨릭 역시 수난의 시기에 많은 신자들과 성직자들이 죽었다. 15년 동안 생존한 신자들은 지하로 들어갔다. 1990년 정부가 공식으로 종교 활동을 허용함으로 다시 교회가 문을 열었다.[8]

---

8) John C. England, et al, eds., *Asian Christian Theologies: A Research Guide to Authors, Movements, Sources,* vol. 2. Southeast Asia (Dehli: ISPCK, 2003), 108-109.

동남아시아의 개신교 선교는 미국 CM&A와 침례교가 강하다. 캄보디아 원주민 교회 지도자들은 주로 CM&A 출신들이 주요한 역할을 하고 있으며 현지 교회가 아주 활발하게 성장하고 있다. 1923년 개신교 선교사가 프랑스 식민지 당국자로부터 선교허락을 받을 때 프랑스 관원은 너무 강한 불교 국가라 선교가 어려울 것이라는 생각에서 개신교 선교를 허락하였다고 한다. 캄보디아에 처음으로 복음을 전한 개신교 선교회는 동남아에 많은 개척을 한 Christian and Missionary 였다. 이 나라에서 첫 선교역사는 아주 드라마틱하다. 베트남에서 살던 캄보디아인들이 복음을 받아들여 이들이 자기 고향에 와서 복음을 전하였다.

그러나 첫 신자는 부인이 귀신들려 무당으로 치유하지 못하였을 때 서양 선교사들과 소수의 원주민 신자들이 기도로 귀신을 쫓아냄으로 교회가 시작되었다. 처음부터 영력대결(power encounter)이 일어난 셈이다. 이 나라도 한국과 같이 샤머니즘의 문화이다.[9] 개신교 첫 선교사는 Arthur Hammond부부와 David Ellison부부였다. 이들은 1923년부터 1954년까지 30년 동안 성경번역을 하였으며 1925년에 바탕밤의 선교사 집에서 첫 신학교가 시작되었다.

70년대 수난의 때에 1만 명의 신자 중 불과 30명만 살아남았다는데, 개신교 목사 14명중 3명만 생존하였다. 당시 교회가 급성장하여 작은 교회당에서는 신자들이 들어가려고 대기해야 할 정도였다는 것이다. 캄보디아 교회는 결코 죽지 않는다는 것은 태국으로 피신한 난민들이 어려운 여건에서도 신앙을 지키면서 신학연장교육(Theological Education by Extension)을 통하여 신학 훈련도 받아서 캠프에서 열심히 전도하였다. 지금 캄보디아에서 사역하는 지도자

---

9) Don Comrack, 565-58.

들 상당수는 수용소에서 신학 공부와 전도에 헌신한 자들이다. 2008년 주 캄보디아 한국장로교회 공의회가 제작한 [캄보디아]에 의하면 캄보디아의 기독교 신자는 약 34만 명이며, 교회는 2,470개이다. 그런데 교단이 무려 46개나 된다. 캄보디아 전체 마을은 13,408인데 교회가 있는 마을은 2,100개에 불과하다. 캄보디아 목회자 수는 1,300명이다.

1) 캄보디아 기독교의 선교적 과제

정치적으로 불행하였든 캄보디아는 선교적으로 표현하면 hermit nation이 permit nation으로 바뀌고 있다고 하여도 과언이 아닐 것이다. 한국과 중국의 유교 유교문화권에서 기독교 성장이 일어나고 몽골과 네팔의 불교 문화권에서 기독교회가 성장하는 추세인데, 캄보디아가 지금 추수하는 계절이 되어졌다. 그러나 불안한 선교지인 것도 고려해야 할 것이다. 언제 불교가 강하게 반발할지 모르는 불안 요소도 잠재한다. 교회에 나오는 대학생들 표현을 빌리면 킬링필드 덕분에 자기들은 교회에 나올 수 있다고 한다. 킬링필드가 이 나라에 영적 공백을 가져왔다. 태국이나 라오스 미얀마는 아직 청년들이 일생에 한번은 중이 되어야 한다. 그러나 캄보디아 청년들은 중 되는 것에서 해방된 셈이다. 훈센 총리가 기독교를 포용하는 것 같은 인상을 주는데, 그 이유를 정치적으로 해석하는 자들도 있다. 왕당파와 불교를 저지하기 위한 수단으로 기독교를 끌어들였기 때문에 유동성이 많다는 것이다.

사무엘 헌팅톤은 문명충돌 이론에서 불교는 어느 이데올로기나 종교와도 갈등하지 않는 것으로 보고 충돌 이론에서 아예 제외시키고 말았다. 불교는 기독교에 도전이 되지 않을 것으로 생각한 것 같다. 그러나 태국이나 스리랑카 및 미얀마, 특히 부탄은 결코 불교가 기독교 선교를 관용하는 것은 아니다. 불교 국가에서 기독교와 이론적, 혹은 신학적 조우와 갈등이 있었다. 특히 최근 일부 불교 국가의 불교원리주의는 기독교에 심각한 도전이 되고 있다. 지금 캄보디아에는 한국은 물론 많은 서구 선교사들이 이 나라를 보이지 않게 기독교 국가로 만들려고 노력하고 있다. 그러나 기독교 인구가 계속 증가할 것인지? 또 기독교 인구가 증가할 때에도 불교가 계속 방관하고만 있을지 신중하게 생각해야 할 것이다. 한국에서 적극적인 기독교 선교가 도리어 불교를 근대화시켰고, 동시에 불교선교를 자극하였다. 이제는 불교가 공격적으로 임하고 있다. 2007년도 캄보디아 정부가 선교 활동을 제한하려는 법령을 발표하기도 하였다. 다행히도 훈센 총리팀이 기독교에 우호적이고 지도층 중에는 기독교인이 있다는 소문도 있다.

캄보디아가 자유로워 단기 선교팀이 가장 많은 지역이다. 이웃 태국, 미얀마, 베트남은 기독교 여행팀이나 의료팀을 환영하지 않으며, 이슬람 국가들은 여행이 자유롭지 못하여 캄보디아가 인기있는 선교여행지가 되고 있다. 그러나 자제가 요구된다. 얼마 전 단기 선교 팀이 앙코르 와트에서 "하나님이여 이 절이 무너지게 하옵소서" 기도한 것이 당국자들의 귀에 들어가서 그러한 법령이 공포되었지만 다행히도 시행되지는 않았다. 아직 불안한 선교지이다. 한국 장로교 선교사들이 세운 캄보디아 장로교 신학교(Cambodia Presbyterian Thealogiccl College & Aonicnry)는 단독 주택을 임대하여 학교로 운동하는데, 문 앞에 간판을 달지 못한다. 농촌에서는 외국인이 개척하는 것은 저항을 받는다. 경제성장으로 인하여 청년들은 영적으로 헌신하기 보다는 경제적 대우가 좋은 일반 직장을 더 선호하여 대학출신의 엘리트들을 신학교로 흡수하는 것은 한국 선교가 당면한 중요한 과제이다. 이것은 물론 캄보디아만의 문제가 아니다.

특히 안타까운 것은 캄보디아 대학에 다니는 청년들이 집이 없어 많은 선교사들이 학사관을 운영한다. 선교사들은 가정집을 임대하여 학생들에게 방을 제공하고 여러 가지로 봉사하면서 전도와 성경 공부를 한다. 그러나 학교 다니는 동안 열심히 교회 출석하고 성경 공부를 하지만 졸업하면 교회와 신앙마저 떠나는 일이 많다고 한다. 그래서 아이들 전도로 방향을 바꾸는 선교사들이 증가하는 추세이다. 부모들도 학교 다니는 동안은 할 수 없이 교회가는 것 허용하지만 졸업하면 그만두게 하는 압력도 많다는 것이다. 아직 학사관에서 신세진 청년들 중에 헌신자가 없다고 한다.

캄보디아 개신교 역사가 짧아 신학적으로 할 일이 많다. 우선 신학 전문 서적이 절대 부족한데다 신학 용어마적 발전시키지 못한 형편이다. 예를 들면 캄보디아어로 교회를 '프레비하이어 크리스'라고 하는데, 프레비하이어란 사찰 마당 중심부에 부처만을 모신 일종의 내전이다. 유대교의 지성소에 해당된다고나 할까. 이곳은 중이나 일반신도들이 들어가서 기도하지만 살지는 않는다. 캄보디아 교회는 아직도 독자적인 교회라는 용어를 발전시키지 못한 셈이다. 하나님이라는 용어도 더 연구되어야 할 과제이다. 일본에서는 초기 로마 카톨릭 선교사들이 불교 용어를 차용, 결과적으로 기독교가 불교와 별로 다르지 않다는 오해를 주고 말았다.

캄보디아는 선교지로서 복음의 수용도(receptivity)가 높은 나라이다. 그래서 선교사들이 교회 개척에 집중하여, 적게는 수명에서 수십 명까지 비교적 쉽게 모이는 선교지이다. 벌써 원주민 사역자들이 많다. CMA와 침례교 선교지이만 90년대 감리교회는 미국, 화교 감리교 선교, 한국 감리교 선교가 연합하여 신학교를 운영하며 감리교가 세운 교회가 140개가 넘는다. 장로교 선교는 외국 장로교회와 아직 연합하지 않고 한국 장로교회만 공의회를 세우고 캄보디아 복음주의협의회 산하의 회원으로 교회개척을 하여 100여개 이상 교회를 세웠다. 그러나 캄보디아 교회는 일반적으로 교리나 신조를 중시하는 신앙 고백적 교회가 아니다. 따라서 교리적 기반은 약한 편이다.

한국 장로교 선교도 선교사들이 열심히 개척하고 있지만 아직도 노회, 총회단계에 까지는 발전 못하였고, 신학교는 하나가 되었지만 교회까지도 하나의 장로교회로 조직할지는 더두고 보아야 할 것이다.

캄보디아 교회는 고난을 통과한 교회지만 서로 연합하지 못하는 것 같다. 종교도 정부의 지도를 받는데 조직이 무려 17개나 된다. 그래서 정부는 하나의 조직으로 만드는 것을 고려중이라고 한다. 한국이나 미국의 전통있는 교단처럼 집단 지도체제나 민주적 교회 정치가 아니라 리더중심의 권위주의적 지도력이 교회에도 나타나고 있다. 교단이나 선교 기관 운영도 지도자 일인중심으로 운영된다. 이것은 비서구 교회가 안고 있는 가장 심각한 문제일 것이다.

제13장

개방과 통제의 베트남

서론

　중국과 지리적으로 가까운 베트남은 항상 중국의 지배를 받아왔으나 독립 후는 다시 금 프랑스의 지배를 받았고 유명한 베트남 전쟁을 통하여 미국을 물리친 나라로 자부심이 강하다. 공산국가 베트남은 중국과 같이 경제는 자본주의, 정치는 공산주의 체제를 계속하고 있다. 정치적으로 미국을 물리쳤다고 하는 땅굴 박물관은 베트남의 자존심을 과시하지만 경제적으로는 미국에 사실 굴복한 셈이다. 이 나라 역시 영어 붐과 자본주의를 배우려는 열기로 가득 찬 나라이다. 그러나 기독교는 제한 속에서 성장하는 나라이다. 경제가 급성장하지만 최근의 경제 둔화가 아시아에 많은 영향을 미치고 있다. 공산화 될 때 베트남을 떠나 미국에서 경제인이 된 베트남인들은 어깨에 힘을 주고 고향으로 돌아온다.[1]

　베트남은 불교 국가이지만 이 나라의 불교는 소승불교나 대승불교로 간주하기 어렵다. 조상 숭배가 강한 유교적 전통도 강하여 죽은 조상에게 바치는 것이 많아 이 나라 경제에 큰 영향을 줄 것으로

---

1) Parag Khanna, *The Second World*, 297-99.

생각된다. 다른 공산국가가 경제 성장이 어려운데도 중국을 모방하여 정치는 중앙집권적 통제를 철저히 하면서도 경제는 자유경제 제도를 실시하고 있다. 그러나 경제의 대가를 지불해야 하는 부담을 안고 있다. 경제적 불평등, 부정부패, 투명성이 요구되고 높은 자유의 목소리를 어떻게 대처할 것인지 궁금하다. 우리나라와는 베트남 전쟁으로 중요한 관계를 가졌고, 지금도 많은 베트남 여성들이 한국의 농촌 총각과 결혼하여 한국에서 살고 있다. 그러나 우리 남자들이 여러 면에서 가해자가 되어 국제적으로는 한국의 위신을 추락시키고 있다.

1. 베트남 소사

베트남은 우리 나라에서 월남으로 알려져 있는데, 14세기까지는 중국 한나라와 원나라의 지배를 받다가 1471년에 통일 왕국을 형성하였다. 그리다가 1851년에는 프랑스의 식민지가 된다. 그러나 한국의 인터넷이나 역사 기록에는 프랑스가 자신들의 선교사를 박해한다는 구실로 먼저 베트남을 정복한 것으로 기록하고 있는데, 캄보디아 역사를 살펴보면 캄보디아가 항상 태국과 베트남 두 나라로부터 샌드위치 신세가 되어 침략을 당하자 프랑스의 도움을 청함으로 결국 프랑스가 베트남과 전쟁을 하여 베트남을 식민지화 한다. 이점에서 베트남은 국제정치에서 가해자이자 피해자 신세로 전락하는 셈이 된다.

원래 프랑스는 초기엔 베트남 전체를 차지하지는 않았으나 1859년 프랑스는 베트남의 응웬왕조(1802~1945: 베트남 왕국)가 자기 국가의 선교사들을 탄압한다는 명분으로 베트남과 전쟁을 일으킨다.

이 전쟁에서 결국 응웬왕조의 뜨득황제는 1862년 항복을 하고 만다. 이렇게 하여 프랑스는 베트남에 식민지화의 발판을 마련하고 1867년 사이공을 포함한 베트남의 남부지역을 차지한다. 그러나 그 사이 베트남을 청국 땅이라고 주장하여 중국과도 한 때 전쟁을 한다. 프랑스 식민지 통치 기간 베트남은 한자를 버리고 로마 글자를 가지고 베트남어를 만든다. 인도차이나는 지금도 프랑스의 영향이 많이 남아있다. 그러나 문화적으로는 한자 문화권에 속한다.

1925년에는 호치민의 공산당이 결성되어 독립운동을 시작하며, 1940년에는 일본에 점령당한다. 이때 일본이 식량을 탈취하여 무려 200만의 사람이 굶어 죽는 일이 일어났다고 한다. 2차 대전이 끝난 후 베트남 공화국을 설립하였으나 프랑스가 이것을 인정하지 않고 전쟁을 하였으나 54년 프랑스는 패배하였다. 그로 인하여 북은 베트남 인민공화국을 창설하고 남은 베트남공화국으로 분리되고 만다.

그러나 미국은 베트남의 공산화를 두려워 한 나머지 프랑스가 실패한 짐을 대신 떠 안지만 불행한 역사를 기록한다. 미국은 통킹 만에서 잠수함이 베트콩에게 침몰 당하였다는 것을 구실로 전쟁을 시작하지만 미국으로서는 엄청난 자존심의 상처를 입는다. 75년 베트남의 공산화는 역사적으로 큰 비극이다. 당시 베트남은 미국의 엄청난 지원을 받았으나 부패한 정권은 더 이상 베트공의 적수가 되지 못하였다. 많은 베트남 사람들이 보트 피플 신세가 되고 미국으로 이민하게 된다. 아시아에서는 한국 다음으로 이데올로기 전쟁의 참극을 경험한다. 당시 한국은 국내에서 많은 반대에도 불구하고 베트남 전쟁에 개입하여 경제가 부흥하는 계기를 마련한다.

2. 기독교 선교 역사

베트남의 기독교 선교는 역시 로마 카톨릭 교회가 시작하였다. 프랑스 식민지로 있었기 때문에 지금도 카톨릭은 10% 넘는 신자가 있는 반면 개신교는 1%미만이다. 베트남의 선교역사는 식민지와 선교가 함께하는 불행한 역사로 말하지만 그 이전에 선교사가 들어온 적이 있다. 포르투갈과 스페인은 베트남과 교역을 구하는 것으로 이 땅에 발을 들여 놓는다. 그런데 베트남에 로마 카톨릭이 들어오기 오래 전인 980년 네스토리안 선교사가 북 베트남에서 선교를 하였다고 하는데 정확한 기록이 없다. 로마 카톨릭 선교사가 처음으로 이 나라에 발을 디딘 것은 1580년 마닐라에서 온 프란시스코 수도회 선교사들인데, 이들은 즉시 추방되었다. 다음으로 1583년 같은 프란시스코 수도회선교사 루이즈와 바돌로매 두 사람이 방문, 임금으로부터 선교를 허락받았다고 한다. 그러나 이들의 선교는 큰 열매를 맺지 못하였다. 그 이후 이 나라에 본격적 선교를 시작한 선교회는 일본에서 추방당한 로마 카톨릭 선교사들과 프란시스코 수도회 선교사들인데, 이들은 일본에서 추방당한 베트남에 거주하는 일본인들에게 선교의 초점을 두었다. 도쿠가와 시대 때 많은 기독교 신자들이 박해를 피하여 베트남으로 집단 이주하였는데, 역시 일본에서 추방당한 로마 카톨릭선교사들은 마카오에 대거 대피하던 중 중국인들의 의심을 받았다. 그래서 일부 선교사들은 마카오를 떠나 베트남에 거주하는 일본인 선교를 생각하였다. 이로 인하여 1615년에 베트남에 온 예수회 선교회 선교사들은 5명의 일본인들을 대동하였다.

초기 선교는 비교적 순조로워 슈란니에는 교회당을 세우기도 하였다. 하지만 곧 베트남인들로부터 박해가 가해지기 시작하였다. 발단은 어느 해 한발로 농사가 안되자 미신적인 농민들은 많은 외국인이 들어옴으로 흉년이 든다고 외국인들을 원망하기 시작하였다. 이리하여 농민들은 국왕에게 외국인의 국외 추방을 청원한다. 여기서 슈란니에는 건축 중인 교회당에 농민들이 방화하는 사건도 벌어진다. 사태가 악화되자 선교사들은 일본인 거주 지역으로 피신한다. 사정이 어렵게 되자 선교사들은 베트남어를 잘하는 일본인들을 앞세워 선교를 하여 큰 성공을 거둔다. 1621년 선교의 열매로 베트남 신자 82명, 일본인 신자 27명이 세례를 받았다. 이들 선교사 중에서 역할이 큰 선교사는 프란시스코 수도회의 프란시스코 푸조모이다. 그는 이후에도 크게 선교하여 24년 동안 무려 12,000명의 사람들에게 세례를 주었다고 한다.

베트남의 로마 카톨릭 선교는 마테오리치나 노빌리에 버금가는 로드스(Alexander de Rhodes)에 의하여 튼튼한 기초가 놓여졌다. 카톨릭 선교역사에 있어서 그리고 베트남의 언어에 중대한 영향을 준다. 그는 1519년 아비뇽에서 태어났으며 본래 일본선교를 시도하지만 사정이 여의치 않아 예수회가 활동하는 남베트남에 합류한다. 그러나 1625년 남부에서 추방되자 북부로 이동하여 선교하여 3년 동안에 무려 6,700명의 사람들에게 세례를 베풀었다고 한다. 그러나 그는 이 나라에서 영구히 추방되는데, 이 나라 국왕은 로드스를 태워 주는 포르투갈 선원도 사형에 처한다는 엄한 명령을 내렸다. 그리하여 그는 마카오에 가서 활동을 하거니와 구라파에서 교황을 설득하여 파리선교회를 창설하고 이란에서 선교하다가 1660년 사망한다. 그는 베트남의 사도로 불리기도 한다. 그러면 그의 선교의 업적은 무엇인가?

먼저 그는 예수회의 전형적인 선교방법으로 상류층의 사람들을 대상으로 전도하였다. 그러나 노빌리처럼 지나친 토착화를 하지 않았고 사비엘처럼 집단개종도 하지 않고 오히려 철저한 교리문답공부를 시행하여 철저한 신앙인 양육에 힘썼다. 그는 교리문답 공부를 할 때 이방종교의 모순과 오류를 철저히 강조하였다고 한다. 이것이 소위 8일간의 문답공부였다. 그리고 선교사들이 추방당하여도 원주민 신자들이 어린 신자들을 양육할 수 있도록 교리교사들의 조합(Company of Catechists)을 조직하였다. 이 조직체에 대하여 니일은 다음과 같이 소개한다: 그들은 일반적으로 가족들과 함께 사는 기혼 남자들이었다. 규칙을 지키면서 공동생활을 하는 사실상 독신의 평신도가 생기게 된 것은 로드스의 천재성에서 기인한다. 교리교사들은 주도면밀한 교육을 받았으며 모든 계층의 사람들에게 쉽게 접근하기 위하여 기초적인 의학교육도 받았다. 두 개의 하급과정을 성공적으로 마친 자는 독신 생활을 할 것과 도움에 대한 사례로나 또는 선물로 받은 것을 공동기금에 헌납할 것과, 무리 중에서 누구를 선교사로 지명하든지 그에게 복종할 것 등 세 가지의 공개서약을 하도록 허락했다.[2]

로드스는 현대어로 말하면 능력전도를 하였다. 그는 애니미즘이 강한 베트남 사람들을 의식하고 신유, 축귀, 소경의 치유, 죽은 자를 살리는 이적을 행하였다고 하며 이로 인하여 불교의 승려들도 적지 않게 놀랐다고 한다. 이러한 능력전도는 애니미즘의 중들은 물론 많은 사람들을 개종시키는데 성공하였다고 한다. 다음 로드스가 이룩한 업적은 베트남어를 라틴어 알파베트로 쓰도록 고친 일이다. 그러나 베트남에서 교회의 성장은 한국에서처럼 로마 카톨릭교회는 아주 무서운 박해를 받았는데, 박해의 원인은 물론 정치적인 것과 이미 언급한 바와 같이 문화와 풍속 및 종교였다. 신자들은 재산을 몰

---

2) 니일, 「기독교 선교사」 256

수당하였고 마을과 교회는 불에 탔고, 신자들은 투옥되고 고문과 사형을 당하였다. 고문은 사지가 갈기갈기 찢기는 비참한 것이었다. 이러한 박해 속에서 베트남 신자들은 80,000명~130,000명이 순교를 당하였다고 한다. 그런데 현재 다수를 차지하는 베트남의 로마 카톨릭은 이러한 순교적인 신앙을 찾아볼 수 없다. 라이머는 베트남 로마 카톨릭의 과거와 전혀 다른 모습에 대하여 다음과 같이 안타까움을 표시한다.

베트남의 로마 카톨릭 신자들은 지금 비교적 강하고 경제적으로 여유가 있어서 사회적으로 중요한 역할을 하지만 초대교회의 다이나믹은 사라졌다. 지금 어디서든지 로드스가 한 교리문답공부의 전도적 정열은 찾을 수 없다. 마귀를 쫓아내고 병든 자를 고치며 죽은 자도 일으키는 능력은 어디 있는가? 문화적으로 적응을 시도한 교회는 몰래 들어오는 혼합주의에 삼키고 말았다.[3]

2) 개신교선교역사

베트남의 개신교 선교는 로마 카톨릭보다 아주 늦게 시작되는데, 19세기에 영국 성서공회가 성경을 보급하는 것으로 시작한다. 다음 프랑스의 식민지가 시작되면서 프랑스 개신교 목사가 프랑스어로 성경보급과 동시에 선교를 하지만 교회설립에까지는 이르지 못하였다. 이 나라에서 본격적인 개신교 선교는 CMA에 의해 1911년에 시작되었다. 현재 베트남에서 가장 오래되고 큰 베트남복음주의교회(Evangelical Church of Vietnam)는 이 선교회가 설립한 것이다. CMA가 베트남에서 선교를 하는데 지대한 공을 세운 사람은 중국과 인도네시아에서 사역

---

3) Reginald Reimer, "South Vietna," in *The Church in Asia,* ed., Hoke 584-85.

한 로버트 제프리이다. 그는 인도네시아에서도 이 나라의 소식을 듣고 1911년 다른 두 선교사와 함께 다낭에 도착하여 선교를 시작한다. 그러나 프랑스 당국은 1차 대전을 기하여 선교활동을 극히 제한한다. 이리하여 선교는 성경을 위시한 문서보급과 사역자 훈련에 역점을 둔다. CMA는 1922년에서 1940년까지 선교를 본격적으로 전개하여 많은 베트남인들이 개종시키고 교회를 설립하였다. 이 시기에 약 2만 명의 신자들이 세례를 받음으로 1928년에 베트남복음주의교회가 조직된다. 이후 이 선교부는 베트남의 크메르인은 물론 라오스와 태국에까지 선교를 확대한다. 이 교회는 공산화될 때는 약 십만 성도이었는데, 지금은 약 사십만 정도이다. 다른 단체들도 50년대 후반에 도착하였는데, 괄목할만한 단체로는 부족 사역을 하는 WEC, UWM, SIL과 도시 지역에서 사역하는 남침례교 280명의 선교사들이 있었으며, 그 동안 이들이 뿌린 씨앗의 풍성한 수확을 기대하고 있다.

3) 베트남 교회 상황

베트남 정부의 기독교 정책은 억제와 개방의 이중성으로 베트남 교회 상황은 좀 복잡하다. 베트남 교회는 3부류로 나눈다. CMA중심의 베트남 복음교회, 여기에 속하지 않는 공인교회와 비공인 교회이다. 두 번 째 그룹에 속하는 대표적 교회들은 베트남기독전도회, 베트남침례교회가 있다. 비공인교회로는 장로교회, 감리교회, 성결교회, 오순절교회 등 다양하다. 베트남오순절하나님의 성회는 200여 교회에 90여명의 목회자로 2만명 가량의 신자가 있다.[4] 베트남은 자유롭지 못한

---

4) 장완익, "베트남에서의 교회음악 사역이 베트남 개신교 선교에 미치는 영향연구" (2006년 Reformed Theological Seminary D. Min.논문), 6.

분위기에서도 교회는 꾸준히 성장하여 현재 베트남 전역에 기독교 회는 약 900여 교회에 신자는 약 45만6천명이나 되며 세례교인은 20만 명을 넘으며, 교역자는 목사, 부목사, 전도사가 약 900여명이나 된다. 가정교회도 250여개로 추산한다. 2008년도 여름 베트남 장로교회는 공식으로 정부의 인가를 받게 되어 교회 설립과 신학교 설립이 자유로울 것으로 예상한다. 북베트남의 교회는 남부 보다 교회가 약하다. 그러나 하노이 신학교가 있는데, 과거 공산당의 입김이 강하여 교회의 독립성이 거의 없다고 보아야 한다. 그래서 지도자 목사의 리더십은 완전한 기독교 정신에 입각한 지도력을 발휘하지 못하였다. 베트남의 헌법에는 종교의 자유를 허용하고 있으나, 그 시행령에는 교회의 모든 것을 사회주의 이념과 활동에 종속시킬 것을 요구하며, 모든 교회의 활동은 교회 내에서만 가능하다. 모든 교회 활동과 임직 등은 사전 승인을 받아야 하며, 믿지 않을 자유를 침범한다는 핑계로 전도 활동도 금지되어 있다. 1990년 이래로 기독교인의 억압, 고문, 투옥 등이 증가하고 있다. 1992년에는 거의 60명이 넘는 기독교인들이 투옥되기도 하였다. 그런데 감옥에서 복음전도로 많은 사람이 믿게 되었다. 교회는 등록을 요구당하거니와 목사와 신자들은 엄격한 규정과 타협과 순응을 정부로부터 강요당하고 있다. 북부에 있는 교회는 계속 감시를 받는다. 공개적인 복음전도, 순회사역, 문서 제작 등은 금지된다. 또한 외국의 기독교 신자들과의 접촉도 항상 경계의 대상이 된다. 중국의 비공인교회처럼 베트남에도 미등록교회인 비공인교회가 있다. 이 교회들은 경찰에 의해 모임이 자주 중단되고 지도자들이 체포되는 등의 인권침해를 당하고 있다. 그러나 그 같은 억압 속에도 신자들의 용기와 끈질긴 노력은 여전하며 계속되고 있다. 또한 등록교회와 미등록 교회들의 지도자들 간에 긴장도 있다. 특히 소수부족들인 흐레이, 제흐, 로글라이, 자라이, 라다이, 몬타그나드 등의 교회는 유독 혹심한 박해를 받고 있다. 교회들은 철저히 파괴되었고, 신도들은 뿔뿔이 흩어졌으며, 기독교인들이 살해당했다. 그러나 이러한 박해 속에서도 집단개종이 일어나고 있다. 집회가 불법적이 되고 그들의 언어로 된 성경이 거의 없는 상황에다가 신도들 간의 교제마저 불가능하여 어려움이 많다. 소수 인종을 대상으로 선교하던 한국 선교사들이 추방당하기도 하였다.

불행한 것은 박해 속에서도 분열이 있으며 잘못된 가르침도 있다. 특히 북 베트남 교회와 남 베트남 교회간의 갈등은 불가피한 것인지도 모른다. 북 베트남은 공산정권 하에서 공산당 이념을 잘 따르는 반면 남쪽 교회는 사정이 다르다. 이것은 같은 교단이라 할지라도 마찬가지이다. 동시에 가정교회와 소위 지하교회간의 갈등 역시 중국 교회와 유사하다고 보아야 할 것이다. 어떤 점에서 과거 베트남에서 로마 카톨릭 신자들의 순교적 신앙이 개신교의 가정교회에서 나타나고 있다고 보아야 할 것이다. '종교죄수'로 옥살이를 한 목사나 평신도들이 주도하는 교회는 어려움 속에서도 급성장한다. '옥중죄수'인 한 목사가 주도하는 호치민시내의 독립교회는 수십 개의 집회소를 가지며 신자도 88년 200명에서 현재는 무려 33,000명으로 증가하였다고 한다.

복음주의교회의 문제점은 목사들 대부분이 나이가 많으며, 새로운 교회들은 신학교육을 제대로 받지 못한 사람들이 목회를 하기 때문에, 그들은 실수를 범하거나 잘못 가르칠 우려가 있다. 그러므로 지도자 훈련이 긴급히 필요하다. 또한 신앙의 초보적인 지식을 위한 자료나 신학도서, 주석 등이 부족하다. 하노이, 호치민시, 다낭 등에서는 비공식적 교육 프로그램과 신학교들이 있으나 여러 점에서 부족한 것이 많다.

최근 한국교회는 베트남 선교에 관심을 가져 몇몇 선교단체가 조직되었다. 특히 월남 참전 용사들과 월남 여성들에게서 출생한 '타이한' 청년들에게 대한 사회와 교회의 관심이 증대되고 있다. 그리고 베트남 교회복구에 많은 한국교회가 동참하고 있으며 의료지원에서 힘을 기울인다. 베트남에 많은 한국 상사들이 진출하여 한인교회가 세워졌으나 벌써 한인교회를 중심으로 불화의 소리가 들리는 것은 비극이다. 어느 나라든지 한인교회는 목사청빙에서 교단 간의 경쟁이 불화의 요인으로 작용한다. 현재 베트남에는 제한된 종교의 자유 속에서도 서구의 기독교 방송이 미전도종족을 상대로 활발한 선교활동을 하고 있다. 그러나 미전도 종족 대상으로 선교하던 선교사들은 소수 종족을 정치적으로 선동한다는 의심을 받아 추방당하는 사례가 일어났다. 이점에서 아시아에서 소수 미전도종족 선교 운동은 방향 전환이 요구된다. 베트남의 주류 종족도 미전도 종족이다.

제14장
군사적 불교 국가 스리랑카

서론

　스리랑카는 인도 남쪽에 위치한 작은 섬 나라로 이름이 다양하다. 고대 로마와 헬라는 Taprobane으로, 아랍어는 Zerandib로, 포르투갈과 화란은 Ceilao와 Ceilan으로, 영국이 세일론으로 정착시킨다. 그러나 원주민들은 Lanka, Sihalladvipa, Ilankei로 부른다. 스리랑카는 1972년 공화국 헌법 채택후 사용하기 시작, 주전 6세기 경 인도 아리안 인종이 도착한 것으로 말한다. 3세기 왕이 인도에서 불교 선교사 초빙, 불교 국가로 만들고, 타밀족은 13세기 북쪽에 독립 왕국을 건설한다. 현재 이 나라에는 무슬림인 무어인들도 정착하여 이슬람도 기독교 보다 숫자가 더 많다. 인구 분포는 싱할리가 74%, 타밀 12% 인도인 6%, 무어인7.5%인데, 싱할리와 타밀족 간의 인종 분쟁은 이 나라가 해결해야 할 중요한 숙제이다. 콜롬보는 밤에는 너무 조용할 정도로 테러가 빈발하는 나라이다. 세계 어느 나라에서 볼 수 없는 '중앙청' 이 경비가 제일 심하여 검문검색으로 출입이 자유롭지 못할 지경이다.
　반면 국제 정치학자들은 스리랑카를 '군사적 불교 국가' 로 단정한다. 기독교에 대한 탄압이 의외로 무서운 나라이다. 기독교 국가들이 식민지를 한 것에 대한 보복이 더 작용하여 독립되자 기독교 재산을 국유화하고 기독교를 억압하면서도 그러나 기독교로부터 많은 것을 배운다. 불교 YMBA나 사회봉사는 다 기독교에서 배워서 발전시킨 것이다. 지금도 일부 과격 불교 신자 정치가들은 불교인들을 기독교로 개종시키지 못하도록 하는 반개종법을 계속 제안하지만 온건파들로부터 제재를 당한다. 오래된 기독교 교회들도 절기 때는 정부 감시가 엄하다고 한다. 이점에서 이미 종교원리주의에서 언급한대로 불교 원리주의가 발전하였다. 특히 해방 후 불교와 정치의 랑데뷰를 형성하도록 역할한 자는 56년 수상으로 임명된 S. W. R. D. Bandaranaike였다. 그는 많은 불교 지도자들을 정치에 개입시키고 불교 세계연합에서도 주요한 역할을 하였다. 그는 불교사회주의자로 자처하고 불교의 위대성을 외친 자였다. 이것은 결과적으로 후일 불교 싱할리와 힌두교 및 이슬람 타밀족 간의 인종분쟁을 부추기고 말았다. 그런데 아이러니하게도 그는 불교도에게 암살당하고 말았다.[1]

    스리랑카의 인종 갈등은 종교문제 만으로 보기는 어렵고, 불교 상할리의 인종적 종교적 우월주의와 상할리어를 국어로 함으로 발생하는 사회적, 인종적 갈등이다. 이점에서 불교의 포용주의가 스리랑카에서는 완전히 실종된 셈이다.

---

1) Donald K. Swearer, *The Buddhist World of Southeast Asia*, (New York: State University of New York, 1995), 100-101.

1. 기독교 선교역사

　스리랑카의 기독교 역사는 대체로 식민지 역사와 함께 시작되었다. 1505년경에 포르투갈 사람들이 이 섬에 정착하면서 빈센트(Vincent) 선교사를 통하여 스리랑카 해안가에 로마 카톨릭이 전해졌다. 로마 카톨릭은 서쪽 해안을 중심으로 정착되었다. 1543년에는 프란시스칸(Franciscan) 선교사들이 13개 교회 내에서 3000명에게 세례를 주었다. 특히 로마 카토릭 선교사들은 콜롬보 해안가를 따라 어부들과 북쪽에 있는 자프나와 만나(Mannar)지역에 거주하는 타밀인들을 중심으로부터 많은 개종자를 얻었다. 초기에 예수회 선교사들은 비기독교인들로부터 많은 핍박을 받았다. 그러나 후에 기독교를 받아들인 사람들은 정부로부터 혜택도 얻었으며, 직업도 얻을 수 있었기 때문에 상류층의 여러 가족들이 개종을 했다. 대부분 카톨릭으로 개종한 사람들은 어부 계급인 카라바(Karava)였으며, 여전히 그들은 오늘날 카톨릭의 핵심을 이루고 있다.

　다음은 네덜란드 식민지 시대(1638-1795)이다. 1638년에 네덜란드 사람들이 스리랑카를 정복하면서 포르투갈 사람들을 추방한다. 네덜란드의 식민지 정부는 힌두교, 불교, 카토릭 신자들에게 개혁파 교회로 개종을 강요했다. 로마 카토릭도 엄청난 박해를 받았는데, 그것은 구라파에서 구교와 개신교의 갈등의 연장선상에서 이해해야 한다. 이러한 식으로 1722년에 화란개혁파 교회는 약 840,000명의 결신자를 얻게 되었다. 이것은 그 당시 스리랑카 전체 인구의 20%에 당하는 숫자였다. 성직자 뿐 아니라 결신자들에게는 동인도 회사에서 많은 이익을 주었다.

　그러나 네델란드 식민지 시대는 영국으로 인하여 무너진다. 1790년-1948년 까지는 스리랑카는 영국의 지배를 받게 된다. 같은 개신교 국가이지만 영국은 종교를 강요하지 않았다. 영국의 동인도 회사는 그들의 상업의 활성화를 위해 전도하는 것을 매우 반대했었다. 그럼에도 불구하고 1805년에는 2명의 선교사가 런던에서 콜롬보에 도착했다. 그리고 1812년에는 성공회를 시작하였고, 그리고 침례교 선교사 제임스 차터(James charter)가 파송되었다. 이는 스리랑카에서 열심히 30년간 사역하였으며 학교와 교회들을 세웠다. 1814년에는 감리교 선교사들이 스리랑카에 들어왔다. 이 중에 토마스 콕 선교사는(감리교 창시자 요한웨슬레 목사의 오른팔과 같았던 분) 70세에 은퇴한 후에 선교사로 자원하여 영국에서 스리랑카로 오는 도중에 배 안에서 노환과 질병으로 순교하고 말았다. 같이 오던 젊은 선교사 다섯명은 남쪽에 도착하여 전국 각지에 흩어져서 교회와 학교를 세워서 선교하였다. 아시아 최초의 감리교회가 스리랑카에 있을 만큼 오랜 역사를 가지고 있다.

영국 정부가 종교의 자유를 허락함으로써 네덜란드의 정부에 의해 개종했던 사람들은 1824년에 본래의 종교로 거의 돌아가게 된다. 이때의 교인 수는 카토릭이 72,394명, 화란개혁파 신자 95,580명, 감리교인은 240명, 영국 성공회 200명, 침례교인 100명 등이었다. 그러나 불행하게도 600,000명 이상이 힌두교와 불교와 이슬람으로 되돌아 갔다.

제2차 세계대전이 끝난 후 초기 25년 동안에는 많은 자생교단들과 선교부들이 생겨났다. 1949년 스웨덴 선교사에 의해 등대선교회가 들어오고, 1955년에 그들은 'Back to the Bible' 이 일을 시작하였다. 그러나 식민지가 끝나자 식민지를 따라 들어온 자국인 기독교인들과 많은 선교사들이 함께 본국으로 돌아가 버렸고, 아울러 영어를 사용하며 상류층의 생활을 하던 기독교인들도 해외로 떠나 버렸다. 이와 때를 같이 하여 반서구, 반기독교 운동이 일어나자 급격히 기

독교인의 숫자가 줄어들고 있다.[2)]
　인도와 마찬가지로 이 나라도 1960년대에 기독교의 모든 재산을 국유화하고 만다. 선교사들이 세운 학교들을 강제로 정부가 소유화하여 학교에는 십자가 대신에 불상이 들어섰다.

2. 스리랑카 기독교회 상황

　1980년대 이후 스리랑카 교회는 적대적 환경에서 소수의 공동체로 전락하고 말았다. 기독교는 인종전쟁 중에서도 불교 원리주의로부터 엄청난 박해를 받는다는 사실은 이미 언급하였다. 그럼에도 서서히 성장한다. 185만 인구 중 기독교 신자는 7.6%이지만 복음주의와 오순절이 성장하는 것 감사한다. 많은 Tamil족들이 힌두교에서 기독교로 개종하는 경향이 있다. Tamil족이 싱할리 불교도들로부터 당하는 차별과 박해로 개종한다고 본다. 스리랑카의 역사를 자랑하는 주류교단 교회는 1722년 22%에서 1990년 7%로 감소, 계속 감소하지만 복음주의는 꾸준히 성장한다. 주류교단 교회는 명목상 신자가 많으며 이교적 예배요소를 버리지 못하고 혼합주의, 대화신학으로 영적 생명이 결여되어 부흥과 전도가 열의가 없다. 기독교는 콜롬보와 자프나 지역에 집중되어 있으며 훈련받은 목회자와 신학자들은 많이 이민 가서 농촌 사역자가 너무 부족하다. 소수의 신학교는 적은 규모이지만 인종 갈등이 비교적 없이 영어 반, 싱할리어 반, 타밀어 반으로 나누어 수업하고 경건회는 같이 모이기도 한다고 한다. 그러나 커뮤니케이션이 과연 효과적인지 의문시 된다.

---

2) 기독교 선교역사 일부분은 naver. internet "스리랑카 기독교"를 참조하였음

기독교에 적대적인 환경에서도 카톨릭과 개신교가 사회사업에 많은 투자를 하고 있다. 그럼에도 불구하고 불교측에서는 이들 기독교 복지기관이 스리랑카의 전통문화의 침략자로 비난하고 괴롭힌다. 이러한 불교의 비난에 정부조차도 1990년도에는 NGO단체들을 조사를 하였다. 그래서 이러한 복지기관이나 사회사업 봉사도 대폭 축소되었다. 여기서 불교를 관용의 종교라고 말하는 것은 모순일 것이다.

스리랑카 개신교의 대표적 교단은 새일론교회이며, 웨슬러감리교회가 비교적 강하여 한국 감리교 선교사들이 같이 협력한다. 스리랑카 침례교회와 네델란드 개혁파 교회, 구세군, 남인도 교회도 있다. 그 외 많은 독립교회 혹은 초교파 교회들이 들어왔다. 그런데 최근 몇몇 오순절 교단이 들어와서 성장하지만 시골지역에서는 시끄럽다고 박해를 받는다. 오순절 교회 가운데 겟세마네 기도동산은 1979년에 시작되었는데, 많은 기도 센터를 운영한다. 이 오순절 운동을 비약적으로 발전, 머지않아 이 교회는 기존 개신교 교회의 모든 신자보다 더 많아 질것으로 예상한다. 그런데 이들은 주로 불교, 힌두교, 이슬람에서 개종한 자들이라고 한다. 그 외 활발한 선교단체는 YFC, Margaya Mission, Gospel Ministries. Lanka Village Movements 등이다. 36,000마을 중 교회 마을은 불과 1,200개로 말한다. 농촌 지역 사역자들은 주로 싱할리어나 타밀어로 예배를 드리지만 불교 승려에 비하여 교육 수준이 너무 떨어지고 가르칠 기독교 문서도 너무 빈약하다.

3. 스리랑카 기독교 신학

스리랑카는 복음주의와 자유주의 신학이 뚜렷하게 대립하는 신학이다. 자유주의는 인도와 동일하게 종교대화 신학을 발전, 타종교와 이론적 실제적 공존을 모색한다. 대화에 참여한 싱할리 신학자는 타밀 반군 지도자와 대화를 하지만 실제로 이 나라의 갈등의 불씨는 싱할 리가 싱할리 어를 국어로 함으로 타밀족을 차별화하는 것인데, 여기에 대하여 강력하게 싱할리 정부를 향하여 외치지 못한다. 종교대화는 추상적 이론적 차원에 머문다. 동시에 반서구 식민지에 초점을 두어 복음주의 신학과 선교에도 비판적이다.

스리랑카 신학은 처음부터 불교와의 조우에서 발전한다. 기독교가 불교를 박해한 역사도 있지만 식민지 시대는 대화를 가진다. 그러나 불교가 대화 논쟁에서 승리하였다고 자랑도 하였다. 감리교 신학자 Lynn de Silva는 조화를 시도한 첫 신학자로 본다. 불교 삼위일체와 기독교 삼위 조화시도, anicca(무상), anatta(무아), dukka(고)를 삼위와 연결시킨다. 특히 Aloysius Pieris 역시 스리랑카의 가토릭 신학자로 불교와 기독교 간의 대화를 모색하였다. 그는 특히 가난의 신학을 발전시킨다. 그에 의하면 가난은 이기심에 대한 승리이다. 예수님도 가난을 권장하였다. 예수의 영적 가난이 십자가로 발전한 것으로 해석한다. 자발적 가난은 해방의 씨이지만 강요된 가난은 죄악의 열매이다. 그는 아시아 종교와 해방신학의 조화를 모색하면서도 남미 해방신학은 거부한다. 그러나 그의 신학은 대단히 모호하다.[3]

이 나라의 대화신학자들은 인종갈등의 화해자로 자처하면서 타밀과 대화를 시도한다. 하지만 싱할리 불교도들이나 정치가들에게 타밀인들에게 양보하라는 말은 안 한다. 추상적 이론만 전개한다. 그러면서 불교를 평화의 종교로 인정하는데는 열심이지만 기독교의

---

[3] 그의 신학에 대하여는 *An Asian Theology of Liberation*을 참고할 것.

절대성은 말하지 않는다. 그들의 기독론 역시 죄인인 인간과 하나님과 화해를 언급하지 않은 체 종교간 대화 인종 간 대화와 화해를 강조한다. 에베소의 예수 안에서 하나라는 일치신학은 없다.[4)]

반면 소수의 복음주의 지도자들은 노골적으로 자유주의적 신학사상을 거부하고 전통적 복음주의 신학을 천명한다. 여기 대표적인 복음주의 지도자들로는 Ajith Fernando의 *The Supremacy of Christ*는 다원주의 신학을 완전히 거부하고 기독교의 절대성을 역설한다. 특히 Vinoth Ramachanddra는 학생선교회 대표로서 저서 *The Recovery of Mission*에서 인도와 스리랑카의 다원주의 신학자들을 신랄하게 비판한다. 그가 비판한 신학자는 Stanely Samartha, Aloysius Pieris와 Raimond Panikkar이다. 결론적으로 찬드라는 파니카 신학의 성령론은 헤겔 철학과 유사하고, 알로시우스는 해방신학의 영향을 받았고, 사마르다는 존 힉과 윌프리드 칸트웰의 다원주의 영향을 받았다고 신학적 족보를 예리하게 분석한다.[5)]

이들 스리랑카 복음주의자들은 다원화와 상대주의를 거부하는 것은 교회의 이기주의 때문이 아니라 성경 계시와 예수 그리스도의 절대성 때문이다. 예수 그리스도의 독특성과 구주이심을 고백하면서 대화를 해야만 진정한 주체성을 가진 대화가 될 것이다. 흑인이 백인이 될 때 주체성을 갖는 것이 아니라 참다운 흑인이 될 때 참 인간도 되는 것이며 주체성도 갖게 된다는 것이다. 아주 정확한 지적이다. 감리교 목회자 웨라싱가는 저서 [십자가와 보리수 나무]에서 불교와 기독교의 차이를 더 중시하고 로마 카톨릭의 잘못된 선교를 반복하지 말고 고난 중에서도 도리어 기쁨으로 복음을 전할 것을 외

---

4) Reshal Serasingha, "Buddhist and Christian views on the Anti-Conversion Bill in Sri Lanka," *DIALOGUE* 35-37(2005-2006).
5) *The Recover of Mission*, 116-17.

친다. 그는 불교도 네델란드와 영국의 박해속에서 도리어 부흥하였다는 스리랑카의 역사를 실례로 든다. 그는 철저히 대화신학을 거부한다. 그의 교회는 지금도 부흥하고 성장하는 것은 성경적 복음주의만이 하나님의 교회를 살린다는 것을 입증하고 있다.

그러나 불행하게도 웨라싱거의 저서는 스리랑카에서는 금지된 책이다. 불교는 관용의 종교라고 말하는데, 과연 스리랑카의 불교를 보면서 불교를 관용의 종교라고 할 수 있을까?

제15장

빈곤 국가 방글라데시

서론

방글라데시는 과거 인도였으나 힌두교와 이슬람 간의 심각한 종교 분쟁으로 영국이 물러가면서 인도에서 분리시킴으로 탄생된 나라이다. 71년도까지는 파키스탄에 속하였으나 9개월 간의 독립전쟁 끝에 독립하였다. 인종구성은 초기에는 오스트로 아시안이 정착하였고, 후에 드라비디안, 아리안, 몽골인들이 들어왔다. 방글라데시 주 인종은 벵갈족이다. 영어로는 벵골로 말하기도 한다. 따라서 인종적으로 인도 동부 캘커타와 많은 점에서 유사하다. 방글라데시는 약1억1천3백만의 인구가 68,000개 마을에 산다. 무주택자가 많아서 인구 조사도 동네마다 공무원들이 체크하여 '머리수'로 통계를 내었다고 한다. 그러나 자연 재난이 많은 나라이며 정치가 안정되지 않은 가난한 나라이다. 현대 선교의 아버지로 불리우는 윌리암 케리는 인도에서 선교한 것으로 말하는데, 그 인도란 방글라데시이다. 1988년 이슬람은 국가 종교로 채택되어 기독교는 수난을 당하는 나라이다. 그래서 기독교 인구가 0.5%에 불과하다.

1. 기독교 선교역사

　방글라데시의 선교 역사는 독립 전에는 인도 기독교의 범주에서 연구되어야 한다. 독립 이전으로 거슬러 올라가 연구하는 것이 일반적이 관례이다. 따라서 선교 역사는 대체로 4시기로 나누는 것이 편리할 것 같다. 첫째는 포르투갈의 식민지로 시작되는 식민지 시대의 선교이고, 둘째 시기는 동파키스탄 시절의 선교이고, 셋째 1972년 파키스탄으로부터 독립 이후의 선교시대이며, 넷째는 1982년 방글라데시를 이슬람 공화국으로 선포한 이후부터 현재까지이다.

　먼저 방글라데시 선교 역사는 서구의 식민지 정책과 함께 하는데서 이 나라 교회의 앞날을 어둡게 하고 말았다. 방글라데시 기독교 선교는 인도에 진출한 포르투갈의 상선으로부터 시작된다. 포르투갈이 인도에 진주하면서 자연 뱅갈지역도 개척, 1517년에 치타공에 교두보를 확보한다. 그러나 방글라데시에 천주교 선교사가 언제 들어왔는지는 정확한 기록이 없어 연대에 약간의 차이가 있다. 동인도 회사는 선교를 환영하지 않았다. 그러나 동인도 회사의 포르투갈인들은 천주교 선교를 지원하였기 때문에 선교가 비교적 용이하였다. 그리하여 상업을 따라서 들어온 선교사들은 먼저 포르투갈인들을 천주교 선교를 지원하였기 때문에 선교가 비교적 용이하였다. 그리하여 상업을 따라서 들어온 선교사들은 먼저 포르투갈인들을 상대로 교회를 설립하였다. 천주교 선교를 시작한 선교회는 예수회이고 다음 그 뒤를 이어서 어거스틴 수도회, 도미니쿠스 수도회의 선교사들이 교회를 설립하였다. 그런데 이들 천주교 선교사들은 1666년까지만 해도 주로 포르투갈 영의 지역에서 활동을 집중하였기 때문에 방글라데시 전역으로 복음이 확대되지 못하였다. 이들이 방글라데시에서 교회를 처음으로 설립한 것은 1600년인데, 처음부터 많은 개종자를 얻었다고 한다. 그리고 포르투갈인들은 뱅갈 여자들과 결혼하여 자녀를 낳으면 자연 천주교 신자가 되는데, 현재도 방글라데시 천주교에는 이들 혼혈인들이 아직 많다고 한다. 천주교 선교는 초기에는 이 지역의 왕의 보호를 받았다. 그러나 곧 도전을 받게 되는데, 그것은 아라칸 지방에서 포르투갈 상인들이 원주민들과 충돌함으로 왕은 천주교 선교를 박해하였다. 그러나 지역에서 도미니쿠스 선교회와 어거스틴 선교회가 적극적으로 선교를 하여 1666년에는 뱅갈 지역에 신자가 무려 3만 3천여 명이 되어 있다. 그러나 불행하게도 선교회간의 갈등과 불화로 많은 원주민 개종자들이 다시 옛종교로 돌아가는 불행한 일이 발생하였다. 그런데 개종자들은 대부분 힌두교의 하층 카스트 출신이 주류를 이루었다. 천주교 선교는 18세기 뱅갈지역이 영국의 식민지로 바꾸어지면서 한때 중단되나, 영국의 천주교회가 적극 개입, 교회와 선교를 계승하였다.[1]

근대 선교의 조부라 할 수 있는 윌리암 케리는 인도의 세람폴 대학을 세운 것으로 유명하지만 실은 세람폴은 선교 기지 노릇을 하였고 케리는 방글라데시에서 선교를 시작하였고 뱅갈어로 성경을 번역하였다. 그리하여 현재의 방글라데시에서 제일 큰 교회도 케리 소속의 침례교 선교부(Baptist Missionary Society)가 세운 방글라데시 침례교 연합교회 (Baptist Union of Bangladesh)이다. 케리가 방글라데시에 선교를 시작한 것은 다나즈부르 (Dinajpur) 근처에서 인디고라는 일종의 물감 식물을 재배하는 포르투갈 상인을 만나 방글라데시 이야기를 들으면서부터이다. 그는 그 지역을 방문하고 1794년 다른 선교사와 함께 선교 활동을 시작하였는데, 그의 어학 실력이 여

---

1) Simon Sicar, "The Church in Bangladesh," in *The Church in Asia Today*를 참조할 것.

의치 못하여 천주교 신자로서 포르투갈 상인인 페르디난즈가 열심히 복음을 전하여 교회까지 설립한다. 그러나 신자 구성원들은 포르투갈 사람들과 영어권의 사람들이 주를 이루고 큰 성공을 거두지 못한다. 케리와 동행들은 포르투갈 관원들이나 동인도회사가 선교사를 거부하여 1799년 결국 이 지역을 떠나 다시 세람폴로 돌아간다. 침례교 선교부는 선교가 어려운 중에도 제소레, 치타공, 다카, 바리살 등으로 선교를 확대하여 나아간다. 그러나 선교 초기 침례교의 선교는 큰 성공을 거두지 못하였다.

그 이유에 대하여 방글라데시 지도자 소디는 두 가지 이유를 드는데, 흔히들 지적하는 문제이다. 첫째 이유는 선교사들이나 서양 전도자들이 선교와 돈을 결합시켰다는 것이다. 즉 개종자들은 가난한데, 개종함으로 직장을 얻지 못한다. 결국 선교사들의 주선을 통하여 이들은 서양인 회사에 고용된다. 여기서 개종자들은 기독교 신앙으로 인하여 경제적 이득을 보는데, 그러나 경제적 실리가 사라지면 기독교 신앙을 떠나서 옛 신앙으로 돌아간다. 두 번째 이유는 식민지와 선교가 함께 하여 사람들이 선교사를 회피한다는 것이다. 그 실례로 방글라데시에서는 선교사가 세우고 돌보는 교회는 성장하지 아니하고 원주민이 세우고 돌보는 교회는 성장하였다.[2]

침례교 선교부는 그 이후 무려 180년 동안 이 나라에서 선교를 하여 교회개척에 크게 기여하였다. 따라서 현재도 방글라데시 교회는 침례교회가 주류를 이룬다. 케리를 이어서 19세기에는 영국의 'Church Missionary Society'를 위시한 많은 영국의 선교회들과 미국과 여러 서구 교회가 들어왔다.

---

2) Gordon Soddy, *Baptists in Bangladesh* (Dhaka :Madhuban Printers, 1978). 93-195.

식민지 시대의 개신교 선교 역시 회교와 힌두교 사회인지라 자연히 힌두교의 하층민들이나 부족민들이 중심이 되었다. 따라서 개인의 회심이라기 보다는 소규모 단위의 집단 개종의 성격을 띠었다. 인도에서는 처음부터 부족 단위로 대단위의 집단 개종이 일어났으나 방글라데시에서는 가족이나 부락 단위의 비교적 소규모의 집단 개종이었다. 이때는 서구 세력의 영향으로 천민들이나 소수 부족들이 개종하였지만 사회적으로 멸시를 받지 않은 것은 식민지 정부가 백성들의 우민화 정책을 취하여 대부분의 사람들이 교육수준이나 문화 수준이 낮아지게 되었다. 그러나 기독교 신자들은 사회복지나 교육 및 문화 수준이 높았기 때문에 그로 인하여 대우를 받았다. 지금도 방글라데시에서 글을 읽을 줄 아는 자는 25%에 불과하나 기독교 신자들은 무려 80%에 달한다. 또한 방글라데시에서 교회는 주로 마을에서 성장하고 도시에서는 성공하지 못한다.

방글라데시의 선교는 식민지 시대가 끝나자 자연 어려움에 처하게 된다. 인도로부터 독립된 이후 서파키스탄의 지배를 받자 강성 이슬람 국가인 파키스탄은 방글라데시의 기독교를 환영하지 않음으로 수난을 당한다. 그리하여 기독교회는 몸을 도사리고 새로운 환경에 적응하기 위하여 조심스런 탐색을 한다. 하지만 1971년 방글라데시가 파키스탄으로부터 독립한 이후 한때 교회는 활기를 찾아 비교적 발전하였다. 그러나 자유는 오래가지 않았다. 1980년대에 들어가면서 전세계적으로 이슬람 국가들이 이슬람 강화 정책을 전개하자 방글라데시도 이에 보조를 맞추기 시작하였다. 이의 일환으로 기독교 선교사의 비자를 제한하고 금요일과 토요일은 휴일로 하고 대신 일요일은 평일로 하여 교회에 간접적으로 압력을 가하기 시작했다. 선교사들에게는 보사부에 등록하게 하고, 보고하도록 하여 통제를 가한다. 1988년에는 국제 이슬람 세력과 유대를 강화하는 조처로 회교를 방글라데시의 국교로 하였다. 이로 인하여 외국인이 직접 선교하는 것은 거의 불가능한 상황이 되어 외국 선교회들은 구호와 봉사 선교로 전향하였다. 그러나 현재 이것마저도 회교도들의 감시가 심하여 주는 것도 신중해야 할 상황이다.

2. 방글라데시 교회

방글라데시 교회의 특성을 말하면 단순하게 뱅갈인들로 구성되지 않는 다양한 인종교회로 구분해야 한다. 선교가 계급사회를 폐지하려고 시도하면 결국 문화를 파괴하는 결과가 된다. 따라서 방글라데시 교회는 인종 교회로 분리하는 것이 공통된 특징이다. 피터 맥니는 방글라데시 교회를 맥가브란의 영향으로 인종과 언어에 따라 다음과 같이 분류한다.

첫째는 다인종 영어권 교회이다. 이 교회는 다양한 인종적 배경을 가지고 있지만 영어를 사용하는데서 공통점을 찾을 수 있다. 이 교회는 어느 특정 인종과 동화되지 않기 때문에 전도면에서 성장 가능서이 대단히 낮다.

둘째는 다인종 뱅갈어 교회이다. 이 역시 다인종으로 구성되지만 뱅갈어를 사용한다. 이들은 다양한 인종과 계급의 사람들로 구성되어 있지만 주로 선교사들이 경영하는 학교나 기독교 기관에서 교육을 받거나 일하여 하나로 묶여진 교회이다. 비교적 신앙으로 혼합을 이룬 교회이다. 이 교회들은 주로 도시에 집중되며 사람들이 비교적 사회적으로 신분 상승을 하였기 때문에 자기출신의 사람들과는 이질감을 느낄 정도로 소외된다. 그래서 이 교회를 모여든 식민지 교회(gathered colony church)로 표현한다. 다라서 이 교회 역시 성장은 둔하다고 보아야 할 것이다.

셋째는 다인종적 부족교회이다. 이 교회는 표현 그대로 여러 부족의 사람들이 한 언어를 공통으로 하여 함께 모여든 교회이다. 교단이나 조직이 다인종적이지만 일반적으로 교단 본부나 선교부의 집행부 사람들은 주로 뱅갈인들이 차지하는 문제점을 가진다.

넷째는 단일 인종 뱅갈리교회이다. 이 교회는 인종면에서 뱅갈인 중심의 교회로서 나마수드라 계급의 사람들이 주류를 이룬다. 이들은 방글라데시 사회에서 하층계급이기 때문에 집단개종을 통하여 기독교 신자가 되었다.

다섯째는 단일 부족 중심의 교회이다. 이것은 한 부족 중심으로 교회를 구성하는 것으로 대표적인 것이 가로침례교단이다. 방글라데시의 많은 교회들은 선교부가 다른데도 원인이 있지만 부족과 인종의 차이로 인하여 교단이 많이 생겼다고 볼 수 있다. 맥니는 맥가브란 교수의 동질 집단 원리를 적용하여 단일 인종의 교회가 성장한다는 것을 강조한다.[3]

이상은 인종적 분류지만 신학적으로는 다른 나라의 교회와 같이 진보적 교회와 복음주의 교회로 분리되어 있다. 다만 우리 나라의 교회와는 달리 과거에 일부 교회들이 신앙고백과 교리 전통이 다를지라도 통합한 교회가 있는데, 물론 NCC계의 교회들이다. 지금도 주요 교단에 지도자들이 부족한데, 그 원인은 파키스탄의 독립전쟁 당시 많은 지도자들이 살해되었기 때문이다.

방글라데시의 로마 천주교회는 개신교와는 다른 구성 요소를 가지고 있는 것이 특징이다. 첫째는 포르투갈인 초기 개종자들의 후예

---

3) Peter McNee, *Crucial Issues in Bangladesh* (South Pasadena : William Carey Library, 1976), pp. 26-37

들이고, 둘째는 힌두교 하층민 신자들, 셋째는 부족한 신자들, 넷째는 영국화된 천주교 신자들, 다섯째는 회교에서 개종한 천주교 신자들이다.

좀 유감스러운 사실은 한국교회가 경제적으로 지원하여 세워진 일부 교회는 지도자들이 경제 문제와 다른 이해관계로 분열하고 말았다. 한국 선교의 방향을 재고하도록 하는 중요한 대목이다.

신학적으로 방글라데시 기독교회 역시 인도와 동일하게 토착화, 상황화는 많은 문제를 일으킨다고 침례교 지도자 사이카는 우려한다. 상황화, 토착화라는 명목으로 힌두교나 이슬람 용어를 분별없이 차용함으로 많은 신학적 혼선을 일으킨다는 것이다. 즉 기독교를 상대화하는 위험이 있다는 것이다.

이 나라 기독교회가 당면한 주요 이슈는 고난 중에서 어떻게 복음을 전하느냐 하는 것이다. 너무 고난과 박해가 심하여 번영의 신학 혹은 성공의 신학은 어림도 없다는 것이다.[4]

유감스러운 것은 방글라데시 기독교는 신학을 크게 발전시키지 못하고 있다.

---

4) Simon Sicar, 358-59

제16장
부드러운 이슬람 국가 인도네시아

서론

600개 언어에 6천 개 섬으로 구성된 인도네시아는 그야말로 인종과 언어가 다양한 나라이다. 그리고 인도네시아는 이슬람 국가로서 무슬림 인구가 가장 많은 나라이다. 그러나 부드러운 이슬람 국가이지만 이슬람 원리주의자들이 기독교를 괴롭히는 나라이다. 특히 중국인들이 경제적 힘이 많음에도 불구하고 과거 네델란드 식민지 시대 때에 득을 많이 보았다는 것으로 보복을 당하는 나라이다. 세속적 이슬람으로 경제와 정치도 비교적으로 발전하는 나라이다. 그러나 북부 수마트라의 강성 이슬람 종족인 아체는 항상 인도네시아를 이슬람 공화국으로 하지 않는다고 테러로 인도네시아 정부를 괴롭혔다. 그런데 그 아체가 쓰나미로 침묵하고 있다. 흥미로운 사실은 영어로 Aceh는 Arabic, Chinese, European, India(Hindia)의 약자를 딴 것이다. 인종혼합인데도 강성 이슬람 지역이었다.[1] 외부인 출입

---

1) 아체에 대하여는 Clive J. Christie, *A Modern History of South East Asia: Decolonization, Nationalism and Separatism* (Singapore: Institute of South East Asia, 1996), 140-99를 참조할 것.

이 사실상 금지되었던 닫혔던 아체에 도리어 기독교인 NGO들이 들어가서 봉사하고 있다. 인도네시아는 인종과 언어의 다양성으로 인한 갈등이 많음에도 불구하고 '바하사 인도네시아'로 언어 소통을 잘 이룬 나라이다.

특히 인도네시아의 국가 이념인 판차실라는 사실상 이슬람이 중심에 있다. 판차실라(Pancasila:5원칙)는 1) 한 신을 믿을 자유 2) 정의와 교양 있는 인간성 3) 국가통일 4) 민주주의 5) 사회정의이다. 그러나 이념은 그럴듯 하지만 그대로 다 잘 실현되는 것은 아니다. 32년간 인도네시아를 통치한 수하르토가 1998년 물러나자 이 나라는 지도자 공백의 위기와 한국과 동시에 IMF를 위기를 맞고 말았다. 그러나 한국과 달리 자체 모든 자원을 가졌음에도 불구하고 부정부패와 사회 시스템의 미비로 많은 어려움을 겪었다.

세속적 이슬람 국가로 헌법은 종교의 자유를 허용하지만 기독교는 특별히 많은 제재를 당하는 나라이다. 교회들은 간판을 사람들이 보이는데 걸기 어렵고 교회당 건축이나 개축도, 물론 개척교회 설립도 종교성의 허가를 얻어야 한다. 인도네시아 기독교는 이슬람 나라라는 불리한 여건에서도 계속 성장하지만 항상 인구 10%만이 기독교라고 발표한다.

1. 인도네시아 기독교 선교

인도네시아의 기독교 선교는 서구 식민주의와 함께 한다. 전형적으로 대포와 상인들을 따라 선교가 수행되엇다. 인도네시아와 말레이시아의 기독교 선교는 정확하게 표현하면 향료와 선교가 함께 한 셈이다. 인도네시아를 지배하는 식민지 세력이 누구냐에 따라 선교지의 선교사가 바뀌어졌다. 처음에는 포르투갈, 다음 스페인, 화란이 해상권을 장악하면서 스페인으로부터 인도네시아를 인수한다. 아시아 어느 나라에서 칼빈주의 교회가 제일 강한 선교지이면서도 실상 칼빈주의 정신을 찾아보기 어려운 나라이다. 인도네시아 선교는 다른 나라의 선교에 못지않게 비싼 대가를 지불하였다. 회교의 저항으로 인하여 많은 선교사들이 어려움을 당하였고 교회도 역시 어려운 중에서 성장하였다. 그 수난은 지금도 부분적으로 계속된다. 따라서 인도네시아에서도 기독교 선교는 회교나 힌두교나 불교가 강한 지역보다는 애니미즘이 강한 바탁이나 티모르 등지에서 일어났다.

1) 카톨릭 선교

아라비아어로 된 문헌에 의하여 인도네시아에는 이슬람이 들어오기 이전 이미 645년경에 북수마트라섬의 항구인 파로스에 네스토리안 교회가 있었다고 한다. 신자들은 무역에 종사하는 외국인일 것으로 추측한다. 15세기 말 교황청으로부터 전세계의 '복음화 의무'를 부여받은 스페인과 포르투갈은 말레이시아와 인도네시아에 진출한다. "영혼과 향료가 있는 고아, 말라카, 물루카섬을 향하는 포르투갈 상선에는 큰 십자가가 나부끼었다. 이리하여 1522년 물루카의 트르나테에서 세례요한의 탄생일을 기념하면서 성바울 성벽의 정초식을 거행하였다. 그러나 첫 로마 천주교회의 선교사가 인도네시아에 들어 온 것은 1512년 몰루카섬의 트르나테(Ternate)이다. 따라서 정초미사가 행해진 것은 십년 후인 셈이다. 이후 1534년 프란시스코 수도회 선교사들이 북할마헤레의 모로에서 한 부족의 추장과 그 일족들에게 세례를 베풀었다. 그러나 포르투갈의 무거운 세금징수에 항의한 주민들은 천주교회를 포기하고 선교사를 죽였다. 이 일이 일어난 것은 1536년이다. 다음 자바 섬에도 국왕의 요청에 의하여 선교사를 파송하였으나 회교의 저항에 의하여 1584년 폐쇄되었다. 그런데 당시 포르투갈 국왕은 스페인계의 프란시스코 수도회 선교사들의 선교를 못마땅하게 생각하여 예수회 선교사들을 이 지역에 보내는데 바로 그 선교사가 유명한 프란시스 사비엘이다. 사비엘은 인도에서 선교활동을 한 후에 암본섬에 도착하여 9개월간의 사역 끝에 교회를 설립하였다. 여기서 암본섬은 지금도 기독교 영향력이 강한 지역중의 하나가 되었다. 그런데 이상한 것은 일부 학자들은 암본섬에 천주교회가 들어오기 전에 이미 개신교회당이 7개나 있었다고 주장한다. 그가 어떻게 세워졌는지는 알려지지 않는다. 다음 1561년 도미니쿠스 수도회의 선교사들이 티모르 섬을 중심으로 하는 동부 인도네시아에서 전도하여 많은 신자를 얻었다. 천주교 선교는 선교의 계획성과 질서가 없었고 또한 집단개종을 통한 개종자들에 대한 사후조처도 약하였다. 결국 명목상 신자를 만든 것에 불과하다. 이것도 16세기에 인도네시아가 화란의 동인도회사로 넘어가면서 선교지를 개신교 선교에 빼앗김으로 소강상태에 들어간다. 그러다가 19세기에 들어와서 다시 선교가 재개되어 인도네시아 전역으로 천주교회 설립이 확대된다. 그런데 16세기 천주교 선교의 문제점으로 지적할 것은 원주민들의 개종동기가 순수하게 신앙적이라기 보다는 이웃종족의 침략에 대한 보호의 수단으로 추장을 중심으로 집단 개종하는 경우가 많았다. 따라서 포르투갈의 세력이 약화되면 천주교회의 힘도 따라서 약하여졌다. 인도네시아에서 천주교회는 19세기 선교의 자유를 얻어 체계적으로 선교를 하여 1923년에는 275,000명의 신자로 (이중 64,000명은 구리파인 이다.) 1971년에는 250만명으로 성장하였고 현재는 전국에 7,730교회에 약 560명의 신자가 있다. 교회조직은 7관구에 31교구가 있다.

2. 개신교 선교역사

인도네시아에서 개신교의 역사는 네덜란드 침략과 동인도 회사의 설립으로 시작된다. 1648년 스페인과의 전쟁에서 이긴 네덜란드는 동인도회사와 손을 잡고 스페인과 포르투갈을 인도네시아에서 추방하는데 성공한다. 화란정부는 기독교 국가이면서도 목사들이나 선교사들이 자바의 회교도 원주민을 선교하는 것을 허락하지 않고 샤머니즘적인 암본이나 술라웨시 등의 섬에서 선교할 것을 종용하였다. 이리하여 선교사들은 1708년에서 1771년까지 약 4만 3천명의 세례자를 얻었는데, 암본에서 27,000명, 미나하사와 산기룽서 12,000명이다. 이것은 선교가 특정지역에 국한되었음을 의미한다. 여기서 기독교 국가인 네덜란드 정부가 운영하는 동인도회사가 선교활동을 오히려 제약하는 인상을 주었고 실제로 열심을 내지 않았다고 보아야 할 것이다. 그 이유는 동인도회사의 핵심구성원들의 신앙관에 기인한다. 당시 네덜란드의 집권세력은 전기 상업 자본가층과 자유파 사람들이 주도권을 잡고 반면 산업자본가층과 칼빈파는 주도권을 상실하였다. 동인도회사는 물질을 하고 인도네시아인들의 영혼구원에는 관심이 없는 자유파 17인이 장악하였다. 이들은 1656년에 개혁파교회가 제출한 인도네시아 선교활동에 대한 제안을 거절하였다. 이들은 자칫 잘못하면 무슬림에게 복음을 전하다가 동인도 세 수입의 주요원천인 아름답고 부유한 자바섬을 놓칠 위험이 있다고 생각하여 자바섬에서의 선교를 자제하였다.[2]

인도네시아에서 선교가 본격화되는 것은 19세기 후반 구라파에서 일어난 부흥운동과 선교운동의 결과이다. 인도네시아는 화란의

---

2) 스티븐 니일, 「기독교 선교사」, 382.

식민지이기 때문에 이 나라 선교에 적극적으로 참여한 것은 역시 화란 선교회이다. 영국이나 미국에서와 마찬가지로 화란에서도 부흥운동으로 새로운 선교회들이 결성된다. "따라서 모든 선교회들은 하나님께서 인도네시아를 그리스도인의 책임으로 화란에게 부과하셨다는 거의 신비적인 인식을 가지고 이 섬 나라의 사업에 임하였다."[3] 그러나 초기에는 화란의 선교회가 목사 선교사를 적극 파송하는 것이 아니라 독일인이나 화란의 평신도들이 개인적으로 선교를 하였다. 자바섬에서 첫 선교는 독일의 경건주의자인 조하네스 엠데로 그는 시계 제조공으로 수라바야에 정착, 전도하였다. 그는 자바여인과 결혼하여 조심스럽게 원주민들에게 접근, 부분적으로 번역된 자바어 성경을 보급하였다. 그리하여 그가 교회를 개척하지만 철저히 서구적 모델이었다. 그 다음으로 공무원 출신인 라우렌스 쿨렌이 엠데와 전혀 다른 방식, 자바섬의 OOO화를 존중하는 토착적인 선교방법으로 교회를 설립한다. 이들 다음에 자바에 온 목사 선교사인 젤레마스는 양자의 방법을 절충하여 동자바에 교회를 설립하였다. 스티븐 니일은 자바섬의 교회의 개종과 영적 생명을 높이 찬양한다.

동 자바 교회는 높은 독립정신을 계속 표명하면서 평신도들의 자발적인 노력으로 세력을 확장해 나갔다. 세계 어느 곳에서도 이곳만큼 무슬림 교도들을 기독교 신앙으로 인도한 곳은 없다. 인도네시아의 이슬람은 인도네시아의 전통에서 온 여러 가지 정령론적인 요소들을 간직하고 있었으며 다른 지역의 이슬람처럼 교조주의적 격렬성이 덜했다. 그럼에도 불구하고 개종을 한다는 일은 역시 예사로운 일이 아니었으며 발전도상의 이 교회가 활기찬 내적 생활과 희생

---

3) 니일, 「기독교 선교사」, 459

정신을 발휘하지 않았던들 전혀 불가능한 일이었다.[4] 그런데 자바섬의 선교는 주로 농민 사이에 일어났으며 신자들의 구성은 대부분의 하층 농민계급이었다. 자바섬의 주민들은 단결심이 아주 강하였으므로 화란에 대해 강하게 반대를 하였기 때문에 자연선교는 쉽지 않았다. 자바인을 중심으로 한 인도네시아인의 독립의식은 선교사업 수행에 큰 저해요소가 되었다. 동시에 네덜란드의 동인도 회사는 선교사들이 원주민들에게 너무나 유순히 대한다고 못마땅하게 여겼다. 이러한 어려움 가운데서도 자바섬 기독교는 서서히 성장하였다. 20세기에 와서 자바섬 기독교의 토착화에 기여한 사람은 유명한 선교학자인 헨드릭 크레머이다. 그는 인도네시아에서 오랫동안 선교활동을 하였는데, 당시 네덜란드 목사만이 성례와 세례를 거행하는 것을 과감하게 원주민에게도 이양함으로 토착교회 설립과 성장에 기여하였다.

인도네시아에서 기독교가 강한 곳은 암본섬인데, 개신교 선교사로서 암본에서 처음으로 선교를 한 자는 캄(Joseph Kam :1769-1833)이다. 그는 스위스계의 사람으로 부모가 화란으로 이주하였는데, 화란에서 모라비안 경건파에 영향을 받고 1808년 네덜란드 선교회에 가입하여 암본선교를 위임받았다. 그러나 그는 동부 자바섬에 6개월 머물면서 기존 신자들을 잘 훈련시켜 소위 '수라바야 경건파'를 만들었다. 이들은 동자바 선교에 지대한 공헌을 하였다. 그후 캄은 암본에 도착하였는데, 암본에서 그는 이미 약 2만 명의 신자를 만났는데, 그들은 실상 로마 천주교, 애니미즘, 개신교 신앙의 혼합적인 신앙이었다. 그는 주변의 많은 섬들을 대상으로 활발한 선교를 하였거니와 인도네시아 교회의 부흥에 기여하였다.

---

4) 니일, 「기독교 선교사」, 383-84

다음으로 인도네시아에서 화란사람으로 독일식 선교를 한 대표적인 선교사는 크라이트박사 (Albert C. Kruyt)와 화란성서공회의 아드리아니박사(N. Adriani)이다. 그들은 중앙술라웨시의 포소지방에서 선교를 하였는데, 이들의 선교는 철저히 애니미즘의 사람들에게 회교도가 선교하기 전에 전도할 것과 전도는 그들의 용어로 할 것을 제창하였고 개인전도 이전에 사회전체를 기독교화하는 것을 실천하였다. 이것을 위하여 부족이나 사회에서 상층계급의 사람이 개종하기 전에는 개인적으로 세례를 주지 않았다. 이리하여 1909년 성탄절에 이 지역에서 마침내 한 부족의 180명의 사람들에게 집단개종을 실시하였다. 이리하여 이 섬은 급격하게 교회가 성장하였다.

인도네시아 선교에서 가장 극적인 선교는 역시 북부 수마트라섬의 식인종인 바탁 족을 상대로 교회를 설립한 독일 레니쉬 선교부의 놈멘젠(Ludwig Ingwer Nommensen, 1834-1918)이다. 바탁족은 한국인들처럼 감정적이고 공격적이고 학문적이면서 정력적이어서 선교 이전에는 식인종이었다. 이 부족은 아름다운 토바호수를 중심으로 수마트라 북부에 위치하여 무슬림이 선교하지 못하였거니와 네덜란드의 통치도 그들의 가파른 산악에는 미치지 못하였다. 이렇게 외부로부터 고립되어 사람을 잡아먹고 부족간의 피비린내 나는 전쟁으로 끝없는 원시적인 생활을 살고 있었다. 지금 이 부족의 사람들은 식인의 풍속은 없어졌지만 우리나라처럼 개고기를 먹으며, 이외에도 고양이, 뱀탕, 심지어 원숭이 고기까지 먹는다. 이 무서운 사람들에게 처음으로 선교를 시도한 사람은 해외선교회 선교사인 먼손(Samuell Munson)과 리만(Henry Lyman)이다. 그들은 이들의 밥이 된 것은 말할 나위도 없다. 이 사나운 부족들은 이 두 선교사를 죽인 다음 종교적 잔치를 벌이었다.

이러한 부족들에게 선교를 위하여 '바탁의 사도' 라 불리는 놈멘젠은 용감하게 토바호수에 접근하여 아름다운 전경에 감탄하면서 그의 희망사항을 다음과 같이 기록하였는데, 이것은 그의 실현된 셈이다.

> 호숫가의 그대 땅에서 나는 어디서 부터로 들려오는 종소리들을 듣노라. 그대의 교회와 그대의 학교로 떼지어 몰려오는 그대의 주민들을 보노라. 지금은 단지 개간되지 않은 언덕들만이 서 있는 곳에 아름다운 정원과 우거진 수풀과 헤아릴 수 없이 많은 잘 정돈된 그리스도인들의 마을들을 보노라. 나는 바타크족의 교사들과 목사들이 강단과 교단에 서서 가르치고 설교하는 모습을 보노라. 태양은 바타크랜드(Batakland) 위로 솟아올랐다. 누가 이 태양이 더욱 높이 솟아 토바(Toba) 호수의 해안들 위에까지 그 빛을 비추지 못하게 막을 것인가?[5]

이 무서운 부족들에게 놈멘젠의 선교는 생명을 건 도박이었다. 그는 위기를 잘 모면하고 복음을 전하였다. 그러나 이 부족들에게 개인전도는 어렵다는 것을 알았다. 이들은 개인생활은 전혀 불가능하였다. 그리하여 그는 추장을 설득하여 전도함으로 집단개종에 성공하였다. 주민들은 추장들의 지시를 따라 다 기독교로 개종하여 교회는 급성장하였다.

니일은 바탁교회가 성장하는데는 4가지 유리한 여건이 있었다고 지적한다. 첫째는 단일언어와 전 지역이 유사한 습관과 풍속을 가지고 있다.

둘째는 한 선교부가 선교를 독점하였다.

셋째는 식민지 정부가 지역의 학교건립에 적극 협조하였다.

---

5) 니일, 461.

넷째는 신속하게 성경이 번역된 것이다. 놈멘젠이 바탁교회가 토착화되도록 한 것은 좋은 정책이라고 생각한다. 그러나 장로들에게 교회의 모든 의식이나 행정권을 맡김으로 이들은 자동적으로 교회에서도 신앙에 상관없이 장로가 되었다. 이러한 영향의 결과인지는 몰라도 바탁교회는 아버지가 가정에서 행하는 축복기도가 목사의 축복보다 더 인정을 받게 하는 전통을 남겼다.

인도네시아는 일반적으로 화란과 독일선교가 다 차지한 인상을 주지만 실은 미국이나 영국의 선교도 무시하지 못한다. 미국선교부로 CMA(Christian and Missionary Alliance)는 이 나라에 영향력을 가진다. 중국에서 일한 이 선교부의 제프리 (Robert Jaffray)는 1929년 이 나라에 와서 먼저 중국인만을 상대로 선교한다는 조건으로 선교를 허락받았다.

그런데 CMA는 당시 선교가 대단히 어려운 힌두교의 발리섬에서 선교를 시작하여 큰 성과를 거두었다. 여기서 주목할 사실은 앵글로색슨의 미국선교는 집단개종이 아니라 개인전도 위주로 하면서 화란이나 독일선교를 은근히 내적으로 중생하지 못한 신자를 다량생산하였다. 여기서 후일 선교사들은 독일 및 화란식의 집단주의 선교를 할 것이냐 미국식의 개인전도 방법을 택할 것이냐의 어려운 결정이 따른다. 현재 인도네시아 교회는 사실상 미국선교부에 더 의존함은 물론 그 영향력이 많다는데서 미국선교가 더 바람직하다는 것이 현실로 나타난 셈이다. 여기서 다른 앵글로색슨의 선교는 생략한다. 인도네시아에서 기독교회가 급성장하는 지역은 아마도 가장 원시적인 동네로 알려진 이리얀 자야일 것이다. 이 지역은 그야말로 석기시대의 원시사회라 할만큼 문명에서 소외되었지만 앵글로색슨의 선교로 주민의 83%가 기독교이다. 이것은 역시 애니미즘의 사회가 전도가 잘된다는 표본이다.

이 나라에서 기독교회는 1965년 공산폭동으로 중대한 전기를 맞이한다. 그러나 온 나라가 공산혁명의 소용돌이에 휘말리는 어려움 속에서 오히려 교회는 부흥운동을 체험하여 교회가 급속하게 성장한다.

3. 인도네시아 개신교회의 상황

먼저 인도네시아 개신교회의 두드러진 특징을 든다면 교단교회가 발전한 한국교회와는 달리 교회들이 대부분 지역 여건상 인종이나 지역중심으로 발전하였다는 점이다. 이 나라에서 제일 큰 교회는 바탁교회이며, 그 외에 지역교회로서 큰 것은 물루칸 개신교회로 800 교회에 신자 50만 명이 넘으며, 이리얀 자야 복음교회도 큰 교단이다. 그러나 미국선교의 영향으로 현재 인도네시아 오순절교회, 인도네시아 벧엘교회, 벧엘순복음교회, CMA 등이 성장하고 있다.

감사한 것은 아시아 나라 중에서 교회가 성장하고 부흥하는 나라는 인도네시아이다. 이미 언급한 바와 같이 우리와 같이 공산혁명을 체험하였고 무슬림의 사회 속에서 교회는 아직도 소수자들의 종교이며 영원히 10%만이 신자로 기록될지도 모른다. 이 나라는 60년대는 서부 티모르에서, 70년대는 동부와 중앙 자바에서, 80년대는 많은 도시에서 부흥운동이 일어났다. 한국교회는 이 나라 교회와 손을 잡고 아시아 복음화를 해야 할 것이다. 그런데 이 나라에서도 성장하는 교회는 오순절교회이다. 하지만 이 교회는 한국에서와 마찬가지로 사회의식이 너무 적고 지도자들이 물질축복을 너무 강조하여 목사들이 헌금을 개인적으로 소유하는 것이 너무 노골적이다. 이들의 주장은 목사의 물질소유는 하나님의 축복의 상징이라는 것이다.

다 그런 것은 아니지만 교회가 헌금시에 헌금대를 두 개 돌리는데, 하나는 목사를 위한 것이요 다른 하나는 교회용이다.

인도네시아 교회가 안고 있는 고민은 명목상의 신자와 지도자들을 새롭게 갱신시키는 일이고 다른 하나는 교회의 분열이다. 교회분열의 대표적인 예는 1990년대 중반 바탁 루터교회의 분쟁이다. 이 교회는 지도자의 주도권 문제로 모든 지방교회가 다 둘로 분열하여 심각한 위기에 직면하였다. 그리하여 이 나라의 부통령이 수습위원장이 부끄러운 사태가 발생하였다. 이 나라의 교회는 오랫동안 식민지 선교로 시작하였는데, 그 중에서도 영적 생명에 둔한한 화란개혁파 교회의 영향으로 신자들은 그야말로 신앙의 정열과 소명의식이 결여되는데, 이러한 현상은 많은 지도자들에게도 마찬가지이다. 반면에 진보적 신학과 교회가 발전하였고 학문적으로는 물론 자유주의가 복음주의 보다 앞선 것은 말할 나위도 없다. 명목상의 신자의 또 다른 원인은 이미 지적한 바와 같이 집단개종과 독일식의 사회를 먼저 기독교화 하는 선교정책에 기인한다. 집단개종은 추장이나 마을의 우두머리(Kepala)가 개종하면 대중들이 따라오지만 반면 지도자들이 분열하면 신자들도 편으로 갈라서서 분쟁하는데, 이러한 현상은 바탁교회의 지도자 간의 갈등이 전체교회의 분열로 나타나는 데서 잘 입증된다.

복음주의 교회는 미국교회나 선교회의 지원으로 활발하게 신학교를 발전시키고 교회개척을 하였다. 그러나 지도자 양성과 교회개척 프로그램은 주로 초교파 선교회와 지도자들이 주도하는데 최근이 초교파 선교회가 교회로 발전하자 기존교회와 마찰을 일으키는 것도 인도네시아 교회가 안고 있는 고민이다.

4. 다원주의 신학이 금지된 나라

인도네시아는 신학적으로 좀 이상한 나라라고 할 수 있다. 전 세계를 휩쓰는 다원주의 신학이 이 나라에서는 금지된다. 이슬람만 절대적이기 때문에 모든 종교는 다 같다는 이론은 용납되지 않는다. 동시에 다원주의를 비판하는 복음주의 이론 역시 함부로 도서관에 전시할 수 없다. 복음주의 역시 이슬람을 인정하지 않기 때문이다. 이 나라에서는 세계적으로 유명한 선교학자 선교사가 있었다. 헨드릭 크래머와 J. H. 바빙크이다. 두 사람 다 개혁주의 전통 출신이다. 후자는 복음주의가 수용하는 개혁주의 선교이론을 발전시켰다. 그래서 필자는 그의 선교학 개론을 한국어로 번역하였다. 그러나 크래머는 1938년 마드라스에서 발표한 유명한 저서 [비기독교 세계에서 기독교 메시지]라는 저서는 도리어 세계선교를 신학적으로 양분시키는데 기여하였다. 그는 역사적 기독교와 Christian realism을 분리시키는 신학적 논증은 혼돈을 주었다. 여기서 40년대 미국에서 복음주의와 자유주의로 갈라진다. 저서는 국제선교협의회(IMC)가 아시아 종교를 신학적으로 정립할 것을 요청하여 10년 후에 발표한 것이다. 그러나 바르트가 아시아 종교를 평가 절하함으로 그의 저서 역시 인도네시아에서는 금서이다. 반면 다원주의 신학 역시 금서로 도서관 깊은 곳에 보관된다. 판차실라 이념은 종교의 자유 즉 한 신을 믿을 권리를 말하나 한 신은 알라 우선이다. 종교 언어, 인종 다양성을 말하지만 제한된 다양성이다.

이상 인도네시아 이데올로기는 종교 다원화를 인정하지만 다원주의나 원리주의 역시 다 금지된다. CMA교수가 ACTS에서 필자 지도하에 다원주의 연구한 학위논문이 도서관 비밀실에 보관되었고,

크래머의 [The Religion of Islam]은 1958년 금서로 지정, 이슬람만 절대라는 원리주의는 "가는" 그러나 기독교 절대성은 금지된다. 크레머는 신과 인간 사이, 그리스도 안에서 계시된 진리와 인간이 발견한 진리 사이에, 그리스도의 복음과 다른 종교 사이에는 절대적 질적 차이가 있다. 그의 도식은 종교와 신앙 사이에는 질적 차이가 있다. 이슬람은 질문도 답변도 없는 종교다. 그러나 기독교도 종교다.

인도네시아에도 역시 자유주의 신학자들은 토착화 상황화, 대화신학을 발전시키고 있다. 그들 역시 억압적인 상황에서 신학이 쉽지 않다는 것을 실토하는 자가 있다. 발리 섬에서 많은 교회를 세운 에큐메니칼 신학자 마스트라 박사는 고충을 잘 설명한다. 그는 학위 논문에서 "극단적인 방법은 기독교인들을 죽이기까지 하는 폭력 유발의 위험이 있고, 반면 타협적 방법은 교회의 선교적 열정을 가라앉혀 기독교 영성을 죽여서 혼합주의로 빠질 수 있다"고 하였다.[5] 이슬람 배경에서 인도네시아 진보적 신학자들은 다원주의는 배격하면서도 기독교와 타종교의 평화적 공존을 모색하기 위한 대안으로 혼합주의에 기울어지기도 한다. 대표적인 신학자는 Sumartana일 것이다. 그는 노골적으로 복음주의 교회의 선교 열정을 비난하고 타종교와의 대화를 더 강조한다.

이러한 대화신학이나 상황화 신학에 대하여 복음주의자들은 다원주의는 물론 대화신학을 거부한다. 한국에서 박사 학위를 받은 CMA신학자 Yunnis Akal은 다원주의와 자유주의를 배격하는 대표

---

5) Wayan Mastra, *The Salvation of the Non-Believers: A Missiological Critique to Hendrik Kraemer and the Needs for the New Alternative* (Ph. D. dissertation: Aquinas Institute of Philosophy and Theology, 1970), 337.
6) 인니 다원주의 신학에 대하여는 필자의 Religious Pluralism..., 216-34를 참조할 것.

적인 신진학자이며, 크리스 마란티카와 옥타비아누스는 대표적인 지도자들이다.[6]

그러나 인니에서 신학이 교회에 직접적으로 부정적 영향을 미친 대표적인 교회는 바탁 루터교회일 것이다. 이미 언급한 바와 같이 놈멘센은 그야말로 희생적인 정신으로 목숨을 거는 선교로 바탁 부족을 복음화 하였다. 그러나 후의 독일 선교는 원주민 교회의 자립 정신과 자아의식 고취, 지나친 토착화 강조는 바탁민족주의와 부족특수(Stammespartikularismus)주의를 부추기고 말았다. 영적으로 신학적으로 바탁교회는 지금도 많은 문제를 드러내고 있다.[7]

결론적으로, 지금도 인니 복음주의 교회는 많은 수난을 당하고 있다. 지난 몇 년간 수백개 혹은 1천개 이상의 교회가 파괴, 방화를 당하였고 신자들이 순교 당하였다. 그러나 자유주의 대화 신학은 화해에 아무 도움이 되지 못하고 있다.

---

7) Peter Beyerhaus, 198-99.

제17장
내전이냐 안정이냐의 기로에 선 이라크

서론

석유가 풍부하고, 고대 문명의 발상지로 비옥한 지역에 위치한 이라크는 미국의 이라크 침공 이후 세계 뉴스의 톱을 장식하고 있다. 창세기에 나오는 바벨탑이 바로 이라크 남부 지방 바스라 근방에 있었고 아브라함의 고향 역시 이 지역이다. 바빌탑과 거의 동일한 지구라트 신전도 바스라에 있다. 미국 침공 이후 처량하게 처형당한 독재자 사담 후세인은 고대 바빌론의 영화를 재현하려고 하였으나 허망하게 무너지고 말았다. 역사에서 오만한 권력은 장수하지 못하며 독재자의 말로는 비참하다는 역사적 교훈은 아랑곳하지 도리어 미국이 이라크의 침략자로 규탄의 대상이 되고 있다.

전 세계의 이목은 이라크의 미래이다. 이라크는 지금 치안이 좀 개선되어가고 있다. 그러나 미국 없는 이라크의 미래는 불안하다고 결론 내릴 수 있다. 최근에는 외국에서 들어오는 테러분자들이 격감하자 여자들이 자살 테러를 감행하여 2008년 상반기에만 23건이나 된다. 금년에만 2008년 8월 8일자 뉴욕 타임즈 기자에게 이라그 수상 말리크의 한 자문관은 이라크의 현실을 다음과 설명하였다: "우리 정치 제도는 허약하고, 테러 이전의 정부 요원들은 과거 시스템을 전혀 버릴 생각을 하지 않으며, 이웃 나라들은 자기들의 야망을 가지고 있다. 그런데 우리 군대는 이라크를 보호할 능력이 없다." 아주 정확한 지적이다. 이 말에 이라크의 상황이 잘 나타나고 있다. 3종파로 갈라진 이라크 정치 지도자들은 타협을 찾지 못하며, 이웃 나라의 이슬람 과격분자들은 이라크가 민주주의로 나가는 것을 못 봐준다. 이슬람과 민주주의는 절대로 병존하지 못한다는 것이 역사의 교훈이거니와 이라크에서 잘 나타나고 있다. 만약 이라크가 부시가 생각한대로 민주주의로 나아간다면, 중동은 지각변동이 일어날 것이다. 반미 이데올로기의 이면에는 독재자 문제는 자기 나라가 스스로 해결하도록 버려두어야 한다는 사상이 전 세계적으로 확산되고 있다. 세계는 인권, 민주주의, 평등, 정의를 말하면서도, 또 다른 한편에서는 다른 윤리기준을 적용하고 있다. 후세인의 과거 저지른 무서운 죄악을 잊어버리고 있다. 윌슨의 민족자결주의가 문화적 자결주의로 변천하고 있다. 예를 들면, 악한 아버지가 자기 자식을 마구 때려도 이웃 사람은 개입하지 식이다. 오히려 무력으로 개입한 자를 비난하는 세계가 되고 말았다. 미국이 이라크를 침공한 것은 석유자원 확보와 중동에서 패권을 잡기 위한 것이라고. 그런데 최근 이라크는 막대한 석유수입으로 번 돈을 국가재건에는 조금도 투입하고 은행에 예치만 하고 있는데, 미국이 막대한 돈을 이라크 재건에 투입한다고 미국 여론은 곱지 않다. 이라크의 침공의 결과는 더 관망해야 할 것이다. 우리는 기독교 관점에서 이라크 사태를 논하고자 한다.

1. 이라크 개요

석유매장량 세계 2위 국가인 이라크(Iraq)의 공식적인 이름은 이라크 공화국(Republic of Iraq)으로, 면적 435,000km²에 인구는 2,250만 명이다. 티그리스와 유프라테스 강을 끼고 있는 고대 문명의 발상지이다. 그리고 중동에서는 중요한 전략적 국가이다. 인종은 아랍인이 74.4%를 차지하지만 실제로 그들은 원주민이 아니라 성경에 나오는 앗수르(아시리아)사람들이 원주민이다. 소수민족으로는 쿠르드인 19%, 터키인 1.4%, 이란인을 포함한 소수 인종도 있다. 전체 인구의 95%가 이슬람인데, 시아파가 60%, 수니파 20% 쿠르드 20%로 본다.

이라크의 시아파는 이란의 시아파와 좀 다르다. 이슬람 세계의 통치권이 예언자의 사위 알리의 후손에게만 속해야 한다는 것이다. 시아파는 후계자의 카리스마적 신비를 좀 강조한다. 이러한 배경에서 시아파의 이란에서 호메이니가 신적 존재로 등장하였지만 하와리즈파라는 시아파는 좀 극단적이다. 이들은 이슬람의 통치권은 에티오피아 노예에게도 줄 수 있다고 강조함으로 민주적 선출을 주장한다. 이란의 시아파와 이라크의 시아파는 약간의 차이가 있다. 이라크의 시아파는 이라크에서 일찍이 죽은 알리의 한 후계자를 가장 위대한 성자로 숭배하며 그의 사망일에 이곳을 성지로 생각하고 모여든다. 그러나 알리를 기념하는 날에는 항상 수니파로부터 테러를 당한다.

2. 역사

4대 문명 발상지로 항상 외세의 침략을 많이 받았다. 그러나 많은 문명들이 일어났고 사라졌다. BC 3000년경에는 수메르가, BC 2000년경에는 북쪽에서 온 아카드인들이 정복 하였고, 다음은 이스라엘을 멸망시킨 바빌론과 앗시리아로 나뉘어졌고, BC 609년 아시리아가 망하면서 칼데아인들을 중심한 신 바빌론이 일어났다가, BC 500년경에 페르시아의 손에 넘어 갔다. 페르시아는 BC 330년경에 알렉산더 대왕에 의해 정복되었고, 그로 인해 그리스 문화가 유입되어 이라크의 경제 구조를 농업 중심에서 상업과 무역으로 바꾸어 놓았다. 그리스에 의한 이러한 문화는 이라크를 강한 중앙집권적인 정부로 만들었다. 그 후 파르티아, 로마, 사산조 페르시아와 비잔틴 제국이 거쳐 갔다.

AD 7세기에 아랍 이슬람교도들에 의해 정복되어서 8세기에 아바스 칼리프 왕조가 수립되면서 바그다드가 수도이자 이슬람 세계의 중심지로 부상했으나, 1258년 몽골에게 망했다. 1534년에 오스만에 넘어 갔다가 1918년까지 오스만의 통치를 받았다. 이때부터 수니파가 바그다드를 중심으로 정권을 가지고, 시아파는 남부 시골 지역에 쿠르드족은 북부를 차지하게 되었다.

제1차 세계대전의 종결과 오토만 제국이 무너지자 국제연맹에서 1921년 이라크를 영국의 보호를 받는 위임통치를 선언했다. 1925년에 헌법이 승인되고 1932년에 완전한 독립이 이루어졌다. 제2차 세계 대전 중 친 독일정책을 취했다가 1941년 영국에 재점령되었다. 계속해서 정치 소요가 있다가 1958년 군주제가 무너지면서 친 영국 노선에서 구소련을 가까이 하게 되었다. 그리고 1968년 군부 중심의 사회주의 바트당이 정권을 잡았다. 1970년부터 바트당의 지도자인 사담 후세인의 통치하에 국가의 산업화와 사회복지 개선에 막대한 석유 비용을 사용했지만 1980년-1988년까지의 이라크-이란 전쟁으로 경제적인 어려움이 시작되었다. 1990년 쿠웨이트 침공으로 나라가 어려워졌지만 후세인을 그대로 정권을 유지하여 오다가 9·11테러 이후 미국의 침공을 받게 되었다. 참으로 역사의 흥망성쇠가 심한 나라이다.

장기간에 걸친 이라크와 이란 사이의 전쟁은 1980년 9월 22일 이라크가 이란의 서부지역을 공격하면서 시작되었다. 전쟁의 근원은 이라크와 이란 사이의 영토 및 정치적인 문제이지만 두 나라간의 보이지 않는 주도권 싸움과 시아파와 수니파라는 종교적 요인도 개입되었다. 후세인은 호메이니의 이슬람 혁명에 불안감을 가졌다. 시아파가 이라크에서 강하여 질 경우 자신의 정치적 입지도 불안하게 되기 때문이다.

다른 이유는 후세인이 정치적인 야심을 실현코자하는 데서 유발된 것이다. 팔레비가 이끌던 이란이 미국과 밀월관계를 통해서 페르시아 만의 제1의 강국이 되는 동안 후세인은 소련의 힘을 빌려 착실히 군사력을 키웠다. 그런데 팔레비가 몰락하자 페르시아 만의 공백상태를 이용해 이 지역에서의 자신의 정치적인 야망을 실현하려는 모험을 하게 되었다. 흥미로운 사실은 이라크는 당시 사우디아라비아와 다른 아랍 국가들로부터 재정적인 지원을 받았고, 미국과 소련으로부터도 도움을 받았다. 반면 이란은 리비아와 시리아의 지원밖에 받지 못했다. 하지만 이라크는 이란에 대해 화학 무기를 사용했다는 보도로 여론이 악화되어 고전하게 되었고 이란은 어려워 UN의 휴전 제안을 받아 들여 전쟁은 종결되었다.

1) 걸프 전쟁

후세인은 이란과 지루한 전쟁을 끝낸 다음에는 다른 모험을 하는데, 바로 쿠웨이트 침공이다. 명분은 서방 제국주의에 의해 분열된 나라를 통일시킨다는 것이었다. 역사적인 면에서 쿠웨이트와 이라크는 한 나라였다. 1871년에 쿠웨이트는 오스만터키의 지배하에 이라크에 편입되어 있었다. 그러다가 영국이 이 지역에 진출하여 군사 요충지였던 쿠웨이트를 1889년에 보호령으로 선포했으며 제1차 세계 대전 후에는 이라크까지 신탁통치를 했다.

제2차 세계 대전 후에 이집트혁명으로 아랍지역에 불붙기 시작한 아랍민족주의의 영향으로 카셈 장군이 친 영국 봉건왕정을 타도하자 영국은 지역토후에 불과했던 사바족을 왕가로 내세우면서 석유의 보고이자 군사적 요충지인 쿠웨이트를 형식적인 독립국가로 만들었다(1961년). 이라크는 1961년부터 계속 쿠웨이트 영유권을 주장해 왔다.

쿠웨이트 역시 취약한 구석이 많았다. 쿠웨이트의 인구 중에서 쿠웨이트인은 40%에 불과하고, 알 사바왕가는 200여 명의 식솔들이 전 세계 석유의 20%를 장악하고 너무 호화로운 생활을 하고 있으며 9천억 달러를 해외에 도피하고 있었다.

2) 후세인 정권의 붕괴

아버지 부시와의 전쟁에서 패배한 후세인은 그래도 살아남아서 더 무서운 철권통치를 하였다. 그러나 결국 아들 부시에게 패망하고 숨어 있다가 잡혀 사형당하고 말았다. 그의 사형집행은 시아파와 수니파의 갈등을 더 유발시키고 말았다. 후세인의 독재에 대한 이라크 국민들의 분노는, 시민들이 동상에 올라가서 신발로 동상 얼굴을 때리는 장면에서 잘 나타났다. 이슬람 문화에서 신발로 사람을 때리거나 그림을 짓밟는 것은 모독을 주는 행위이다. 독재자들은 동상을 좋아하는 모양이다. 이라크 전역의 후세인 동상은 추종자들이 만든 것이 아니라 후세인 스스로 세우도록 지시하였다고 한다. 바그다드 최고의 호텔에는 과거 부시의 그림을 바닥에 그려 사람들로 밟게 하였는데, 아이러니하게도 부시의 얼굴이 후세인으로 바뀌어졌다. 후세인 집권 시 후세인이나 그의 가족에 대한 비판은 바로 무카바라트라는 비밀경찰에 체포되었다.

후세인 24년간의 통치기간 동안 무려 40만 명의 사람들이 국외로 도망가거나 망명하였다. 이들 중에는 많은 기독교인들도 포함되어 있는데, 전쟁이 나자 남아있던 기독교 신자들도 먼저 탈출하였다고 한다. 쿠르드인들을 화학무기로 엄청나게 죽었다는 것은 이미 잘 알려진 사실이다. 후세인은 죽었지만 그가 자행한 범죄는 지금도 조사 중인 것으로 알고 있다. 다만 이라크 사태로 인하여 공개가 되지 않을 뿐이다.

3. 기독교 역사와 현재 상황

이라크에는 이미 100년경에 기독교가 들어와서 개종자가 있었다. 그러나 전설적인 이야기로는 이라크의 기독교는 예수님의 제자 도마가 인도로 가는 길에 메소포타미아에 잠시 머물면서 전도하여 교회를 세웠다는데, 바로 칼데아교회라는 것이다. 지금도 전 세계에 칼데아 교회신자는 무려 200만이나 된다고 한다. 이 교회가 처음 사용한 언어는 성경에 나오는 아람 방언이다. 지금도 아수르인 교인들은 아람어 성경을 읽는다.

중동의 대부분 나라에 기독교회가 존재하는데, 그러나 우리가 생각하는 복음교회가 아니라 다양한 구 교회로 말해야 한다. 이라크도 예외는 아니다. 페르시아 시대 기독교는 엄청난 박해를 받았지만 티

그리스와 유프라테스 강 주변의 시리아어를 사용하는 민족들 사이에 강력하게 전파되었다. 이라크 내의 카톨릭은 로마 카톨릭이 아니라 정교회와 동방 교회가 연합한 동방 카톨릭 교회이다. 그들은 동방교회의 기도문과 규례들을 그대로 유지했다. 이들이 1550년과 1824년 사이에 칼데안, 그리스, 아르메니아, 시리아 카톨릭 등으로 나누어졌다. 이들을 합해 합동 동방 카톨릭이라고 한다. 현재 이라크 내의 동방교회들은 초대 교회의 신앙과 관련되어 있다. WEC의 정보에 의하면 현재 이라크에는 바티칸과 관계된 천주교회 신자가 무려 80만 명이나 된다고 한다. 이것은 이라크 인구의 4%이다.

또한 그리스 정교회가 강하다. 그중 가장 작은 것이 안디옥교구에 속하고 아랍어 기도문을 사용하는 그리스 정교회이다. 이들은 4세기와 8세기 사이에 개최된 7번의 에큐메니칼 회의를 모두 인정한다. 그리고 이들은 콘스탄티노플 대주교를 에큐메니칼 대주교로 인정한다. 비 칼케도니안 정교회는 451년의 칼케돈회의에서 그리스 정교회에 속하는 비잔틴 정교회로 부터 갈라졌다. 여기에는 아르메니안, 콥틱, 이디오피안, 시리안 정교회들이다. 이라크 내의 동방교회로는 동방 아시리안 교회가 있다. 431년 제 3차 에큐메니칼 회의에서 비잔틴 정교회와 분리한다. 이것이 페르시아 교회로 알려져 있는데 6세기에 상당히 성장했다. 이들을 흔히 네스토리안 이라고 부른다. 로마 카톨릭은 13세기에 실크로드의 경유지로서 선교를 한 것으로 전하여지지만 1553년에 네스토리안 교회를 개종시키는데 주력했다.

개신교 선교 역시 다른 중동 국가와 같이 유사한 패턴으로 서구 선교회가 들어와서 전도하여 교회를 설립하였는데, 사실 전도의 주 대상은 아랍 무슬림이 아니라 구 교회(중동의 비 개신교회를 구 교회로 부름)신자들이었다. 프로테스탄트의 이라크 선교는 1840년대에 시작되었지만 큰 열매를 얻지 못하다가 1969년에 서구 선교사들은 다 추방당하였다. 그래서 교회들은 주로 원주민 지도자들에 의해 운영되었다. 따라서 그들의 신학적인 경향을 알 수 없다. 기독교 신자들은 소수에 불과하며 개신교를 모두 합쳐도 1%도 안 된다. 복음주의 집단은 주로 장로교와 개혁주의 전통에서 시작된다. 그러나 교회들은 서로 독립적으로 존재하며 이라크 목사는 소수여서 바그다드 복음교회 목사도 이집트인이다. 교회 부속학교는 1974년 국유화되고 말았지만 운영은 신자들이 하고 있다. 개신교에 대하여는 핍박과 후원의 이상한 양면성을 띈다. 이미 언급한대로 후세인이 한 개신교회에 피아노를 선물하였다고 하는데 다른 소식통에 의하면 정부는 개신교회에 매년 3천불씩을 주었다고 한다. 그러나 이라크 기독교회 신자들의 고민은 독재자 후세인을 위하여 기도하느냐 사회정의 차원에서 저항하느냐의 심각한 고민도 하였다고 한다. 핍박으로 서방으로 피신한 기독교 신자들은 70년대만 하여도 14,000명이나 되었다.

그런데 특이한 사실은 전쟁과 이라크 침공 때에도 이라크 정부 요원 중에는 기독교 신자가 있었다. 부통령을 지낸 자는 물론 조지 사다 장군 같은 자들이 크리스천으로 정부 요직에 기용되었다. 그 이유를 물으니 재미있는 사실은, 후세인은 의심이 많아서 자기 고향사람도 믿지 않아 많이 죽였다는 것이다. 그런데 크리스천들은 자기를 죽일 위험이 전혀 없고 배신할 자들이 아니라는 것이다. 그래서 사다 장군 같은 직언가를 싫어하면서도 기용했다는 것이다. 이것은 이라크만의 일이 아니다. 시리아도 장관들 중에 무려 5-6명은 크리스천이다.

미국의 이라크 침공 후 4월 달에 한국의 의료팀이 바그다드 복음장로교회를 방문하였다. 그때 이집트인 목사는 한국교회에 신학교

설립을 요청, 한국교회는 연합으로 하기로 하고 후원 이사회를 설립, 2003년도와 2004년도 수천 만원의 후원금을 보내었다. 그 목적은 바그다드 복음교회에서 신학교를 하기로 하고 준비하기 위한 시설비였다. 당시만 하여도 곧 선교사 교수를 보내어서 신학교를 시작할 수 있을 것으로 생각하였다. 그러나 그 기대는 너무 성급한 판단이 되고 말았다. 바그다드에 신학교를 세운다는 것은 지금으로서도 불가능한 상태여서, 대신 이라크 학생 두 명을 한국에서 신학공부를 시키고 있다.

많은 이라크 난민들은 시리아, 요르단, 예멘, 이집트 등 여러 나라에서 난민으로 살아가고 있다. 그런데 이들 중 많은 사람들이 복음을 받아들였다. 어떻게 이슬람 종교가 사람을 도리어 죽이고 나라를 이 모양으로 만들었느냐는 항의와 불만이 터져 나온다. 청년들과 대학생들은 이슬람에 등을 돌린다고 얼마 전 뉴욕 타임스가 보도하였다.

미군과 영국군을 따라서 많은 NGO단체들의 구호활동을 전개하고 있는데, 이들 중에는 상당수는 선교사들이다. 지난 걸프 전쟁 후에 후세인에게서 엄청난 박해를 받은 쿠르드족들 중 상당수는 이슬람 신앙을 버리고 기독교로 개종하였고 당시 예수영화는 상당히 인기가 있었다.

이라크의 400만 쿠르드족들은 무슬림임에도 수니파 무슬림들에게서 차별대우를 당하였다. 특히 3,000만내지 3,500만의 쿠르드인들은 나라 없는 서러움을 당하고 있다. 여기 이슬람의 모순과 갈등이 있다. 쿠르드 인종 보다 숫자가 훨씬 작은 아랍에미레이트나 다른 나라들은 국가로 인정하면서도 3천만의 쿠르드 무슬림에게는 국가 설립을 허락하지 않음으로 쿠르드 인종 이슬람의 알케메데 건 될 수 있다. 그래서 쿠르드 선교는 좋은 기회이지만 동시에 이슬람 세계에 분노를 자아내게 할 수 있다. 기독교 선교가 미 제국주의자(?)들의 보호 하에 이슬람 땅을 유린한다고. 그럼에도 불구하고 쿠르드 지역에서는 엄청난 복음의 역사가 일어나고 있다. 쿠르드인들 중에도 반기독교 세력이 있지만 많은 쿠르드인들이 기독교로 돌아오고 있다. 이라크에서 이상하게도 꿈과 비전(일종의 환상)을 통하여 복음이 전파되고 있다. 문제는 새로운 교회와 신자들을 지도할 지도자와 사역자를 제공할 수 있느냐 하는 것이다. 그리고 인종의 장벽을 이라크 교회는 어떻게 극복할 것인가가 중요한 과제이다. 그 동안 아랍인 교회는 아시리아나 아르메니아 교회에 대하여 우월감을 가지고 있은 것도 사실이다.

4. 이라크 전쟁: 어떻게 볼 것인가?

그러나 우리는 상황을 좀 더 포괄적으로, 그리고 깊이 있게 보아야 한다. 또 어떤 각도에서 보느냐가 중요하다. 필자는 미국의 이라크 침공 이후 이 나라를 방문, 바그다드 복음장로교회 평신도 지도자와 대화하고 시리아와 요르단에 피난한 이라크 난민들을 만나 본 적이 있다.

이라크 전쟁은 덕과 실 두 가지 차원에서 냉정하게 생각해야 하지만 우리는 선교적 차원에서 보지 않을 수 없다. 이라크 전쟁은 사담 후세인의 수니파들에게는 침략 전쟁이다. 그러나 시아파와 쿠르드인들에게는 분명 해방전쟁이다. 기독교인들도 감사하게 생각한다. 바그다드 복음교회의 한 원로 장로는 미국의 이라크 침공을 해방전쟁으로 감사하지만 미군의 장기 주둔은 바람직하지 않다고 하였다. 이라크 전쟁으로 제일 득을 본 자들은 북부 이라크 지방의 쿠르드족들이다. 쿠르드 지방은 하루가 다르게 발전한다고 외신이 전한다. 시아파 사람들이 이라크 전쟁을 찬성한 것은, 미군이 남부지방을 쉽게 점령한 사실에서 증명된다. 이라크 남부 지방은 주로 시아파 이라크 군인들이 방어를 담당하였는데, 미군이 들어오자 기다렸다는 듯이 도리어 길을 열어주었다는 것이 중동의 한 예비역 장교의 평가이다. 아프간 경우 역시 하자르족 등 비 파슈톤 부족들은 미군의 침공을 탈레반에서의 해방으로 감사한다.

1) 네오콘과 부시의 이라크 침공

미국이 이라크 전쟁을 시작한 명분은 이라크가 알카에다를 후원하였고 생화학무기를 생산하며 핵무기를 개발, 이라크를 '악의 축' 국가로 단정한데 있다. 미국이 이라크를 악의 축으로 단정한 이면에는 후세인의 독재를 정죄한 측면도 다분히 작용한다. 네오콘에서 이탈한 프란시스코 후쿠야마에 의하면 이라크 침공 이론은 네오콘만이 아니라 미국의 이익과 다국적 개입을 배제하는 고립주의 정책의 잭슨주의(Jacksonian)도 작용하였다고 한다. 부시는 네오콘의 창시자 스트라우스(Leo Strauss)같은 학자는 전혀 모른다고 한다. 후쿠야마는 사람들이 네오콘을 곡해한다고 서운하게 생각한다.[1] 네오콘의 정책은 미국이 자유, 인권, 평등, 민주주의라는 보편적 가치관을 전 세계 보급하기 위해서는 UN의 힘을 빌리지 말고 단독 행동할 것을 주장하였다. 그런데 이 네오콘의 초기 멤버들은 모두 동구 공산권에서 이민 온 유대인들이었다. 동시에 중동 전문가인 버나드 루이스도

---

1) Fransisco Fukuyama, *America at the Crossroads: Democracy, Power and the Neoconservative Legacy*. (New Haven: Yale University Press, 2006), 12-15.

합세하였다. 그는 영국계 유대인으로 2차 대전 당시에는 영국 정보 장교로 중동에서 파견되어 일한 경험이 있는 중동 통이다. 프리스톤에서 교수하다가 은퇴하였다. 부시는 기독교 원리주의에 입각한 신앙인이다. 그래서 이슬람을 거의 사탄적 종교로 생각하며 후세인을 악의 축으로 간주하였다. 이점에서 이라크 전쟁은 이슬람 학자가 말한 대로 기독교 원리주의, 이슬람 원리주의, 유대 원리주의의 충돌로도 볼 수 있다.

후세인 역시 이 전쟁을 성전으로 몰아가고 있다. 후세인은 전쟁 전 한 연설에서 알라 신의 이름을 무려 15번 이상 사용하였고 이슬람과 성전이란 말을 여러 차례 반복하면서 이슬람 세계에 성전을 호소하였었다.[2] 미국의 바그다드 함락을 눈앞에 둔 그는 망명보다는 차라리 죽음을 선택하였다. 초기 미국이 예상보다 빨리 바그다드를 점령하였는데, 이유는 남쪽의 시아파 군인들은 도리어 미군들에게 길을 열어 줌으로 후세인에게 저항하였다. 반면 수니파는 후세인에 충성을 서약하면서 완강하게 저항하였었다.

2) 비판여론

전쟁에 관한 최근 우리 사회의 미디어 논조는 유감스럽게도 부시를 악인으로 몰면서도 김정일이나 후세인의 반 인권적 죄악은 간과한다. 반전론자들은 미국 폭격으로 이라크의 어린이들과 부녀자들의 피해를 최대한 선전하면서도, 반면 후세인으로 억울하게 죽은 수십 만의 쿠르르 인, 반대자들, 시아파 사람들의 숙청 등 이라크에서의 인권상황은 전혀 개의치 않는다. 한국도 파병 반대가 극렬하였

---

[2] 酒井啓子『イラク戰爭と占領』(岩波書店, 2004), 219

다. 공병대원 666명을 선발하자 공교롭게도 계시록에 나오는 666과 숫자가 같아 바꾸는 해프닝도 있었다. 그러나 보수 단체와 교회는 지지하는 입장인데, 반대로 일본의 대부분 교단이나 기관들은 반대 성명을 발표하였다. 일본의 평화헌법은 무조건 전쟁을 반대하는 입장으로 나가는 것 같다.

교황은 이라크 전쟁이 전 세계적으로 종교의 재앙이 될 수 있다고 경고하였다. 교황이 말하는 종교의 재앙이란 이 전쟁이 기독교와 이슬람의 대결로 비약되어 두 종교가 증오로 대립하도록 한다는 것이다. 교황은 교황청을 방문한 인도네시아 천주교 주교를 면담한 자리에서 이러한 성명을 발표하였다. 교황은 부언하기를 "전쟁이 세계 종교를 양분하도록 하여서는 안 된다. 우리는 우리 이웃이나 다른 종교의 사람들과도 형제애로서 협력하고 상호유대감을 가져야 한다"고 강조하였다. 그러나 유감스러운 것은 교황이 계속 전쟁을 비난하는 성명을 발표하는 이면에는 개신교적 미국이 전쟁을 주도하는 것에 못 마땅하게 생각하는 측면도 작용했으리라고 본다. 그러나 로마 카톨릭은 1940년대와 50년대 남미에서 개신교 지도자들과 신자들을 박해, 엄청나게 죽인 역사를 회개하는 성명을 발표하였는지 궁금하다.

한 가지 분명한 사실은 이번 전쟁이 기독교에 불리하게 작용하는 것도 있었다. 당시 서구에서 공부한 파키스탄 지성인들은 사실 미국 편이었고 이슬람 신앙에 큰 관심을 가지지 않았다. 그런데 이라크 전쟁 이후 이들 지성인들이 이슬람 성직자들의 연설에 귀를 기울이고 이슬람 정당에 깊은 관심을 가지기 시작하였다고 한다. 그래서 한 외교관은 미국의 이라크 침공은 파키스탄의 제3당인 이슬람 정당에 완벽한 선물이 되었다고 말한다. 이것은 교황이 말한대로 두 종교가 충돌하도록 한 것 같다. 그러나 이미 두 종교는 이전부터 이미 충돌하고 있었다. 헌팅톤의 이론은 일리가 있는 것이다.

그러나 더나쁜 여론은 지금도 부시는 곤경에 처하고 있다. 미국민들 조차 부시의 이라크 전쟁을 비빙하고 있다. 대량살상무기와 화학무기가 없었는데도 정보를 조작하여 전쟁을 일으켰다고. 그러나 이라크에서 기독교인으로 공군 부참모총장을 지낸 조지 사다 장군의 저서 [사담 후세인의 비밀]에 분명 그는 생화학 무기를 다룬자로 고백한다. 본서는 비 아랍인인 앗수르인 크리스천으로서는 아랍인 지배의 이슬람 국가에서 생존과 출세가 어렵다는 것을 잘 보여준다.[3] 아울러 사담 후세인 시절의 이라크 상황과 미국의 이라크 침공 이후 이라크 상황에 대하여 중요한 증인이다. 사다 장군은 조상 대대의 크리스천 가문이었다. 그는 후세인이 가장 신뢰하는 자문인이었다. 후세인은 이라크 공군에 화학무기로 이스라엘을 공격하라고 명령한다. 그에 의하면 후세인은 미국 침공 전에 화학 무기를 시리아로 빼돌렸다고 증언한다. 그런데 세계는 이러한 목격자의 증언은 무시한다.

한 일본학자는 미국의 대 테러 전쟁이 도리어 테러를 확대시켰다고 비판한다. 미국의 이라크 전쟁을 침략전쟁으로 보는 이론은 후세인의 독재와 반인권적 행위도 자국민들 스스로 심판하고 스스로 민주화와 합리적 정부로 나가도록 해야지 결코 외세에 의하여서는 도리어 이슬람의 자존심을 건드린다는 것이다. 전쟁 직후 영국의 이코노미스트지는 아주 흥미 있는 분석을 내 놓았다. 40년 전 영국은 미국의 충고에도 중동의 석유를 확보하고 아랍과 이스라엘의 분쟁을 화해시키고 이 지역의 정치를 개혁하겠다는 야망으로 중동에 깊이 개입하였는데 결국 실패하고 말았다는 사실을 상기하면서 지금 미

---

3) George Sada, *The Secret of Sadam Hussein* (2006)을 참조할 것.

국은 동일한 상황에 처하였다고 지적하였다. 50년대 영국의 역사가 몬로(Elizabeth Monroe)는 저서 [*Britain Moment in the Middle East*]에서 당시의 역사를 잘 설명하고 있다. 당시 영국, 프랑스, 이스라엘은 중동의 일부 독재자를 몰아내려고 이집트를 침공하였는데 아이젠하워는 이 전쟁을 불법으로 규정함으로 부득이 철수하고 말았다. 당시 영국의 이집트 침공이 불법으로 단정되는 것 같이 미국의 이라크 침공이 불법으로 규탄의 대상이 되었다.

3) 지지 여론

이라크 전쟁에 대하여 우리는 완전히 다른 정보에도 겸허하게 귀를 기울여야 한다. 중동에서 온 신학생들- 정확하게 말하면 이집트와 이란에서 온 유학생들-은 미국이 이라크를 침공하였을 때 테헤란에서 밤에 청년들이 미국이여 테헤란도 침공해 달라는 삐라가 시내에 붙었다고 하며 카이로에서도 그러한 일이 있었다고 한다. 중동의 내부는 무언가 해방을 바라는 움직임도 있다는 사실을 직시해야 한다.

해방 이론을 주장하는 사람들은 인권과 민주화가 보편적 가치임으로 이웃의 아버지가 아들을 학대하면 이웃집이 말릴 의무가 있는 것 같이 개입해야 한다는 것이다. 해방 이론에 힘을 실어주는 이라크 내의 사건은 이라크 임시 정부 수상에 쿠르드족 정치가 발함 살리(Barham Salie)가 수상에 임명된 것이다. 그는 후세인에게서 박해를 받아 망명 중에 서방 세계를 향하여 이라크 해방에 서방이 개입해야 한다는 것을 강조한 인물이다. 살리에 의하면 후세인 통치 기간 동안 100만 명의 이라크 인들이 나라를 떠났는데, 이들 대부분은 쿠르드족, 터키인, 아수르인 기독교 신자들이었다는 것이다. 그리고 적어도 200만 명이 목숨을 잃었다는 것이다. 여기서 후세인을 지지하는 수니파들에게는 침략전쟁이고 피 박해자들에게는 이라크 백성들에게 가해진 잔인한 전쟁을 종식시킨 해방이다.

해방이론은 이라크의 선거가 폭력으로 얼룩지기도 하였지만 비교적 성공한 것으로 평가되어 설득력을 얻고 있다. 수니파의 투표 거부운동에도 불구하고 850만 명이 투표에 참가하였는데, 예상대로 257석 중 132석을 확보, 시아파가 승리 하였다. 압제받던 쿠르드 인들의 쿠르드 리스트는 71석을, 알라위 주도의 이라크 리스트는 38석을 얻었다.

5. 이라크의 미래

이라크의 미래는 결국 시아파, 수니파가 어느 정도 화해하느냐에 달려있다. 이 두 파는 같은 이슬람이면서도 화해가 어려운 이질 집단이다. 이라크 내부의 갈등은 이점에서 미국에만 책임을 전가할 수만은 없는 자체의 내분과 갈등의 소지를 안고 있다. 선거 후에도 계속되는 테러와 국내 혼란은 다인종, 다양한 종파의 이슬람이 과연 평화적으로 공존할 수 있겠느냐고 의문을 제시한 것이다.

이라크가 선거후에도 계속 폭력과 테러가 일어나는 궁극적 원인은 결코 미국의 침공에만 돌릴 수 없는 종교적 인종적 문제 내재한다. 과거 수니파를 중심으로 하는 후세인의 바트당은 처음부터 시아파와 공존을 거부하는 이라크 국가재건을 계획하였다. 시아파라는 단어조차도 터부시 할 정도였다. 시아파는 1920년 '위대한 이라크 혁명'이라는 정치적 변혁기와 1991년 소위 인티파타라는 봉기 때 우세한 입장에 있었지만 도리어 그로 인하여 정치적으로 약화되고 말았다. 시아파가 이렇게 된 데는 시아파 내부적으로 정치적 목적을 위한 공통점이나 일치점을 찾지 못한데 있다. 앞으로 이라크는 수니파, 시아파, 쿠르드가 공존을 거부하고 일방적 독주를 고집할 때는 이라크의 미래는 험난할 것이다.

이라크에서 거의 메일 테러를 일으키는 집단은 다양하다. 우선 시아파가 정치적으로 유리한 고지에 있다고 판단한 수니파 테러집단은 계속 시아파의 말리키 수상과 정부를 괴롭힌다. 반면 수니파 내에서 일부 부족장들이 알 카에다에 실망한 나머지 미군에 협조하는 각성그룹(Awakening Group)을 조직하였다. 그러나 말리키는 이것이 나중에 세력화하는 것을 불안해한다. 시아파 내에서도 목타파르 사드르라는 젊은 강경파 테러집단은 일단 미군들이 이라크에 주둔하는 것 자체를 거부, 같은 시아파의 말리키 정부를 괴롭힌다. 이들의 조직을 마흐디 군대로 부른다. 이라크 주민들 상당수가 미군들을 환영하지 않는다. 무슬림들은 자기들 땅 안에 '이교도들'이 발을 들여 놓는 것 자체를 거부한다.

최근 인도네시아 이슬람 지도자들은 이라크에서 시아파와 수니파의 내전을 중재하려고 노력을 하였다. 2007년 4월 인도네시아 보골에서 시아, 수니 양파의 일부 지도자들이 모여 이슬람 세계의 양파 간의 갈등 해소를 논의하였다. 양파 성직자들이 회담을 하고 성명서를 발표하였지만 중동의 이슬람은 도리어 인도네시아 이슬람을 이슬람의 외곽초소 정도로 무시하고 만다. 그래서 인도네시아 이슬람 지도자들은 온건한 인도네시아 이슬람을 배우라고, 근대화와 기술을 도입하고 인도네시아의 민주주의를 배우라고 충고하지만 마이동풍이다. 미국의 이라크 침공을 온 세계가 비난하는 것 같지만 도리어 중동의 일부 청년들은 박수를 치면서 우리나라에도 와 달라고 마음으로 빈다는 사실을 직시해야 한다.

6. 이라크를 흔드는 외부 세력

이슬람은 국가보다 이슬람 '움마' 라는 세계적 공동체가 우선한다. 중동의 과격 이슬람 세력은 결코 이라크가 평정되는 것을 좌시하지 않는다. 이라크의 안정과 민주화는 이슬람의 붕괴로 이어질 수 있기 때문이다. 이슬람의 지난 1500년의 역사는 시아파와 수니파가 서로 죽이는 역사였다고 중동의 신자들은 이구동성으로 말한다. 지금 사우디는 테러리스트를 수출한다. 미국은 사우디 정부가 이라크 수상 누리 카말 알 말리키를 신뢰하지 않고, 도리어 사우디에서 매달 60명에서 80명 이상의 수니파 테러분자들이 이라크로 가는 것을 막지 않고 방조한다고 불평한다. 심지어 사우디는 말리키는 이란의 꼭두각시라고 생각한다. 사우디는 이라크의 수니 그룹을 지원하고, 나아가서는 이웃 나라 아랍에미리트, 카타르, 쿠웨이트, 바레인, 오만에게 수니 지원을 독려한다. 이것은 미국의 이라크 안정 정책과는 도리어 역행하는 것이라고 미국 관계자들은 흥분한다. 동시에 시리아와 이란 역시 이라크의 시아파를 지원함으로 이라크의 평화를 방해한다. 아라비아 출신 테러리스트들이 이라크에 오는 경로는 먼저 시리아에 버스로 도착, 시리아 안내자 도움으로 이라크에 밀입국한다. 다음 라마디 다리에서 자살 폭탄테러 교육을 받는다. 이라크의 자살테러범 40%가 아라비아인이라는 것이 미국 당국자들의 설명이다. 물론 다 자살테러범이 아니라 폭탄제조자, 암살자, 전략가, 금전 제공자들도 있다. 물론 사우디는 이들이 나중에 사우디로 귀국하여 사우디 정부를 향하여 테러행위를 할 것을 우려한다. 마치 80년대 아프간에서 전사들이 한 것처럼. 그런데도 사우디 왕 압둘라는 미국의 이라크 침공을 불법적 외국의 정복으로 비난하였다. 사우디는 자신들이 수출하는 이슬람을 참 이슬람이라고 하지만 극단적인 원리주의 이슬람이기 때문에 우려하지 않을 수 없다.

그런데 최근 사우디는 국경선에 철조망을 침으로 테러리스트들이 시리아를 경유하여 이라크로 가는 길이 좀 차단되고 있다. 그래서 최근 외국에서 테러 지원이 끊어지고 청년들이 돈 받고 테러지원자로 나서는 것도 어려워지자 일부 '화난' 여자들이 자살폭탄 요원으로 지원하는 현상이다. 이유는 남편들이 미군들이나 정부군에게 체포당하거나 죽은 자들의 부인들이 상당 수 있다는 것이다. 여자자살 요원들은 차도르 안에 무기를 감추기 좋은데다가 남자군인들이 함부로 몸을 수색할 수 없다. 그래서 이라크 정부는 여자 경찰과 군인들을 대거 검문소에 투입하고 있다.

결론

이라크 사태는 완강한 이슬람 세력이 미군을 몰아내고 강경 이슬람이 이라크를 장악하느냐, 아니면 미군이 서서히 철군하고 말리키 수상의 정부군이 이라크를 평정하느냐는 더 두고 보아야 할 것이다. 결코 쉽지 않을 것으로 본다. 서론에서 이라크 자문관이 말한 대로 아직 정부군은 이 나라를 평화의 나라로 만들 만큼 소명도, 훈련도, 윤리도 없다는 것이다. 그 덕분에 지금 쿠르드는 가장 즐기는 집단이 되어졌다. 치안도 안정되고 경제도 발전하고 기독교회가 급속도로 성장하고 있다. 과격 이슬람은 이것을 좌시하지 않을 것이다. 더구나 조지 사다 장군의 전후 복구 계획은 이라크를 미국식 연방정부로 만들어 석유 수입은 인구 비례로 지분을 배분하는 것이며, 120만의 크리스천들도 자치구를 얻자는 것이다. 이것이 성공한다면 이슬람의 중동은 지각 변동이 일어날 것이다. 그것이 그러 쉽지만은 않을 것이다. 더욱 염려스러운 사실은 말리키 정부는 석유 수입으로 번 돈을 재건에 투자하는데 인색하다. 경제발전의 둔화는 이라크 국내 여론을 악화시킬 것이다. 이라크의 자주 역량이 시험대에 섰다. 이라크가 합리적이고도 도덕적이며 민주주의적인 국가가 되는 것은 전 세계의 바람이다. 그러나 이것을 원치 않는 주변 상황이 중동 상황과 국제사회를 어렵게 한다.

제18장
이슬람 공화국 이란

서론

이란이 세계인들에게 큰 이목의 대상이 된 것은 1979년 독재자 팔레비 샤 왕조가 무너지고 호메이니가 주도하는 이슬람혁명이 성공하여 세계에서 유례없는 종교국가인 소위 신정국가를 건설한 것이요, 다음으로는 같은 이슬람국가인 이란과 이라크와의 긴 전쟁이며, 최근에는 핵시설로 인하여 서구 세계와 갈등을 일으키고 있다. 이란이 핵을 궁극적 목표는 이스라엘을 타깃으로 한 것이기 때문에 이스라엘은 이란을 선제공격할 수도 있다고 엄포를 놓아 중동의 분위기를 긴장시키고 있다. 이란은 철저히 이스라엘을 인정하지 않고 시온정부로 부르며, 지도상에서 사라져야 할 나라라고 공언한다. 그러나 이슬람 혁명 이후 국민들은 전반적으로 경직된 율법주의의 정부를 거부하는 실정이다. 그래서 지하교회가 엄청나게 증가한다고 말한다. 이란 국민들은 호메이니 덕분에 기독교가 덕을 본다고 조롱 섞인 말을 할 정도이다. 이란이 주는 교훈은 경직된 신정정치가 결코 건전하고도 합리적인 사회를 만들지 못한다는 교훈을 주고 있다. 다만 백성들이 불쌍할 뿐이다.

이란은 이슬람 국가이면서도 페르시아 문명을 낳았다는 자부심으로 페르시아의 옛 영광을 다시 일으키려고 노력한다. 비교 종교학적으로는 이란(페르시아)이 최근 중요한 연구의 대상이 되고 있다. 힌두교와 불교를 일으킨 인종은 아리안이어서 이 두 종교의 기원을 페르시아라고 말하는 학설이 제기되고 있으며 이슬람 원리주의자들의 과격한 이분법적 세계관 역시 과거 페르시아 종교가 우주를 선과 악의 투쟁으로 보는 우주관에서 유래한 것으로 해석한다. 일본의 태양신 숭배는 일본 고유의 것으로 말하지만 이것 이란에서 역시 중앙아시아를 통하여 일본으로 수입된 것이다.

1. 이란의 역사

이란은 구약성경에도 그 이름이 나올 정도로 오랜 역사를 자랑한다. 구약에 '바사'로 나오는 페르시아(Persia)는 국제적 명칭으로 이란이라는 이름으로 변경되었다. 최근에는 페르시아와 이란이 공식적인 명칭으로 사용되곤 한다. 페르시아의 역사는 역사가 기록되기 시작한 이래, 이란 고원의 중심에 위치했던 고대 국가로부터 시작하여 현재국가와 같이 국경을 확장해 왔다.

이란인들은 그들의 유구한 역사에 대한 자부심을 가지고 있다. 그들의 역사는 2,500년 전 '위대한 왕 중의왕'으로 불리는 Cyrus(고레스) 시대까지 거슬러 올라간다. 고레스 이후 많은 크고 작은 제국들이 이 작은 대륙을 지배했다. 이란은 지리적으로는 페르시아만의 위치하여서 페르시아라는 이름이 더 통한다. 이란은 페르시아 혹은 메데로 불리는데, 페르시아는 본래 지역 이름인 Pars에서 유래하였고, 메데는 실제로 서부 이란과 카스피해의 서쪽 및 자그로스 산의 남쪽을 가리키는 고대어로서, 이 영토는 현재 아제르바이잔과 쿠르드족이 사는 지역이다. 이 지역에 사는 주민들을 메데 혹은 야벳(창 10:2)이라 부른다. 주전 9세기 경에는 이 양 지역이 한때 유명한 바빌론 제국에 점령당하였다. 바빌론 시대 이후 페르시아는 고레스(Cyrus)가 제국을 통일하고 강대한 나라를 만든다.

페르시아의 첫째 왕은 역사적으로 고레스로 알려진다. 고레스 대왕은 페르시아인 이지만 어머니가 메데인이다. 그 다음은 다리우스 왕인데, 일부 학자들은 다니엘 6:28의 다리우스와 고레스는 실제로 동일 인물이라고 주장하는 자도 있으나 역사는 분명히 고레스와 다리우스를 다른 인물로 본다. 고레스가 통치한 아캐메니아왕조(Achaemenias)때가 가장 전성기로 본다. 고레스는 하나님께서 이스라엘을 바빌론 포로에서 해방하는 하나님의 종으로 칭찬받는데, 그는 동시에 유대인들에게 성전 재건을 허락한다(사 44:28, 45:1). 고레스는 메데도 통일하여 페르시아에 합병한 후에 메데 사람들을 많이 등용한다. 여기서 페르시아와 메데는 때로는 혼용되기도 하나 성경을 분명 분리하여 언급한다(에스더 1:3). 메데는 사실 페르시아의 11번째와 18번째 주이다. 메데 사람은 종종 페르시아에서 독립을 시도하기도 하였다. 에스더 1:3, 14, 18, 19은 바로 이러한 맥락에서 이해되어야 한다. 이후에 등장하는 다리우스 왕은 메데 사람이다. 그의 이름은 구약에도 많이 등장하는데, 다니엘은 물론 모르드개와 에스라의 무대로 바로 이 페르시아이다. 다리우스 다음의 통치자 아하수에로(B.C.486-465간 통치)는 이집트의 헬라의 영토 및 인도까지 점령지를 확대하지만 마라톤 전쟁에서 알렉산드리아의 소수 헬라 군에게 패전, 나중에는 그 부하에게 사살 당한다. 다리우스는 군사, 법, 행정 등에서 많은 개혁을 하는데, 그가 다니엘을 등용한 것은 획기적인 사건이지만 그는 점령지에 어느 정도의 자치권을 부여하였다.

그래서 에스더와 유대인들이 비교적 자유를 가지고 살았다. 다리우스 이후는 아닥시스가 통치하지만 곧 이어서 알렉산더의 등장으로 한때는 헬라의 지배를 받게 된다(300-250 BC). 그러나 이후에 파르디안왕조(Parthian : 250 BC-226 AD), 수산왕조 (Sussanian :226-651 AD), 사파비드왕조 (Safavid :1501-1736 AD)로 전제군주적 왕조가 계속된다. 사파비드 왕조 이후에 카자르 왕조(Qajar:1795-1925), 다음 팔라비왕조(Pahlavi :1925-1979)이다.

문명 대국 페르시아가 7세기에 아랍에게 패망하여 이슬람 국가가 된 것은 의외의 일이다. 아랍은 사막의 부족으로 문명이 없다. 그럼에도 페르시아가 아랍에게 패한 것은 페르시아의 교만과 도덕적 해이, 예를 들면 장군이 전쟁에 나가면서 엄청난 패물을 착용하였다-그리고 장기간 비잔틴과 전쟁함으로 국운이 기울어지는 상황이었기 때문이다. 7세기 중반 비잔틴제국과 페르시아제국은 전면전을 감행하게 되는데, 이 전쟁으로 인해 비잔틴제국도 약화되지만 페르시아는 결정적인 타격을 입게 되었다. 이와 같이 붕괴직전에 있던 페르시아에 아랍군이 진격하자 페르시아는 힘없이 무너지고 만 것이다. 즉 비잔틴과 페르시아의 장기적인 적대관계 속에서 이슬람은 제국의 별다른 간섭 없이 크게 성장하게 되었으며, 또한 비잔틴과 페르시아의 전쟁에서 제3자인 아랍-이슬람제국이 어부지리를 얻은 것이다.

한편 기독교제국 비잔틴과의 계속적인 전쟁과 대립은 페르시아인들에게 반기독교(서방정교)적 감정을 악화시켜 쉽게 이슬람을 받아들이게 하는 원인이 되었다. 페르시아가 쉽게 이슬람화된 후, 페르시아 내의 네스토리안교도들은 크게 핍박을 받고 위축되게 되었다. 이 후에 페르시아 무슬림들은 중앙아시아 이슬람화에 크게 기여하게 된다. 페르시아와 중앙아시아의 이슬람은 몽골제국이 이 지역을 지배할 때까지 어려움 없이 크게 그 세력을 확장하게 된다.

근대 이란 왕조의 역사는 1905년 민족주의의 발흥과 함께 시작된다. 19세기에는 이란에서 영국과 러시아가 주도권 싸움을 전개하여 결국 이란의 북부는 러시아가, 남부는 영국이 영향력을 행사하면서 근대화 바람이 분다. 이것은 결국 지성인들과 무슬림들에게 민족주의를 조장하였다. 이러한 갈등 가운데 1921년 Rezakhan이 왕으로 즉위하였다. 그는 거의 16년 동안 Raza Shah Pahlevi로서 통치했다. 그가 이란을 통치하는 동안 이란은 근대화되었다. 1941년 그의 아들 Reza Pahlevi Muhammad가 왕위를 계승하여 1979년까지 이란을 통치하였다. 그러나 팔레비 샤왕은 독재와 부패권력으로 말미암아 서방세계의 지원을 받지만 1978년 무슬림들과 민족주의자들 및 지성인들로부터 강력한 저항을 받아 권좌에서 물러나고 이집트로 망명하여 거기서 사망하였다. 그가 권좌에서 물러난 1979년은 현대 이란의 역사를 새롭게 시작하는 해이다. 즉 호메이니가 이끄는 이슬람혁명이 성공하여 현재 이란은 이란 이슬람공화국이 되었다.[1] 세계에서 성직자가 정치를 하는 특이한 나라이다. 그러나 미국의 경제제재 조치로 경제적으로는 어려운 고통을 당하고 있다. 핵무기로 인한 정치적 고립을 어떻게 하느냐가 이란의 가장 중요한 정치적 이슈일 것이다.

2. 시아파의 종주국 이란

이란은 39개의 인종과 언어로 구성된 다원화 인종과 문화의 나라

---

1) Kazemia Kia Abbas, "The Strategies for Evangelization of Iranian Muslims" (ACTS M.Div. thesis, 1991), 5-10.

이다. 인구는 약 6,200만 명으로 45%를 차지하는 이란인(페르시아인)이 가장 인구가 많고 온 나라에 널리 분포되었다. 이란인들은 원래 아리안 인종인 인도 유럽계통이다. 조상들은 중앙아시아에서 이주한 것으로 보인다. 희랍과 유사한 물질 부정의 종교인 조로아스트교나 마니교 같은 종교를 발전시킨 나라이지만 불행하게도 아랍과의 전투에서 패배, 이슬람을 종교로 채택한다. 다만 시아파의 종주국이 된다.

이미 아시아 기독교에서 다루었지만 아시아 종교인 힌두교, 불교, 태양신 숭배 등은 다 이란에서 나왔다는 학설이 제기되고 있다. 인도의 학자 팔은 오래 전에 이미 불교의 메소포타미아기원설을 제창하였고 이것을 일본의 학자들이 동의하여 학파가 형성될 정도이다. 즉 세계의 큰 종교들이 이란을 배경으로 시작하였다는 것은 중요한 의미가 있다. 종교는 본래 하나라는 것을 입증할 수 있는 계기가 된다고 본다. 페르시아 종교는 희랍 철학과 같이 물질을 부정하고 영혼을 신성시 한다. 그래서 사람이 죽으면 땅에 묻지 않고 조장하였다. 새가 사람의 시체를 먹게 하데, 이유는 시체는 악하여 묻을 경우 땅을 더럽혀 농사를 망친다는 것이다. 힌두교와 불교는 이러한 물질부정의 아리안 철학을 바탕으로 발전한 것이다.

이러한 철학의 이란이 물질 긍정의 이슬람을 받아들여 더 엄한 이슬람 국가가 되었다는 것은 아이러니한 사실이다. 이란의 이슬람은 시아파가 주류인데 1501년 사파비드 왕조의 이스마일 왕에 의하여 국교로 지정되었다. 시아파는 다른 종파에 비하여 정치성이 강하다. 이 파의 강조점은 무하마드 알리의 사위인 4대 칼리프의 후손만이 이맘으로 인정되어야 한다는 것을 역설한다. 이들의 다른 교리는 다음의 이슬람혁명에서 참고하기 바란다. 이란에서 가장 핍박을 받는 종교는 과거에는 기독교보다 오히려 조로아스터교라 하여도 과언이 아니다. 이 종교의 신도는 현재 약 2만 명 가량 되는 것으로 추산하는데, 이들은 이란 사회에서는 가바르 파르시스(Gabar Parsis)라고 불리면서 엄청난 푸대접을 받는다. 가바르란 아라비아어 kafir(불경건자)라는 뜻이다. 주후 656년 무슬림이 이란에 온 이후 이들은 말타기가 금지되고 무기 착용은 물론 불법이다. 이들은 이슬람으로 개종하기보다는 끝까지 자기들의 종교 전통을 고수하는데, 3개의 사원에서 거룩한 불을 잘 보존한다. 마즈다교란 이들이 최고의 신으로 숭배하는 지혜의 신 마즈다를 섬기는 자라는 뜻이다. 조로아스터교란 이 교의 창설자 자라투스트라의 이름에서 따온 것이다.(니체의 저서 '자라투스트라는 이렇게 말하였다'의 주인공 자라투스트라는 바로 이 사람이다.) 종교학자들은 이 종교는 인도 유럽인의 종교로 해석한다. 주전 6세기 고레스, 다리우스, 아하수에로 왕은 이 종교의 신봉자들이었다. 특이한 것은 일부 학자들은 이 종교는 메데인들 중에 제사장인 마술사(성경에 나오는 박사는 마술사들이다) 부족이 있었는데, 이들이 불신을 섬겼다는 것이다. 흥미로운 사실은 이란의 수산왕조 때 이 종교는 사회를 승려, 무사, 기술자와 상인계급으로 분류하였다. 이것은 힌두교의 계급 분류와 너무나 유사하다. 따라서 이 종교는 귀족의 종교로 취급되어 7세기 이란이 이슬람화하면서 핍박을 받는다.[2]

　조로아스터교는 힌두교처럼 물질은 악하고 영은 선하고, 우주는 선과 악이 싸우는 것으로 해석한다. 즉 선신 아후라 마즈다와 악신 앙구르 마이뉴가 서로 싸우는데, 세상의 고통은 바로 이 악신 때문이다. 이 종교는 사람이 죽으면 조장을 하는데, 이유는 죽은 사람의

---

[2] 이란에서 조로아스터교의 역사적 발전에 대하여는 Julian Baldick, "Mazdaism," *The Religions of Asia*, ed., Fiedhelm Hardy, (London : Routledge, 1998), 20-36을 참조할 것.

시체는 땅을 더럽히기 때문에 대지나 식물에 절대 닿지 않게 하면서 높은 곳에 두어 새들이 먹게 한다. 그렇게 되면 영혼은 시체에서 해방되어 하늘로 올라간다. 그러면 뼈는 잠시동안 햇볕과 바람을 쏘인 뒤에 모아서 묻는다. 이것은 인디언의 풍속과 유사하다. 그런데 자유로워진 영혼은 생존 중에 행한 선과 악의 결과에 천국 혹은 지옥으로 간다.

물질 부정의 이원론 사상이 지배하는 이란은 시아파 이슬람의 종주국이 되어 수니파 이슬람 국가와 긴장 관계를 형성한다. 시아파는 10%에 불과하지만 이라크와 중동의 일부 국가에 산재한다. 이란의 시아파는 수니파에 대한 강한 자존심을 가지면서 항상 대립하고 투쟁하는데, 배후에는 항상 이란이 있다. 시아파의 강한 자존심은 필자가 만난 시아파 지도자와의 인터뷰에 그대로 나타난다. 필자는 2005년 여름 시아파의 총 본부라 할 수 있는 성지 콤의 한 이슬람 신학교를 방문, 지도자와 면담을 하였다. 무모한 모험을 하였지만 너무나 값진 경험이라고 생각한다. 그 지도자는 장시간의 설명에서 시아파가 이슬람의 정통임을 은근히 강조하고 12번째 이맘이 나타나면 종말인데, 그 때는 기독교가 믿는 예수는 현재 시아파 천당 4층에 있는데, 메시야 되는 12번째 이맘이 재림할 때 예수님은 그 메시야를 수종드는 자로 뒤를 따른다고 한다. 그 때는 모든 기독교인들은 자동적으로 시아파 신자가 된다고 한다. 시아파의 절대성과 최후성을 역설한다. 시아파와 수니파의 차이는 교리적 차이보다 후계자의 선출문제가 가장 중요한 차이일 것이다. 수니파들은 후계자 칼리프는 민주적 방식으로 선출되어야 한다는데 대하여 시아파는 무함마드의 지계 혈통에서 선출되는 것을 고집함으로 종교지도자의 카리스마적 권위를 중시한다. 이러한 배경에서 호메이니가 등장한 것이다.

3. 기독교 선교역사

이란의 기독교 선교는 아시아에서 가장 오랜 역사를 가졌으면서도 현재는 기독교가 가장 수난 당하는 곳이다. 이미 살펴본 바와 같이 유대인들이 바빌론 포로시대 대에 페르시아에까지 흩어졌고, 이방 땅에서도 하나님의 구원의 역사와 관련된 중대한 사건들이 일어났다. 그리고 신약시대때 이미 복음이 유대인들을 통하여 이란에 전파되었을 가능성은 사도행전 2장에 잘 나타난다. 사도행전 2:9-11에 의하면 오순절 성령이 강림하였을 때 바대인과 메데인과 엘람인이 복음을 들었다는 기록이 있다. 이것은 페르시아에 살았던 유대인으로 본다. 이들은 돌아가서도 신앙생활을 하였다면 그들이야말로 이란의 첫 기독교인이었을 것이다. 교부들의 저술에 의하면 도마 다대오 안드레 마태 그리고 바돌로매는 알메니안인과 아시리아 사람들에게 복음을 전했다고 한다. 알메니안인들과 시리아에 복음을 전하였다는 것은 페르시아에 전도가 가능하다는 것을 입증한다. 그 이유는 알메니안인들 중에 페르시아에 거주하는 자가 있거니와 시리아는 안디옥과 가까운 곳으로 기독교가 이들을 통하여 페르시아로 가는 통로이다. 기독교가 2세기에 페르시아에 전파되었다는 역사적 증거나 자료가 부족하지만 충분한 가능성은 인정한다. 시리아 교회의 본부는 에데사인데, 이것 역시 페르시아로 가는 길목이다. 예수님 당시 페르시아는 파르디안 왕조가 지배하였는데, 파르디안 왕조는 당시 특정 종교나 문화적 아이덴티티가 약하여 기독교에 대한 저항력이 없었다. 그래서 학자들은 파르디안 왕조를 일종의 암흑시대로 규정하여 처음부터 문화적으로는 야만인이라고 한다. 이것이 오히려 복음의 준비가 되었다. 이러한 상황에서 기독교가 시리아를 통하여 들어간 것으로 본다.[3] 또한 예수님 이후 수세기 동안은 시리아 중심으로 하는 동방의 기독교가 발전하였다. 네스토리안 교회가 성장한 것도 시리아와 현재의 중동 지방을 중심으로 발전하였다. 따라서 페르시아 교회는 정확하게 누구가 이 나라에 복음을 전하였느냐 보다는 어떠한 교회였느냐에 더 관심을 둔다. 페르시아에 복음이 필연적으로 전래될 수 있는 다른 가능성은 도마가 인도에 복음을 전하였다는 인도교회의 확신이다. 그렇다면 길은 부득이 페르시아를 통과하여야 한다. 고고학 발굴에 의하면 주후 230-250년에 페르시아에 소규모의 가정교회가 존재한 그림과 유물이 있다고 한다. 페르시아는 때로는 헬라나 로마의 침략으로 정복을 당하였다. 로마가 기독교를 핍박하자 일부 동방의 크리스천들은 핍박이 없었던 페르시아 영토로 피신함으로 페르시아에서 기독교회가 한때 성장하였다. 특히 페르시아에서 기독교회는 수산 왕조 때에 크게 발전한다. 수산왕조는 로마를 동방에서 몰아내고 에데사의 시리아까지 정복함으로 기독교회는 전환기를 맞이하였다. 그러나 동서 기독교회는 동과 서를 초월하여 일체감을 가졌지만 이상하게도 동방의 기독교회가 후일에 서방의 기독교회보다 못하다는 것은 역사가 증명한다.

 당시 에데사를 중심으로 하는 시리아 교회의 상황에 대하여는 사도들의 교훈(Didascalia Apostolorum)에서 잘 나타난다. 당시 교회직제는 감독, 목사, 설교자, 교사, 장로, 집사 등이 있었고 주일은 철저히 모였으며, 예배 시에 남자들은 앞 좌석에, 여자들은 뒷 좌석에 앉았다. 심지어 감독이 부자 신자를 다루는 법까지 규정하였는데, 내용은 특별히 우대하지 않는 것이다. 중요한 것은 당시 시리아 교회의 신앙이 동방적인 금욕적 성격을 띠었다는 것이다. 이것은 신앙의

---

3) Samuel Moffet, *A History of Christianity in Asia*, 10-12

규율이 철저하고 엄하였다는 것을 의미한다. 현재로 말하면 청교도적인 금욕을 이상시 하였다. 결혼하지 않은 사람은 더 경건하고 가정을 가진 사람은 교회 내에서도 변두리의 사람으로 취급되었다. 도마행전은 결혼 생활을 부끄러운 행위로, 부패의 파트너십으로 혹은 더러운 교제(filthy itercourse)로 간주하고 있다. 이렇게 금욕적인 교회는 주로 선교에 관심이 없다고 생각하기 쉬우나 시리아와 페르시아의 신자들은 동시에 강한 전도열을 가졌다고 한다. 2세기에는 순회전도자가 주로 전도하였지만 3세기에는 이 정신을 계승하여 금욕과 동시에 도시와 마을을 가로지르는 선교정신을 발휘하였다.[4] 페르시아 교회는 중국, 터키, 인도 및 아라비아에까지 선교사를 파송하였다.

이렇게 기독교의 역사가 오래된 이란은 이슬람의 정복으로 기독교는 소수의, 그리고 반지하교회로 남게 된다. 그러면서도 우리와는 색다른 교회가 명맥을 유지하다가 19세기에 들어와서 개신교회가 들어온다. 비록 천주교나 개신교 선교는 이 나라에서 수적으로는 큰 성공을 거두지 못하지만 억압 속에서도 신자가 태어났다. 회심자는 이슬람도 중에서도 생겼지만 주로 오랜 역사를 가진 네스토리안과 유대인들이었다. 개신교 선교는 다른 나라에서보다는 의료, 봉사, 학교 등을 통하여 활발하게 선교하였다. 먼저 19세기 서구 선교사들이 들어올 때의 기독교 신자들의 상황은 대단히 어려웠다.

신자들은 주로 네스토리안들로서, 이들은 서북 지방의 울미아 호수를 중심으로 하는 산악 지대에 집중하였는데, 이 지역은 정치적으로는 터키와 페르시아의 경계였다. 네스토리안 신자들은 이웃 지방의 쿠르드 부족들로부터 약탈을 당하여 수적으로는 오히려 줄어들

---

4) Samuel Moffet, 92-101

었다. 이란에서 네스토리안 교회는 중세기에는 로마 천주교회와 대등한 입장에서 교류를 시도하기도 하였다.

천주교회가 이 나라에 들어온 것은 적어도 15세기 후반에서 17세기 사이로 선교의 절정은 16세기 후반과 17세기 전반 샤 아바스왕 때이다. 선교한 단체로는 예수회선교회, 프란시스코선교회, 카멜선교회 (Camelites), 카푸친선교회(Capuchins)였다. 이 선교로 알메니안 교회가 탄생한다. 특히 아바스 왕은 알메니안 기술자들을 초빙하여 당시의 수도인 이스판을 장식하였다. 그러나 1719년 아프간의 침공으로 천주교회는 분산되었다가 19세기 중반에 다시 재정비된다. 19세기에 들어와서 이란에 대한 천주교 선교는 주로 교육, 병원사업, 특히 나환자 치료에 집중하였다. 19세기 천주교 신자는 약 1만명을 기록하였다.

개신교의 첫 선교사는 인도에서 윌리암 케리와 함께 번역선교에 종사하였던 헨리 말틴으로, 그는 근대 첫 이슬람 선교사로 기록된다. 그래서 영국에서는 그의 일을 기념하여 헨리 말틴 이슬람연구소가 있다. 그는 영국성공회 목사로서 인도에 선교사로 활동 하였으나 질병으로 영국으로 귀국하였다. 그는 귀국 길에 1811년 이란에 잠시 체류하면서 무슬림과 유대인들과 논쟁을 하면서 신약과 시편을 페르시아어로 번역하였다. 말틴 이후 서구 기독교는 많은 선교사들을 이란에 파송하였는데, 특히 미국의 해외선교회가 이 나라 선교에 가장 많은 투자를 하였다. 1825년에 유대인 개종자인 조셉 월프가 이란을 방문하여 선교활동을 하였고, 1830년에 초교파 선교단체인 미국해외선교회가 드와이트 스미스를 타브리즈에 파송하였고 뒤를 이어서 미국 장로교회가 선교사를 파송하였다. 이렇게 하여 영국과 스웨덴 등 많은 나라의 선교사들이 이 나라 선교에 활발하게 참여하여 교회를 설립하였다. 특히 타브리즈는 선교의 중심지로 교회가 발전하였는데, 서구선교로 앗시리아 복음주의 교회가 탄생하였다. 이들 신자들은 주로 네스토리안 신자들로서 1870년에는 3천명을 기록하였다. 특히 이란에서 미국 장로교 선교가 다른 선교부보다 비교적 활발하게 선교하였는데, 이슬람사회에서 장로교회가 유리하다는 것이 이란에서도 입증된 셈이다. 19세기 후반에는 선교의 열의가 없는 러시아 정교회도 이란에 손을 뻗치었다. 이것은 당시 기독교에 적대적인 페르시아 정부와 쿠르드족들의 약탈을 피하기 위하여 네스토리안 신자들이 가까운 러시아로 피신하자 러시아 정교회가 이들을 보호하기 위하여 이란선교에 참여한 것이다.[5] 20세기에 들어와서 많은 개신교 선교단체가 들어와서 전도한 결과 여러 교파가 발전하였다. 그리하여 앞서 언급한 대로 오순절교회, 감독교회등 다양한 교파가 있다.

그러나 현재 이란은 기독교 선교에 문이 철저히 닫혀 있을 뿐 아니라 1988년 이후 더욱 기독교에 대한 탄압을 강화하였다. 특히 과거 무슬림이었다가 개종한 사람들은 더욱 감시와 탄압의 대상이 된다.

4. 이슬람 혁명

이란의 이슬람혁명은 정치적으로나 기독교 선교에서도 중대한 교훈을 준다. 일반적으로 근대화는 종교와 역행하는 경향이 있다. 그런데 오히려 중동과 아시아는 전통종교로의 회귀현상이 70년대 일어나는데, 그것도 이란에서 종교적 신정국가(theocracy)를 수립하

---

5) K.S. Latourette, *The Great Century : North Africa and Asia*, Vol. 6. (Grand Rapids : Zondervan, 1973), 55-60

는 혁명이 일어났다는 것은 역사의 아이러니이다. 이란 혁명의 특이성은 혁명의 전통적 성격과 현대적 성격의 결합에 있다. 전통적인 성격은 원리주의와 전통주의를 표방한 이슬람이 혁명에서 수행한 역할이다. 이것은 세속정부가 추구하는 현대화는 세속화를, 세속화는 결국 전통을 고수하는 종교 세력으로부터 저항을 받는다는 산 실례이다. 이란 혁명은 또한 경제적으로나 사회적으로 발전한 사회에서 발생하였다는 것과, 다른 많은 혁명은 주로 농촌에서 일어나는데 도시에서 발행한 것도 특이하다는 것이다. 혁명의 원인은 물론 팔레비 왕의 장기집권과 독재, 권력의 부정부패에 기인한다. '이점에서 이란 혁명은 경제적 평등과 정치적 자유를 희구하는 제3세계 내의 보편적인 욕구와 일치하는 이란 국민의 욕구가 표출된 예이다.'[6]

그러나 여기에는 시아파 이슬람의 반정부운동이 가장 중요한 요인으로 작용하였다. 하지만 지금 우리는 이란의 이슬람혁명이 과연 성공하였느냐고 물을 때 해답은 '노'이다. 세계사에서 미국의 시민혁명을 제외하고는 혁명은 다 실패하였는데, 이란의 이슬람혁명이라고 예외는 아니다. 알라의 주권을 정치, 경제, 사회, 교육, 법률 등 모든 분야에 강제적으로라도 철저히 적용해야 한다는 알라의 주권 사상은 과연 민주주의, 자유, 인권, 평등, 사랑 등의 보편적 가치관과 일치하는가? 현재 이란의 상황은 오히려 이러한 인간의 보편적 가치를 전혀 외면하는 상황으로 나아간다. 우선 이것은 현재 이란의 젊은이들이 5천불의 뇌물을 주고도 자기 나라를 탈출하려는 데서 잘 나타난다.

먼저 왜 이슬람혁명이 일어났는가? 그 원인은 호메이니 이전의

---

6) 이석수, "이란 혁명의 발생요인과 전개 양상," [제 3세계 연구] 2권 (1985.6), (서울:한길사), 9.

팔레비의 통치에서 직접적인 해답을 찾아야 한다. 팔레비는 집권 후 서구화를 통한 근대화를 시도하고 교육 등 많은 개혁을 단행한다. 1961년 토지개혁을 단행하면서 경제 향상을 위한 모든 노력을 경주하였다. 소수의 특권층 토지 소유자들은 토지를 반환하고 국간 이것을 경작자들에게 재분배하였다. 산업에서 이윤분배제가 도입되어 이전의 지주들은 산업에 참여한 대가의 형태로 보상을 받았다. 경작자들과 노동자들에게 정치참여의 길을 넓혀 주었고 농촌에서는 협동조합이나 옛 지주의 역할을 대신 담당했다. 문맹을 감소시키기 위한 운동이 일어나고 교육이 성직자들의 통제에서 더욱 벗어났다. 이것이 소위 백색혁명(white revolution)이었다. 1971년 토지분배가 끝났을 때 약 25만 가구가 이 개혁의 혜택을 입은 것으로 나타났다. 그러나 종교지도자들은 토지개혁, 정부와 왕실 권한의 확대에 불만을 표시했다. 이러한 가운데 1963년 호메이니가 왕을 직접적으로 공격하는 연설을 하여 구속되자 소요가 발생했다. 소요는 가혹하게 진압되었고 호메이니는 추방되었다. 그는 처음에는 터키로, 다음에는 이라크로 쫓겨났다. 백색혁명 과정에서 농업과 산업에서 개혁이 너무 급속히 진행되고 시행상의 오류가 드러나면서 많은 사람들이 개혁에 실망을 느끼게 되었다. 절대권력은 절대 부패한다는 속담이 이란에서도 예외는 아니었다. 집중화된 권력은 자연히 많은 특권계급과 부정부패를 낳았고, 권력유지를 위하여 가혹한 탄압정치를 시행하여 민심이 이반되었다.

즉 샤 왕권의 실정을 요약하면 그의 무리한 경제정책이 도리어 이란 경제의 파국을 초래하였고, 이로 인하여 인플레는 심각한 위기상황으로 발전한다. 근대화 관정은 아시아 어디에서나 유사한 빈부의 격차를 심화시켰다. 농업정책 역시 실패하였다. 이란은 시장상인의 경제적 비중이 높은데도 불구하고 이들의 이해와 상반되는 정책을 실시함으로 반발을 샀다. 둘째로 정치적으로는 권력을 아들에게 상속할 것을 계획하고 정치권력을 자신에게 과도하고도 부당하게 집중화시켰다. 이를 위하여 정보정치의 탄압을 강화하였다. 이란의 비밀경찰인 SAVAK은 악명높기로 유명하다. 여기에다가 이란군부는 부패하였고 군기는 문란한데도 팔레비가 직접 지휘권을 행사하였다. 그러나 그 역시 말기에는 암으로 통치 능력의 한계를 드러냈다. 셋째로 샤왕권의 외교정책은 혁명을 부채질하였다. 이란이 막대한 석유자원 국가로 부상하자 미국과 소련은 이란에 영향력 행사를 위한 각축장이 되었다. 이 과정에서 팔레비는 미국의 지지를 받았다. 이것은 물론 미국을 싫어하는 이슬람세력에 반감을 샀고 나아가 아랍세계가 미워하는 이스라엘과 우호 관계를 유지하였다. 미국을 위시한 서방 자본주의 국가의 문화적 경제적 침투는 이슬람도들을 자극하였다.

마지막으로 혁명에 가장 직접적인 영향력을 행사한 것은 이란의 시아파 이슬람이다. 다른 아시아 국가에서는 혁명은 주로 사회주의나 공산주의적 이데올로기가 크게 작용한다. 1990년 네팔의 혁명, 1965년 인도네시아 공산혁명이나 미얀마의 정치변혁은주로 이러한 것의 대표적인 케이스이다. 그러나 이란혁명은 철저히 반무신론적인 이슬람혁명이다. 다른 아시아나라에서 종교가 혁명적 성격이나 사회성을 강하게 나타내지 않는데 반하여 이슬람은 오히려 정치적이고 사회적이다. 그리고 이미 언급한 바와 같이 70년대 다른 아시아 나라에서 종교복귀 현상과 원리주의 운동이 강하게 등장하는데, 이것이 이란에서도 예외는 아니다. 그런데다 시아파 이슬람은 종교와 정치의 분리를 인정하지 않는, 그야말로 이슬람은 종교이자 국가라는 코란의 가르침을 절대적으로 고수한다. 칼빈주의가 정치를 위시한 모든 영역에서 하나님의 주권을 강조하는 것처럼 이슬람도 알라의 주권을 외친다. 그러나 칼빈주의는 스스로 하나님의 권위를 인정하고 받아들일 때 이 이론의 실현이 가능하다. 또한 모든 영역의 주권을 인정하여 사회가 정치에 간섭할 수 없다고 주장한다. 그러나 이슬람은 선택의 여지가 없이 강제성을 띤다.

이란 사람들은 비정통적인 시아파를 선택하였는데, 시아파는 수니파나 다른 이슬람과는 달리 종교가 정치위에 군림해야 한다고 강하게 주장한다. 이란인들은 민족적 문화적 전통을 유지하기 위하여 시아파에게 막강한 힘을 부여하였다. 여기서 이란은 16세기부터 세속적 왕권과 종교지도자 간에 항상 갈등이 내재해 왔고, 이것이 샤에게서 절정에 달하여 결국 충돌하였다. 시아파는 종교위에 정치를 고집하거니와 자기희생을 가르치며 동시에 사원이 성스럽다는 것을 다른 종파보다 더 강조한다. 이것은 반정부 세력들로 하여금 사원에서 도피하게 한 요인이 되기도 한다. 이미 이란에서는 시아파 이슬람이 이란 국민들을 통합시키는 정신적, 영적 지주역할을 하였다. 시아파는 사회, 정치, 경제제도를 정당화하는 역할을 하였다. 이의 대표적인 것이 19세기 후반에 이미 서구화물결로 서양담배가 들어올 때 시아파 지도자가 앞장서서 담배수입을 거부, 현재도 이란은 담배는 전혀 금지된다. 시아파는 조직상 최고 성직자를 중심으로 하는 위계질서가 잘 확립되어 있는데다가 경제력이 있어서 정부에 의존하는 것이 약하다. 특히 호메이니는 이란 사회에서는 오래 전부터 절대적 존경의 대상이었다. 그 이유는 그는 오래 전부터 샤왕을 비판하는 책을 저술하였는데, 거기서 이미 이슬람법에 의하여 지배되고 이슬람 법률학자가 다스리는 이슬람공화국을 제창하였다. 특히 호메이니는 일찍부터 외친 것이 코란의 전통을 따라 왕의 제도를 거부하고 이맘(이슬람성직자)이 정치하는 것을 지지하였다. 이것은 왕정에 대한 반감을 결과적으로 부채질하였다. 거기다가 추방당한 호메이니는 외국에서 더욱 서적, 테이프 등을 통하여 혁명을 자유롭게 고 취시켰다.[7] 그러나 호메이니가 주도한 이슬람, 특히 시아파의 혁명은 '정통 시아파의 사상이 아니라 호메이니의 인기에도 불구하고 그것은 근본주의와는 거리가 먼 급진적 사회 정치적 변화' 라는[8] 평가는 주목 할 만한 내용이다. 최근 우리 사회에서 소수의 과격주의가 성공한 것 같이 호메이니가 주도한 이슬람혁명 역시 정통교리에 근거한 것이 아 니라 소수 과격자의 승리이다.

이란 이슬람혁명으로 팔레비 왕은 국외로 탈출하고 1979년 2월 망 명중인 호메이니는 국민들의 열광적인 환호속에서 귀국하여 그해 4월 국민투표를 통하여 이슬람 공화국을 선포하고 새로운 정치형태인 대 통령제를 채택한다. 혁명이 일어날 때 국민들이 외친 슬로간은 '국왕 에게 죽음을, 미제국주의자에게 죽음을' 이었다. 혁명의 성공으로 이슬 람 성직자가 정권을 장악하는 종교국가가 탄생하였다. 이슬람 근본주 의에 바탕을 둔 법이 제정되었고 서유럽은 이란에 대하여 더 이상 영향 력을 행사하지 못하게 되었다. 그러나 이슬람혁명은 중동과 전세계의 이슬람도들에게는 고무적인 사건이 되지만 일부 중동의 정치가들에게 는 못마땅하였다. 이라크의 사담 후세인이 이슬람혁명을 가장 못마땅 하였다. 이라크의 사담 후세인이 이슬람혁명을 가장 못마땅하게 여긴 중동의 지도자이다. 그래서 그는 1980년 기족의 국경선을 규정한 조약 을 파괴하고 이란을 침공하게 된다. 여기서 두 나라 경제를 모두 파탄 으로 몰고 간 이란-이라크 전쟁이 시작되었다. 이 전쟁은 막대한 인적, 물적, 경제적 손실을 끼치며 계속되다가 1990년에 종전되었다.

---

7) Nikki R. Keddie, "Religion, Society, and Revolution in Modern Iran." Michael E. Bonine and Nikki R. Deddie, eds. Continuity and Change in Modern Iran (Albany : State University of New York Press, 1985), 30-33.
8) Mangol Bayat-Philipp. "Tradition and Change in Iranian Socio-Religious Thought," *Continuity and Change*...56

5. 혁명후의 이란: 실패한 혁명?

이슬람 혁명으로 집권한 호메이니 정부는 종교적 독재자였다. 그는 처음부터 "이란에는 비무슬림이 설 땅은 없다. 오직 이슬람만이 있을 뿐이다"라고 외침으로 타종교와 세속문화에 배타적인 태도를 취하였다. 1986년 정부는 TV를 통하여 이슬람에서 다른 종교로 개종하는 것은 죽음의 심판이 있을 뿐이라고 방송하였다. 소수 종교들의 활동은 매우 제한되었으며 타종교를 박해하였다. 1990년에는 하나님의 성회 목사가 추방당하였고 많은 기독교인들이 살해당하였다. 살아남은 기독교인들이라도 상당수는 투옥되었었다. 호메이니 집권 직후 타임지는 호메이니는 파리의 망명 시절에는 파리 하나 죽이는 것도 두려워하였다고 하는데 정권을 장악한 이후에는 수많은 기독교도들을 학살하였다고 비판하였다.

종교 박해의 일원으로 비무슬림 상점은 자신의 종교를 알리는 간판부착을 의무화하며 종교 신분증명서 소지를 의무화하였다. 기독교 교인들은 이란어인 파르시(Farsi)어로 예배도 못 드리게 하였다. 이슬람 극단주의자들은 이란 내의 약 1만 명의 기독교 신자를 처형하라고 요구하기도 하였다. 이란의 기독교 지도자 하이크 호브스피안 메르(Haik Hovespian Mehr)는 이란의 종교 자유를 위하여 투쟁한 인물인데, 1995년 칼에 찔려 살해되었다. 그는 이란 하나님의 성회 총회장이요 이란 복음주의 목회자회 회장이기도하였다.

이슬람 혁명은 이란 백성에게 이슬람 율법주의를 강요하였다. 여자들이 외출할 때는 검은 색이나 회색, 혹은 재색 중 하나의 가리개를 하라는 법률을 제정하였고, 외출할 때는 남편의 허가증을 요구하기도 하였으며 차도르를 하지 않으면 종교경찰이 사정없이 때렸다고 한다. 종교적 율법주의는 한 유명 여가수의 노래와 그녀의 음반을 금지한데서 잘 나타난다. 혁명 전에 마르지 (Marzied)는 너무나도 유명한 여가수였다. 그러나 이란의 물라(mullahs · 호메이니 같은 이란의 최고 성직자)는 여자가 대중 앞에서 노래부르는 것은 비도덕적이라고 규정하였다. 그녀는 지금 이란을 탈출하여 프랑스에 망명 중인데, 거기서 이란 반정부자들과 합세하여 이슬람정부가 무너질 날을 기다리고 있다. 그녀는 현재의 이슬람정부의 억압은 팔레비 때보다 더 악하고 부패하였다고 흥분한다. 물라가 이란의 자원을 독점하고 테헤란에서 궁궐 같은 집을 사고 관료부인들은 파리와 뉴욕의 5번지에 가서 쇼핑을 한다고. 혁명 이후 여자들은 무서운 제한과 억압을 받고 있다. 여자들이 머리를 조금 노출해도 74대의 채찍을 맞으며, 입술에 연지를 바르면 혁명수비대는 여자의 입술을 면도칼로 벨 수 있고, 화장을 하면 얼굴에 산을 뿌린 적이 있다. 이상의 내용은 마르지가 뉴스위크지 기자에게 폭로한 내용이다.[9] 너무나 끔찍하다.

　이러한 교조적인 율법주의에도 불구하고 도덕은 날로 악화되고 있다. 매춘의 제도화된 형태인 1일 결혼 (One-day Marriage) 혹은 무타결혼이 바로 그것이다. 이러한 1일 결혼식은 양자가 그것에 동의한 후에 효력을 발생하고 그때 코란의 구절들이 인용된다. 결혼은 1일로부터 평생까지 지속될 수 있다. 그 여자에게는 정상적으로 결혼한 여자들에게 있는 권리는 전혀 주어지지 않는다.

　호메이니 혁명 사상은 사우디의 와합주의와 유사하게 이슬람 원리주의가 모든 정치의 근본 원리가 된다. 호메이는 강력한 이슬람 정부를 외치면서 종교지도자가 최고 통수권자 되어야 한다는 것을 역설하였다. 무함마드가 최고 정치 지도자로 꾸란을 전하고 해석하

---

9) Interview, "You Can't Stop a Canary." *Nesweek, Apiril* 3, 1995, 58.

고 집행하는 힘을 가진 것처럼, 현대 이슬람 국가도 그러한 힘을 가지고 국가가 바로 이슬람의 원리를 시행하는 집행자가 되어야 한다는 것이다. 즉 정부가 이슬람의 도구가 되는 것이다. 여기서 종교가 정치 위에 군림한다. 이슬람이 아닌 모든 권력과 정부는 무신론자나 불경건한(kufr)자들의 제도이다. 그의 등식은 경건한 무슬림 정치가는 거룩하여 부정이나 불의가 없고 불경건한 자들의 정치는 부패라는 것이다. 특히 독재자와 식민주의는 부패의 상징인데, 독재자는 팔레비 국왕을 식민주의자는 미국을 가리킨다.

6. 자유화의 물결

그러나 인간의 욕망을 너무 억제하면 반발을 일으킨다. 몸을 드러내지 못하는 '거룩한 나라'(?)에서 2006년 여름 패션쇼가 열렸다. 그러나 언론은 혁명 방지용 패션쇼로 본다. 열흘 동안 계속된 이 행사는 서구 스타일 확산에 맞서 이슬람 패션의 최신 경향을 선보일 의도로 계획되었다. 모델들의 몸을 감싼 불투명한 겉옷과 바닥에 끌리는 차도르는 신체노출을 최대한 억제하였다. 이슬람도 얼마든지 멋진 옷이 가능하다는 것을 과시하기 위한 전시회였다. 목적은 동요하는 이란 젊은 층을 잠재우기 위한 강경론자들의 대단한 시도이다.

이슬람 혁명의 여성관 역시 전형적 원리주의 모델임에도 불구하고 하지만 우리를 혼란하게 하는 것은, 이슬람과 호메이니는 여성해방자라고 하는 주장이다. 호메이니는 말하기를 이슬람 이전의 시대나 팔레비 왕조 시대는 여성을 억압하였으나 이슬람과 이슬람 혁명이 여성에게도 남성과 동등한 지위를 부여하였다는 것이다. "이슬람은 여자의 손을 잡아 남자 옆에 두었다. 그리고 남자로 하여금 보호하게 하였다. 무함마드 선지자가 오기 전에 여자들은 의미 없는 존재였다. 그러나 이슬람이 여자에게 권력을 주었다."[10]

그러나 현실은 정반대라는 사실이 드러난다. 90년대 중반 아자르 나피시라는 여성 문학교수가 서양 문학을 가르친다고 감시 대상이 되어 결국 교수직을 사직하고 이란을 떠나고 말았다. 그녀가 쓴 [테헤란의 로리타 이야기]는 혁명 후 여성을 학대하는 생생한 이야기를 들려준다. 여학생들은 수업이 늦더라도 계단을 뛰어서는 안 되고 넓은 홀에서 여학생이 큰 소리로 떠드는 것, 사람들이 보이는데서 남성과 대화하는 것, 핸드백에 브라쉬를 소지하는 것도 위법이다. 학교 정문에서 여자 수위가 학생들 소지품과 복장을 통제한다.[11]

이란 정부는 현재 청년층과 인텔리 층들로부터 저항을 받고 있다. 아마디네자드가 테헤란 대학에서 연설할 때 학생들이 "독재자에게 죽음"이라고 외치면서 초상화마저 불태웠다. 50명 가량의 학생들은 국영 TV 카메라마저 부수고 폭죽을 터뜨렸다. 다른 다수 학생들은 우리 대통령을 지지한다고 외쳤다. 이에 그는 "억압이 있다고 주장하는 소수파야말로 다수파에게 내 말을 못 듣도록 억압한다"고 응수하면서 금일 세계에서 가장 무서운 독재자는 "인권이라는 옷을 입은 미국의 독재자 정권"이라고 하였다. 이란대학에서는 개혁파나 보수파를 막론하고 반정부 발언의 교수나 학생들은 축출한다. 유력한 개혁신문도 폐간시켰다. 언론통제가 심해진다. 청년들은 이미 호메이니의 원리주의에 싫증을 느낀다. 콤이라는 도시는 시아파의 본산지이다. 아이러니한 사실은 이슬람의 부활을 외친 호메이니가 도

---

10) *Die Frau aus der Sicht Imam Khominis* (Tehran: Institution zur Koordination und Publikation der Werke Imam Khominis, 2001), 62.
11) Azar Nafisi, *Reading Lolita in Tehran* (London: Fourth Estate, 2003), 10ff.

리어 이슬람을 붕괴시키는 데 기여한다고 빈축을 산다. 이유는 너무 과격하기 때문에 민심이 떠난다는 것이다.

핵무기 문제로 미국과 힘겨루기를 하는 이란이 드디어 세계를 향하여 소리치는 영어 방송국을 개국하였다. 현재 이란은 위성방송 수신 안테나 설치는 불법이다. 그런데 사실 페르시아어 보이스 오브 아메리카(Voice of America)는 물론 페르시아어 선교방송마저 이란의 안방까지 들어온다. 많은 사람들이 파라볼라 위성 안테나를 통해 외부 문화를 시청하여 세속화가 급속도로 진행되고 있다. 미국의 이란 이민자들이 운영하는 선교방송을 통하여 많이 기독교로 개종한다고 한다. 그래서 이란 경찰은 대대적 단속에 나서고 있다. 이슬람 국가들도 자기들 안방만은 단속하지 못한다. 이란에도 변화의 바람이 불고 있다. 2007년 이란 지방선거에서 처음으로 여성이 테헤란 시의회에서 당선되었다. 국회, 지방의회 등에 264명 중 44명이 여성이다.

이란은 변하고 있다. 그 변화의 욕구가 기독교로 개종하는 사람들이 날로 증가하고 있다. 많은 지하교회가 있다는 사실은 이제 공공연한 비밀이 되고 있다. 접시 안테나 때문에 외부의 바람이 불어오는 것을 차단하려고 하지만 하늘을 막지 못한다. 이란을 탈출하여 기독교로 개종한 이란인 크리스천이 운영하는 기독교 방송은 이란의 안방을 파고 들어 이슬람 국가 이란을 크게 흔들고 있다.

제19장
석유와 이슬람을 수출하는 사우디아라비아

서론

사우디아라비아는 현대 이슬람 원리주의 국가 가운데 가장 대표적인 나라로서, 지금의 사우디는 국기가 상징하듯 칼과 과격 이슬람이 합하여 세워 진 나라이다. 18세기 중반에 아라비아 반도에 무함마드 이븐 사우드(Muhammad ibn Sa'ud)라는 토후가 당시 분열된 반도의 모든 부족들을 통일하는데, 과격 이슬람주의자인 모하메드 와합과 손을 잡아 현대 사우디를 건설한다. 사우드는 와합의 지하드 이론을 통하여 당시 분열되었던 사우디 반도를 통일하는 수단으로 삼았다. 즉 종교와 정치의 불순한 동맹(unholy alliance)의 결과가 현대 사우디이다. 프랑스의 저널리스트 안토니 바스부는 이것을 '경전과 칼의 동맹' 혹은 '군대와 교회의 동맹'으로 정의한다.[1] 사우디라는 나라 이름이 사우드 왕가라는 이름에서 나왔는데, 이러한 예는 세계에서 유례가 없다고 한다. 사우드 왕조의 정통성은 많은 도전을 받는다. 불안한 사우드 왕가는 권력 유지를 위하여 많은 부족들과

---

[1] アントワーヌ・バスブース 山本知子 驛 『サウジアラビア : 中東の鍵を握る王國』 (集英社, 2004) 51-52.

결혼관계를 가져 왕자와 공주가 엄청나게 많다. 정부는 많은 왕족들을 달래기 위하여 국고를 엄청나게 지불해야 하는데, 이것은 국민들의 불만을 사게 된다. 사우디는 나랏돈과 왕실 돈의 구분이 모호하다. 윌리 모리스 전 사우디 영국대사는 외교부에 보낸 비밀 문건에서 사우디 왕실은 국가 경영을 가족 비즈니스처럼 생각한다고 하면서, 당시 파드왕의 재산은 280억 달러인데 5천 명 이상의 왕자가 있고, 왕실 인원은 3만 명, 왕자는 7천 명 선으로, 이중 5천 명이 왕실에서 일하며, 60명이 핵심적인 의사 결정에 참여한다고 말하고 있다.

사우디가 이슬람의 종주국이 되듯이 원리주의 역시 사우디가 종주국이 된다. 하지만 와합 율법주의도 사우디 왕가의 도덕적 순수성을 가져오는 데 실패한다. 지나친 율법주의는 항상 위선자를 낳게 마련이다. 그리고 숨어서 세속을 즐기는 사람이 생기는데, 사우디도 예외는 아니다. 세계에서 종교의 자유가 가장 없는, 아니 기독교를 가장 박해하는 나라가 바로 사우디이다. 외국인들이 자기 나라 성경도 가져 갈 수 없다. 사우디는 이슬람 선교를 위하여 엄청난 돈을 쓰지만 기독교는 이 나라 선교를 위하여 1달라도 공식적으로 쓸 수 없다. 이슬람 포교를 위하여 세워진 나라라고 하여도 과언은 아니다. 한국에 이미 많은 이슬람 선교사들이 활동하는데, 자금은 사우디가 부담한다고 한다. 그런데 문제는 원리주의인 와합주의를 수출하는 데 있다.

1. 일반적 개관

공식 명칭은 사우디아라비아 왕국(Kingdom of Saudi Arabia)이다. 아라비아 반도의 4/5정도를 차지하는 나라로 수도는 리야드이다. 공식 언어는 현대 표준 아랍어(Modern Standard Arabic)이다. 여기에는 8개의 방언이 있으며 토착 사우디인들은 이중 5개의 방언을 사용한다. 무슬림들은 아랍어가 하나님의 언어라고 믿기 때문에 아랍어에 대한 자존심이 강하다. 그래서 아랍어 외의 언어로 기록한 꾸란은 하나의 해석으로 보여 아랍어는 꾸란의 필수적인 요소이다. 그리고 두 번 째로 영어가 쓰이고 있다. 사우디 정부는 모든 사우디인들에게 교육을 실시할 수 있도록 문맹퇴치 운동을 벌이고 있다.

사우디아라비아의 역사에는 중요한 사건으로, 이슬람의 탄생과 부흥이며, 두 번째는 사우디아라비아의 탄생이다. 다음 20세기 초기 석유의 발굴이었다. 석유로 경제대국이 되었다. 사법제도는 이슬람법 샤리아에 기초를 둔 종교적 율법주의 국가이다. 샤리아에 지정된 처벌 중에는 돌을 던지는 것과 채찍질과 참수형이 포함되어 있다. 1977년에 사우디 왕가의 공주 한명이 간통죄로 목 베임을 당했다. 이것은 이슬람의 율법이 차별없이 모든 사람들에게 적용된다는 것을 보여준다. 목을 자른 것은 일반적인 처형방법이며 배교, 간통, 계획살인 등은 중한 처벌을 받는다. 도둑은 손에 심한 고통을 받을 수 있다. 1년에 300명 이상 공개 참수형을 당하는데 피해자들은 이 나라에서 일하는 필리핀, 인도네시아 등 동남아 여성들로 파출부로 일하다가 도리어 강간죄로 각종 처벌을 당한다. 그 만큼 외국인 노동자가 많은 나라이다.

이 나라는 알라가 검은 황금(석유)을 주었다고 자부심이 대단하다. 세계 석유 자원의 25% 이상을 보유한 세계 최대 석유 수출국이다. 사우디는 종교적 폐쇄주의 국가지만 '알라가 준 검은 황금과 누른 황금' 덕분에 경제가 부흥하여 사우디는 큰 소리치는 나라가 되었다. 알라의 축복을 받은 나라로, 그리고 사우드 왕가의 경제정책이 국민들의 불만을 잘 해소한다. 위기의 시대에 즉위한 고 파이잘 왕은 근대화 작업에 박차를 가했고 외교적으로는 아랍제국의 맹주로서 활동할 수 있었다. 파이잘은 기본법 제정, 사법 기관의 정비, 사회보장 제도 실현, 경제 개발 정책 등을 차근차근 추진했었고 74년 10월 4차 중동 전쟁 때는 제 1차 석유 파동을 주도하여 자신의 영향력을 전 세계에 과시하기도 했다. 파이잘의 공로는 산업화로 대표되는 서구화와 이슬람의 전통을 지키고자 하는 국민들의 보수주의 사이의 긴장을 완화시킨 것이다. 그는 늘 이슬람이 물질적인 진보와 양립할 수 있다고 말했다. 그의 철학은 다음의 말에서 잘 나타난다.

> 우리의 종교는 우리에게 진보와 발전을 요구하면서 동시에 고귀한 전통과 관습의 짐을 인내할 것을 요구한다. 오늘날 세계에서 진보라고 불려지는 것, 사회, 정치, 인권의 향상을 요구하는 개혁자들의 요구들은 모두 이슬람 종교와 법률에서 구현될 수 있다.

1992년 3월 파드 국왕은 국민들이 국정 운영에 참여할 수 있도록 하는 정치 개혁안을 발표했는데 이는 이슬람법인 샤리아에 기초한 기본법 제정, 지방 분권을 위한 행정 개혁 및 왕실 자문기관 성격의 협의 기구(마즐리스 알슈라) 신설 등을 주요 내용으로 하고 있다. 특히 마즐리스 알 슈라는 최초로 국민들이 국가 정책 결정에 참여한다는 상징적인 것으로 그간의 왕정 체계로서는 상당한 변화로 간주되었다. 정치 개혁도 어느 정도 단행하여 국민들의 소리를 들을 수 있는 기구를 만들었다. 왕족의 핵심 구성원들이 왕을 선출하여 '울라마'라고 불리는 이슬람교 지도층의 동의를 받는다. 왕은 이슬람법, 즉 샤리아에 따라 통치하며 왕의 제반 결정 사항들은 왕족, 울라마,

주요 부족의 지도자들, 군, 관료 집단 등의 지지를 받아야 한다. 왕은 정책을 결정하고 관료 집단을 이끌어 나갈 내각을 임명한다.

사우디는 현대화를 비교적 잘 추진하는 나라이다. 급속한 산업화로 사우디는 많은 곳이 도시화되고 있다. 정부는 원활한 주택 공급을 위해 주택 마련을 위해 무이자 대출을 실시하고 있다. 농업에 종사하는 인구가 줄어들고 석유 화학에 관련된 일자리가 늘어나기 때문에 많은 사우디인들이 직업을 구하기 위해 도시로 몰려들고 있다. 그래서 리야드, 제다 같은 도시들은 급속히 성장하고 있다. 도시에서 대부분의 가정은 전자 제품, TV같은 현대식 도구를 갖추고 있다. 반면 집안에는 남녀가 있는 구역이 벽으로 구분되어 있다. 도시의 노동자들은 대부분 현대식 아파트에서 산다. 정부는 사막의 인구들을 정착시키기 위해 오아시스 주변에 주택을 건설하고 있다. 그러나 베두인족은 아직도 유목민의 삶을 살고 있다. 반면 부유층들은 맨션에서 산다. 대학생들은 거의 장학금을 받는다. 험한 일들은 다 외국 노동자를 고용한다. 필리핀 여성근로자들은 영어 때문에 인기 있는 가정부이다.

그러나 사우디에서 일한 외국인 근로자들은 살기 힘들다고 한다. '종교적 율법주의 국가' 라서 기도시간에 길거리에 서 있으면 외국인도 사정없이 무타와(종교경찰)의 채찍을 맞는다. 많은 외국인 가정부들이 남자 주인으로부터 강간과 폭행을 당한다. 슈퍼에 만약 여자가 들어오면 직원 외 모든 남자들은 바깥으로 피신해야(?) 한다. 남녀가 절대 함께하지 못한다. 자유가 많은 한국이 훨씬 좋다고 한다. 사우디에서 살려면 파이잘이 말한 대로 '고귀한 전통과 관습의 짐을 인내할' 자세가 되어야 할 것 같다.

와합주의(Wahhabism)를 수출하는 사우디

사우디는 와합주의를 수출하는 이슬람 선교 대국이다. 사우디 정부는 '참 이슬람'을 수출한다고 강조한다. 그러나 모로코의 한 이슬람 단체가 지적한 것 같이 사우디가 수출하는 이슬람은 위험한 이슬람이다. 사우디는 와합 이슬람 수출을 위하여 많은 투자를 한다.

와합주의의 창시자 와합(Muhammad Abd al-Wahhab 1703-1787)은 엄격한 이슬람 가문에서 출생하였다. 와합의 아버지는 아들에게 수니학파의 엄격한 종파 신앙을 가르쳤다. 와합은 여러 곳을 여행하면서 여러 형태의 이슬람 신학과 신화를 공부한 자로서, 그는 수피(Sufi) 이슬람을 공격하고 아라비아로 돌아와서 자신이 해석한 이슬람 교리들을 설교하기 시작하였다. 그는 과거 이슬람 학자들이 쓴 이슬람 책은 문제가 많다고 정죄한다. 그는 이전의 이슬람 학자들(물라)이 쓴 책에서 비이슬람에게 관용을 가르치는 부분은 다 삭제시킬 정도로 이슬람을 전투적 종교로 개조하고 만다. 그리고 무함마드가 가르친 본래의 이슬람으로 돌아가자는 것이었다. 즉 꾸란과 순나(순나는 무함마드가 가르친 습관과 종교적 실천)로 복귀하여 이슬람에 첨가된 미신적 신앙이나 거짓된 실천과 관습은 다 제거하자는 것이다.

와합 원리주의를 알면 다른 원리주의는 알 필요가 없을 정도로 이슬람 원리주의의 모델이 된다. 첫째로, 와합주의는 종교가 정치화하여 종교적 파쇼주의 혹은 종교적 전체주의의 첫 모델이라고 할 수 있다. 독일인 국제정치학자 스테펜 슈발츠는 [이슬람의 두 얼굴]에서 와합주의의 정치 시스템을 다음과 같이 혹평한다.

놀라웁게도 와합파들은 다른 어떤 정치에서 볼 수 없는 자신들만의 독특한 파쇼주의의 모습을 드러내었다. 이들은 볼쉐비키나 나치스와 유사한 준군사적 정치 기구 (paramilitary political structures)를 세워 엘리트들이 부를 독점하도록 하며, 극단적 억압에 의존하고 피를 흘리기를 좋아한다. 보조수단으로 잔인한 비밀경찰과 언론검열, 엄격한 교육 통제, 소수자에 대한 인종청소를 자극하는 것이다(이것은 시아파를 억압하고 나아가서는 비와합주의자들과 기독교와 유대인들을 청소하는 것이다.[2]

둘째 와합주의는 반과학적이다. 미국이 달에 로케트를 쏘았을 때 이것을 보도하지 않은 나라는 사우디이다. 지구가 둥글다는 것을 거부하고 계속 평평하다는 것을 주장한 자는 이 나라에서 가장 존경받았던 장로 빈 바스이다. 신은 과학을 버린다고 가르친다.

셋째, 와합주의는 철학, 예술을 증오한다. 사우디에서는 미술전은 불가능하거니와 철학도 신중해야 한다. 이슬람 초기에 벌써 꾸란 해석에 지식을 활용하는 것을 이단시한 전통과 역사가 있었다고 한다. 이 전통에 따라 꾸란을 문자적으로 해석하는 것이 원리주의의 특징이다. 이 전통대로라면 하루 다섯 번 기도하지 않는 자는 배신자 취급을 당하게 되어 있다. 그러나 실제로 중동의 많은 국가에서 5회 기도하는 사람은 적은 것 같다. 그러나 사우디는 엄격하다.

사우디는 형법이 철저히 샤리아에 기초하여 처벌이 무섭다. 그러나 왕은 이 법에서 제외된다. 사우디의 형법은 세 가지로 분류된다. 1) 후두드(Hudud)로 하나님이 정죄한 범죄, 1)타지르(Tazir)로 해당

---

[2] Stephen Schwartz, *The Two Facets of Islam: Saudi Fundamentalism and Its Role in Terrorism* (New York: A Division of Random House, 2003), 115.

당국자가 벌을 정하는 것, 3)퀴사스(Quisas)로 가해자에게 복수할 수 있는 권리이다. 특히 후두드는 도적질, 알코올(술), 이슬람 명예훼손, 음란과 간음이다. 도적질은 오른손을 절단한다. 그리고 윤리를 단속하는 종교경찰이 있다. 종교경찰의 이름이 거창하다. '덕 함양 및 악덕 방지 위원회(Commission for the Promotion of Virtue and Prevention of Vice, Haya or Commission으로 부름)이다.

넷째, 와합주의는 노골적으로 기독교와 유대교를 미워할 것을 가르친다. 현대 와합주의의 해석자인 빈 바스는 꾸란과 순나에 의하면 기독교 신자와 유대교도들에 대하여 적대심을 표명하는 것이 모든 무슬림들의 의무라고 강조한다. 와합주의의 넘버 투는 "마리아의 아들 예수가 십자가에 달렸다고 믿는 자는 꾸란을 거짓으로 만드는 것이다. 꾸란을 거짓으로 만드는 자는 배교자이다"라고 말한다. 와합주의는 기독교를 잘못된 무신앙으로 간주한다. 그래서 아라비아에는 절대로 기독교 예배 처소를 허용해서는 안 되며, 만약 있다면 파괴하라고 권면한다.

다섯째, 여성을 비하한다. 이슬람을 비판적으로 보는 사람들은 이슬람 천당에 여자가 있을까 의아해 한다. 탈레반이 여성을 천대한 것은 와합주의에서 나온 것이다. 최근 사우디의 한 공주는 이슬람에서 여성해방을 호소하는 책을 냈다. 가명으로 내었지만 사우디에서 여성을 학대하는 생생한 이야기이다. 내용은 자기 아버지는 아들만 사랑하고 딸인 자신을 냉대하였으며, 남편은 지성인이지만 네 여자를 거느리며, 남녀가 함께 간음을 하는데도 여자만 처형당하고 남자는 구제되며, 강간범의 경우도 도리어 강간당한 여성을 처벌하고 남자는 그냥 두는 모순 등 이루 헤아릴 수 없이 많다.

그리고 사우디에서 여자는 증인이 될 수 없다는 법을 만들었는데, 네 가지 이유가 흥미롭다. 1)여자는 남자보다 감정적이서 증거를 왜

곡시킬 수 있다. 2)여자는 사회생활에 참여하지 않기 때문에 그들이 관찰한 것을 정확하게 이해하지 못할 수 있다. 3)여자는 하나님이 세운 더 우월한 남자의 지배를 받으므로 남자에게 말하면 된다. 4)여자는 기억을 잘 잊어버리기 때문에 증언의 신뢰성이 약하다.《

사우디는 이슬람 선교를 위하여 세워진 나라인지도 모른다. 세계 석유 자원의 25% 이상을 보유하고 있어 경제적 중심지가 된 지 오래이다. 특히 사우디는 석유에서 얻은 부를 전략적으로 이슬람 신앙 전파에 쓰고 있다. 그래서 런던과 알제리의 콘스탄틴, 그리고 홍콩에서 새로운 모스크와 이슬람 문화센터가 세워지고 있다. 그리고 가장 강력한 라디오 송출 방송이 '이슬람의 소리'라는 이름으로 사우디에서 이루어지고 있다. 세계에서 가장 큰 인쇄 공장이 사우디에 있는데 매년 세계의 여러 언어로 2만800만 권의 꾸란을 찍고 있다. 그리고 여러 종류의 국제회의가 사우디에서 열리는데 1974년 2월에는 메카에서 세계무슬림연합회의가 열렸다. 사우디의 재정 후원으로 무슬림 정상회의가 이슬람 세계의 여러 도시, 즉 1969년에는 모로코의 리바트, 1971년에는 라호르에서 열렸다. 이렇게 이슬람 국가들은 다른 나라에서 온갖 방법을 다 동원하여 선교하면서도 자기 나라는 다른 종교에 문빗장을 굳게 잠그고 심지어 박해한다.

2. 기독교 선교

이 나라는 가장 무서운 이슬람 국가이다. 지상에서 유형적 교회는 하나도 없는 나라이다. 다만 로마 카톨릭이 비공식으로 존재한다. 필리핀 근로자들은 대부분 카톨릭 신자라 작년도 로마 교황을 방문한 사우디 왕에게 교황은 교회 설립을 공식으로 건의하였다. 사우디와 아랍 에미리트에 교회가 세워 질 징조가 보인다.

아라비아에 복음이 전하여 졌다고 하는 기록은 먼저 오순절 때 아라비아에 온 자들이 있다고 사도행전 2:11에 분명히 말한다. 사도 바울은 3년간 아라비아에서 있었다. 그래서 허대전은 바울을 아라비아의 선교사로 말하기도 한다. 제자 바돌로매가 아라비아, 특히 남부 지방을 자신의 사역지로 삼고 일하여 거기서 힘야루 부족을 복음화 시켰다고 전하여 진다. AD 225년 아라비아 남서부에 한 교구가 생겼고 100년 후 로마의 콘스탄틴 황제는 데오빌로라고 하는 니코메니아의 한 부제를 로마 대사 한명과 함께 힘야루로 급히 파견했다. 데오빌로에게 감화를 받은 힘야루 왕은 그의 많은 산하들과 마찬가지로 기독교인이 되었다. 이어서 교회들이 다파, 아덴, 수도인 사나 그리고 호르무즈에 세워졌다. 교구는 4개로 늘어났고 최소한 7 부족들이 기독교인이 되었다는 기록이 있다. 또한 콘스탄틴 대제 때에는 아라비아 감독들도 니케아 공회에 참석했다(AD 325). 이 회의에 참석한 대표들은 북 아라비아 지방에서 파견된 자들로 추정된다. 그때 서남부에서도 기독교는 든든히 서갔고, AD 567년까지 200년 이상 지속되었다.[3]

그래서 모하메드는 유대교와 기독교를 잘 알았다. 그러나 불행하게도 모하메드가 안 기독교 정보나 지식은 성경에서 보다는 이단 그룹의 기독교 지식이다. 일본인 이슬람 전문가 후지모토 가츠지는 모하메드는 알라의 계시로 코란을 기록하였다고 주장하지만 코란의 내용이나 역사를 연구해 보면, 모하메드는 유대교와 기독교의 영향을 받았다고 단언한다. 그런데 모하메드가 만난 기독교는 불행하게도 이단이거나 이단에 가까운 기독교였다고 말한다. 당시 사우디에

---

3) 허대전, 51-61.

는 로마와 비잔틴 기독교회가 이단으로 단정한 단성론 기독교와 네스토리우스였다는 것이다. 그리고 그는 간접으로 들었기 때문에 성경 지식은 부정확하였다는 것이다. 무슬림들이 들으면 아주 흥분할 소리지만 아주 예리한 지적이다.[4] 미국인 학자 스펜서 역시 당시 아라비아 남쪽 나즈란과 다른 지역에 기독교인들이 많았고 6세기 후반 동북 아라비아의 라크미드 왕국의 지배자 누만 3세는 기독교인이었다. 그러나 이들은 대부분 비잔틴 제국에서 도피한 이단 그룹에 속한다고 하였다.[5] 이슬람 역사도 모하메드는 네스토리안 승려 바히라를 만났다고 말한다. 지금도 시리아 부스라 마을에는 바히라가 살았다는 집이 관광지로 남아있다. 필자는 그 집을 보았다.

그러나 이 때 기독교인들과 유대인들 간에도 치열한 전쟁을 하였다. 이 전쟁으로 기독교인들이 2만 명이 죽는 사건도 일어났다고 한다. 그러나 반대로 현재 예멘의 수도인 사나에서는 기독교 왕이 유대인들과 '이교도'들을 무참히 죽이는 일도 있었다는 것이다. 이미 중동 편에서 말한대로 모하메드와의 전쟁은 코란에 나올 정도이다. 즉 당시 사우디의 기독교 신자들은 좋은 이미지를 주지 못하였다는 것이다. 즉 교리적으로, 윤리적으로 실패하였다는 것이다.

기독교가 존재하였든 아라비아에 모하메드 등장으로 기독교는 거의 사라진다. 그 원인에 대하여 일부 사가들은 이 나라에서는 진정 복음화가 된 적이 없었다. 오히려 우상숭배가 도처에 만연하였다. 둘째는 순수한 기독교가 없었기 때문에 영적 생명도, 순교할 만큼 저항할 힘도 없었다는 것이다. 특히 AD 600년경에 동방교회는 2가지 특징이 있었다. 첫째, 교회가 국가권력과 결탁되어 있었다. 둘

---

4) 藤本勝次 『マホメット：ユダヤ人との抗争』(中央公論社, 1971), 16-25.
5) Robert Spencer, The Truth about Muhammad: Founder of the World's Most Intolerant Religion (New York: Regnery Pub., 2001), 34-35.

째, 복음의 선포보다 삼위일체교리에 대한 논쟁과 이단 사냥에 몰입했다. 셋째로는 기독교인도 유대인과 혹은 이교도와 칼로 싸웠다는 것이다.

따라서 이 나라는 19세기 영국이 사우디를 점령하면서 기독교 선교가 어느 정도 가능하였다. 그러나 사우디의 아랍인 대상의 선교가 아니라 해안선 따라 주둔한 구라파에서 온 자기 나라 사람 대상의 목회였고 혹은 유대인 대상의 선교였다. 영국이 사우디의 제다나 아덴을 점령하자 먼저는 로마 카톨릭이 신부를 보내어 자기 나라 신자 대상의 사목활동에 불과하였다. 지금도 카톨릭 신부가 사우디에 있다.

사우디 선교는 카톨릭 보다 개신교가 더 활발하게 시도하였다. 1836년에 조셉 월프라는 선교사가 제다에 와서 예맨의 유대인 대상의 선교활동을 하였으며 (지금도 예멘에는 약 400명의 유대인들이 살고 있다), 1896년에는 헨리 아론 스테른이라는 선교사가 몇 달 동안 사우디에 거주하면서 유대인 선교를 시도하였다. 1885년에는 영국에서 온 해이그라는 장군이 선교에 큰 관심을 가지고 아덴에서 사역을 하자 여기에 감동을 받은 아이온 케이스 팔콘이라는 스코트랜드 백작의 아들이 아덴에 와서 선교를 시도하지만 2년만에 죽고 만다. 그는 켐브리지 대학 출신으로 아랍어 전문가였다. 스코트랜드 자유교회는 몇몇 선교사들을 파송하여 의료선교에 치중한다. 이러한 식으로 주로 영국교회와 스코트랜드 교회가 선교사들을 파송하였지만 큰 열매는 거두지 못하였다.

그러다가 사우디 선교에 불을 붙인 것은 미국의 3청년 선교사들이었다. 미국 뉴 브린스위크에 있는 화란 개혁파 신학교 줄신 3학생들이 사우디 선교에 불타는 소명을 가지고 교단 선교부에 선교사로 갈 것을 지망하지만 당시 그 교단은 도리서 빚에 시달려 할 수 엄게 되자 이들은 바로 아라비아 선교회를 독자적으로 만든다. 참고로 한국의 첫 장로교 선교사 언더우드도 이 학교 출신으로 인도 선교를 지원하지만 돈이 없어 못 보내자 언더우드는 장로교 선교부에 지원, 한국으로 오게 된다. 지금 화란개혁파 교회는 언더우드를 파송하지 못한 것을 크게 후회하고 있다. 3명의 학생 중 한 명이 바로 유명한 이슬람 선교의 대부로 알려진 사무엘 즈웨머이다.[6]

3. 사우디 기독교 상황

현재 사우디에는 사우디 원주민 중에는 기독교 신자가 하나도 없는 것으로 본다. 몇 년 전 두명의 사우디인이 서방에 체류하는 동안 기독교로 개종하고 귀국하였다. 그러나 그들은 자신들의 신앙을 말하자 처형당하고 말았다. 이점에서 사우디는 선교가 가장 어려운 세 나라 중의 하나이다. (다른 두 나라는 알바니아와 마우리타니아이다). 사우디에는 한국인 신자들이 있는데 이들은 한국인 센터에서 감시인을 세워서 예배를 본다고 한다.

현재 사우디에는 한국인 외에 1백만이 넘는 아시아 여성들이 주로 파출부로 일하고 있다. 이들 중 필리핀에서 온 여성 크리스천들이 전도를 한다는 소문이 자자하다. 그러나 많은 수난도 당한다. 작년도 로마 교황청을 방문한 사우디 왕에게 교황은 교회 설립을 공식으로 건의하였다. 사우디와 아랍 에미리트에 교회가 세워 질 징조가 보인다.

수 십년 전 사우디 정부는 이 나라에 거주하는 외국인들이 스스로

---

6) Latourette, *A History of the Expansion of Christianity*, vol. 6, 59-61.

예배드리는 것을 크게 신경쓰지 않았다. 사우디의 모든 주요 도시에 이주자들의 요구에 의해 큰 교회들이 생기게 되었으며 많은 경우 컴파운드 벽 뒤의 개인 집이나 부속된 홀에서 모이게 되었다. 사우디인들은 크게 걱정하지 않았다. 왜냐하면 그들에게 교회란 건물을 의미하기 때문에 교인을 모을 수 있는 빌딩이 없기 때문에 교회가 없다고 생각했다. 그러나 이것이 그들에게 큰 실수였다.

1979년 할레드왕의 친 서방정책에 대항해 일어난 반란을 통해 사우디의 교회에 대한 태도가 바뀌었다. 외국인 거주 구역을 제외하고는 더 이상 큰 교회를 허용하지 않는 쪽으로 법이 바뀌게 되었다. 리야드 Lockhead 컴파운드에 위치한 한 교회는 해체되고 지도자는 추방되었다. 이 사건 이후 성도들은 더욱 신중하게 소그룹으로 모였다. 그러나 종교경찰의 더욱 강경한 통제로 매우 힘든 상황이다. 1990년 10월 Alkharj 공업단지 근체에서 필리핀 신자들이 체포되었다. 또 리야드 오순절 교회는 1991년 1월 16일 종교결찰에 의해 체포당하고 예배당은 폐쇄되었다. 한국 컴파운드의 교회도 1991년 10월 4일에 종교경찰이 덮쳐서 모두 체포당했다. 이 체포는 한국정부의 항의를 야기시켰다. 사우디 정부는 모든 한국인들을 추방 없이 풀어주었으나 2개월 후 한국목사와 가족은 사우디를 떠나게 되었다. 1992년 7월경부터 리야드의 종교경찰은 현상금을 제공하는 정책을 채택해서 기독교 신자 모임을 고발하도록 유인했다. 현상금은 무려 600만원까지 되었다고 한다. 이것은 사우디 정부에 강력한 영향을 미치고 있는 와하비주의자들 때문이다.

결론

지금 사우디는 종교적으로 보수와 개혁파 간의 갈등이 심각하다. 무서운 이슬람 율법주의 국가지만 실제로 청교도적 금욕을 실천하는 사우디 인들은 아주 적다고 한다. 술, 영화, 미술, 오락이 금지된 이 나라에서 부자들은 대부분 휴가철에 다른 나라에 가서 마음껏 엔조이한다. 아니 너무 타락한 모습을 보여서 중동의 다른 국 사람들은 휴가철에 잠시 집을 빌리는 사우디 인들에게는 자녀 교육에 도움이 되지 않는다고, 돈을 많이 주어도 사양한다고 한다. 사우디의 경우 이슬람은 관용의 종교라는 것은 모순된 말이다. 기독교가 금지된 나라이지만 지금 방송을 통하여 많은 사우디 인들이 기독교로 개종하고 있다. 사우디 정부는 그것을 고민하고 있다고 한다. 이슬람의 종주국이 내부적으로 흔들리고 있다. 석유와 이슬람을 수출하지만 정작 자기 안방이 종교적으로 무너진다는 위기 소리가 들린다. 많은 사우디 지식인 여성들이 여성 해방을 부르짖고 있다. 심지어 공주가 영국 여류작가를 통하여 해방을 부르짖고 있다.[7]

---

7) Jean Sasson, *Princess: The True Story of Life Inside Saudi Arabia's Royal Family*. (London: Bantam Books, 2004)을 참조할 것.

BIBLIOGRAPHY

Aikman, David. *Jesus in Beijing*. Grand Rapids: Monarch Books, 2006.

Albert, S. Vasantharaj. *A Portrait of India-III*. Madras: Church Growth Association of India, 1995.

Ansari, Hamid. *The Narrative of Awakening: A Look at Imam Khomeini's Ideal, Scientific and Political Biography*. Tehran: The Institute for Compilation and Publication of the Works of Imam Khomini, n.d.,

Athyal, Saphil. ed., *Church in Asia*, Singapore: Asia Lausanne Committee for World Evangelization, 1996.

Barber, Benjamin R. *Jihad VS. McWorld: Terrorism's Challenge to Democracy*. Oxford: Corgi Book, 2001.

Bengio, Ofra & Ben-Dor, Gabriel, eds., *Minorities and the State in the Arab World*. London: Boulder, 1999.

Beyerhaus, Peter. *Die Selbständigkeit der jungen Kirchen als mimissionarisches Problem* Wuppertal-Barmen: Verlag der Rheinischen-Gesellschaft, 1956.

Burge, Gary M. *Who Are God's People in the Middle East,* Grand Rapids: Zondervan, 1993.

Chandler, David P. *The Tragedy of Cambodian History*. New Haven: Yale University Press, 1993.

Christie, Clive J. *A Modern History of South East Asia: Decolonization, Nationalism and Separatism*. Singapore: Institute of South East Asia, 1996.

Choueiri, Youssef M. *Arab Nationalism*. Oxford: Blackwell, 2004.

Comrack, Don. *Killing Fields, Living Fields: an Unfinished Portrait of the Cambodian Church-the Church that Would Not Die*. London: Monarch Books, 1997.

Cragg, Kenneth. *The Arab Christian: A Middle East*. London: Mowbray, 1991.

참고문헌 • 421

Cragg, Kenneth. *The Tragic in Islam*. London: Melisende, 2004.

Cragg, Kenneth *Muhammad and the Christian: A Question of Response* (Oxford: One World, 1999.

Davies, John R. *Poles Apart: Contextualizing the Gospel in Asia*. Bangalore: Theological Book Trust, 1998.

Dawson, Christopher, ed., *The Mission to Asia* London: Sheed and Wood, 1955.

Drummond, Richard H. *A History of Christianity in Japan*. Grand Rapids: William B. Eerdmans, 1971.

Eickelman, Dale F. *The Middle East and Central Asia: An Anthropological*

Approach. New Jersey: Prentice Hall, 2001.

England, John. et al, eds., *Asian Christian Theologies: A Research Guide to Authors, Movements, Sources*. Vol. 1-3. Dehli: ISPCK, 2003.

Esposito, John L. *What Everyone Needs To Know About Islam*. Oxford: Oxford University Press, 2002,

Fairbank, J. K. *The United States and China*. Cambridge: Mass.,: Havard University Press, 1979.

Fatema Mernissi, *Die Angstvorder Moderne: Fraue und Männer zwischen Islam und Demokratie*. München: Deutscher Taschenbuch Verlag, 1996.

Friedericks, Carl W. *Nepal Over Thirty Years*. Katumandu : United Mission to Nepal, 1986.

Fukuyama, Fransisco. *America at the Crossroads: Democracy, Power and the Neoconservativ Legacy*. New Haven: Yale University Press, 2006.

Godement, Francois. *The New Asian Renaissance: from colonialism to the post-Cold War*, trans. Elisabeth J. Parcell. New York: Route, 1997.

Gorenberg, Gershom. *The End of Days: Fundamentalism and the Struggle for the Temple Mount*. New York: The Free Press, 2000.

Hansan S. S. *Christians versus Muslim in Modern Egypt: The Century-long Struggle for Coptic Equality.* Oxford: Oxford University Press, 2003.

Hoke, Donald. ed., *The Church in Asia*, Chicago: Moody Press, 1975.

Imam Khomeini, *Islam and Revolution: Writings and Declarations of Imam Khomeini* Berkerley: Mizan Press, n.d.

Imam Khomeini. *Die Frau aus der Sicht Imam Khominis.* Tehran: Institution zur Koordination und Publikation der Werke Imam Khominis, 2001.

Ishikawa, Junichi. *Atlas of the World's Religions.* Tokyo: Shincho Pub., 1995.

Jane and Bailey, Betty & J. Martin. *Who Are the Christians in the Middle East?* Grand Rapids: W. B. Eerdmans, 2003.

Jun, Ho Jin. *Religious Pluralism and Fundamentalism in Asia.* Colorado Springifeld: International Academic Publishing, 2002.

Jürgenmeyer, Mark. The New Cold War: *Religious Nationalism confronts the Secular State.* Berkeley: Peter Lang, 1990.

Kane, J. Herbert. *Understanding Christian Mission* (Grand Rapids: Baker Book House, 1974),

Kaplan, Robert D. *Soldiers of God: With Islamic Warriors in Afghanistan and Pakistan* (New York: Vintage Books, 2001.

Khanna, Parag. *The Second World: Empires and Influence in the New Global Order* New York: Random House, 2008.

Lasson, Gerald J. *India's Agony Over Religion* Newyork:State U. of New York, 1955.

Latourette, Kenneth. *A History of Christian Missions in China* (New York: Russell and Russell, 1929

Latourette, K. S. *The Great Century: North Africa and Asia*, vol. 6. Grand Rapids: Zondervan, 1944.

Lerch, Wolfgang. *Der lange Weg zum Frieden.* Berling: Koeler & Amelang, 1996.

Lewis, Benard. *The Middle East: A Brief History of the Last 2,000 Years*. New York: Toronto, 1995.

Marston, John. and Elizabeth, eds., *History, Buddhism, and New Religious Movements in Cambodia*. Hawai: The University of Hawai Press, 2004.

Mary Ann, Lind, *Asia: A Christian Perspective*. Seattle: Frontline Communications, 1990.

Lindholm, Charles. *The Islamic Middle East*. London: Blackwell Pub. 1996.

Mansfield, Peter. *The Arabs*. London: Penguin Books, 1992.

Marty, Martin E. and R. Scott Appleby, eds., The Fundamentalism Project. vol 4, *Accounting For Fundamentalism*. Chicago: The University of Chicago Press, 1994.

Mastra, Wayan. *The Salvation of the Non-Believers: A Missiological Critique to Hendrik Kraemer and the Needs for the New Alternative*. Ph. D. dissertation: Aquinas Institute of Philosophy and Theology, 1970.

Marsden, Peter. *The Taliban: War, religion and the new order in Afghanistan*. Karachi: Oxford University Press, 1992.

McNee, Peter. *Crucial Issues in Bangladesh* South Pasadena : William Carey Library, 1976.

Moffett, Samuel Hugh. *A History of Christianity in Asia* (New York: Harper San Francisco, 1992.

Mohaddessin, Mohammad. *Islamic Fundamentalism: The New Global Threat*. Washington, DC: Seven Lock Press, 1993.

Mohamad, Mahathir and Shintaro, Ishhara, eds., *The Voice of Asia: Tow Leaders Discuss the Coming Century*. Tokyo: Kodansha International Ltd., 1995.

Moreau, A Scott. ed., *Evangelical Dictionary of World Mission*, Grand Rapids: Baker Book, 2000.

Motabaher, Hossein. *Von Nationlistaat zum Gottestaat: Islam und sozialer Wandel im Nahen und Mittleren Osten*. Berlin: Kohlhammer, 1995.

Nafisi, Azar. *Reading Lolita in Tehran*. London: Fourth Estate, 2003.

Neill, Stephen *A History of Christian Missions*. New York: Penguin, 1964.

New, David. *Holy War: The Rise of Militant Christian, Jewish and Islamic Fundamentalism*. London: McFarland& Company, 2002.

Raj, Prakash A. *Kathmandu : the Kingdom of Nepal* Bererkley: Lonely Planet Pub., 1985.

Sada, George. *The Secret of Sadam Hussein*. 2006.

Sasson, Jean. *Princess: The True Story of Life Inside Saudi Arabia's Royal Family*. London: Bantam Books, 2004.

Scudder, Lewis R. *The Arabian Mission's Story*. Grand Rapids: Eerdmans, 1998.

Schwartz, Stephen. *The Two Facets of Islam: Saudi Fundamentalism and Its Role in Terrorism*. New York: A Division of Random House, 2003.

Spencer, Robert. *The Truth about Muhammad: Founder of the World's Most Intolerant Religion*. New York: Regnery Pub., 2001.

Stump, Roger W. *Boundaries of Faith: Geographical Perspectives on Religious Fundamentalism* (Oxford: Rowman & Littlefield Pub., 2000.

Swearer, Donald K. *The Buddhist World of Southeast Asia*, New York: State University of New York, 1995.

Tibi, Bassam. *Die Fundamentalistische Herausforderung: Der Islam und die Weltpolitik*. Munchen: Verlag C.H.Beck, 1992.

Tibi, Bassam. *Islam between Culture and Politics*. London: Palgrave, 2005.

Tucker, Ruth A. *From Jerusalem to Irian Jaya: A Biographical History of Christian Missions*. Grand Rapdis: Academie Books, 1983), 279.

Walvoord, John E. *Armageddon, Oil and the Middle East Crisis*. Grand Rapids: Zondervan, 1990.

Yewangoe, A. A. *Theologia Crucis in Asia: Asian Christian Views on Suffering in the Face of Overwhelming Poverty and Multifaceted Religiosity in Asia*. Amsterdam: Rodopi, 1987.

Articles

Iai Pan-Chiu, "Typology and Prospect of Sino-Christian Theology," *Chen Feng* 6:2(2005): 211-230.

Akram, Tanweer. "Fundamentalism and Civil Society in South Asia," *South Asia Forum Quarterly*, 9:3(Summer 1996): 1-14.

Belokrenitsky, Vyacheslav. "Islamic Radicalism in Central Aisa: The Influence of Pakistan and Afghanistan," in *Central Asia at the End of the Transition*, edit by Boris Rumer. New York: M. E, Shark, 2005: 152-191..

Calvin, John. "De Necessitate Reformandie Ecclesiae," *Joannis Calvini, Magni Theologi* Amstelodami: 1667: 33-70.

Cao Shengjie, "Mission in the Chinese Church," *Chinese Theological Review*, 20(2007): 1-11.

Doran, Michael State, "The Saudi Paradox," *Foreign Affairs*, January/Faebruary 35-51.

Feldtkeller, Andreas. "Die Zeit zur Mohammedanermission im Orient ist noch nichtgekommen," in *Es begann im Halle*, eds., Dieter Becker/Andreas Feldtkeller, Erlangen: Verlag der Ev. Luth, Mission, 1997.

Neil S. Fujita, "Conic Christianity and Donut Japan," *Missiology* 22:1(January 1994): 44-47.

Harvey, Richard S. "Jew, Judaism," in *Evangelical Dictionary of World Missions*, ed., A Scott Moreau. Grand Rapids: Baker Book House, 2000.

Hinnels, John. "The Cosmic Battle: Zoroastrianism," in A Lion Handbook: *The World's Religions*. Herrs, England: Lion Pub., 1982.

Hoslten, Von Walter. "Reformation und Mission," *Archiv fur Reformationgeschichte* 44 (1953): 9-25.

Iai Pan-Chiu, "Typology and Prospect of Sino-Christian Theology," *Chen Feng* 6:2(2005): 211-230.

Neff, David. "Tragedy Turns Us to Theology," *Christianity Today*, January 7, 2002:3-5.

"Nestorianism," "Syria," and "Monophysitism" in *Encyclopedia of*

Early Christianity. Everett Ferguson, ed., London: Garland Pub., 1990.

Park, S. J. "Preface," *The 21st Century - The Asian Century?*, eds., TAkeshi Ishida, et al. Berlin: Express Edition, 1985.

Perrone Lorenzo. "Monosticism in the Holy Land: From the Beginnings to the Crusaders," *Proche Orient Chretien* 45:1-2(1995):31-66

Pfaff, William. "Terror threat from Islamist cells," *The Korea Herald*, April 15,2004: 7.

Seamands, John T. "The Legacy of J. Waskom Puckett, *International Bulletin of Missionary Recearch*, Vol. 13, No.3(July 1989): 120-124.

Serasingha, Reshal. "Buddhist and Christian views on the Anti-Conversion Bill in Sri Lanka," *DIALOGUE* 35-37(2005-2006): 5-11.

Special Report Saudi Arabia and oil, "What if?," *The Economist*, March 29-June 4th 2004: 66.

일본어

池内 惠『アラブ政治の今を讀む』中央公論新社, 2004.

井川一久 編『カンボジアの默示錄』田畑書店, 1987.

宇田 進『現代福音主義神學』いのちのことば社, 2002.

宇山智彦 編著『中央アジアを知るために』明石書店, 2005.

觀堂義憲『世界の民族・宗教がわかる本』こう書房, 1994.

西谷幸介『宗敎間對話と原理主義の克服』新敎出版社, 2004.

酒井啓子『イラク戰爭と占領』岩波書店, 2004.

江上波夫 田中明彦,『モンコル帝國とキリスト教』サン. パウロ, 2000.

田中明彦『複雜性の世界 : テロの世紀』勁草書房, 2003.

松本健一『砂の文明?石の文明?泥の文明』PHP研究所, 2003.

宮崎正弘『テロリズムと世界宗教戰爭』德間書店, 2001.

牟田口義朗『物語・中東の歷史』中公新書, 2002.

佐伯好郞『景教の研究』東方文化學院東京研究所, 昭和10年.

佐藤和孝『アフガニスタンの悲劇』角川書店, 2001.

藤本勝次『マホメット : ユダヤ人との抗爭』中央公論社, 1971.

中東教會協議會編『中東キリスト教の 歴史』村山盛忠, 小田原綠 譯, 基督教出版局, 1993.
山本七平 加瀨英明『イスラムの讀み方』祥伝社, 平成 17年.
山內昌之『イスラムと國際政治』岩波新書, 2004.
山內昌之「西歐のテロとイスラムの間：自由と慣用の罠」『中央公論』2005年 10月:182-192.
古屋安雄 大木英未,『日本の神學』ヨルダン社, 1993.
渡辺信夫『アジア伝道史』いのちのことば社 1996.
渡辺信夫「中國伝道から日本?道を見直す」信州夏期宣教講座 編『中國・韓國日本の敎會』いのちのことば社, 1997.
日本基督敎出版局『アジア・キリスト敎の歷史』1991.
ブエルナ・フト『原理主義 : 確かさへの逃避』志村 惠 驛, 新敎出版社, 2002.
アントワーネ・バスブース『サウジアラビア：中東の鍵を握る王國』集英社新書, 2004.
ポール・ハッタウエイ編著『バック・トウ・エルサレム』マルコーシュ・パフリケーション, 2006.
サムエル・ハンテイングトン 著, ウム・スンチャン 譯『文明の衝突と二一世紀の日本の選擇』
「トルコの世俗主義ってなに?」『朝日新聞』2008年 7月 30日, 2.

한국어

마펫, 사무엘 H.『아시아 기독교회사』김인수 역, 서울: 장로회신학대학교풀판부, 1996.
막스 베버,『힌두교와 불교:사회학적 분석』
베리루먼 저,『중동의 비극』유달슬 역, 서울: 한울, 2007.
사무엘 헌팅톤,『문명의 충돌』이희재 역, 서울: 김영사, 1997.
아트크 라히미,『흙과 재: 아프간의 눈물』김주경 역. 서울: 동문선, 2002.
안병갑,『몽골 이야기』서울 : 총회풀판부, 2008.
Edward W. Said,『오리엔탈리즘』박홍규 역, 서울: 교보문고, 1997.
전호진,『종교다원주의와 타종교선교전략』서울:개혁주의신행협회, 2000.
전호진,『이슬람: 종교인가? 이데올로기인가?』서울: SFC, 2002.
전호진,『전환점에 선 중동과 이슬람』서울: SFC, 2005.
전호진,『이슬람 원리주의의 실체』서울: 한반도국제대학원, 2007.

전호진, "종교개혁과 선교" 전호진 편,『한국교회와 선교 1집』, 서울: 엠마오, 1986.
한국복음주의 선교학회편,『아세아 조감도』서울 : 성광문화사, 1986.
탕백홍,『킬링필드 위의 사랑』이영철 역, 서울: 한국가정사역연구소, 2004.
최한우,『중아연구』서울: 퍼내기 2003.
문재용, "한국 교회의 네팔 선교를 위한 일반적 고찰" 석사학위논문 ACTS, 1987.
소준섭, "실용함정에 빠진 중국, '주판' 괜히 만들었나,"「시사저널」2008. 7. 29.: 73.
이장훈, "이란혁명수비대는 이슬람의 마피아,"「주간조선」2007년 9월 3일자, 38-42.
이춘심, "네팔 선교를 위한 한국교회의 전략," 석사학위논문, ACTS, 1989.
장완익, "베트남에서의 교회음악 사역이 베트남 개신교 선교에 미치는 영향 연구." 2006년 Reformed Theological Seminary D. Min.논문.

아시아 기독교의
과거와 현재 그리고 미래

초판 1쇄 발행 / 2008년 11월 10일
초판 3쇄 발행 / 2016년 5월 20일

지은이 / 전 호 진
펴낸이 / 김 수 관
펴낸곳 / 도서출판 영문
122-070 서울시 은평구 역촌동 10-82
☎ (02)357-8585
FAX • (02)382-4411
E-mail • kskym49@daum.net

출판등록번호 / 제 03-01016호
출판등록일 / 1997. 7. 24

파본은 교환해 드립니다.
본 출판물은 저작권법으로 보호 받는
저작물이므로 출판사나 저자의 허락없이
무단 전재나 무단 복제를 할 수 없습니다.

정가 18,000원
ISBN 978-89-8487-250-9 03230
Printed in Korea